LAW&BUSINESS
法商圖書

SOLICITOR'S ORDER OF INQUIRY

律师调查令

制度与实务操作指引

张 燕 著

SYSTEM AND PRACTIAL OPERATION GUIDANCE

法律出版社 | LAW PRESS
—— 北京 ——

图书在版编目(CIP)数据

律师调查令制度与实务操作指引 / 张燕著. -- 北京:
法律出版社, 2023
ISBN 978-7-5197-7473-8

Ⅰ. ①律… Ⅱ. ①张… Ⅲ. ①刑事侦查-司法制度-
研究-中国 Ⅳ. ①D918

中国国家版本馆CIP数据核字(2023)第005098号

律师调查令制度与实务操作指引
LÜSHI DIAOCHALING ZHIDU YU SHIWU CAOZUO ZHIYIN

张 燕 著

责任编辑 薛 晗 王 斓
装帧设计 汪奇峰

出版发行 法律出版社
编辑统筹 法商出版分社
责任校对 张翼羽
责任印制 胡晓雅
经 销 新华书店

开本 710毫米×1000毫米 1/16
印张 24 字数 405千
版本 2023年6月第1版
印次 2023年6月第1次印刷
印刷 唐山玺诚印务有限公司

地址:北京市丰台区莲花池西里7号(100073)
网址:www.lawpress.com.cn
投稿邮箱:info@lawpress.com.cn
举报盗版邮箱:jbwq@lawpress.com.cn

销售电话:010-83938349
客服电话:010-83938350
咨询电话:010-63939796

书号:ISBN 978-7-5197-7473-8
定价:88.00元
凡购买本社图书,如有印装错误,我社负责退换。电话:010-83938349

凡　例

《中华人民共和国立法法》	《立法法》
《中华人民共和国民法典》	《民法典》
《中华人民共和国物权法》	《物权法》
《中华人民共和国律师法》	《律师法》
《中华人民共和国仲裁法》	《仲裁法》
《中华人民共和国民事诉讼法》(2021 年修正)(主席令第 106 号)	《民事诉讼法》
《中华人民共和国民事诉讼法(试行)》(1982 年)	1982 年《民事诉讼法(试行)》
《中华人民共和国民事诉讼法》(主席令第 44 号)	1991 年《民事诉讼法》
《最高人民法院关于民事诉讼证据的若干规定》(法释〔2001〕33 号)	2001 年《证据规定》
《最高人民法院关于民事诉讼证据的若干规定》(法释〔2019〕19 号)	2019 年《证据规定》
《最高人民法院关于适用〈中华人民共和国民事诉讼法〉的解释》(法释〔2015〕5 号)	2015 年《民事诉讼法解释》
《最高人民法院关于适用〈中华人民共和国民事诉讼法〉的解释》(2022 年修正)	《民事诉讼法解释》
中华人民共和国最高人民法院	最高人民法院
省(自治区、直辖市)高级人民法院	高院
市中级人民法院	中院

目录

Contents

引　言

我国多年以来推行的民事诉讼制度改革,从总体发展方向来看,实现了从职权主义诉讼模式向当事人主义诉讼模式的转变。与这种诉讼模式的转变相适应,我国《民事诉讼法》的修订,则一方面不断强化当事人的举证责任,另一方面不断弱化法院证据调查收集功能。

1982 年《民事诉讼法(试行)》第五十六条规定:"当事人对自己提出的主张,有责任提供证据。人民法院应当按照法定程序,全面地、客观地收集和调查证据。"根据该条规定,人民法院在诉讼中要"全面地、客观地收集和调查证据",这种要求明显具有浓厚的强职权主义色彩。

1991 年《民事诉讼法》对法院依职权调查取证进行了弱化,强化了当事人主导诉讼进展的证据收集制度。该法第六十四条规定:"当事人对自己提出的主张,有责任提供证据。当事人及其诉讼代理人因客观原因不能自行收集的证据,或者人民法院认为审理案件需要的证据,人民法院应当调查收集。人民法院应当按照法定程序,全面地、客观地审查核实证据。"由此,上述规定改变了 1982 年《民事诉讼法(试行)》规定由法院主导收集证据的证据收集模式,在调查取证方面法院只是辅助当事人调查取证,举证主要以当事人为主,法院从原来的"收集和调查证据"转变为"审查核实证据"。上述规定在后来历次民事诉讼法修订中均得以延续。但是,在上述规定框架之下,自最高人民法院层面,则在司法审判实务中,不断强化当事人举证责任的义务,进一步弱化人民法院调查取证权的行使。2015 年《民事诉讼法解释》第九十六条对法院依职权调查取证的范围进行了规范,明确了法院依职权调查取证的 5 种情形,实质上系限制法院依职权调取证据的行为。在这种限缩的解释路径之下,需要针对当事人证据收集难问题提供替代性的功能解决方法。

目前,我国许多地方人民法院根据当事人及代理人可以向人民法院申请调查取证的规定,探索发展出了具有中国特色的律师调查令制度,对当事人委托的律师申请调查取证的，法院直接向律师签发调查令，由律师持调查令向被调查人调取证据。律师调查令制度已是我国地方法院司法实践中被广泛试行的制度。根据调研统计，全国约有 18 个高院出台了有关试行律师调查令的规范性文件。即使在高院层面未出台律师调查令试行规范性意见的省、市、区，该辖区内的中院和基层法院也存在积极试行律师调查令制度的做法。

在深入研究律师调查令制度基础之前，本研究先行以田野调查的方法对律师调查令在我国实践中的试行现状进行调研，并总结该制度在实践中的总体效用以及在实践运行中的现实困境和现实需求，以厘清理论上需要重点解决的问题，作为本研究的出发点和落脚点。在上述问题意识的基础上，首先要对律师调查令的功能定位进行研究，以明确律师调查令所发挥的功能可以弥补我国法律体系中的证据收集保障法律漏洞。

与目前全国地方法院试行律师调查令形成星火燎原之势相比，我国现行 2022 年《民事诉讼法》中，缺乏对律师调查令制度的规定，最高人民法院也对此问题缺乏司法解释规范。虽然 2022 年《民事诉讼法》第六十四条规定了代理律师和其他诉讼代理人有权调查收集证据，可以查阅本案有关材料。该条也仅仅是规定了律师有权调查取证，但是对律师如何调查取证并没有规定。实务中如果律师仅持律师证向相关主体调查取证，被调查人不予配合的情形广泛存在；这往往导致，在证据被第三人控制的情况下，当事人和代理律师根本无法收集到证据，因此亟须解决当事人的证据收集保障问题。从目前我国人民法院司法审判的现状来看，地方各级人民法院均面临案多人少的问题。因此，一方面是职权主义诉讼模式向当事人主义诉讼模式的转变，将举证责任不利的后果规定由当事人承担，由此形成当事人调查收集证据的客观迫切需要；另一方面则是人民法院在目前案多人少的形势下进一步弱化人民法院依职权调查取证。上述双重因素，直接促使地方法院积极探索发展出了律师调查令制度。

由于律师调查令制度缺乏基本法规范和最高人民法院司法解释规范的支持，使得这种仅停留在地方法院探索阶段或者自下而上的推动律师调查令的现状，导致对律师调查令制度的理论研究薄弱，制度功能和制度构建均缺乏基础理论层面的支撑。在既缺乏理论的深入研究，又缺乏立法和司法顶层设计的情况下，影响了该制度在实践中的生命力，造成该制度的发展到目前处在关键的十字路口。因此，本书从基础理论层面探讨律师调查令制度的功能和制度构造，并探索律师调查令在实务中的具体操作。

大陆法系的文书提出命令和英美法系的证据开示制度是两大法系发展出来的保障当事人证据收集权的制度。在我国目前的司法解释中,已经有了文书提出命令制度。有观点认为我国应引进英美法系的证据开示制度。上述两个制度能否在我国的司法实践中发挥对当事人证据收集权的保障功能,是否有必要在我国推行律师调查令制度,需要结合我国民事诉讼的现状进行研究。因此,本研究课题还应着眼于,从功能主义比较的视野对律师调查令在我国证据调查保障制度中进行定位,并探讨文书提出命令和证据开示在我国能否起到保障当事人证据收集权的目的,能否替代律师调查令制度。如果不能,则需要进一步研究在我国现行民事诉讼体系中对律师调查令进行理论建构和制度设计。

本书展开研究之前,需要明确以下两个问题。

一是本研究范围仅仅限于在民事诉讼中的律师调查令制度,包括立案、审判、执行程序中的律师调查令制度;刑事诉讼中的律师调查令不在本研究范围内。事实上,在目前我国的刑事司法中,是明令禁止向律师签发律师调查令的。2012 年最高人民法院、最高人民检察院、公安部、国家安全部、司法部、全国人大常委会法制工作委员会联合发布的《关于实施刑事诉讼法若干问题的规定》第八条明确规定:“刑事诉讼法第四十一条第一款〔1〕规定:‘辩护律师经证人或者其他有关单位和个人同意,可以向他们收集与本案有关的材料,也可以申请人民检察院、人民法院收集、调取证据,或者申请人民法院通知证人出庭作证。’对于辩护律师申请人民检察院、人民法院收集、调取证据,人民检察院、人民法院认为需要调查取证的,应当由人民检察院、人民法院收集、调取证据,不得向律师签发准许调查决定书,让律师收集、调取证据。”虽然 2018 年对《刑事诉讼法》进行了重大修订,但是仍没有关于在刑事诉讼中采取律师调查令的规定。

二是仲裁程序中可以参照适用民事诉讼中的律师调查令制度。因为律师调查令缺乏上位法的规定,在民事诉讼中各地法院试行律师调查令均面临法律依据不足的问题,且律师调查是以法院向律师签发调查令的形式进行,这种签发调查令由律师持调查令调取证据的方式一定程度上具有公权力背书的性质。对于仲裁机构而言,虽然仲裁庭并非国家公权机构,仲裁法中也没有关于律师可以申请仲裁庭调查取证的规定,但是考虑到仲裁机制也是解决纠纷的一种重要方式,在仲裁程序中也不可避免地面临解决证据偏在的问题,律师调查令制

---

〔1〕 2018 年《刑事诉讼法》修订后,该条变为第四十三条。

度也具有在仲裁程序中解决当事人调查收集证据不足的功能,故也应允许律师调查令制度在仲裁程序中发挥其证据收集保障的功能。因此,本研究的理论和实务操作,对仲裁程序也有适用价值。

第一章

律师调查令的试行现状及现实困境

1982 年《民事诉讼法(试行)》第五十六条规定:"当事人对自己提出的主张,有责任提供证据。人民法院应当按照法定程序,全面地、客观地收集和调查证据。"根据该条规定,人民法院在诉讼中要"全面地、客观地收集和调查证据",因此调查取证只能由法院进行。1991 年《民事诉讼法》第六十四条规定:"当事人对自己提出的主张,有责任提供证据。当事人及其诉讼代理人因客观原因不能自行收集的证据,或者人民法院认为审理案件需要的证据,人民法院应当调查收集。人民法院应当按照法定程序,全面地、客观地审查核实证据。"该条规定了当事人可以申请法院调查取证,法院从原来的"收集和调查证据"转变为"审查核实证据",基于此规定,在法院受理案件数量逐年增加、法院"案多人少"问题突出的背景下,各地人民法院为解决当事人调查收集证据的难题,以前述规定为依据逐渐在实务中发展出了律师调查令制度。

实际上,我国民事诉讼法及相关司法解释中仅仅规定了当事人及诉讼代理人可以申请法院调查取证,并未规定法院可以向律师签发调查令,因此律师调查令实际上并没有立法上的规范,也没有最高人民法院司法解释层面的规定。目前各地法院均以试行的方式签发律师调查令,由律师持令调取审理案件需要的相关证据。

通过本研究的调研,全国法院在试行律师调查令方面主要有两方面内容:一是出台试行律师调查令的规范性文件,以指导和规范辖区法院试行律师调查令的行为;二是各地在规范性文件的指导下或指引下,积极开始律师调查令的签发、调取证据试点。通过这些规范性文件的出台和试点中存在的问题,可以反映出律师调查令制度在实践中存在的现实困境和现实需要。本章主要从我国目前试行律师调查令的现实层面,研究以下三个方面的问题:第一,全国各省、市、区关于试行律师调查令的制度建设情况,主要对全国各地区推行律师调查令制度出台的规范性文件进行总结,归纳出这些规范性文件的共同点及存在的缺陷。第二,全国各省、市、区试行律师调查令的总体情况,取得的相关法律效果和社会效果。第三,全国各省、市、区试行律师调查令的现实困境,主要介绍各地在试行律师调查令中遇到的问题,归纳存在问题的根源,指出解决这些问题的必要性,在此基础上明确本书研究的具体方向。

第一节　地方法院出台规范性文件的现状

目前,我国各地区均存在试行律师调查令的情况。从各省级层面出台律师调查令规范性意见的情况来看,目前仅有内蒙古自治区、西藏自治区、云南省、山东省未在省级层面出台推行律师调查令的规范性意见。[1] 即使省级层面缺乏规范性意见,辖区内也有中级人民法院或基层人民法院出台试行规范性意见的情况。比如,西藏自治区拉萨中院也有签发律师调查令的实践。[2] 笔者基于这些调查情况,对我国律师调查令的现状进行分析。律师调查令的试行是由个别地方法院探索到全国地方法院普遍探索展开的。地方探索的重要方面就是在辖区内出台试点律师调查令的规范性文件。为此,首先需要对律师调查令的规范性文件现状进行研究。

一、各地出台试行律师调查令制度的情况

在我国法律制度规范体系中,最高人民法院的司法解释发挥了准确适用法律的功能,还起到了填补法律漏洞的功能。除了最高人民法院出台司法解释外,各高级人民法院也会在所在省、市、区范围内出台具有规范性指导价值的文件。这些文件既不能发挥法律渊源的功能,也不能在裁判文书中被直接引用作

---

〔1〕 海南省高院虽然没有出台专门的律师调查令制度文件,但是2019年9月27日,海南省第六届人大常委会第十四次会议通过《海南经济特区律师条例》第四十条第二款明文规定,“律师在代理的民事案件审理、执行阶段,可以向人民法院申请签发调查令;被申请机关不予签发调查令的,应当通知律师并书面说明理由。有关单位、组织和个人应当根据调查令的调查内容及时提供有关证据”。

〔2〕 《西藏拉萨中院执行局发出首份律师调查令》,载全国法院切实解决执行难信息网,https://jszx.court.gov.cn/main/ExecuteNewsletter/236875.jhtml,2022年11月20日访问。

为案件裁判的依据。但是,这些规范性文件发挥了在各自地区范围内统一裁判思路、裁判标准、裁判尺度的功能,往往被各省、市、区范围内的法院共同遵守和执行。就此而言,如果在各高院层面已经出台了试行律师调查令的规范,则意味着该高院辖区内的法院要全部试行律师调查令制度。因此,各高院出台的规范性意见,对于该省试行律师调查令制度具有重要的意义,对研究律师调查令制度现状也具有重要意义。

(一)全国高级人民法院出台律师调查令制度的总体情况

目前全国高级人民法院出台的有关试行律师调查令的规范性文件的总体情况如下。

1. 2000 年 4 月 14 日,上海高院下发《关于在上海法院经济审判中试行调查令的通知》(沪高法〔2000〕217 号),[1] 将《上海法院调查令实施规则(试行)》作为该通知的附件,决定在该市法院经济审判中全面试行调查令,为当事人正当行使调查取证的权利创造条件。试行一年后,2001 年 6 月 13 日,上海高院下发《关于在上海法院民事诉讼中正式实施调查令的通知》,颁布实施《上海法院调查令实施规则》,决定在全市法院民事诉讼中正式实施调查令制度。2004 年 3 月 26 日,上海高院颁布《关于在执行程序中适用调查令的若干规定(试行)》,对执行程序中试行律师调查令制度进行了规定。2012 年 7 月 19 日,上海高院颁布《关于立案审查阶段适用调查令的操作规则(试行)》,针对当事人在立案审查阶段由于客观原因无法取得诉讼所需要的证据而申请调查令的操作流程作了规定。

上海法院系统是全国法院系统中较早推行律师调查令制度的法院系统。其试行效果一定程度上对全国法院的试行起到了很好的示范带头作用。

2. 2004 年 8 月 16 日北京高院出台《关于委托调查制度的若干意见(试行)》,在该意见中,北京高院要求辖区法院探索在执行程序中试行调查令。[2]

3. 2008 年 12 月 31 日,新疆维吾尔自治区高级人民法院《关于民事诉讼证据调查令的若干规定(试行)》经新疆高级人民法院审判委员会第 17 次会议讨论通过并正式施行。

---

〔1〕 早在 1998 年 12 月,上海市长宁区人民法院即开始试点律师向法院申请民事证据调查令制度,该试行直接推动了上海高院在全市范围内推行律师调查令制度。

〔2〕 2004 年 7 月 28 日北京市朝阳区人民法院在该规定出台前,在执行阶段就向当事人的代理律师出具过一份委托调查令,参见郭志霞:《北京律师首次拿到调查令》,载中国网,http://www.china.com.cn/chinese/law/621886.htm,2022 年 11 月 20 日访问。

2009 年 2 月 18 日新疆维吾尔自治区高级人民法院兵团分院向兵团法院系统印发《关于执行程序中使用委托调查令的规定(试行)》(新高兵法〔2009〕10 号),决定在执行程序中试行委托律师调查令制度。

4. 2009 年 9 月 22 日河南高院出台《关于在执行程序中使用调查令的若干规定(试行)》,规定了在执行程序中试行律师调查令的程序和调查令使用的规则。2019 年 4 月 23 日,河南省高级人民法院与河南省司法厅、河南省律师协会共同制定《关于在民事诉讼和民事执行中实行律师调查令的若干规定》,由三家单位共同推动在民事诉讼和执行程序中试行律师调查令制度,改变了过去由法院一家出台规范性意见的做法。

5. 2013 年 7 月 31 日,安徽高院出台《关于民事诉讼调查令的实施办法(试行)》,该办法于 2013 年 9 月 1 日实施。安徽高院的律师调查令实际上涵盖了立案、审判、执行等领域。为便于调查令实施,该办法还制定了立案、审理、执行阶段的调查令格式。

需要注意的是,2013 年 3 月 27 日,安徽省人民代表大会常务委员会修订公布了《安徽省关于律师执业的若干规定》,第十五条明确规定在民事诉讼中,律师通过自身调查无法取得相关证据时,可以申请调查令。这是地方性法律规范中首次确立律师调查令制度。[1]

6. 2014 年 1 月,浙江高院出台《关于民事诉讼立案审查阶段适用调查令的意见》,规定在立案阶段适用律师调查令制度。浙江法院系统在试行过程中,有的法院将调查令制度延伸到了执行阶段。为回应这种需要,2018 年 7 月 2 日,浙江高院出台《关于在民事诉讼和执行程序中试行律师调查令的若干意见》,该意见从申请、签发、使用、惩戒等方面对民事诉讼和执行程序中试行律师调查令进行了规定。该意见出台后,在浙江省法院系统律师调查令制度在立案、民事诉讼和执行程序中得以全面试行。

2020 年 12 月 8 日,中共浙江省委全面依法治省委员会办公室全文转发浙江高院《关于规范律师调查令制度的办法》,明确从党委领导、依法治省角度在浙江省全面推行律师调查令。《关于规范律师调查令制度的办法》是在浙江高院 2014 年《关于民事诉讼立案审查阶段适用调查令的意见》(浙高法〔2014〕1 号)和 2018 年《关于在民事诉讼和执行程序中试行律师调查令的若干意见》(浙

---

〔1〕 参见黄莹等:《民事诉讼中律师调查令的制度构建》,载《法制与社会》2017 年第 15 期。

高法〔2018〕109 号）两个规范性意见的基础上，结合调查令在浙江省试行以来取得的经验和发现的问题，制定出台的更为科学、完善的律师调查令制度。在该办法出台的同时，之前 2014 年《关于民事诉讼立案审查阶段适用调查令的意见》和 2018 年《关于在民事诉讼和执行程序中试行律师调查令的若干意见》废止。需要注意的是，该办法同时将律师调查令适用于立案、诉讼、执行阶段，并规定刑事附带民事诉讼以及行政诉讼中一并解决民事争议的案件，参照该办法执行。

7. 2015 年 6 月 8 日，陕西高院出台《关于民事诉讼调查令实施办法（试行）》，规定在民事诉讼中试行律师调查令制度。2016 年 9 月 1 日，陕西高院又出台《关于执行案件调查令制度的实施意见（试行）》，对于执行程序中律师调查令的申请、签发等事项作了明确规定。

2020 年 3 月 30 日，陕西高院、陕西省人民检察院、陕西省教育厅等十七家单位和部门，共同印发了《关于在民事诉讼中实行律师调查令制度的暂行规定》，详细列举了可以向各个部门调取的证据材料，该规定施行之日，《陕西省高级人民法院关于民事诉讼调查令实施办法（试行）》《陕西省高级人民法院关于执行案件调查令制度的实施意见（试行）》同时废止。

8. 2016 年 5 月 31 日，重庆高院出台《关于在民事诉讼中试行律师调查令的意见》，自 2016 年 7 月 1 日起在该市辖区三级法院试行，试行期为一年。同年 9 月 14 日，重庆高院出台《执行案件委托调查令实施规则（试行）》，自下发之日起在该市三级法院试行。2017 年 7 月，重庆高院决定在民事诉讼中继续试行律师调查令，原试行意见继续适用。

2020 年 12 月 25 日，重庆高院对在民事诉讼中推行律师调查令的意见进行了修订，明确了在刑事附带民事诉讼中参照适用律师调查令。

9. 2017 年 1 月，福建高院出台了《福建省高级人民法院关于民事诉讼调查令的实施意见（试行）》，明确在该省范围内试行民事诉讼调查令制度。

10. 2017 年 7 月 11 日，四川高院出台了《关于民事审判、执行阶段试用调查令的办法（试行）》，在民事审判、执行阶段试行律师调查令制度。

11. 2017 年 9 月 12 日，江西高院、江西省司法厅、江西省律协联合签发《关于建立律师调查令等协调配合机制的合作框架协议》，在全省法院系统全面推行律师调查令制度。

12. 2017 年 10 月 15 日，山西省人民政府法制办公室下发《山西省依法保障律师执业权利实施细则》，该细则第三十条规定："代理律师在民事诉讼中因客观原因难以自行调查取证时，可以依法在立案、审理、执行阶段申请人民法院签发律师调查令。"

2020年12月18日，山西高院、山西省人民检察院、山西省公安厅等十五家单位和部门共同印发《关于在民事审判和执行阶段适用律师调查令的规定（试行）》，该规定是目前参与印发部门较多的关于律师调查令的规定。该规定第二十二条规定："刑事案件附带民事诉讼部分申请律师调查令，参照本规定执行。"

13. 2017年10月31日，江苏高院印发《关于执行案件使用调查令的实施意见（试行）》（苏高法〔2017〕200号），明确充分调动律师参与执行的专业优势，营造共同推进"基本解决执行难"的合作氛围。

14. 2017年11月27日，宁夏高院出台《关于在民事诉讼程序中试行律师调查令的意见》，明确在民事诉讼程序中试行律师调查令制度。

15. 2017年12月4日，天津高院出台《关于在民事诉讼中实行律师调查令的若干规定（试行）》，明确在民事诉讼中试行律师调查令制度。需要注意的是，天津高院出台律师调查令制度是落实天津高院等十三家单位之前联签的《关于依法保障律师调查权的若干规定（试行）》中关于在民事诉讼中适用律师调查令要求的具体措施。[1] 该规定第十七条规定："刑事诉讼中附带民事部分的律师调查令适用参照本意见执行。"

16. 2017年，贵州高院印发《关于在民事诉讼中试行律师调查令的若干意见》，2018年7月19日贵州高院办公室印发《关于在执行阶段试行律师调查令的若干规定（试行）》的通知（黔高〔2018〕66号），明确在执行程序中适用律师调查令。

17. 2018年3月1日，河北高院下发《关于严格贯彻落实〈河北省律师执业保障和规范条例〉的通知》，对开展律师调查令工作进行了部署，明确各市中级人民法院可在借鉴外省市经验的基础上，结合实际，制定本辖区律师调查令制度实施细则。从上述河北高院的通知内容中可以看到，虽然在高院层面并未出台该省范围内适用的统一规范性文件，但是该院鼓励各中院和基层法院积极试

〔1〕 2017年11月，天津高院、市人民检察院、市公安局、市国安局、市民政局、市司法局、市地方税务局、市人社局、市国土房管局、市卫计委、市市场监管委、市金融工作局、市国家税务局十三家单位联合签发了《依法保障律师调查权若干规定》，该规定在提出建立各种保障律师调查权的机制措施之外，明确要在民事诉讼中实行律师调查令制度。

点律师调查令制度。

2018 年 9 月 30 日，河北高院、河北省司法厅印发《关于执行程序中适用律师调查令的若干规定（试行）》，明确在执行程序中适用律师调令。但是该试行规定第十五条，将适用范围定位为“调查取证对象属于我省管辖的自然人、法人和其他组织或其住所在我省的自然人、法人和其他组织”。

18. 2018 年 9 月 30 日，湖南高院出台《关于在民事审判和执行程序中实行律师调查令的工作规程（试行）》，对律师在民事审判中试行律师调查令程序进行了指引。

19. 2018 年 11 月 6 日，辽宁高院审判委员会全体会议第十五次会议通过《辽宁省高级人民法院关于在民事诉讼中实行律师调查令的若干指导意见（试行）》，开始在辽宁省范围内试行律师调查令制度。

20. 2018 年 12 月 27 日，广东高院、广东省司法厅印发《关于在民事诉讼中实行律师调查令的规定（试行）》，明确在民事诉讼程序中试行律师调查令制度。

2020 年 4 月 16 日，广东高院、广东省司法厅印发《关于在民事诉讼中实行律师调查令的规定》，其中第二条规定：“律师调查令的申请，可在起诉、审理、执行阶段提出。再审审查阶段不适用律师调查令。”该规定印发后，上述试行规定即被废止。

21. 2018 年 7 月 10 日，青海高院印发《关于在执行程序中使用调查令的若干规定（试行）》，规定在执行阶段律师可以申请调查令。

22. 2019 年 9 月 27 日，海南省第六届人大常委会第十四次会议通过《海南经济特区律师条例》，其中第四十条第二款规定：“律师在代理的民事案件审理、执行阶段，可以向人民法院申请签发调查令；被申请机关不予签发调查令的，应当通知律师并书面说明理由。有关单位、组织和个人应当根据调查令的调查内容及时提供有关证据。”该省是除安徽省以外，第二个地方性法律规范中确立律师调查令制度的省。

23. 2019 年 12 月 30 日，湖北高院、湖北省人民检察院、湖北省公安厅、湖北省司法厅印发《关于在民事审判程序和执行程序中实行律师调查令的若干规定（试行）》，规定在民事审判和执行程中适用律师调查令制度。

24. 2021 年 10 月 18 日，江西高院、江西省司法厅印发《关于在民事诉讼中实行律师调查令的办法（试行）》，明确在民事诉讼中实行律师调查令，该办法还进一步规定：“再审审查阶段一般不适用律师调查令，但出现足以推翻原裁判的关键性新证据线索且当事人及其诉讼代理人因客观原因不能自行收集的除外。再审审理中，可以适用律师调查令。”

25. 2019年4月26日，河南高院、河南省司法厅、河南省律师协会印发《关于在民事诉讼和民事执行中实行律师调查令的若干规定》，2021年12月23日，河南高院印发《关于在民事诉讼中实行律师调查令的工作细则》，明确在起诉、审理、执行阶段可以申请律师调查令。

26. 吉林高院、吉林省人民检察院、省司法厅、省公安厅等13家单位和部门出台《关于在民事诉讼中实行律师调查令的意见（试行）》，决定自2019年12月1日起在吉林全省试行在民事诉讼中推行律师调查令制度。

27. 2021年9月29日，广西高院、司法厅、律师协会印发《关于保障律师执业权利发挥律师作用促进公正司法的意见》，规定依法保障律师申请调取证据的权利。律师申请调查令的，人民法院应当及时审核，符合规定的及时签发调查令，不符合规定的及时答复。

需要注意的是，各省高院出台相关规范意见时，即使辖区内未出台律师调查令试行规范意见的法院，也在积极为律师调查令试行做充分准备。比如，内蒙古高院与内蒙古司法厅曾联合召开维护律师执业权利座谈会，提出在条件成熟之后将联合印发《律师调查令制度试行》。[1] 尽管内蒙古高院没有出台试行意见，但是辖区内有的中院已经印发文件并签发律师调查令，凸显了律师调查令在法官审理案件的实践中已经被部分法官所认知。

（二）中院、基层法院出台试行规范性文件的情况

在部分高院出台律师调查令的规定之前，辖区内的中院和基层法院已经出台试行规范或操作指引，积极试行律师调查令。

1. 河北法院系统在河北高院出台的《关于严格贯彻落实〈河北省律师执业保障和规范条例〉的通知》指引下，目前有石家庄、保定、承德、沧州、衡水、辛集等法院出台了律师调查令的规范性文件，在各自辖区范围内试行此项工作。

2. 吉林高院在2019年出台《关于在民事诉讼中实行律师调查令的意见（试行）》之前，该省延吉市法院及和龙市法院结合工作实际，出台了《延吉市人民法院律师调查令实施细则》和《和龙市人民法院关于在民事诉讼中实行律师调查令的若干规定（试行）》。

---

〔1〕《内蒙古高院与内蒙古司法厅联合召开维护律师执业权利座谈会》，载内蒙古自治区高级人民法院网2019年12月20日，https://nmgfy.chinacourt.gov.cn/article/detail/2019/12/id/4738143.shtml。

3. 在黑龙江高院 2022 年 7 月 26 日出台《关于在民事诉讼中实行律师调查令的办法(试行)》之前,该省 16 个中院中,哈尔滨中院 2016 年 2 月印发了《关于在执行案件中向申请执行人代理律师发放委托调查令的通知》,其辖区南岗区法院 2018 年 2 月制定了《哈尔滨市南岗区人民法院民事诉讼调查令实施办法》。牡丹江中院 2017 年 5 月制发了《关于执行程序中实施调查令制度若干问题的规定(试行)》。大庆中院与大庆市司法局于 2017 年 5 月联合制发了《大庆市民事诉讼律师调查令实施办法(试行)》,该办法自 2017 年 6 月 1 日起试行。

4. 山东高院并未出台全省范围的律师调查令规范。在山东省 17 家地市法院和济南铁路运输法院、青岛海事法院中,有 10 家法院试行律师调查令制度。在试行法院中,青岛中院、东营中院和淄博中院分别出台《青岛市中级人民法院关于在审判执行案件中施行律师调查令的若干规定(试行)》《东营市中级人民法院实施民事调查令制度的规定(试行)》《淄博市中级人民法院关于在执行程序中施行律师调查令实施办法(试行)》;济南市历城区人民法院与历城区司法局联合下发《关于在执行程序中使用调查令的若干规定(试行)》,对律师调查令的具体流程、措施以及文书样式进行了规范;临沂市兰山区人民法院出台《临沂市兰山区人民法院关于民事诉讼律师调查令实施办法》。

5. 在湖北高院 2019 年出台《关于在民事审判程序和执行程序中实行律师调查令的若干规定(试行)》之前,该省部分中院、基层法院结合工作实际,制定了在辖区内试行律师调查令制度的相关意见。武汉中院制定了《关于执行实施案件委托律师财产调查制度的意见(试行)》。十堰市茅箭区人民法院、丹江口市人民法院分别制定了《民事诉讼律师调查令实施细则》。孝感中院制定了统一的调查令模板,并在模板附页罗列出证据清单,对持证律师的调查事项和调查范围进行限定。安陆市人民法院制定了调查令模板,并在调查令模板中加入了法院提示,明确规定调查令使用的情形、注意事项和相关义务,对律师行使调查权起到了有效的规范作用。

6. 在 2021 年广西高院出台《关于保障律师执业权利发挥律师作用促进公正司法的意见》之前,辖区南宁铁路运输法院、南宁市兴宁区人民法院出台试行律师调查令意见,贺州中院出台《关于执行案件使用调查令的实施意见》。2020 年 5 月 19 日,广西壮族自治区十三届人大常委会第十五次会议通过《关于推进人民法院切实解决执行难问题的决议》,该决议提出支持律师参与执行案件代理,推行律师调查令等措施,增强解决执行难问题的社会合力。

7. 在 2017 年贵州高院印发《关于在民事诉讼中试行律师调查令的若干意见》之前，遵义、贵阳、毕节三个中院出台了试行律师调查令的相关规定。

8. 云南高院未出台施行律师调查令制度的文件。辖区内文山中院于 2016 年 7 月 5 日经该院审判委员会讨论通过《关于民事诉讼调查令的实施办法（试行）》，并于讨论通过之日试行，该院是云南省较早试行律师调查令制度的中级法院；昆明中院于 2018 年 1 月 30 日制定并试行《昆明市中级人民法院执行调查令实施细则》；昆明铁路中院于 2017 年 4 月 11 日制定并试行《昆明铁路运输中级法院调查令使用须知》；还有部分中级法院虽未出台试行律师调查令的意见，但审判实践中也在试行律师调查令，如德宏中院。另外，昆明中院在出台律师调查令制度文件之前，该院民四庭于 2012 年 5 月 1 日制定《昆明市中级人民法院民四庭律师调查令操作规则（试行）》，并于当年签发了全省第一份律师调查令。除昆明、文山、昆明铁路中院所辖基层法院外，2015 年年底楚雄州楚雄市法院出台《楚雄市人民法院关于民事诉讼调查令的实施办法（试行）》，于 2016 年 1 月 1 日起试行；2015 年，文山州富宁县人民法院通过富宁县政府以富政发〔2015〕49 号文件印发《富宁县人民政府关于印发云南省富宁县人民法院在立案审查阶段适用调查令意见的通知》，并于通知下发之日起试行；红河州蒙自市人民法院于 2017 年 10 月 22 日制定《关于在执行程序中使用调查令的若干规定》；此外，部分基层法院虽未制定试行律师调查令制度的文件，但印制了律师调查令样式，也在试行律师调查令制度，如红河州泸西县人民法院。

9. 在 2018 年青海高院印发《关于在执行程序中使用调查令的若干规定（试行）》之前，该省仅有西宁市城东区人民法院于 2017 年制定《民事证据调查令实施办法（试行）》。

需要注意的是，有的地区高院仅出台在执行程序中试行律师调查令制度，未在立案、民事诉讼程序中试行，而辖区内有的中院和基层法院则进一步扩展了试点范围。比如，北京市朝阳区人民法院以立案庭为试点，制定《北京市朝阳区人民法院关于立案阶段适用调查函的规定（试行）》。实践中，北京各级法院在审判程序中均接受律师申请调查令。

律师调查令近年来发展的趋势是，在高院已经印发相关律师调令规定的情况下，辖区内中院仍会根据审判需要，针对具体纠纷案件进一步细化律师调令的规定。比如广州中院在 2021 年 7 月 26 日印发《关于证券期货纠纷律师调查令的实施办法（试行）》，进一步细化在审理证券期货纠纷案件中，适用律师调查令的相关规定。山西省长治中院在2021年5月13日，印发《关于在公司、证券、期货类案件中实行律师调查令的若干规定（试行）》。2021年11月1日，周口中院、周口市金融工作局、周口市司法局印发《关于在公司纠纷、证券期货纠纷案件中实行律师调查令的意见》。

二、试行规范性文件的主要内容

各地试行律师调查令所出台的规范性文件中，在出台规范的主体上，有的地区采取由法院单独出台意见的模式，有的地区采取由法院联合其他单位共同出台规范意见的模式。在这其中，法院均是出台规范的主体。主要的原因在于，律师调查令是法院基于审判权的行使，应律师调查取证申请而签发的文书，在其背后是国家司法权的行使，或者国家司法权的赋权，可见法院在签发、监督和最终对调查取证的质证上，均具有重要的作用，因此由其出台规范则属于当然之义。对各地律师调查令的总体内容归纳如下：

（一）适用范围

律师调查令调取证据的类型主要涉及：(1)自然人婚姻登记、社保、公积金等信息。(2)自然人的户籍登记、户籍变动信息。(3)公司注册登记情况，包括公司登记股东、注册资本及股东变动、公司股权质押登记等情况。(4)自然人、公司企业的税务缴纳情况。(5)自然人、公司企业的房产、车辆信息。主要涉及房产、车辆登记的权利人，房产、车辆的过户登记情况等。(6)自然人、公司企业银行账户及一段时期的交易明细情况。(7)病历资料。(8)电话的通讯信息等。在广州中院《关于证券期货纠纷律师调查令的实施办法（试行）》中，律师调查令的范围还包括在证券账户开户及交易信息；期货账户开户及交易信息；证券期货行政许可、行政处罚信息。

从地方法院试行的规范性文件来看，适用调取的证据类型并不统一，最狭窄的限于书证；[1]有的还包括电子数据、视听资料；[2]有的包括书证、电子数据、视听资料、鉴定意见和勘验笔录；[3]还有的明确排除证人证言与物证的收集。[4]

---

〔1〕《浙江省高级人民法院关于民事诉讼立案阶段适用调查令的意见》第一条。

〔2〕《重庆市高级人民法院关于在民事诉讼中推行律师调查令的意见》（2020年修订）第二条，规定了“包括电子数据、视听资料等”，可见对证据类型并无限制。

〔3〕《安徽省高级人民法院关于民事诉讼调查令的实施办法（试行）》第五条。

〔4〕《广东省高级人民法院关于在民事诉讼中实行律师调查令的规定（试行）》第三条。

接受调查的对象主要为工商、税务、公安、出入境、不动产登记中心、车管所、民政、社保、档案局等国家公权力机关。当然,还有银行、医院、电信、高校等履行一定公共职能的公共事业单位。[1] 例如,黑龙江省牡丹江中院自2016年以来,民事审判庭发出调查令37份,均用于向具有一定公共职能的机构调取证据,如银行、市场监督管理局、规划局、房产局等。即使从上海市这个经济较为发达的地区来看,被调查单位仍然以行政机关居多,包括房产交易中心、出入境管理局、档案馆、民政局、公安局、税务局、社保局、市场监督管理局、车管所、证监会、街道和居委会等。

律师调查令试行规范性文件涉及的案由主要为民间借贷、保险合同、金融借款、人身损害、医疗损害、劳动争议、买卖合同、不当得利和返还原物等纠纷。在适用的纠纷类型中,还呈现案由较为集中的特点。例如,河北省沧州市运河区人民法院试行律师调查令制度以来至2018年3月,共签发律师调查令79件,主要涉及民间借贷、房屋买卖、物业合同、建筑工程合同等合同案由案件。

(二)适用阶段

在试行律师调查令的规范性文件中,律师调查令的申请与签发基本上涵盖了民事诉讼的立案、审判、执行阶段,但主要适用阶段还是民事审判阶段;原来在非审判阶段试行的,目前也在积极将适用范围扩展到民事审判阶段,例如浙江省2018年出台的规范性文件,就将律师调查令从立案阶段扩展到审判阶段。这与律师调查令制度所要解决的问题和发挥的功能有关。律师调查令制度,是为了解决民事诉讼中当事人的证据收集保障问题而应运而生的。随着解决执行难工作的推进,也扩展到执行程序中对被执行人财产的查找上。

在适用阶段,有规范意见规定在民事诉讼中试行律师调查令,并将民事诉讼延伸到民事审判和执行程序,例如《天津市高级人民法院关于在民事诉讼中实行律师调查令的若干规定(试行)》就涵盖了审判和执行程序中的申请和签发。还有分别出台审判和执行程序中专门试行规范性意见的,例如重庆高院针对审判和执行程序就分别出台各自的试行意见。有的规范意见的名称就是在民事审判、执行中试行律师调查令的规范内容。

(三)规范内容

各地出台的律师调查令规范内容主要从律师调查令的目的、内涵、申请、审

---

〔1〕 参见黄莹等:《民事诉讼中律师调查令的制度构建》,载《法制与社会》2017年第15期。

核及签发、秘密保护、持令人及被调查人权利义务等方面进行规定。以《福建省高级人民法院关于民事诉讼调查令的实施意见(试行)》(闽高法〔2017〕15 号)为例,该意见的内容主要有:(1)规范目的。首先规定该意见的目的是保障当事人的诉讼权利,维护司法公正,依据是《民事诉讼法》《律师法》《最高人民法院关于适用〈中华人民共和国民事诉讼法〉的解释》等法律和司法解释的规定,并结合实际工作制定。(2)调查令的内涵。该意见第一条对律师调查令予以明确。(3)适用阶段及可调取的证据范围(该意见第二条、第三条、第四条)。(4)申请调查令应当提供的材料,以及申请书应载明的事项(该意见第五条)。(5)调查令的签发、内容及调查令的样式(该意见第六条、第七条)。(6)调查令的调查取证期限(该意见第八条)。(7)代理律师调查取证的程序及义务(该意见第九条、第十条、第十一条)。(8)被调查人协助调查取证的义务及配合调查取证的程序(该意见第十二条、第十三条)。(9)代理律师违反调查令义务的惩罚措施(该意见第十四条)。(10)调查令调取证据的质证及认定问题(该意见第十五条)。(11)调查令的生效时间及解释问题(该意见第十六条、第十七条)。具体条文见本书附录中各地出台的律师调查令规范性文件。

鉴于律师调查令制度是新生事物,无先例可供遵循,无比较法上相同制度可资借鉴,因此各地法院在出台规范性文件过程中多存在互相借鉴的现象,这从各地出台的试行规范内容存在诸多相同内容的特点中可以看出来。

(四)从规范内容看律师调查令性质模糊

各地出台的意见中均未明确律师调查令的性质,由此导致对律师调查令的性质界定存在模糊认识。[1] 有的法院将之界定为委托律师调查取证,即法院基于公权力的行使委托律师调查取证。例如,北京高院出台的规范文件名称为《关于委托调查制度的若干意见(试行)》。目前大多数法院将之界定为律师调查令,在规范意见中对调查令的性质持模糊态度。例如,福建、浙江、广东等高院的规范性意见中称为律师调查令。还有的法院将之界定为调查令,例如,四川高院出台的规范文件名称为《关于民事审判、执行阶段试用调查令的办法(试行)》。还有的法院未将之界定为法律文书的种类,而是将之定位为律师调查函。例如,贵阳中院出台的规范文件名称为《关于民事诉讼中协助调查函的实施意见》,将之定位为律师调查函。上述对“律师调查令”名称的不同规定,反映

〔1〕 参见陈维君:《民事证据调查令制度的运行检视与完善路径》,载《河北法学》2017 年第 3 期。

了法院对律师调查令的性质存在不同的认识。

对律师调查令性质的定位模糊,导致在违反律师调查令的法律后果和制裁上,各地试行规范性意见中多欠缺相应的规定。

三、试行规范性文件的特点

上述主要规范的形式和内容,能够反映出我国试行律师调查令的特点。

(一)地方突破的特点

一方面,这种地方突破表现在,在现行法律和司法解释均无律师调查令制度规定的情况下,是由地方法院试点开始的。在没有立法上的规范基础,也没有最高人民法院统一司法解释的授权,[1]各地对律师调查令的试行表现了极大的热情。在各地出台的规范性文件中,还有继续扩张适用范围的趋势。比如,浙江高院最初是在立案阶段试行律师调查令,2018 年则将试行范围推广到案件审判程序和执行程序中。在其他地区试点的推动下,2017 年、2018 年两年间未出台规范性文件的高院加紧起草试点规范性文件,呈现快速增长的态势。据笔者了解,目前尚未出台律师调查令规范文件的内蒙古、山东等高院均已将尽快出台律师调查令纳入近期的工作计划中。可以预见,全国各地高院都会出台该省范围内适用的试行规范。

另一方面,在地方法院的实践中,在没有省级规范文件作为支撑的情况下,则由中院和基层法院进行突破和试点。在目前案件审理绝大多数集中在中院和基层法院的情况下,律师调查令更加受到承担繁重案件审理压力的法院的青睐。比如,山东高院、内蒙古高院并未出台试行规范,但是该辖区的中院和基层法院则存在积极试点的情形。

(二)功能复合性的特点

律师调查令的产生和试行均是地方法院实践的产物,是在缺乏立法和司法解释顶层设计的背景下产生的,因此其解决的问题更加直接,发挥的功能更加符合现实需要。因此,律师调查令之所以受到律师、法院,乃至社会公众的欢迎,同其具有多方面的功能密切相关。具体而言,一是在功能上律师调查令能将律师调查取证的权利落到实处,通过当事人委托的律师持令调查取证解决了当事人举证能力不足的问题;二是律师调查令能解决法院自己调查取证的压

---

〔1〕 参见陈维君:《民事证据调查令制度的运行检视与完善路径》,载《河北法学》2017 年第 3 期。

力、提高审判效率,满足公正审理案件的需要的问题;三是律师调查令能够充分发挥律师依法调查收集证据、调动律师积极性;四是通过律师调查令,让诉讼中当事人可以充分调取证据,在一定程度上可以增加当事人对案件判决结果的认同。[1]

(三)各地互相借鉴的特点

在我国试行律师调查令,无比较法上的经验可以借鉴。因此,上海法院系统在试行之初,即开启了我国律师调查取证的一种新的制度模式。此种制度模式介于法院依据职权调查和律师自行调查取证之间。以上海法院系统试行律师调查令为开端,开启了其他法院出台律师调查令规范性意见的做法。在各地法院出台规范性意见过程中,存在互相借鉴及进一步完善的特点。由此也导致,各地出台的规范性文件在内容总体上呈现类似的特点,存在的漏洞和缺陷以及需要进一步完善之处也是类似的。

这种互相借鉴的特点还在于,律师调查令多以上海高院出台的意见为蓝本。这也导致沿海开放地区的法院出台律师调查令的地区比内陆和西部经济不发达地区出台规范性文件的省、市、区早。例如,北京、天津、江苏、上海、浙江、福建、广州等地均较早出台了律师调查令;与此相对,东北地区的吉林、黑龙江高院,西北地区的甘肃、新疆、青海高院,西南地区的云南、贵州、西藏高院要么出台较晚,要么至今尚未出台试行规范性意见。

第二节　地方法院试行律师调查令的情况

至今,律师调查令制度在各地试行已逾 20 年,且在 2017 年前后如雨后春笋般态势在全国法院快速发展,目前在全国地方法院已经呈现星火燎原之势。因此,考察该制度在各地的试行情况,对于进一步深入研究该制度未来在我国法律中的定位及其立法建议和司法完善,具有重要的价值。

---

〔1〕 在研究律师调查令的文章中,多对律师调查令发挥的复合性功能作用给予了肯定。参见陈维君:《民事证据调查令制度的运行检视与完善路径》,载《河北法学》2017 年第 3 期;叶若思、叶艳:《民事证据调查令制度初探》,载《中国审判》2008 年第 10 期;李本森:《论我国律师的调查取证权立法完善》,载《中国司法》2004 年第 2 期;王杏飞、刘洋:《论我国民事诉讼中的律师调查令》,载《法治研究》2017 年第 3 期。

一、总体情况

在试行律师调查令的地区，虽然没有法律和司法解释的支持，但是基于律师调查令发挥的功能和作用，其在实践中获得了地方法院的普遍欢迎。特别是有些法院，在律师积极申请下，法官适用律师调查令的积极性也比较高。总体而言，律师调查令的适用情况如下。

1. 律师申请积极性高。在各高院出台试行律师调查令规范性文件的地区，一方面，律师在遇到举证困难的情况下，往往申请法院签发律师调查令，由其持令进行调查；另一方面，法院也往往为了节省审判资源，会向当事人的代理律师释明，其可以申请签发调查令，持令自行调取证据。[1] 例如，在笔者代理的某房屋买卖合同纠纷案中，法院对于房屋买卖的登记情况，即向本人释明可以申请签发律师调查令。从 2008 年开始，北京法院律师调查令试行情况呈爆发式增长的态势，每年 4000 余个律师调查申请文件中，法院签发的件数为 2000 多件，申请成功率达到一半以上。

即使在未出台律师调查令地区的法院，也有律师由于申请法院依职权调取证据未获支持，申请法院签发律师调查令由其持令调查。例如，在笔者调研过程中，内蒙古自治区鄂尔多斯中院仅民事审判庭每年即收到调查取证申请近 10 件。在该地区高院及该院未出台规范性文件的情况下，审判人员往往以无法律依据为由口头驳回当事人的申请。甚至还有律师在向法院申请律师调查令，一些法院以无法律依据和规范为由回复的情况下，让律师为该法院起草律师调查令试行意见及文书样式的做法，由此反向推动该院重视律师调查令的试行工作。笔者了解到在最高人民法院审理案件过程中，也出现过收到律师调查令的申请，该院也以无法律依据为由未向当事人签发。

2. 法院签发数量持续走高。全国法院认为律师调查令是一个新生事物，即使在试行律师调查令的法院，也未将律师调查令的签发情况纳入审判管理系统。因此，从全国范围来看，无法统计律师调查令申请签发率。但是，从全国法院签发律师调查令的总体情况来看，法院对申请律师调查令的签发数量是较大的。例如，河南省从 2019 年 4 月 23 日到 7 月 15 日，仅 84 天，签发律师调查令 2533 份。浙江省法院系统自试行律师调查令以来截至 2018 年 3 月底，律师调

---

〔1〕 河南省洛阳中院还专门发文要求加大宣传推广律师调查令的力度。参见韩晓君：《律师调查令在民事诉讼中使用问题应引起重视》，载 http://hnlyzy.hncourt.gov.cn/public/detail.php? id =7402。

查令签发总数已超过6万份。

3. 取证成功率较高。从全国范围来看,试行律师调查令均取得了很好的司法效果和社会效果,这从律师持证调查取证的成功率上可以反映出来。经笔者初步调查统计,各地试行律师调查令的法律效果均较好,浙江、广西、贵州的省、市、区范围内取证成功率超过90%。例如,自2017年1月福建高院下发试行律师调查令的规范性意见以来,截至2018年3月,全省各级法院共向律师签发民事诉讼调查令5645份,完成调查取证4702份,成功率达83.3%。广州市自2017年7月28日印发《广州市中级人民法院关于民事诉讼律师调查令的实施办法(试行)》至2021年4年间广州两级法院共签发律师调查令33752份,律师持令成功取证29294份,平均取证成功率约为86.8%。[1] 再如,安徽省法院系统自2013年9月1日至2017年5月31日,共收到申请9830份,签发9488份,取证成功数8478份,取证成功率为89.4%。[2]

二、总体特点

1. 试点的主体认同度高。这表现在:其一,法院签发动力十足。从全国法院签发律师调查令的数量可以看出,法院签发律师调查令的动力十足。主要原因在于,通过签发律师调查令可以将调查取证的负担交由律师承担,法院则可以集中精力进行证据审核、事实认定和法律适用。这种签发调查令的动力不仅在出台规范性文件的地区存在,在未出台规范性文件的地区,试点法院签发律师调查令的动力也较足。例如,在广西高院未出台试点规范性文件前,辖区共有13个法院试行律师调查令,其中,中级法院2个,基层人民法院11个,至2018年3月底共发出调查令2800余份。山东高院未出台规范性文件,法院系统试行律师调查令的法院主要是中院、基层法院,自试行以来,仅仅两年时间各级法院共签署调查令959份,完成调查取证778份,成功率为81.1%。重庆市渝北区人民法院从2016年到2017年7月,一年前共签发232份,取证成功165份,取证成功率为71.1%。

其二,律师申请积极性高。与法院签发动力十足相对应,律师申请的积极

---

〔1〕 参见吴笋林:《广州四年发出律师调查令3.3万余份,取证成功率超八成》,载广州市律师协会网,http://www.gzlawyer.org/info/0509dd1d9f4345308ccc5d999cdede26,2022年11月20日访问。

〔2〕 参见安徽省高级人民法院民二庭:《安徽法院民事诉讼调查令制度实施情况的调研总结报告(2017)》(待刊)。转引自赵风暴:《民事证据调查令制度的司法适用路径探析》,载《兰州大学学报(社会科学版)》2018年第3期。

性高。毕竟,没有律师的申请,也就不会存在法院签发的高数量。律师申请积极性高的主要原因在于该制度的主要功能是保障律师的调查取证权利,保障当事人的举证权利,进而提高律师代理案件的胜诉比率。律师申请调查令的积极性高还体现在,有些法院虽然未实行律师调查令,但是该法院却陆续收到律师的申请。

其三,被调查人配合调查取证的比率较高。从各地试行调查取证的成功率来看,均取得了较高的效率。绝大多数持证调取证据的成功率均在70%以上,这充分说明被调查人对律师调查令的逐渐认同。

2. 签发律师调查令的数量逐年上升。据了解,自律师调查令在地方法院试点以来,申请数量和签发数量均呈现逐年上升的趋势。例如,安徽法院系统16个地市及所辖基层法院,从2013年签发301份,到2014年签发1630份,再到2017年签发4100份[1],律师调查令申请、签发数量均呈逐年递增态势。

逐年上升的趋势,充分说明该制度在试行过程中获得了各方主体的充分认可,也说明该制度试行取得了良好效果;只有良好的效果才能推动该制度的进一步发展,随着该制度的进一步完善和发展,会进而推进该制度取得更好的效果。

3. 签发的律师调查令具有地域性。与出台试行律师调查令制度的地区性差异一致,在我国边远地区和经济较落后地区,律师调查令的申请量和签发量均较少。因此沿海经济发达地区律师调查令的数量明显高于经济不发达地区。[2] 例如,在陕西法院系统,到2019年西安中院及辖区基层人民法院已签发调查令200多份,宁陕法院在2020年4月26日才签发了首份律师调查令。又如,青海法院系统,除西宁、海东法院签发过律师调查令以外,其他中、基层法院没有遇到当事人委托的律师申请调查令的情况。2017年8月,西宁中院签发了首份律师调查令,随后西宁市两级法院先后发出了21份调查令。上述这些西部地区的数量同浙江、上海等经济发达地区的数量形成鲜明对比。

即使在同一试行地区内,经济较活跃地区的法院和经济较不活跃地区的法院也存在差异。例如在山东省,调查令主要集中在济南、青岛、东营三地法院,三地法院签发数量占所有调查令的72.6%。

---

〔1〕 安徽省是全国为数不多的出台地方性法规支持律师调查令的省份。
〔2〕 参见黄莹等:《民事诉讼中律师调查令的制度构建》,载《法制与社会》2017年第15期。

三、试行效果

通过对上述各地出台试行律师调查令规范性文件的情况调研，以及对各地司法实践中试行律师调查令总体情况的调研，总体上，律师调查令试行取得了良好的法律效果和社会效果。具体而言，律师调查令具有如下几个方面的明显作用。

（一）有利于解决当事人举证能力不足问题

在当事人由于客观原因收集不到证据时，通过签发律师调查令，赋予律师持令调查取证的权利，有利于弥补当事人举证能力不足，提高当事人的举证能力，缓解当事人调查取证难题，降低当事人败诉风险，弥补了现行民事诉讼法体系中关于保障当事人证据收集权的制度缺失。

1. 弥补当事人举证能力不足。[1] 2022 年实施的《民事诉讼法》第六十七条第一款规定："当事人对自己提出的主张，有责任提供证据。"该款就当事人应当承担举证责任作出了明确规定，即确定了"谁主张，谁举证"的举证责任原则。2001 年《证据规定》第二条规定："当事人对自己提出的诉讼请求所依据的事实或者反驳对方诉讼请求所依据的事实有责任提供证据加以证明。没有证据或者证据不足以证明当事人的事实主张的，由负有举证责任的当事人承担不利的后果。"该条对当事人的举证责任进一步细化规定（该条规定在 2019 年《证据规定》中被删除）。《民事诉讼法解释》第九十条、第九十一条也从规范构成要件的角度对举证责任进行了进一步明确。[2] 虽然前述法律和司法解释对举证责任作出了明确规定，但是在现行司法实践中不容忽视的问题是，当事人的举证能力较弱导致其客观上无法举证。[3] 实践中，在发生争议后，由当事人自行向争议对方当事人或第三人处调取证据往往困难重重，大都很难成功。虽然《律

---

〔1〕 参见陈维君：《民事证据调查令制度的运行检视与完善路径》，载《河北法学》2017 年第 3 期。

〔2〕 《民事诉讼法解释》第九十条规定："当事人对自己提出的诉讼请求所依据的事实或者反驳对方诉讼请求所依据的事实，应当提供证据加以证明，但法律另有规定的除外。在作出判决前，当事人未能提供证据或者证据不足以证明其事实主张的，由负有举证证明责任的当事人承担不利的后果。"第九十一条规定："人民法院应当依照下列原则确定举证证明责任的承担，但法律另有规定的除外：（一）主张法律关系存在的当事人，应当对产生该法律关系的基本事实承担举证证明责任；（二）主张法律关系变更、消灭或者权利受到妨害的当事人，应当对该法律关系变更、消灭或者权利受到妨害的基本事实承担举证证明责任。"

〔3〕 参见裴培祥：《我国民事当事人证据收集制度的反思》，载《福建农林大学学报（哲学社会科学版）》2018 年第 3 期。

师法》赋予了律师调查权，但是在实践中也难以行使。有些部门往往以各种理由妨碍律师获取证据。通过法院签发律师调查令，赋予律师持令调查权，则弥补了当事人举证能力不足的问题，缓解了“取证难”的现实困境。[1] 这从实践中调查取证成功率高的状况可以明显体现出来。

2. 弥补了我国现行法律和司法解释对当事人调查取证权程序保障的制度空白。[2] 律师调查令制度的推行，为当事人收集证据困难，特别是由于客观原因无法收集证据，提供了救济方式，给当事人的诉讼权利以程序上的保障，强化了当事人的举证能力，使民事诉讼“谁主张，谁举证”举证原则真正获得制度上的保障。就此而言，其还具有自下而上推动立法制度完善的功能。事实上，我国立法和司法解释对证据收集权的保障是有缺陷的，与辩论主义诉讼模式下“武器平等”的要求不符。律师调查令来自基层法律实践的制度创新，其积极回应了我国民事诉讼中当事人对证据调查收集保障的需求，通过由下而上试行的方式创新了证据收集权保障的中国模式。正是由于律师调查令制度具有填补目前我国民事诉讼法体系中证据收集保障制度空白的功能，使得该制度在实践中获得律师、法官和当事人的积极肯定，试行的效果很好，并且在实践中的应用也越来越广泛。

3. 有利于充分发挥律师在民事诉讼中的证据收集作用。《民事诉讼法》第六十四条规定：“代理诉讼的律师和其他诉讼代理人有权调查收集证据，可以查阅本案有关材料。查阅本案有关材料的范围和办法由最高人民法院规定。”《律师法》第三十五条规定：“受委托的律师根据案情的需要，可以申请人民检察院、人民法院收集、调取证据或者申请人民法院通知证人出庭作证。律师自行调查取证的，凭律师执业证书和律师事务所证明，可以向有关单位或者个人调查与承办法律事务有关的情况。”虽然《民事诉讼法》和《律师法》均明确规定了师调查取证权，但是对于被调查取证人是否有义务提供证据或协助提供证据则没有明确规定；由此导致，实务中律师在向被调查人收集证据时，被调查人直接予以拒绝是律师调查取证时常遇到的情形。通过推行民事诉讼调查令制度，可以为律师调查取证创造良好的外部条件，使得律师充分发挥在民事诉讼中收集证据

---

〔1〕 参见王杏飞、刘洋：《论我国民事诉讼中的律师调查令》，载《法治研究》2017 年第 3 期。
〔2〕 参见陈维君：《民事证据调查令制度的运行检视与完善路径》，载《河北法学》2017 年第 3 期。

的作用。[1] 通过法院签发调查取证的命令,赋予律师调查取证的公权力后盾,能够将律师调查取证权利更好地落到实处。反观之,正是由于该制度充分发挥了律师在调查取证中的积极作用,才使该制度在执行中获得了律师的高度认可,其申请积极性和取证成功率均一直很高。

（二）有利于提高司法审判效率

法官通过向律师签发调查令,可以节省法官外出调查取证的时间,使得法官将更多精力投入案件事实的认定和法律适用上,有利于法官更公正高效地审理案件。

1. 实现诉讼资源的优化配置。[2] 近年来,各级法院受理的民商事案件呈剧增态势。2021 年第十三届全国人大四次会议第二次全体会议上,最高人民法院负责人在工作报告中提到,2020 年地方各级人民法院和专门人民法院受理案件 3080.5 万件,审结、执结 2870.5 万件,结案标的额 7.1 万亿元;其中民商事、执行案件占据绝大多数比例。在某些经济发达地区,法院受理的民商事案件每年甚至以两位数的速度增长,且新类型、疑难复杂案件、社会影响较大的案件也急剧增加,案件的专业性也增加了,这些因素叠加在一起导致案件对举证的要求高、难度大,因此仅依靠当事人自己收集证据往往难以达到证明责任要求。案件复杂对证据的要求增加,对证明责任的要求更加严格,导致当事人申请法院调查取证的案件增多,法官一方面面临案件增多的压力,另一方面又面临调查取证申请增多的压力,由此导致案多人少矛盾成为多年来法院工作的疑难问题。为了减少法官的压力,应当支持律师自行调查收集证据,推行律师调查令,从而剥离审判辅助事务,缓解司法资源供给不足的矛盾,使法官专注于处理审判核心事务,提高审判和执行的效率。因此,通过试行民事诉讼律师调查令制度,法院可以将更多的精力集中在案件审理中,缓解"案多人少"的审判压力,提高审判质效。[3] 例如,到 2018 年 3 月底,《南京市中级人民法院、南京市司法局、南京市律师协会关于执行实施案件使用调查令的若干规定(试行)》实施以来,南京市两级法院执行局共出具调查令 1069 份,获得线索近 500 条,涵盖房

---

〔1〕 有学者认为,代理律师收集证据恰是当代协同主义民事诉讼模式的发展要求,可以对当事人取证能力进行有效的补充。参见吴如巧:《论协同主义民事诉讼模式下的证据收集》,载《海南大学学报(人文社会科学版)》2012 年第 2 期。

〔2〕 参见陈维君:《民事证据调查令制度的运行检视与完善路径》,载《河北法学》2017 年第 3 期。

〔3〕 参见梁琴:《民事证据调查令制度实证研究——以莆田市的 49 份判决为样本》,载《牡丹江大学学报》2019 年第 3 期。

产、银行存款、理财、社保收入、车辆等一系列信息，为"查人找物"提供了助力，使得经办执行案件的执行人员能有更多的时间和精力投入其他执行事务中，执行效率也得到了提高，执行到位标的有所上升。

2. 有利于当事人更高效举证，进而提高案件的审理效率。在当事人依据法律规定申请调查取证时，法官对案件情况可能根本不了解，由此导致法官调查取证的片面性。对律师而言，当事人可能在案件到法院之前就委托律师对案件情况进行了全面研究和分析，与法官相比律师对案件更加熟悉，对证据线索掌握也往往更加全面；由当事人委托的律师申请调查取证，更加具有针对性，可以快速收集到与案件相关的证据材料。在高效收集证据材料的情况下，争议案件的审理时间缩短；或者在当事人收集了证据后，对证据材料分析后选择调解结案或撤诉，则有利于促进纠纷的快速解决，不仅节约了诉讼资源，也减少了当事人的讼累；在当事人更加高效举证的基础上，有助于提高诉讼效率，实现案件的高效审理。这也是调研地区的法院和律师的共同认识。

3. 有利于促进法官审判的中立性，实现案件的公正审理。[1] 在诉讼中法官要处于"超然""中立"的地位居中裁判，这是司法中立理论的必然要求；法官不能主动介入双方的纠纷中，也不能偏向任何一方。然而，在职权主义诉讼模式的影响下，我国《民事诉讼法》同时规定在当事人及其诉讼代理人由于客观原因不能自行收集证据时，可以申请法院调查取证；同时还规定，法院认为有需要可以主动依职权调查取证。由法官依职权调查取证，无疑会使法官对案件产生先入为主的判断；法院认为该证据对于案件审理具有重要性，才去调查取证，这实质上已经在质证、认证和实体审判之前形成了初步的倾向性判断，影响了法官的自由心证。[2] "推行民事诉讼调查令制度不仅能有效保障律师调查取证的权利，更有利于保证法官审判的中立"，[3] 从实体上更好地保护当事人的合法权益。

（三）有利于纠纷的实质化解

1. 有利于促成当事人客观全面地分析纠纷可能的裁判结果，及时化解纠纷。通过律师调查令保障当事人证据收集权，可以促使当事人更加全面地发现

---

〔1〕 参见陈维君：《民事证据调查令制度的运行检视与完善路径》，载《河北法学》2017 年第 3 期。

〔2〕 对法院依职权调查取证制度的不合理性，参见任铁健：《对法院依职权调查收集证据的反思》，载《政法论丛》2000 年第 1 期。

〔3〕 邓月媛：《律师调查令制度的运行状况分析与完善建议》，载《宁波广播电视大学学报》2018 年第 1 期。

案件事实，促进双方当事人对纠纷有合理预期。如果当事人通过律师调查令调取到相关材料后，发现不具备诉讼条件，或者很难胜诉，即会通过撤诉或者与对方和解的方式解决纠纷；或者对方当事人发现调取的证据对其不利，可能败诉，则更容易与相对方达成和解。鉴于此，一方面，通过律师持证调查证据，易于减少或者遏制当事人的不合理诉求，减少纠纷的激化程度，促成当事人服判息诉，客观上减少了案件量；另一方面，当事人取得基本证据后，则有利于法官在全面掌握案件事实后，做好当事人的调解工作。

2. 有利于民事诉讼追求实质正义目的的实现。实践中，当事人由于主客观方面的原因导致其举证能力不足，很多案件由于举证不能由当事人承担不利的法律后果，从形式上看符合法律规定的要求。但是，对于当事人而言，由于客观举证能力不足所导致的案件败诉，不能让该当事人从该案件中感受到公平正义，进一步的司法裁判不能达到令当事人服判息诉的目的。通过保障律师调查取证权，有利于当事人在案件中的诉求得到公正合理的满足，对于不能胜诉的结果也能形成客观理性的认识，增加其对司法权威的认同和对公正裁判的认可。特别是赋予律师持证调查权，可以发挥律师在案件中对当事人的释法明理作用，增加当事人对案件审理效果的客观认识。

3. 在加大保障律师执业权利的同时，增加律师对法院工作的认同，既有利于法律共同体的建设，也有利于法治事业的整体推进。律师调查令制度的试行，扭转了律师在调查取证方面的弱势地位，有效保障了律师群体执业中权利的行使和功能发挥。一方面，通过律师持令调查取证，可以促进了律师代理效能的提高，有助于律师为社会提供更优质的法律服务，更好地维护当事人的合法权益；另一方面，也有助于律师更好地参与到案件审理中，增加律师对法院工作的认同感，有利于法律共同体的建设。[1] 例如，申请执行人通过对被执行人可供执行的财产线索调查取证，对被执行人的履行能力有了了解；在被执行人无履行能力时，法院依法裁定终结本次执行程序时，当事人才不会认为法院没有尽力查询财产线索，这有利于提升律师和当事人对裁判结果的认可程度。

（四）有利于提高法治宣传效果

1. 有利于提高全社会的法治参与度。律师调查令的推行在调动律师积极性的同时，还需要被调查人的积极配合。针对被调查人积极配合的情形，需要

---

〔1〕 这恰恰符合现代民事诉讼协同主义发展模式的要求。参见吴如巧：《论协同主义民事诉讼模式下的证据收集》，载《海南大学学报（人文社会科学版）》2012 年第 2 期。

该制度被社会公众、各单位认可。目前,有的试行地区通过多部门联合印发试行意见的形式,使得该制度被广泛认可,从而实现了对该制度的广泛宣传。这种对律师调查令的宣传,有利于被调查主体了解纠纷的相关情况,从而间接起到法治宣传的社会效果。

2. 有利于提高社会公众的法治意识和法治水平。各地法院在开始推行律师调查令时,被调查单位不配合的情况时常发生,但是随着各地法院出台规定,申请的次数和法院签发量的增加,被调查单位不仅逐渐认可律师调查令的必要性,而且也进一步重视和积极配合律师的调查取证工作,从不配合变为配合提供证据材料。例如,在联合签发试点文件的地区,公安部门、房管部门、户籍部门和银行等单位都能积极配合完成调查工作。在这些被调查取证的主体配合律师持令调查取证的同时,也加深了这些主体对该制度的认可度;通过被调查人接受调查取证,可以让其明白纠纷中可能遇到的证据问题和法律问题,从而加深其对纠纷产生的根源和解决路径的认识,提高其应对相关纠纷风险的能力,增加其对相关法律问题的认知。事实上,每一次调查取证皆是一次深入的法治宣传教育课,通过每次法治教育宣传活动,法治进步得以被推动和完善。

第三节 律师调查令试行的困境和现实需要

通过上述对律师调查令试行情况的介绍,可以看出律师调查令在实践中取得了良好的法律效果和社会效果,深受当事人、律师和法院的欢迎。但是,需要注意的是,律师调查令的试行在现实中仍然面临诸多困境。实践中还有一些部门或机构以只接受公检法调查取证为由,拒绝向持有调查令的律师提供证据材料,比如,较多银行业金融机构,多以行业内部规定为由,拒绝律师持证调查。[1]调查人不配合调查仅是律师调查令试行中遇到的典型困境之一。通过研究,律师调查令所面临的困境可以归纳为以下几个方面。

---

〔1〕 实践中,银行往往以只接受公检法机关调查为由,拒绝提供材料。例如,广东省广州市中级人法院(2014)穗中法行初字64号行政判决书。该案中当事人要求银行提供材料的请求并未得到法院支持,参见广东省高级人法院(2014)粤高法行终字第887号行政判决书。

一、理论定位模糊

《民事诉讼法》第六十七条规定了当事人自行收集证据、申请法院调查收集证据、法院依职权调查收集证据三种证据收集方式。在证据收集方面，以当事人自行收集证据为主。对于当事人自行收集证据的情形，代理律师完全可以依据民事诉讼法及律师法的相关规定，直接到相关部门调查收集，但这在实践中往往由于被调查人不予配合而不能达到预期的目的。法院接受当事人的申请依职权调取相关证据，又受到法律和司法解释的严格限制。《民事诉讼法解释》第九十四条第一款规定："民事诉讼法第六十四条第二款规定的当事人及其诉讼代理人因客观原因不能自行收集的证据包括：(一)证据由国家有关部门保存，当事人及其诉讼代理人无权查阅调取的；(二)涉及国家秘密、商业秘密或者个人隐私的；(三)当事人及其诉讼代理人因客观原因不能自行收集的其他证据。"这实际上是我国民事诉讼模式改革对当事人主义诉讼模式的强化及对职权主义诉讼模式的弱化的结果。实践中对于保障当事人调查收集权的呼声日益高涨，进而导致自下而上地推动律师调查令这一调取证据制度的产生。

律师调查令在实务中的运行机制是，当事人由于客观原因无法自行收集证据，当事人委托的代理律师向法院申请签发调查证据的命令，该申请经法院批准后，法院为当事人的代理律师签发调查令，代理律师持调查令向被调查人收集证据。但是，针对这一调查收集证据的机制，在现行法律制度下产生了理论定位上的困难。对此，存在不同观点。[1]

(1)法院授权说。该说认为，律师调查令系法院委托律师实施调查取证，系法院的一种委托授权，[2]因此虽然律师调查令系当事人申请、法院签发，但是其本质上系法院基于公权力的授权，被调查人有接受配合调查的义务。

(2)法院间接取证说。该说认为，律师调查令制度是法院在个别案件和特殊情况下，通过签发律师调查令的方式，授权当事人的律师进行取证的一种委托调查取证方式，虽然法院没有直接调查取证，但是律师因为有法院的授权可以调取证据，因此律师调查令是法院间接调查证据的方式。因此，律师持法院的调查令收集证据的行为，应当属于法院依职权调取证据的公权行为，被调查

---

〔1〕 参见赵风暴：《民事证据调查令制度的司法适用路径探析》，载《兰州大学学报（社会科学版）》2018年第3期。

〔2〕 参见陈维君：《民事证据调查令制度的运行检视与完善路径》，载《河北法学》2017年第3期。

人不得拒绝配合调查取证。

(3)私权行使说。该说认为，律师调查令本质上仍属于律师在诉讼中收集证据的私权行为。由于律师调查令系私权行使，故被调查人有拒绝调查的权利，对其拒绝配合调查的，不得处以公权力的制裁。

(4)诉讼权利延伸说。该说认为，律师调查令制度是诉讼权利在司法裁判权保护下的延伸，因而具有国家公权力的特征，并具有强制效力。〔1〕实务中有的法院除签发律师调查令外，还签发委托调查函，如云南高院系统就存在律师调查令和委托调查函两类律师持令、函调查取证的情形。这种理论定位的模糊，直接导致各地试行规范性意见中对之欠缺规定。由于律师调查令在我国属于新生的事物，关于其性质的定位尚未引发理论界的深入研究和讨论。

在上述理论定位模糊之下，导致以下几个实务方面的困惑。

一是法院对律师调查令申请、审查等处理模糊。如果将之界定为司法权的行使或司法权的委托行使，则拒绝配合调查取证会受到国家公权力的惩戒；如果将之界定为私权利的行使，则拒绝调查取证不能受到法院的惩戒。缺乏对其性质的理论定位，导致目前法院在被调查人拒绝配合调查的情况下，难以对之处以惩戒。加之，如果被调查人以内部规定为由拒绝调查的，法院也会面临默许的尴尬境地。例如，在广东省高级人法院(2014)粤高法行终字第 887 号行政判决中，法院甚至认可被调查人拒绝的权利，这实际上就是法院认可律师调查令系当事人私权行使的延伸，进而即使是法院出具的调查令，在被调查主体拒绝时，自然产生私权的无效法律效果。

二是律师持令调查的行为性质模糊。律师持法院签发的调查令调查取证时，究竟是以律师的身份为当事人的利益调查取证，还是受法院委托为了查明案件事实而调查取证，具有模糊认识。如果将律师调查令的性质界定为私权的行使，则调查人隐藏对其不利的证据，从民事诉讼角度可以认为系其采取的一种诉讼策略。但是，如果将之界定为公权的委托行使，则律师在持证调取证据后就无权对证据进行自行审查，原则上其必须将调取的证据如实向法院提交；如果不提交，则应受到相应的司法惩戒。

三是由于理论上对律师调查令的界定不清，对被调查人不配合的处理不同。如果将律师调查令的性质界定为民事诉讼私权的行使，则被调查人虽然根

---

〔1〕 参见韦杨等：《当事人调查取证权之程序保障的路径尝试——以调查令制度的检讨及其实证量化分析为研究视点》，载《法律适用》2008 年第 3 期。

据民事诉讼法有配合调查取证的义务，但是其以其自身的权利需要保护为由拒绝协助调查，除法律明确规定的不利后果之外，[1]采取并不能对其采取公法上的制裁措施。如果将律师调查令性质界定为公权行使的性质，或者界定为法院公权赋权行为的性质，则被调查人有配合调查取证的义务；违反此项义务，就要承担相应不利的法律后果，或者受到国家公权力的否定评价或者制裁。目前由于这种理论模糊，导致各地方法院出台的规范性意见中几乎均无惩戒措施，试行实践中也鲜有以违反义务为由适用制裁措施的案例。

二、顶层设计欠缺

我国的法律体系总体上属于大陆法系的立法体系。在该立法体系中，首先从国家层面制定成文法，其次在实务中适用已经制定的法律。对于律师调查令制度而言，欠缺立法和司法层面的顶层设计，由此导致该制度的实务操作并不是适用法律的结果。律师调查令目前仍停留在地方法院试行阶段，是地方法院基于实务需要自行推行的一项制度。律师调查令顶层设计的欠缺，表现在除缺乏立法和司法的规范意见之外，还在于相关单位对试行律师调查令还存在不同的看法。

（一）法律依据欠缺

虽然律师调查令制度在不少高院、中院、基层法院试行多年，而且近年来在法院案多人少背景下得以在更大范围内推行，但该制度目前并无明确的法律依据。根据我国《立法法》第八条的规定，涉及诉讼和仲裁制度的事项只能由立法规定，故在民事诉讼制度原则上应为立法保留事项的情况下，部分省市法院探索试行律师调查令制度缺乏基本法律的支撑。也是基于这种立法保留的事项，试行依据只是各地高院出台的规范性意见，甚至是中院、基层法院的意见，由此带来的试行效力大打折扣，有时还会受到被调查人的质疑。这恰恰是律师调查令在实务中受到被调查人拒绝的重要理由。由此，实践中部分被调查单位以律师调查令无法律依据为由拒绝协助，法院也无法对其采取强制措施。[2]

---

〔1〕《民事诉讼法解释》第一百一十二条规定："书证在对方当事人控制之下的，承担举证证明责任的当事人可以在举证期限届满前书面申请人民法院责令对方当事人提交。申请理由成立的，人民法院应当责令对方当事人提交，因提交书证所产生的费用，由申请人负担。对方当事人无正当理由拒不提交的，人民法院可以认定申请人所主张的书证内容为真实。"

〔2〕参见黄莹等：《民事诉讼中律师调查令的制度构建》，载《法治与社会》2017 年第 15 期。

(二)对律师调查令的顶层设计态度不统一

与地方各级法院积极出台律师调查令的规范性意见,并在实践中积极试行律师调查令的情况相比,律师调查令的顶层设计却是缺失的。各单位对律师调查令的态度也不统一。具体来说,存在以下几方单位的不同态度。

1. 对中央文件政策的不同解读。《中共中央办公厅、国务院办公厅关于深化律师制度改革的意见》(中办发〔2016〕21 号)指出:"要完善律师收集证据制度,律师办理诉讼和非诉讼法律业务,可以依法向工商、公安、海关、金融和不动产登记等部门调查核实有关情况。"有观点认为,该意见虽然未明确提及试行律师调查令,但从该意见的精神来看,其明确提出了完善律师收集证据制度的要求,就此而言,可以将该意见定位为中央层面为人民法院试行律师调查令、支持律师调查取证权提供了政策支持。比如,天津高院就是在上述政策的框架之下,联合有关单位出台保障律师权利的意见,并明确要求法院出台律师调查令试行意见。但是,尽管如此,上述意见并没有明确提及律师调查令,而其所强调的律师调查核实有关情况的权利,本身即属于律师法所规定的内容,故并未有所突破。

2. 全国人大对律师调查令的模糊态度。2005 年 8 月 25 日全国人大常委会副委员长顾秀莲在第十届全国人民代表大会常务委员会第十七次会议上作了《全国人大常委会执法检查组关于检查〈中华人民共和国律师法〉实施情况的报告》,该报告积极肯定了律师调查令在保障律师调查取证权方面的作用,并建议解决律师在诉讼过程中面临的困难,要对律师的执业权利予以保障,应当认真研究并完善庭审前证据展示、证据交换、民事案件调查令等有利于保障律师权利的制度。从该报告的要求来看,全国人大常委会对律师调查令的试行持积极肯定的态度。〔1〕

但是,全国人大法工委在最高人民法院执行局起草财产调查司法解释和民一庭起草证据司法解释的过程中均认为,律师调查令涉及问题复杂,建议进一步深入研究。这实际上是对最高司法层面出台统一的规范性意见持保留态度。另外,目前在涉及调查出入境信息、个人存款信息时,有关部门也持保留的态度。比如,地方海关和银保监部门都认为,由于缺乏上级的部门文件,故对律师

---

〔1〕 参见顾秀莲:《全国人大常委会执法检查组关于检查〈中华人民共和国律师法〉实施情况的报告》,载中国人大网,http://www.npc.gov.cn/wxzl/gongbao/2005-08/28/content_5354867.htm,肯定律师调查令的原文如下:"一些地方正在试行刑事案件证据展示、民事案件双方当事人交换证据、人民法院根据代理民事案件律师的取证申请签发调查令等制度,以缓解律师调查取证的困难。经过有关部门的共同努力,律师依法执业条件有明显改善。"

调查令多持不支持态度。有关部门亦曾致函最高司法机关，建议最高司法机关出台意见，禁止地方法院试点律师调查令制度。

3. 司法部的积极推动态度及律师行业的积极呼吁。司法部作为律师行业的主管部门，其积极力推律师调查令。据了解，司法部作为全国律师的行政主管部门，保障律师权利是其重要工作内容。特别是近年来，随着律师调查令在全国范围的推行，鉴于许多律师的积极呼吁，在全国法院试行律师调查令取得良好法律效果和社会效果的基础上，司法部力推试行律师调查令。司法部在近几年来的工作内容中，回应律师的呼吁和全国律师调查令试行的需要，推动有关部门出台试行律师调查令均系其重点推进的工作。

律师行业的积极呼吁。全国律协和地方部分律师对推行律师调查令持积极态度。青海高院、新疆高院目前均未从辖区层面出台适用于全省（区）范围的律师调查令试行规范性文件，但是近年来，上述省（区）的当地律协和律师代表、委员均提出在该省（区）出台试行律师调查令的书面建议。浙江高院之前仅在立案阶段试行律师调查令，多年以来有律协和律师建议在民事诉讼和执行领域试行律师调查令。2018 年，浙江高院为回应上述建议，亦在民事诉讼和执行领域出台律师调查令的规范性文件。

近年来，部分从事法律职业的全国人大代表、政协委员以建议或提案的形式，积极呼吁推行律师调查令。每年均有全国人大代表建议和政协委员提案，建议最高人民法院出台相关推行律师调查令的司法解释或者规范性意见。代表意见的议题比较集中和明确，即立法层面增加律师调查令制度，司法层面建议最高人民法院从顶层设计角度出台律师调查令规范性意见。全国人大代表和政协委员的建议和提案，充分说明试行律师调查令问题已经被社会公众充分认知，并积极建议将之上升为法律规范或者司法解释规定。

4. 最高人民法院的态度模糊。虽然最高人民法院对试行律师调查令制度是积极肯定的，而且 2006 年最高人民法院颁布的《关于认真贯彻律师法依法保障律师在诉讼中执业权利的通知》中，明确法院要在民事诉讼中总结经验，对律师调查令制度进行探索和试行；[1] 最高人民法院印发的《关于依法制裁规避执

---

〔1〕《最高人民法院关于认真贯彻律师法依法保障律师在诉讼中执业权利的通知》第三条第七款指出，根据十届全国人大常委会第十七次会议审议的《全国人大常委会执法检查组关于检查〈中华人民共和国律师法〉实施情况的报告》的要求，人民法院可以在民事诉讼中积极探索和试行证据调查令做法，并认真研究相关问题，总结经验。

行行为的若干意见》则进一步尝试探索律师的财产调查权。[1] 2007 年最高人民法院在《关于全面加强知识产权审判工作为建设创新型国家提供司法保障意见》中也明确探索试行律师调查令制度。[2] 2015 年 12 月 24 日，时任最高人民法院审判委员会委员、民事审判第二庭庭长杨临萍在《最高人民法院关于当前商事审判工作中的若干具体问题》的讲话中要求，在审理证券案件时要在程序上积极探索律师调查令。[3] 从上述司法政策文件中可以看出，最高人民法院是积极支持推行律师调查令的。

在最高人民法院起草相关执行司法解释的过程中，就曾有支持在执行程序中规定律师调查令制度的司法解释建议稿；在最高人民法院起草证据法司法解释（后确定为修订 2001 年《证据规定》）的过程中，也有推行律师调查令的相关建议规定，并且在征求意见稿中也已经向地方法院和有关机关征求意见。但是，由于有关机关的保留态度，故最终在正式的司法解释中将相关条文建议删除。最高人民法院也不得不基于司法解释系解释法律适用的功能，难以在司法解释中规定应属于立法保留的事项，故很难在司法解释中对律师调查令有开拓性的规定。在 2019 年《证据规定》中，律师调查令的相关规定也最终被删除。

在全国法院积极呼吁最高人民法院从顶层设计层面出台司法解释或者规范性意见，为地方法院试行律师调查令提供顶层设计支撑的情况下，最高人民法院仍然迟迟未出台相关规定，而是由该制度在地方以试行的方式推行，足以反映其对该问题的模糊态度。尽管最高人民法院本身并没有在司法解释或者规范性文件中对律师调查令制度予以明确，但是，一方面最高人民法院曾经出台意见鼓励地方法院积极探索和试行律师调查令，另一方面最高人民法院对全国法院试行律师调查令制度持有态度模糊的处理方法，如此可以表明，在全国地方法院如火如荼开展律师调查令试行工作的背景之下，最高人民法院的这种模糊态度一定程度上可以认为是一种默许。

5. 有关单位的反对意见。有关单位认为，目前没有法律直接规定律师调查

---

〔1〕《最高人民法院关于依法制裁规避执行行为的若干意见》明确，各地法院也可根据本地的实际情况，探索尝试以调查令、委托调查函等方式赋予代理律师法律规定范围内的财产调查权。

〔2〕《最高人民法院关于全面加强知识产权审判工作为建设创新型国家提供司法保障意见》明确指出，探索试行调查令制度，对于属于国家有关部门保存而当事人无法自行取得的证据和当事人确因客观原因不能自行收集的其他证据，可以探索由法院授权当事人的代理律师进行调查取证。

〔3〕在证券案件的审理中应当注意两方面问题：在审理程序方面要注意：在调查取证上……除了法官到现场调查取证外，还可以积极探索利用调查令、书面通知持有证据的单位提供证据等多种手段，补强查明案件事实所需要的证据。另要充分发挥专家辅助人作用，以利形成司法判断。

令制度，因此律师调查令的法律依据不足，而且，从相关行业的规定来看，律师调查令赋予律师持令调取证据权，同已有的规定冲突，故持反对意见。例如，《中国人民银行关于发布金融机构协助查询、冻结、扣划工作管理规定》《电信条例》〔1〕规定查询银行流水、电信信息需要执法人员持证进行。因此电信和银行部门经常以上述规定为由，不配合律师持调查令调查取证，这导致许多民间借贷、金融借款或建设工程类案件中涉及银行账户信息和银行流水等关键证据无法被调取，影响了案件的审理进程和法院的实体处理。再如，在执行程序中，被调查的电信单位往往将《最高人民法院、中国人民银行关于依法规范人民法院执行和金融机构协助执行的通知》〔2〕解读为只能由法院工作人员调查取证，而不能由律师调查取证，并以此为由拒绝提供通话记录等证据。

三、规范内容不一

由于缺乏立法上的规定和最高人民法院司法解释的规范性文件的支持，各地试行的律师调查令制度规范在其他地区获得配合调查取证的难度较大。〔3〕目前全国各地出台的试行律师调查令规范虽然存在互相借鉴的情况，但各地在借鉴中又根据地区差异进行修改补充，由此导致各地律师调查令规范存在内容不统一的情况，这一定程度上影响到该制度功能的发挥。这些不统一具体表现在如下几个方面。

（一）规范层级有差异

从目前全国范围试行律师调查令的情况来看，规范层级不一；有的是省、市、区人大出台地方性法规后，由高院就律师调查令出台试行规范，比如安徽省；有的直接是由高院就律师调查令制度出台试行规范性意见，目前全国大多数省、区、市出台了规范性文件；有的在省、区未出台规范性文件的情况下，辖区内的中院、基层法院对律师调查令制度出台试行规范性文件；对律师调查令的

---

〔1〕《中国人民银行关于发布金融机构协助查询、冻结、扣划工作管理规定》第八条规定，“办理协助查询业务时，经办人员应当核实执法人员的工作证件，以及有权机关县团级以上（含，下同）机构签发的协助查询存款通知书”。《电信条例》第六十五条第一款规定：“电信用户依法使用电信的自由和通信秘密受法律保护。除因国家安全或者追查刑事犯罪的需要，由公安机关、国家安全机关或者人民检察院依照法律规定的程序对电信内容进行检查外，任何组织或者个人不得以任何理由对电信内容进行检查。”

〔2〕“人民法院查询被执行人在金融机构的存款时，执行人应当出示本人工作证和执行公务证，并出具法院协助查询存款通知书。”

〔3〕参见王杏飞、刘洋：《论我国民事诉讼中的律师调查令》，载《法治研究》2017年第3期。

适用范围大部分规定都没有作出明确限制。但是在实践操作中,本地法院签发的律师调查令在外地认可度较低。在没有试行律师调查令制度的地方,律师调查令基本不被认可;在试行调查令制度的省市也有律师调查令不被认可的情况,因为各地出台规范的层级有限,而且各地签发的调查令的样式并不统一,经常发生被调查人对调查令持怀疑态度而拒绝提供证据的情况。

(二)申请主体和持令调查的主体不统一

1. 申请主体不一致。有的地方法院出台的规范性意见中,明确了申请主体和调查取证主体为代理律师,[1]这在实践中不会产生争议,应为规范性文件的理想状态。还有多数地区出台的规范性意见中并未单独规定申请主体,但是从法院规定持令调查取证的主体应为当事人委托的代理律师的规定来看,亦应将申请主体限制在委托诉讼代理的律师。例如,安徽、上海、福建出台的意见中均明确,调查令是法院签发给代理律师的法律文书,由此可推知申请主体应为代理律师。

但是,有些地区则明确申请主体可以是当事人。如《天津市高级人民法院关于在民事诉讼中实行律师调查令的若干规定(试行)》规定,"经当事人和代理律师书面申请并获受理案件的人民法院批准",申请主体包括当事人。但是从该规定的逻辑而言,显然存在法院适用上的矛盾。如果当事人申请,没有代理律师,法院应否签发?签发之后能否交给当事人?显然从文件的文义上就出现了矛盾。

2. 持令调查的主体不一致。多数出台的规范性意见中明确持令调查主体为律师,例如,福建、安徽、天津、上海等地均将持令主体明确规定为当事人委托的代理律师,在实践中获得配合程度较高。但是,有些地区除了赋予律师持令调查权之外,还赋予基层法律服务工作者、当事人等调查取证权。例如,《浙江省高级人民法院关于民事诉讼立案审查阶段适用调查令的意见》规定:"本意见所指调查令是指当事人在民事诉讼立案审查阶段因客观原因无法取得诉讼所需要的证据,经申请并获人民法院批准,由人民法院签发给当事人的代理律师或者基层法律服务工作者,由其向有关单位收集所需证据的法律文书。"该意见规定基层法律服务工作者也可以申请和持令调查取证,这往往导致,在只允许

---

〔1〕《重庆市高级人民法院关于在民事诉讼中试行律师调查令的意见》中规定:"当事人需要向案外人调查收集证据的,经诉讼代理律师申请,人民法院可以签发律师调查令,由诉讼代理律师持律师调查令调查收集证据。"

律师持令调查的地区,如果基层法律服务工作者持令调查,则很难予以配合。再如,新疆生产建设兵团法院出台的意见规定,调查取证主体包括律师和法律工作者,由此导致对"法律工作者"的范围存在不同的认识。实践中还有当事人自己持证调查的,在其调取到不利的证据后,隐匿该不利证据,从而使得律师调查令签发的目的无法实现。

上述律师调查令申请主体和持令调查取证主体的不统一,导致该制度在实践中存在适用的差别,影响了该制度的效力,使得对律师调查令申请主体和取证主体应否限定于律师的研究成为必要。[1]

(三)适用案件程序不同

目前各地律师调查令的推行,有的适用于民事诉讼立案阶段,有的适用于案件审理阶段,有的适用于执行阶段,还有的适用于所有民事诉讼阶段,从而导致其实际运用中可能存在不予配合的情况。例如,上海、安徽、浙江在立案审查、民事诉讼、执行程序中均可适用这一制度,并分别制定了规范;河南仅规定在执行程序中适用。再如,浙江高院意见主要是为了解决取证难导致的立案难问题,故只适用于民事诉讼立案审查阶段,调查内容也仅限于有关诉讼主体和起诉需要的证据;该省 2018 年又将律师调查令扩展到民事诉讼和执行阶段。对于适用的审级,虽然各地多明确适用于一审、二审阶段,而且对二审阶段进行了较严格的限制,但是即使如此,还存在一些细微的差别。特别是在再审阶段是否适用,各地出台的意见中鲜有提及,这也是需要探讨的问题。

(四)持令调查的证据范围不明确

关于律师调查令适用的调查证据范围,即哪些证据可以由律师持令调查,是目前审判实践中较为复杂的问题。[2] 事实上,各地试行规范中对律师持证调查取证的范围规定存在差异。虽然基于我国纠纷发展的客观情况,各地申请调取证据的范围具有类似性,但是由于缺乏立法和最高人民法院层面的规范性文件的规定,从而造成律师持令调查时,被调查对象以行业内部规定为由不予配合的情形。目前,律师调查令能否调查银行流水和海关的出入境记录,是实践中遇到障碍最多的领域。

---

〔1〕 参见赵风暴:《民事证据调查令制度的司法适用路径探析》,载《兰州大学学报(社会科学版)》2018 年第 3 期。

〔2〕 参见陈维君:《民事证据调查令制度的运行检视与完善路径》,载《河北法学》2017 年第 3 期。

（五）律师调查令时限的欠缺和不统一

首先，律师申请调查令的期限不明确。多数地区规定律师申请调查令应在举证期限届满之前提出，有的要求在一审法庭辩论终结之前提出，有的规范性文件并未涉及律师申请的期限。其次，律师持令调查的期限不同。有的法院要求律师必须在取得调查令后一定期限内完成调查。各地试行律师调查令的法院对于律师持令调查的时间均规定得较短，多为15日以内。在调研中，有律师反映，调查令的期限应适当延长。被调查的法院则认为，律师调查令应要求律师在短期内完成取证，要求律师持令调查不能影响案件的审理效率，避免持令调查成为律师拖延诉讼的手段。最后，对被调查人配合调查的期限没有规定。实际上，即使法院在签发的调查令中要求被调查人必须在一定期限内协助配合调查取证，但是有些被调查单位在提供证据时往往需要领导审批或者需要履行相应的工作流程，而法院确定的时间并不能满足其工作流程的需要，被调查人超期提供证据的情况广泛存在。上述期限规定的缺失和不统一，对律师调查令来说，可能存在导致效率低下影响诉讼效率的问题。

（六）审核签发的规定存在差异

首先，对律师调查令的签发权，各地的做法不一致。有的地区由独任法官或者合议庭签发，有的地区则要求由履行管理职责的庭长签发，有的地区则由法院领导签发。以重庆地区为例，重庆出台的律师调查令试行意见中，在第7条规定，由合议庭、独任法官负责签发。从2018年之前该地区实际的签发情况来看，在重庆法院系统各法院发出的640份调查令中，由承办人签发的有483份，由审判长签发的有41份，由院庭长签发的有116份，分别占75.47%、6.41%、18.13%。大部分法院将签发权赋予案件承办人，但也有部分法院如开州、奉节、南川、彭水、大渡口等法院将签发主体明确为院庭长，进一步严格了签发程序。在没有试行律师调查令的地区，法官往往以没有依据为由直接予以拒绝。

其次，在审查签发的标准上存在差异。在审核签发过程中，存在审核尺度难以统一把握的问题。对于签发的标准，目前试行地区也不一致。比如，在北京、上海地区，法院往往在律师申请签发令时即予以签发，不予签发的情形较少。而在一些内陆地区，即使在有律师调查令试行规范性文件的地区，有些法官鉴于文件中没有签发标准的规定，会以缺乏明确规定为由拒绝签发律师调查令，导致该制度的发展受限。签发标准差异的直接原因是律师调查令适用条件规定的欠缺。[1]

最后，律师调查令缺乏统一管理，影响了该制度的发挥。从流程管理、后续跟踪的情况看，律师调查令不像鉴定申请表、缴费通知单等诉讼材料具有特定的编号，也未纳入审判管理系统进行规范节点管理，因此人民法院无法对律师调查令出具、反馈等情况进行流程监管，导致对调查令签发数量、证据反馈、实践运行等情况难以全面准确统计。

四、缺少违反律师调查令的法律后果和制裁规范

与比较法上对违反证据收集保障制度的法律后果均有明确规定不同，我国各地试行规范性文件中均无对违反律师调查令的法律后果的规范。主要理由在于，律师调查令在各地系试行规范，缺少法律和最高人民法院司法解释的规范依据，对于民事行为的制裁，根据《立法法》第八条第十款的规定，诉讼和仲裁制度原则上属于立法保留事项，故各地试行律师调查令的规范并未对违反这一制度的行为规定相应的制裁措施。就法律规范的逻辑结构而言，完整的规范应该是行为模式、法律后果、制裁规范。没有制裁措施的规范是不完整的，犹如没有长牙齿的老虎，其效力必然大打折扣。

各地试行的律师调查令规范性文件多缺少违反调查令的法律后果和制裁措施，由此导致以下几个弊端。

1. 在律师调查令制度缺少法律依据的前提下，被调查人拒绝律师持令调查取证的行为能否借鉴比较法上相关制度的处理，以及能否按照妨害民事诉讼的行为进行追责，没有相关规范。一方面，比较法上对于纠纷当事人拒绝配合调查取证的，存在推定该证据为客观真实及该证据内容为客观真实的法律后果。我国文书提出命令制度虽然有此规定，但是这种规定能否类推适用于律师调查令制度中，目前不仅试行规范性意见中缺少相关规定，即使是理论研究中也鲜有涉及。另一方面，对拒绝调查人由于缺少相应的制裁措施，导致实践中很难按照《民事诉讼法》第一百一十七条规定以接受调查人妨害民事诉讼为由采取强制措施，这在一定程度上影响了调查令调取证据的成功率。虽然有的地区出台的文件中规定接受调查人无正当理由不履行协助义务的，可以依据《民事诉

[1] 即使是目前认识到该问题的研究文章，在看到问题的同时，仍然没有提出解决的方法，只是将决定权交由人民法院审查判断。参见赵风暴：《民事证据调查令制度的司法适用路径探析》，载《兰州大学学报(社会科学版)》2018 年第 3 期。

讼法》第一百一十七条的规定予以处理,但是此条在实践中发挥作用的空间有限。原因在于,在没有明确上位法依据的情况下,法院很难依此规定采取相应的制裁措施。从全国法院的司法实践来看,目前仅有个别法院因协助单位拒绝协助而采取惩罚的案例。

2. 对律师滥用律师调查令的行为缺乏规制。对律师持调查令调取与案件无关的信息或者超出申请范围的事项,缺乏明确的惩戒措施。对律师调取证据之后发现所持证据对己不利的事实不向法院提供,缺乏惩戒措施。实践中还存在有的律师为了拖延诉讼时间,不断提出调查令申请,在取得调查令后迟迟不去调查以拖延诉讼时间,或者在法院签发调查令后律师不领取使用。甚至还有律师在调查令上擅自涂改、添加调查内容或被调查人的情形。

3. 未规定申请未被批准后的救济途径,导致法院签发调查令不规范,由此对律师申请调查取证的权利缺乏制度保障。调查发现,多数出台律师调查令规范意见的法院出于减轻法院调查取证工作负担和发现案件事实的客观需要,对律师申请调查令的多予以签发。我们前文的实证研究已经指出,目前律师调查令的签发比率较高。但是,在法院内部也确实存在对调查令签发标准的模糊认识,由此导致在法院不予签发调查令的情况下,律师没有申请救济的途径。

五、律师调查令的试行效果有待进一步提升

(一)被调查人的配合力度不足

在上述理论定位模糊、法律依据不足及制裁规范缺失的情况下,被调查人配合调查取证的力度不足。具体表现在:部分被调查单位不认可律师调查令的效力,存在不配合提供证据的情形。不配合的形式主要为,被调查人以律师调查令欠缺法律依据及单位内部规定为由加以拒绝。还有少数执法部门、行政机关和事业单位以调查内容涉密为由不予配合。目前,在交通事故责任处理、医疗纠纷处理、建设工程施工纠纷中,需要调取事故发生地的录像、医院病历、备案的工程合同等内容,但是这些部门往往以涉及个人隐私、企业商业秘密为由不予配合。还有单位内部对配合律师调取证据的行为进行处罚的情形。比如,中国邮政银行某支行根据该地基层法院签发的律师调查令向律师提供证据后,被中国邮政银行某分行在全市范围内通报批评。实践中还存在被调查单位虽然接受了律师调查令,也配合出具了相关材料,但是和法院直接依职权调查取证相比,提供材料或者内容并不全面,会有所保留。如律师在调查房产信息时

相关部门的工作人员仅提供房产被查封的文号等信息，对于查封金额、查封文书等内容往往不予提供；对于查封金额和查封文书则要求律师向法院申请调取。

（二）法官对律师调查令制度的理解不够

1. 从法院内部来看，在对律师调查令缺乏立法规定和司法解释规定的情况下，法院签发律师调查令时，对是否签发存在不确定性，也难免由于法官的裁量尺度不同而存在较大的随意性。有法院存在未依当事人申请直接签发调查令的情形，更多的则是应当签发而不予签发的情形。有的地区的法官对律师调查令制度并不了解，从而导致在律师申请签发时一概予以拒绝的情形。有的地区虽然有律师调查令的规范性文件，但是在具体执行时，有的法官对该制度并不了解，还有的法官不知道如何操作该制度，故对申请多不予签批。还有法院在律师提出申请时，不予表态。比如，有律师向最高人民法院申请签发律师调查令，最高人民法院不予表态；但是，最高人民法院在审理案件时，对于一些重要的证据，虽然不向当事人签发律师调查令，但是该案审判法官往往会自行根据案件审理需要依据职权予以调取证据。因此，应当加大宣传力度并对法官进行培训，加强法官对律师调查令制度的了解及适用。

2. 有些法院虽然试行律师调查令，但是在各地各自开发的案件管理系统中，多无独立的律师调查令的统计指标。这导致：其一，在全国法院推行信息化办公的条件下，在没有律师调查令网上办理平台的情况下，有些法官不得不在线下制作文书，手动签章的情况。由此，客观上导致法官工作量的增加，影响法官签发律师调查令的积极性。其二，即使在办案系统中预留了律师调查令指标统计的端口，由于该指标并非强制性的法院办案数据统计指标，导致法官熟练使用的程度和积极性均不高。特别是没有加入工作量统计指标的情况下，直接影响法官适用该制度的积极性。其三，办案系统不一致，导致不同法院签发的内容不一致，进而导致律师调查令跨区域使用率较低及被认可度低的问题。

3. 由于缺乏宣传，有的地区虽然出台规范性文件，但是律师和社会公众的认知度仍然较低。由此导致，一方面，律师在办理案件需要调查取证时仍习惯于申请法院依职权调查取证，来保障其证据收集保障权。另一方面，还存在被调查人由于对该制度并不知悉，从而不配合的情形；即使被调查人予以配合，也往往需要履行单位内部或者向上级单位请示的程序后才能决定，由此影响到律师调查取证的效率。因此,这就需要通过宣传提高律师调查令的普及程度,鼓励律师积极申请法院签发律师调查令。

特别需要说明的是,随着近年来律师调查令在全国的推行,各地律师申请持令调查的积极性在大幅提升,由此倒逼各地法院积极探索律师调查令这一制度的试行问题。可以说,在法院试行和律师积极性提高的情况下,二者已经形成良性互动的态势。

律师调查中所存在的上述诸多问题,直接影响到律师调查令制度功能的发挥。这些问题,恰恰是研究律师调查令制度所需要解决的问题。

第四节　律师调查令的理论研究现状及进一步研究的必要性

与上述律师调查令在全国法院范围内试行的现状相比,律师调查令的理论研究则相对滞后,且这种研究在一定程度上说是被动的。事实上,律师调查令源于司法实践中的主动试行,在试行过程中,法院实际上充当了提供理论支撑和实践验证的主体。由于法院工作的特殊性,其研究多是以调研报告和出台司法政策性文件的形式体现。调研报告,多是在法院内部使用,很难成为研究的对象;司法政策性文件,其一定程度上代表了法院内部一定阶段的研究成果。特别是从各地出台的试行文件来看,表明了各地对此制度仍然处于探索阶段,尚不完善。

一、律师调查令研究的基本状况

总体而言,我国律师调查令制度的研究仍然是不足的,理论贡献仍然是零散的。无论是参与该问题研究的学者,还是研究的产出成果,均非常有限。与民事诉讼的其他制度相比,律师调查令的理论研究是一个年轻的研究领域。到目前为止也不过 30 年的研究历程,而引起重视加大研究也不过是近年来的事情。律师调查令的理论研究可以分为三个阶段。

1. 20 世纪 90 年代到 2002 年,初始研究阶段。这一阶段的研究主体以法院工作人员为主,研究的目的在于为律师调查令的试行提供理论支撑。这一阶段对应的时点是律师调查令的开始试行。这一阶段比较典型的研究成果是:上海市第一中级人民法院的周赞华、章克勤、曹杰等撰写的《对民事诉讼中适用调查令的法律思考》一文，在该文中作者对律师调查令制度提出了适用的初步设想。与该文对应，1996 年上海市第一中级人民法院开始试行律师调查令。[1] 以此为起点，该制度推行到上海市及全国。到 2002 年，上海市长宁区人民法院王建平所写《关于建立调查令制度若干问题研究》一文，对律师调查令的试行实务问题予以关注；该文对律师调查令的建构进行了较深入的研究，作者从证据收集权保障方面，并结合比较法上对证据收集保障的研究，提出了律师调查令的具体构建。在这个阶段，由于上海市律师调查令规则已经出台，需要深入研究该制度在具体适用中的问题。

2. 2002 年到 2015 年，论证及提供理论支撑阶段。该阶段的特点在于，在我国立法和司法解释中均无律师调查令制度的情况下，该制度在实践中的适用频频遭受质疑。由此，理论研究的重要任务则是为该制度在现实中的试行提供理论支撑。在这一阶段，如 2006 年，钱雄伟撰写的《律师调查令正当性的法理思考》一文，针对各地法院试行律师调查令缺乏法律依据、处于实践先行的尴尬境地，论证法院委托律师调查是合理的，律师是调查取证的合适人选，并提出从其他国家先进的立法经验中加以借鉴。[2] 韦杨、曾俊怡、刘亚玲撰写的《当事人调查取证权之程序保障的路径尝试——以调查令制度的检讨及其实证量化分析为研究视点》一文对调查令制度的理论基础进行研究，并以上海法院试行律师调查令的实证研究为基础，提出律师调查令制度的具体建构。[3] 汤啸天、张进德、江晨、梁玉超撰写的《调查令制度的法律属性与完善建议》一文对律师调查令的法律属性进行了初步探讨，指出律师调查令的性质应该为诉讼上的一种权利，并在此基础上对律师调查令的完善提出建议。[4] 总体而言，这一阶段的研究成果是比较零散的，[5] 对于律师调查令制度的功能、制度构造、法律救济等均缺乏深入研究。

---

〔1〕 参见曹建军：《论民事调查令的实践基础与规范理性》，载《法学家》2019 年第 3 期。

〔2〕 参见钱雄伟：《律师调查令正当性的法理思考》，载《广西青年干部学院学报》2006 年第 4 期。

〔3〕 参见韦杨等：《当事人调查取证权之程序保障的路径尝试——以调查令制度的检讨及其实证量化分析为研究视点》，载《法律适用》2008 年第 3 期。

〔4〕 参见汤啸天等：《调查令制度的法律属性与完善建议》，载《法律适用》2008 年第 7 期。

〔5〕 比如，参见黎陈靥：《刍议民事诉讼证据调查令制度之建构》，载《大庆师范学院学报》2011 年第 5 期；宋平、严俊：《"攻击防御方法"之平衡——简论民事证据调查令制度》，载《重庆工商大学学报（社会科学版）》2005 年第 5 期；陈杨、沈小平：《浅谈委托调查令的内涵及必要性》，载《法制与社会》2010 年第 24 期。

3. 2015年至今,律师调查令研究的重视阶段。自2015年《民事诉讼法解释》确立的文书提出命令制度的适用范围较窄及没有解决实践中当事人证据收集保障问题之后,律师调查令制度受到司法实践的高度重视,并在全国范围内试行。事实上,这一阶段恰当的时间界限应该是2017年之后,自2017年开始,各地试行律师调查令呈现星火燎原之态势。与各地试行的现状相符合,律师调查令制度也引起了学者的关注,由此倒逼理论界对此问题进行深入研究。

在这一阶段,无论是实务界还是理论界,均对律师调查令制度研究具有极大的兴趣,研究也向深入发展。在这个阶段,既有探讨律师调查令的性质及司法适用的,比如,最高人民法院民一庭的赵风暴撰写的《民事证据调查令制度的司法适用路径探析》一文,在总结了全国法院试行调查令的现状及分析调查令性质的基础上,进一步探讨了调查令在司法实践中的适用问题;[1]也有探讨律师调查令的制度建构的,如陈维君撰写的《民事证据调查令制度的运行检视与完善路径》一文,从具体运行角度对律师调查令制度的完善进行了研究;[2]还有对律师调查令进行深入反思的,例如,曹建军撰写的《论民事调查令的实践基础与规范理性》一文,则对内生型、本土化的律师调查令的实践进行了反思。[3]此外,还有很多研究基于律师调查令的实践现状进行分析,从数据分析的角度对律师调查令的适用及完善提出建议的,[4]如唐华撰写的《民事审判中调查令使用规制和完善——以审判中心主义下的法官指挥权为视角》(载《贵州警官职业学院学报》2018年第3期)一文,对律师调查令在实践中运行的缺陷和不足进行了数据分析,并在此基础上提出相关建议。这个阶段理论研究的成果也逐渐增多。无论是高校教授还是学生,均已关注到该课题。[5]

这一阶段,与之前的研究局限于司法审判人员不同,理论界对此问题进行了广泛的关注。且一些重要理论刊物也加入到对此问题的探讨中,如《法学家》《河北法学》。

---

〔1〕 参见赵风暴:《民事证据调查令制度的司法适用路径探析》,载《兰州大学学报(社会科学版)》2018年第3期。

〔2〕 参见陈维君:《民事证据调查令制度的运行检视与完善路径》,载《河北法学》2017年第3期。

〔3〕 参见曹建军:《论民事调查令的实践基础与规范理性》,载《法学家》2019年第3期。

〔4〕 参见梁琴:《民事证据调查令制度实证研究——以莆田市的49份判决为样本》,载《牡丹江大学学报》2019年第3期。

〔5〕 自知网中搜索,2017~2019年的研究论文即有十余篇;这一时期的硕士毕业论文中以"律师调查令"为题的论文也有十余篇。目前尚无博士论文的研究。

二、律师调查令的研究问题和缺陷

律师调查令的最初研究问题主要集中在该制度试行的必要性和理论基础层面，之后的研究集中在其制度构成上，近年来的研究则集中在律师调查令制度的理论基础、制度功能和制度构成问题上。

详言之，关于律师调查令研究的文献主要集中在以下几个方面：一是律师调查令的现实必要性，主要论证律师调查令在我国的功能和作用，研究结论多是一致的，即律师调查令有利于保障当事人的举证能力，实现民事诉讼中的武器平等原则。[1] 二是律师调查令的性质，主要关注律师调查令在我国权利或者权力规范体系中的定位。三是律师调查令在我国民事诉讼法体系中的地位，将其同文书提出命令、证据开示制度一起研究，提炼出律师调查令的证据收集保障功能。四是律师调查令的现行缺陷及制度建设的建议，研究多关注律师调查令的申请、审查、持证调查、被调查人义务、违反调查义务的制裁，以及律师调查令在实务中的具体适用等问题。[2] 五是律师调查令在我国现行立法上的定位和建议。六是对律师调查令在我国现行制度体系中的反思，特别是未雨绸缪对其产生的弊端进行研究。

虽然上述研究的关注点是广泛的，对该制度研究的视角也是全方位的，但是，律师调查令理论研究的缺陷仍然是很明显的，体现在以下几个方面。

一是缺乏在立法论上对律师调查令的系统研究。目前的研究仍然基于解释论的立场展开，[3]研究对象多为地方法院试行律师调查令的现状。[4] 在律师调查令系一项因地方法院试行而推行的制度的情况下，其本身原则上不能成为解释的对象。因此，对律师调查令制度的研究更应关注立法论层面应当解决的问题，应当从律师调查令的顶层设计角度中关注其制度设计和司法适用，而

---

[1] 参见李锦梅、朱程：《论调查令制度在化解“举证难”中的作用及其完善路径》，载《红河学院学报》2019 年第 1 期；邓月媛：《论我国民事诉讼中律师的调查取证权——以律师调查令制度为例》，载《法制与社会》2018 年第 8 期及邓月媛：《律师调查令制度的运行状况分析与完善建议》，载《宁波广播电视大学学报》2018 年第 1 期。

[2] 参见陈维君：《民事证据调查令制度的运行检视与完善路径》，载《河北法学》2017 年第 3 期；朱程、李锦梅：《律师调查令“申请——审查”制度的程序性构建》，载《嘉应学院学报（哲学社会科学版）》2018 年第 7 期。

[3] 参见张弛：《论民事证据调查令制度》，载《沈阳干部学刊》2017 年第 6 期；韦芳妹：《律师调查令制度研究》，载《法制博览》2019 年第 9 期。

[4] 参见曹建军：《论民事调查令的实践基础与规范理性》，载《法学家》2019 年第 3 期。

不能从现行试行层面的问题中进行制度设计。

二是律师调查令制度的一些基础性问题仍然有待深入。(1)律师调查令的功能尚无清晰定位,对其性质尚无明确定论;对这二者理论研究的欠缺,直接导致对该制度其他问题的研究无法深入。目前的研究多从完善现有律师调查令的角度,在现行试行框架内研究和解决问题,而没有深入研究该制度背后的功能和性质。在律师调查令功能定位和性质模糊不清的情况下,无法解决其在民事诉讼法体系中的地位,由此也无法解决律师调查令制度构成中的若干重要内容。比如,目前关于律师调查令的惩罚措施多是罚款和拘留,但是很少考虑到从证据收集保障的角度研究违反的不利法律后果,也没有研究的理论成果。(2)律师调查令的理论基础需要进一步厘清,目前的理论研究仍然需要进一步深化。虽然研究者多认同,律师调查令是一种证据收集保障制度,但如何将律师调查令纳入我国现有民事诉讼法证据收集方式中,则需要研究律师调查令在我国目前民事诉讼法证据体系中的必要性、必然性和可行性。(3)目前很少深入研究证据收集的方式与律师调查令的比较,这需要结合我国证据收集保障体系的漏洞、律师调查令与其他证据收集方式的比较等问题,深入研究律师调查令制度同我国现行民事诉讼证据收集制度的关系。

三是如何将律师调查令同比较法上的相关制度进行比较研究,从比较法中进行借鉴,这在目前还是薄弱环节。目前的研究多简单介绍比较法上英美法的证据开示制度、大陆法系的文书提出命令制度,[1]但是很少有研究将之同律师调查令进行深入比较,因此无法解决为何我国不能通过引进证据开示制度,或者进一步扩充文书提出命令制度,解决证据收集保障制度问题,也无法从证据开示制度和文书提出命令制度中借鉴对律师调查令制度有益的内容。

四是目前的许多理论研究具有同质化的现象。比如,许多研究文章首先指出目前律师调查令在我国试行的现状,试行的效果和作用;其次指出试行中存在的问题,以及需要解决的问题;最后在结论上多建议立法规定或者出台司法解释。但是对触及律师调查令深层次的基础性问题,以及立法和司法解释的具体建议,则没有涉及。一定意义上,这些研究并未对实践中各地完善律师调查令产生影响,这从 2018 年以来各地出台试行律师调查令的内容和 2018 年之前实行的规范内容呈现基本一致性可以看出来。

---

〔1〕 参见王杏飞、刘洋:《论我国民事诉讼中的律师调查令》,载《法治研究》2017 年第 3 期。

三、律师调查令研究的深入及对实践需要的呼应

上述律师调查令试行困境、理论研究现状的缺陷,反映了关于律师调查令制度的研究,重点从实质上解决上述这些理论缺陷,是实践的需要。由此,本研究下一步主要着眼于以下几个方面的问题。

一是首先解决律师调查令的功能定位和内涵限定,为律师调查令的概念和特点提供前提,同时解决在我国推行律师调查令制度的必要性和可行性问题。

二是对律师调查令与比较法上的证据收集保障制度进行比较研究,以便从比较法上的类似制度中借鉴对律师调查令有益的内容。

三是从立法和司法顶层设计的角度研究律师调查令,为我国民事诉讼中设立律师调查令制度提供建议,以进一步完善律师调查令的相关制度,提高律师调查令的现实可操作性。

四是从实务操作层面为律师调查令提供一些指引。在律师调查令已经在全国各地普遍推行的情况下,针对法院和律师行业对律师调查令制度尚不熟悉的情况,为该制度在实务中提供经验和指引,提高该制度的现实生命力,进而推动立法和司法解释的进一步完善。

第二章

律师调查令制度的基础理论

在民事诉讼中,当事人能够充分地享有并行使举证权利是证据裁判主义的内在要求,也是实现民事诉讼对抗的武器平等的要求。在当事人主义模式下首先要遵循“谁主张,谁举证”的举证责任原则。但是,这一举证原则需要以当事人享有充分的收集证据的权利为前提,否则无法实现民事诉讼当事人的武器平等原则。律师调查令恰恰是为了保障当事人享有武器平等原则而形成的一种证据收集保障制度。因此,审视律师调查令发展的必然性和必要性,首先需要考察我国民事诉讼证据收集模式的变化和证据收集保障的需要。从证据裁判主义视野考察证据收集保障权问题可以明确律师调查令的现实必要性,对律师调查令进行准确的功能定位。在功能定位的基础上,能够进一步明确律师调查令的内涵、特点及价值。本章将沿着该思路展开。

第一节　证据裁判主义视野下的证据收集权保障

律师调查令制度的形成和发展并非偶然,其与我国民事诉讼制度改革和民事诉讼模式的转变密切相关。民事诉讼模式是我国民事诉讼法学者在研究民事诉讼制度时提出的概念,民事诉讼法学界比较认同的民事诉讼基本模式有当事人主义和职权主义两种。[1] 理论界普遍认为,我国最初的民事诉讼模式是超职权主义模式。在此诉讼模式下,法院依职权独立收集证据,不受当事人主张

〔1〕 参见张卫平:《民事诉讼基本模式:转换与选择之根据》,载《现代法学》1996 年第 6 期。

范围的限制。[1] 随着经济社会的不断发展和进步，我国民事诉讼模式的改革经历了从职权主义模式向当事人主义模式，再到以当事人为主导、以法院职权为辅的诉讼模式的演变。近年来，学术界认为，我国应强调民事诉讼的协同主义模式。[2] 也有学者认为，在协同主义诉讼模式下，应当强调当事人、法官和案外第三人协力，共同促进纠纷的协调解决。证据收集保障制度是民事诉讼协同主义模式发展的必然要求。[3]

一、证据裁判主义视野下的证据收集权保障

以事实为依据，以法律为准绳，是我国民事诉讼的基本原则。[4] 为了体现以事实为依据，除非法律另有规定，人民法院应当以证据能够证明的案件事实为根据依法作出裁判，这就是现代民事诉讼中的证据裁判主义，也称证据裁判原则。[5]

在现代证据制度中，"证据裁判主义是所有证据法和诉讼法制度的核心问题"。[6] 在证据裁判主义视野下，当事人的举证责任一般会在民事诉讼法中予以明确规定，同时民事实体法也会规定举证责任，从而区别于神明裁判模式。由此，各国实体法的规定往往已经对举证责任进行了分配。除非法律和司法解释另有规定，原则上当事人应当提供证据证明自己的主张，反驳对方当事人也要提供证据，"简言之，各当事人应对其有利的规范要件加以主张和举证"。[7] 如果当事人在诉讼中不能针对自己的主张提供证据或者提供的证据不足以支持自己的主张，该当事人要承担举证不能的不利后果。正是因为负有举证责任

---

〔1〕 参见周健宇：《论民事诉讼中法院调查取证制度之完善——基于实证分析与比较法的参考》，载《证据科学》2014 年第 5 期。

〔2〕 民事诉讼模式争论与转变，参见韩波：《民事诉讼模式论：争鸣与选择》，载《当代法学》2009 年第 5 期；马登科：《当事人主导抑或法院主导？——传统民事诉讼模式的误判与归位》，载《时代法学》2010 年第 3 期。

〔3〕 参见吴如巧：《论协同主义民事诉讼模式下的证据收集》，载《海南大学学报（人文社会科学版）》2012 年第 2 期；唐力：《辩论主义的嬗变与协同主义的兴起》，载《现代法学》2005 年第 6 期。

〔4〕 《民事诉讼法》第七条规定："人民法院审理民事案件，必须以事实为根据，以法律为准绳。"该条被认为是我国民事诉讼基本原则之一。

〔5〕 以事实为根据并非要求判决建立在完全查清客观事实的基础上，而是以证据能够证明的事实作为裁判依据。参见常怡主编：《民事诉讼法学》（第 2 版），中国政法大学出版社 2008 年版，第 52 页。

〔6〕 樊崇义主编：《刑事证据法原理与适用》，中国人民公安大学出版社 2001 年版，第 43 页。

〔7〕 [德]罗森贝克：《证明责任论》，仓田卓次译，中国法制出版社，第 116 页。转引自[德]莱奥·罗森贝克：《证明责任论——以德国民法典和民事诉讼法典为基础撰写》（第 4 版），庄敬华译，中国法制出版社 2002 年版，第 5 页。

的当事人要承担举证不能产生的可能败诉的后果，因此，收集证据和对证据收集予以保障就显得尤为重要。

为了体现证据裁判主义的基本原理，我国民事诉讼法和司法解释明确规定了举证责任规则。《民事诉讼法》第六十七条第一款规定："当事人对自己提出的主张，有责任提供证据。"这一规定确定了民事诉讼的"谁主张，谁举证"原则。进一步，《民事诉讼法解释》第九十一条〔1〕对举证责任的分配作出了明确规定，《民事诉讼法解释》第一百零八条进一步规定了民事诉讼中"高度盖然性"的证明标准，该证明标准也是在当事人举证不能时，法官事实认定时应遵守的规则。〔2〕

但是，在强调举证责任承担的同时，还需要注意，承担举证责任不能的后果是以当事人能够享有平等的举证和收集证据的权利为前提的，由此才能实现民事诉讼中的武器平等原则。〔3〕 但是，在我国民事诉讼体制下，当事人证据收集权保障制度方面存在明显的漏洞。〔4〕

二、证据收集权保障视野下的证据收集方式

（一）我国民事诉讼证据收集制度的发展

新中国成立至今，我国民事诉讼证据收集制度的发展大体上经历了以下阶段。

1. 以"马锡五审判方式"为代表的强职权主义的民事证据收集模式。"马锡

---

〔1〕《民事诉讼法解释》第九十一条规定："人民法院应当依照下列原则确定举证证明责任的承担，但法律另有规定的除外：（一）主张法律关系存在的当事人，应当对产生该法律关系的基本事实承担举证证明责任；（二）主张法律关系变更、消灭或者权利受到妨害的当事人，应当对该法律关系变更、消灭或者权利受到妨害的基本事实承担举证证明责任。"

〔2〕最高人民法院2001年《证据规定》第七十三条第一款规定："双方当事人对同一事实分别举出相反的证据，但都没有足够的依据否定对方证据的，人民法院应当结合案件情况，判断一方提供证据的证明力是否明显大于另一方提供证据的证明力，并对证明力较大的证据予以确认。"学界主流观点认为，该条意味着高度盖然性的证明标准在我国法定化的开始。参见李浩：《证明标准新探》，载《中国法学》2002年第4期。当然也有学者对该条明确了高度盖然性的证明标准提出了质疑，参见吴泽勇：《中国法上的民事诉讼证明标准》，载《清华法学》2013年第1期。《民事诉讼法解释》第一百零八条规定："对负有举证证明责任的当事人提供的证据，人民法院经审查并结合相关事实，确信待证事实的存在具有高度可能性的，应当认定该事实存在。对一方当事人为反驳负有举证证明责任的当事人所主张事实而提供的证据，人民法院经审查并结合相关事实，认为待证事实真伪不明的，应当认定该事实不存在。法律对于待证事实所应达到的证明标准另有规定的，从其规定。"

〔3〕参见陈瑞华：《论程序正义价值的独立性》，载《法商研究（中南政法学院学报）》1998年第2期。

〔4〕参见朱新林：《论当事人证据收集权的程序保障》，载《法学论坛》2012年第5期。

五审判方式"形成于抗日战争时期的陕甘宁边区,是对当时司法裁判工作的总结,是对"审判方式的概念化和符号化"。[1] 现在提起马锡五审判方式,就是指具有特定特点的争议解决的方式。

"马锡五审判方式"最大的特点就是为了解决争议,裁判者要深入群众,积极主导案件进展;在证据方面,从收集证据开始就由裁判者主导,到提出、认定证据全部由裁判者完成,裁判者的目的是通过主动地介入争议中,促成案件的调解,因此以达成调解的方式化解纠纷是该审判方式的特点。[2] "马锡五审判方式"可以说是一种超职权主义的审判方式。该审判方式体现的理念对建国初期的民事审判工作影响深刻,[3]目前仍然在司法实践中具有重要影响。

新中国成立后的第一部民事诉讼法是1982年《民事诉讼法(试行)》,该法的颁布标志着我国初步建立了民事诉讼法律制度。该法采纳了强职权主义的民事证据收集模式。1982年《民事诉讼法(试行)》第五十六条规定:"当事人对自己提出的主张,有责任提供证据。人民法院应当按照法定程序,全面地、客观地收集和调查证据。"从该条规定可以看到,这一时期的民事诉讼证据收集制度具有以下两个明显特点:其一,首次在新中国立法史上规定了当事人有举证责任,这对平等主体之间的民事纠纷的证据收集是一个进步。当时我国经济体制处于计划经济的时代,这无疑是向市场化经济模式下的证据收集制度的一种靠拢。其二,该规定要求法院在诉讼中"全面地、客观地收集和调查证据",充满浓厚的职权主义色彩。因此,将此时期界定为强职权主义的证据收集模式也是客观的。造成强职权的证据收集模式的原因,同当时是以国营经济为主的计划经济、私法的理念尚没有获得充分发展具有直接的因果关系。在这个时期,国营经济是国家的,司法权也是国家的;产生纠纷时,由法院依职权全面客观收集证据,恰是国家权力服务于国家经济生活的一部分。

2."当事人举证为主"阶段。20世纪80年代末期,我国陆续出台了民事诉讼相关司法解释,从这一时期出台的司法解释可以看出,民事诉讼改革的重点之一就是强化当事人的举证责任,弱化甚至取消法院依职权调查取证。[4]

---

〔1〕 张卫平:《回归"马锡五"的思考》,载《现代法学》2009年第5期。

〔2〕 参见裴培祥:《我国民事当事人证据收集制度的反思》,载《福建农林大学学报(哲学社会科学版)》2018年第3期。

〔3〕 参见张卫平:《回归"马锡五"的思考》,载《现代法学》2009年第5期。

〔4〕 参见熊跃敏:《大陆法系民事诉讼中的证据收集制度论析——以德国民事诉讼为中心》,载《甘肃政法学院学报》2004年第4期。

一方面,随着我国改革开放的不断深入,市场经济的逐渐深化,以市场调节为基础的经济体制改革逐渐深入民事经济活动中,由此导致私权的发展和私权的意识逐渐强化,强调职权主义为主的取证模式已经不适应这个时期经济活动的要求。[1] 可以说这是推动证据收集制度改革的根本原因。

另一方面,随着我国经济生活的发展,当事人之间民事纠纷的广度和深度都发生了重大变化。法院受理案件的数量呈逐渐增多的趋势,法院"案多人少"的问题日益突出,要求法官在每一个案件中都事必躬亲地调查取证是不现实的,故在法院内部要求对审判方式进行改革的呼声日渐增高。其中,弱化法院调查取证的证据收集制度成为司法改革的一项重要工作任务。

为回应经济发展的要求和法院内部改革的需要,我国于 1991 年正式颁布《民事诉讼法》。该法针对证据收集制度,对法院依职权调查取证进行了弱化,强化了当事人主导诉讼进展的证据收集制度。该法第六十四条规定:"当事人对自己提出的主张,有责任提供证据。当事人及其诉讼代理人因客观原因不能自行收集的证据,或者人民法院认为审理案件需要的证据,人民法院应当调查收集。人民法院应当按照法定程序,全面地、客观地审查核实证据。"由此,改变了以往由法院主导收集证据的规定,在调查取证方面法院只是辅助当事人调查取证,举证主要以当事人为主,法院的职责从原来的收集调查证据转变为审查核实证据。该规定虽然只是原则性地规定了当事人可以申请人民法院调查取证,但该规定本身并不明确,在实践中的作用也有限;但是不可否认的是,该条规定奠定了今天的民事证据举证制度的基础。

3. 当事人举证责任的强调阶段。最高人民法院 1999 年发布的《人民法院五年改革纲要》(最高人民法院的"一五改革纲要")中明确要求,要在民事、经济审判方式中,进一步完善举证制度。事实上,这个时期举证责任的发展方向是:进一步弱化法院依据职权调查取证功能,强化当事人举证责任。[2]

2001 年最高人民法院出台的《证据规定》结合民事审判经验和实践情况,回应当事人民事诉讼证据领域的改革方向、理念和呼声,对证据制度的规定相对具体。在证据收集方面,该规定明确了当事人可以申请法院调查取证,以及法院应当依职权取证的具体情形。第十八条对当事人及其诉讼代理人可以向

---

〔1〕 参见李浩:《回归民事诉讼法——法院依职权调查取证的再改革》,载《法学家》2011 年第 3 期。
〔2〕 参见万长红:《切实强化当事人举证能力进一步规范人民法院调查收集证据职能》,载《河北法学》2003 年第 1 期。

人民法院提出调查取证申请的情形予以明确。第十九条还对申请法院调取证据的申请和期限进行了规定。[1] 需要指出的是,该规定对法院调取证据明确予以限制的同时,强化了当事人的举证责任,但是对当事人调查收集证据却缺少制度保障。[2] 因此,保障当事人的证据收集权恰恰是之后民事诉讼证据制度改革中的一个重要议题。

虽然 2007 年 10 月 28 日第十届全国人民代表大会常务委员会第三十次会议通过《全国人民代表大会常务委员会关于修改〈中华人民共和国民事诉讼法〉的决定》对 1991 年《民事诉讼法》进行了较大幅度的修订,但是在该次修订中并没有涉及证据收集保障制度。

4. 当事人证据收集权保障的积极探索阶段。这个阶段是以全国法院以星火燎原态势试点律师调查令展开的。特别是自 2012 年 8 月 31 日,第十一届全国人大常委会第二十八次会议表决通过了关于修改《民事诉讼法》的决定,修改后的《民事诉讼法》在进一步强调当事人主义的证据收集方式的同时,证据收集保障问题也受到了重视。虽然该法的修订在证据收集制度上延续了 1991 年《民事诉讼法》的规定和 2001 年《证据规定》的规则,没有进一步的突破,但是在该法的修改草案中就有律师调查令的内容,[3] 这说明证据保障收集制度已经受到立法者的高度重视。

2014 年 12 月 18 日最高人民法院审判委员会第 1636 次会议通过的 2015 年《民事诉讼法解释》,对证据收集权保障制度予以高度重视,并积极推动对该问题予以规范。2015 年《民事诉讼法解释》对法院依据职权调取证据采取进一

---

〔1〕 2001 年《证据规定》第十八条规定:"当事人及其诉讼代理人申请人民法院调查收集证据,应当提交书面申请。申请书应当载明被调查人的姓名或者单位名称、住所地等基本情况、所要调查收集的证据的内容、需要由人民法院调查收集证据的原因及其要证明的事实。"第十九条规定:"当事人及其诉讼代理人申请人民法院调查收集证据,不得迟于举证期限届满前七日。人民法院对当事人及其诉讼代理人的申请不予准许的,应当向当事人或其诉讼代理人送达通知书。当事人及其诉讼代理人可以在收到通知书的次日起三日内向受理申请的人民法院书面申请复议一次。人民法院应当在收到复议申请之日起五日内作出答复。"

〔2〕 参见万长红:《切实强化当事人举证能力进一步规范人民法院调查收集证据职能》,载《河北法学》2003 年第 1 期;曹建军:《论民事调查令的实践基础与规范理性》,载《法学家》2019 年第 3 期。

〔3〕 参见赵风暴:《民事证据调查令制度的司法适用路径探析》,载《兰州大学学报(社会科学版)》2018 年第 3 期。

步限缩的解释方法，进一步向当事人辩论主义的证据收集制度转变。[1] 需要注意的是，在对法院依据职权调取证据进行限缩的同时，该司法解释对证据收集保障制度给予高度重视，而且设置了具体的制度。2015 年《民事诉讼法解释》第一百一十二条规定："书证在对方当事人控制之下的，承担举证证明责任的当事人可以在举证期限届满前书面申请人民法院责令对方当事人提交。申请理由成立的，人民法院应当责令对方当事人提交，因提交书证所产生的费用，由申请人负担。对方当事人无正当理由拒不提交的，人民法院可以认定申请人所主张的书证内容为真实。"该条借鉴了大陆法系的文书提出命令制度，文书提出命令制度是大陆法系国家民事诉讼制度中保障当事人证据收集权的最重要制度。由此可见，最高人民法院对证据收集保障制度并未停留在调研阶段，而是开始自顶层制度设计层面进行制度建构。另外，在 2015 年《民事诉讼法解释》起草过程中，律师调查令制度也是被予以重点讨论的问题。

在这个阶段，特别是在这次修法中，对当事人证据收集权的保障是理论界和实务界的主要呼声之一。伴随这次修法的完成，证据收集保障问题所涉及的律师调查令制度虽然未被立法和司法解释规定，但是司法实务界对该问题的重视却是国家立法者和最高司法机关不能回避的一个问题。特别是，在这个阶段，法院依职权调查取证的范围被限缩，当事人的证据收集权没有制度上的保障，由此导致事实真伪不明的案件增多，影响了案件审理的质效。有学者统计过，在某市中院当事人不服一审事实认定，提起上诉，二审查明事实后改判或发回重审的案件比例占 40% 多。[2] 就此而言，迫切需要对当事人的证据收集权予以保障，律师调查令在全国的试行即是在对当事人证据收集权保障的现实需

---

〔1〕 2015 年《民事诉讼法解释》第九十四条明确了《民事诉讼法》第六十四条第二款规定的当事人及其诉讼代理人因客观原因不能自行收集的证据范围，包括："(一)证据由国家有关部门保存，当事人及其诉讼代理人无权查阅调取的；(二)涉及国家秘密、商业秘密或者个人隐私的；(三)当事人及其诉讼代理人因客观原因不能自行收集的其他证据。"并要求，当事人及其诉讼代理人因客观原因不能自行收集的证据，可以在举证期限届满前书面申请人民法院调查收集。第九十五条进一步对法院依据职权收集证据应与待证事实有关联，当事人申请调查收集的证据，与待证事实无关联、对证明待证事实无意义或者其他无调查收集必要的，人民法院不予准许。第九十六条对于《民事诉讼法》第六十四条第二款规定的人民法院认为审理案件需要的证据范围进行了明确，包括："(一)涉及可能损害国家利益、社会公共利益的；(二)涉及身份关系的；(三)涉及民事诉讼法第五十五条规定诉讼的；(四)当事人有恶意串通损害他人合法权益可能的；(五)涉及依职权追加当事人、中止诉讼、终结诉讼、回避等程序性事项的。"同时还明确，除上述人民法院主动依据职权调取证据外，人民法院调查收集证据应当依照当事人的申请进行。

〔2〕 参见徐子良：《证据规则与社会诚信——以法院在民事诉讼中调查取证权定位为视角》，载万鄂湘主编：《司法解决纠纷的对策与机制》，人民法院出版社 2007 年版，第 891～892 页。

要下积极推动的。律师调查令在这段时期如雨后春笋般地发展,充分反映了地方法院自发探索当事人证据收集保障权的努力。有关律师调查令试行的总体情况,上一章已经介绍。

不得不提的是,最高人民法院在2019年修订《证据规定》的过程中,是否增加律师调查令制度,曾是起草过程中的一个重要问题。在该司法解释立项的过程中,初衷是制定系统的民事诉讼证据司法解释。最高人民法院最终并未系统全面起草新的证据司法解释,而是修订了2001年《证据规定》。在2019年《证据规定》中,虽然没有对律师调查令制度予以规定,但是该规定对2015年《民事诉讼法解释》中的文书提出命令制度进行了系统完善,对文书提出命令的申请、审查和违反文书提出命令的法律后果进行了明确。这种司法解释方式:一方面显示了最高人民法院从最高司法机关层面对证据收集保障制度的高度重视,恰恰说明证据收集保障制度在实务中的客观必要性;另一方面,在司法解释中已有文书提出命令制度的情况下,需要研究,文书提出命令制度是否可以填补我国证据收集保障制度的漏洞。对后者问题的探讨,在本书本章及第四章中均专门加以阐述。

(二)现阶段证据收集权保障的特点

现阶段证据收集保障具有以下几个特点:(1)以理论研究为基础;(2)以地方法院的积极探索为主导;(3)以外围呼吁和现实需求推动为动力;(4)以立法和司法顶层设计不足为背景。

1. 以理论研究为基础。在这个时期,我国开展了民事诉讼制度的深入改革。与此相应的是,民事诉讼模式呈现从职权主义向辩论主义发展的态势。[1] 为了贯彻民事审判的武器平等原则,需要进一步深入研究法院证据收集权和当事人证据收集权的功能和定位。由于法院证据收集权在法律层面已被限缩,因此如何保障当事人的证据收集权则成为这个时期民事审判证据理论中的重要课题。[2] 在这个时期,在尊重和坚守民事诉讼的辩论主义原则下,理论界积极对辩论主义诉讼模式下当事人证据收集权的保障问题进行深入研究。[3]

理论界在坚持辩证唯物主义研究方法的基础上认为,当事人双方若要使其

---

〔1〕参见翁晓斌:《职权探知主义转向辩论主义的思考》,载《法学研究》2005年第4期。

〔2〕参见熊跃敏:《辩论主义:溯源与变迁——民事诉讼中当事人与法院作用分担的再思考》,载《现代法学》2007年第2期。

〔3〕参见任铁健:《对法院依职权调查收集证据的反思》,载《政法论丛》2000年第1期。

主张得到支持,就应当提出事实基础,包括提出证据,因此当事人应当承担举证责任。[1] 2019年《证据规定》第一条就开宗明义地规定,原告向人民法院起诉或者被告提出反诉,应当提供符合起诉条件的相应证据,这也是证据裁判主义的要义所在。同时,不能机械适用当事人主义诉讼模式下的辩论主义,因此最好的方式是,在完善现代辩论主义的同时,强调当事人收集证据时制度保障。

一方面,该时期的主流理论认为,作为法院裁判对象的事实材料由当事人提出的理论基础在于:其一,源于民事诉讼中平衡当事人诉权与法院审判权的需求。其二,源于正当程序的要求。[2] 在民事诉讼中,证据收集的责任由当事人承担;同时,法官在审理案件过程中也会平等地对待双方当事人,在充分尊重当事人双方证据收集权的基础上,法官不会事先介入案件形成先见,故法官更能中立地审理案件。其三,"谁主张,谁举证"有助于最大限度实现公正和效率的统一。由当事人举证,由法院裁判,可以让接近证据的当事人直接举证,提高举证效率;由法院专注于案件裁判,避免提前接近证据的先入为主,有助于保证案件审理的实体公正。

另一方面,在辩论主义原则指导下,当事人是举证责任的负担者,但这种举证责任必须以当事人的证据收集权获得充分保障为前提。[3] 不可否认的事实是,在强化当事人举证责任的同时,如果不加强当事人的举证手段,必然造成二者之间的矛盾。因此,在这个阶段,重点改革的方向是加强对当事人证据收集权的保障。[4]

2. 以地方法院的积极探索为主导。这个时期的证据收集权的保障是以地方人民法院的积极探索为主。其中,比较重要的就是律师调查令的试行。主要原因在于:其一,基层法院在面对日益剧增的案件压力下,不可避免地要面对当事人证据收集保障的需求,这促使地方法院不得不积极探索证据搜集保障的方法和手段。其二,在众多案件压力之下,当事人基于取证的困难不得不向法院表明其举证能力的不足,因此在当事人、律师和法院各方主体的积极推动下,律师调查令由个别地区试行向全国法院蔓延。在律师调查令发挥

---

〔1〕 参见[德]奥特马·尧厄尼希:《民事诉讼法》(第27版),周翠译,法律出版社2003年版,第124页。

〔2〕 参见陈瑞华:《程序正义论——从刑事审判角度的分析》,载《中外法学》1997年第2期。

〔3〕 参见刘荣军:《程序保障的理论视角》,法律出版社1999年版,第352页。

〔4〕 参见任铁健:《对法院依职权调查收集证据的反思》,载《政法论丛》2000年第1期。

良好法律效果和社会效果的现实情况下，该制度获得更强的生命力，形成良性循环。

3. 以外围呼吁和现实需求推动为动力。在这个时期，随着纠纷数量每年呈爆发式增长的态势，纠纷的高效和公正审理成为各方一致的声音。有建议权的人大代表和有提案权的政协委员，律师界，以及地方法院工作人员，均呼吁将法官从繁重的调查取证责任中解脱出来，加大对律师调取证据权利的保障。地方法院面对这些现实需求，积极推行试点律师调查令制度，目前已经呈现星火燎原之态势。

4. 以立法和司法的顶层设计不足为背景。我国《民事诉讼法》对当事人证据收集保障权是欠缺的。《民事诉讼法》所设计的文书提出命令制度在实践中缺乏生命力。对于全国法院如火如荼试点的律师调查令制度，立法和司法的顶层设计基本毫无动静。特别是，在众多试行地区的呼吁需要在立法中增设律师调查令制度或者由最高人民法院出台规范性文件，以及理论界对将律师调查令纳入《民事诉讼法》中均有共识的情况下，立法机关和司法机关仍然消极无为。这反过来导致实践中被一致看好的律师调查令的试行现状与上位法缺失不无矛盾。

三、我国现行立法和司法关于证据收集保障制度的欠缺

通过上文分析我们可以看出，民事诉讼证据收集制度的改革方向，就是加强对当事人证据收集权的保障，限制或者弱化法院主动调查取证的权力。[1] 以前的民事诉讼中，法院主导整个诉讼进程，体现在证据收集方面就是法院依职权积极主动地收集证据。当事人调查取证的手段有限，证据收集权也没有相关制度的规定或者保障，因此证明案件事实的责任看起来完全由法院承担；虽然案件由于当事人的主动起诉而产生，但是一旦进入诉讼程序就由法院主导，当事人因为没有相应的制度保障取证困难；一旦当事人发挥主动性积极取证，就会产生乱取证的现象，尤其在证据由一方当事人控制的案件中，如医疗纠纷、环境污染等案件，当事人接触材料的机会或者技术水平有限，在诉讼中往往无法取得有利的证据，最终只能承担败诉的风险。此类案件，处于弱势一方的当事

〔1〕 参见吴如巧：《论协同主义民事诉讼模式下的证据收集》，载《海南大学学报（人文社会科学版）》2012 年第 2 期。

人很难接受裁判结果,在一定程度上严重影响了司法公正的实现。[1]

最高人民法院近年来充分认识到证据收集保障的问题,开始积极研究和推进证据收集保障的相关制度。我国文书提出命令是最高人民法院在2015年《民事诉讼法解释》中初步确立的,该制度一定程度上赋予当事人证据收集权,以确保公平正义的实现。但是,该制度存在的天然缺陷是明显的,并没有解决证据收集保障权问题。在该司法解释中规定的证据交换制度和庭前会议制度,亦均无法实现证据收集保障的功能。对于地方法院而言,却是律师调查令发挥了证据收集保障的功能。虽然2019年《证据规定》进一步完善了文书提出命令制度,但是该制度在实务中发挥有限的作用,无论是司法审判人员还是当事人,对文书提出命令制度的认可程度均较低。

(一)改革背景下证据收集权保障的迫切需要

我国近年来推行的民事诉讼制度改革,总体发展方向,是不断强化当事人的举证责任,不断弱化法院证据调查收集的职能。最明显的体现是在2015年《民事诉讼法解释》中的相关规定。在该司法解释中,明确了法院依职权调查收集证据,其发展方向则是限制法院依职权调查取证的行为。[2]

具体来说,按照民事诉讼辩论主义的要求,法院依职权调查证据必须基于当事人的申请,而非法院主动依据职权进行,[3]更不允许法院基于自己的判断决定案件的走向。在当事人申请的前提下,作为裁判对象的证据材料和证据方法由当事人提出,其提出申请的理由也只能是举证人由于客观原因而无法取得证据,需要法院协助完成举证。因此,《民事诉讼法解释》第九十六条明确了法院依职权调查取证的范围,[4]第九十四条明确了当事人及其诉讼代理人由于客观原因不能自行收集的证据范围,这些规定是对《民事诉讼法》第六十七条规定的细化,实践中具有可操作性。[5] 同时,司法解释还明确了举证时限提出方式,

---

〔1〕 在当事人无法举证的情况下,法官完全可以根据证明责任分配进行判决,"证明责任分配实际上已部分地成为法官推卸责任的一个借口,只要当事人不能举证,法官便依证明责任的分配判其败诉,而不愿意花时间精力去发现真实,甚至不顾及案件的具体情况",因此导致案件不公的现象增多。参见徐昕:《法官为什么不相信证人? 证人在转型中国司法过程中的作用》,载《中外法学》2006年第3期。

〔2〕 参见朱新林:《论当事人证据收集权的程序保障》,载《法学论坛》2012年第5期。

〔3〕 参见[德]奥特马·尧厄尼希:《民事诉讼法》(第27版),周翠译,法律出版社2003年版,第125页。

〔4〕 与上述司法解释对法院依据职权调取证据进行控制的规定是2001年《证据规定》第十五条第二项规定:"涉及依职权追加当事人、中止诉讼、终结诉讼、回避等与实体争议无关的程序事项。"

〔5〕 2001年《证据规定》第十七条对当事人及其诉讼代理人可以申请人民法院调查收集证据的情形也予以了规定。

即在“举证期限届满前”以“书面”形式向法院提出申请。《民事诉讼法解释》第九十五条进一步要求，法院依据职权收集证据应与案件有关联。对于当事人申请法院调查收集的证据，法院如果认为与待证案件事实无关联，或者与案件事实有关，但是其他证据材料已经能对案件事实予以证明，法院不予签发调查令。

通过上述司法解释的规定，我们清晰发现，在证据收集权保障上，我国现行立法和司法解释并无突破。司法解释明确了法院依职权调取证据，但是这种明确采取了限制解释的方法，进一步向当事人辩论主义的证据收集制度靠拢。在这种限缩的解释路径之下，需要对当事人证据收集困难问题提供替代性的功能解决方法。[1] 就此而言，该司法解释中规定的文书提出命令制度和比较法上证据开示制度能否满足该功能需要，需要进一步深入研究。

(二)我国现行文书提出命令制度的局限性

最早规定文书提出命令是在2001年《证据规定》，该规定第七十五条规定：“有证据证明一方当事人持有证据无正当理由拒不提供，如果对方当事人主张该证据的内容不利于证据持有人，可以推定该主张成立。”该条规定虽然一定程度上对拒不提交证据的一方当事人起到了威慑作用，但要求仅仅是“有证据证明”，是何种证据、要证明到何程度都没有规定。实践中大多数的案件，一方当事人都是根据案件推定另一方持有证据，因此该规定比较笼统，在实践中不易操作，导致法院很少引用该条认定案件事实；尤其是直接推定主张成立会影响案件审理结果时，法院会更加谨慎。根据该条规定，持有证据的必须是一方当事人，在实践中很多时候证据是由第三人持有，该第三人和当事人之间存在千丝万缕的关系，仅仅因为不是当事人而不适用该条规定，导致实际上可以收集证据的范围很窄。可见，该条对当事人诉讼权利的保障并不充分。《民事诉讼法解释》第一百一十二条规定，在书证由一方控制时，当事人可以向法院提出申请，责令控制书证的一方当事人向法院提交书证，拒不提交的，法院可以认定书证的内容为真。[2] 学术界多认为，该条规定对我国民事诉讼证据收集制度改革

---

〔1〕 有学者认为过分限缩法院依职权调查收集证据，导致案件真伪不明的情况增多，因此不能过分限缩，如一些证据可以由当事人申请也可以由法院依职权调查。参见李浩：《回归民事诉讼法——法院依职权调查取证的再改革》，载《法学家》2011年第3期。但如果从上位立法上给予当事人足够的收集证据的权利保障，即便限缩了法院调查收集证据权力，也不会影响法院查明案件事实。

〔2〕 《民事诉讼法解释》第一百一十二条规定：“书证在对方当事人控制之下的，承担举证证明责任的当事人可以在举证期限届满前书面申请人民法院责令对方当事人提交。申请理由成立的，人民法院应当责令对方当事人提交，因提交书证所产生的费用，由申请人负担。对方当事人无正当理由拒不提交的，人民法院可以认定申请人所主张的书证内容为真实。”

意义重大，标志着文书提出命令制度在我国已经初步确立。在本书第四章中我们将详细介绍大陆法系的文书提出命令，从中可以看出，本条规定直接源于大陆法系的文书提出命令制度，该规定的内容受到了我国台湾地区修改后的“民事诉讼法”的影响，但与台湾地区对文书提出命令制度在主体、时间等方面的规定有区别。[1] 2019 年《证据规定》进一步完善了文书提出命令制度，增加了文书提出命令的文书要求、人民法院审查文书提出命令申请的程序，以及在一方否认时，法院可以结合案件事实，综合判断证据是否在一方控制之下，在被调查人拒不提交书证，法院可以认定对方当事人主张的书证内容为真实。

但是，上述司法解释确定的文书提出命令制度在我国司法实践中发挥的功能有限，法律效果和社会效果并不突出。主要体现在以下几个方面。

其一，关于文书提出命令制度的规定内容过于抽象，缺乏可操作性，导致在实践中很少被有效运用。与德国法、日本法等国家成熟的文书提出命令制度相比，该司法解释没有对涉及制度具体运行层面进行规定，导致实务中操作性不强，实践中向法院申请调取对方当事人保存证据的情形较少，因此该制度在实践中运用有限。比如，根据司法解释的规定，当事人一方要求相对方提出书证时，必须以书面的形式向法院申请，但是没有规定书面申请中应当记载的主要内容，由此导致在实务中的乱象，影响该制度的作用发挥。虽然 2019 年《证据规定》进一步完善了文书提出命令制度，规定了法院审查的程序和被调查人拒不提供的法律后果，但是文书提出命令在证据适用范围窄和对第三人提交文书命令的设计上均是欠缺的，致使该制度的可操作性较低。

其二，文书提出义务的主体仅限于本案的当事人，对于第三人持有证据的情况并不适用，因此在文书提出命令的适用范围上，当事人收集证据的范围有限，直接导致实践中效果不明显。实践中，大多数当事人最需要调取的证据是被银行、海关、房屋登记部门、户籍、工商登记部门、医院等部门和单位保存的资料，这些部门和单位并非本案当事人，因此文书提出命令并没有回应现实中证据收集问题的客观要求，导致其实践中的生命力大打折扣，影响了在实务中的具体操作。

其三，文书提出命令的调取证据范围有限，难以发挥证据收集保障的功能。与 2001 年《证据规定》请求法院调取证据的范围相比，证据提出范围为所有证

---

〔1〕 参见吴伟华：《文书提出命令制度司法适用研究——以 2015 年〈关于适用《中华人民共和国民事诉讼法》解释〉和台湾地区立法为中心》，载《河北学刊》2015 年第 6 期。

据，但是《民事诉讼法解释》将提出命令的范围限制于书证，从而限缩了申请调取证据的范围，对当事人证据收集保障权的效果大打折扣。

其四，当事人提出申请后，法院判断文书持有人是否应当提出文书的标准是“申请理由成立”，该规定不具有可操作性，完全由法官自由裁量决定。法院审查判断持有人是否应当提交书证，可以说是文书提出命令制度运行中最重要一环。大陆法系国家法院审查文书提出命令，有一系列具体的保障制度，审查时需要考虑判断的因素很多，比如文书持有人是否承担提出义务，是否涉及秘密保护等问题。与之相比，我国上述司法解释规定仅以简单的“申请理由成立”6 个字概括，在实践中很难操作，不像该制度规定比较成熟的大陆法系国家，明确规定了文书提出义务范围、法院的审查内容等，可操作性较强。在实践中，只要对方当事人否定其持有该证据，法院往往认定申请理由不成立，导致该制度在实践中所起作用较小。

2019 年《证据规定》第四十六条规定，人民法院对当事人提交书证的申请进行审查时，应当听取对方当事人的意见，必要时可以要求双方当事人提供证据、进行辩论。当事人申请提交的书证不明确、书证对于待证事实的证明无必要、待证事实对于裁判结果无实质性影响、书证未在对方当事人控制之下或者不符合本规定第四十七条情形的，人民法院不予准许。当事人申请理由成立的，人民法院应当作出裁定，责令对方当事人提交书证；理由不成立的，通知申请人。这一规定针对文书提出命令制度在民事诉讼程序中增加了一个程序，导致在民事诉讼中诉讼效率的低下问题。

其五，违反文书提出命令的法律后果在实践中运用较少。上述司法解释规定违反文书提出命令规定的不利法律后果是“认定申请人主张的书证内容为真实”。2019 年《证据规定》第四十八条进一步明确：“控制书证的当事人无正当理由拒不提交书证的，人民法院可以认定对方当事人所主张的书证内容为真实。控制书证的当事人存在《最高人民法院关于适用〈中华人民共和国民事诉讼法〉的解释》第一百一十三条规定情形的，人民法院可以认定对方当事人主张以该书证证明的事实为真实。”但是，上述关于违反文书提出命令的法律效果的规定在实践中缺乏生命力：首先，法院审判人员的担忧。在证据尚未提交、更未经过质证的情况下，法院很难判断认定该证据是否存在。法院往往从举证责任负担角度判定由举证人承担举证不能的法律后果。或者法院会结合其他证据加以认定，而不愿适用司法解释规定的不利推定后果。其次，在申请人无法明确书证内容的情况下,合议庭多会以申请理由不成立,并驳回当事人申请的方式处理,由此反过来影响了该制度作用的发挥。再次,我国证据保障制度多年来还是停留在理论研究层面,在立法缺乏规定的情况下,司法解释的实践生命力明显较弱,无法起到提高人民群众法律意识的作用,导致所规定的制裁后果不能深入人心。最后,在法院不愿意适用该法律后果的情况下,鉴于该制度立法上无规定,故法院也很难适用罚款、拘留等强制措施,其威慑力大打折扣,影响了该制度在实务中的功能发挥。

从上述几个方面可以看出,由于我国目前司法解释中规定的文书提出命令制度的适用范围过于狭窄、可操作性较低、与现行司法文化存在一定程度的偏离等制度缺陷,使得该制度在实践中很少被利用,其并没有解决实践中迫切需要解决的证据收集保障问题。

(三)我国证据交换以及庭前会议制度的缺陷

最早对证据交换民事诉讼制度进行规定的是 2001 年《证据规定》。[1] 该规定从第三十七条到第四十条规定了证据交换制度。《民事诉讼法解释》在第二百二十五条规定,对于需要开庭审理的案件,争议焦点的明确可以通过证据交换进行。之后,2015 年《民事诉讼法解释》进一步明确了证据交换制度,同时确定了庭前会议制度。但是该司法解释对庭前会议的规定比较笼统。2019 年《证据规定》第五十七条进一步明确,证据交换应当在审判人员的主持下进行。在证据交换的过程中,审判人员对当事人无异议的事实、证据应当记录在卷;对有异议的证据,按照需要证明的事实分类记录在卷,并记载异议的理由。通过证据交换,确定双方当事人争议的主要问题。

从 2019 年《证据规定》和《民事诉讼法解释》可以看出,证据交换的主体并非仅仅是当事人,法官也要参与其中负责协调,负责证据交换活动的管理工作,该制度的主要作用是双方当事人会面并“交换”证据,可见该制度并没有证据收集权保障的功能,故上述制度解决的是庭审效率和庭审实质化的问题,而非解决证据收集权保障的问题。可见证据交换制度在解决证据收集保障上的弊端是明显的。

但是,对当事人提交的支持其主张的证据材料而言,还是以当事人庭外自行收集证据为主,该制度并没有发挥证据收集保障的作用,因此并不具有英美

---

〔1〕 参见朱新林:《论当事人证据收集权的程序保障》,载《法学论坛》2012 年第 5 期。

法上的证据开示制度的证据收集保障功能。对于现实中迫切需要解决的证据收集权保障问题,显然需要进一步通过完善律师调查令制度来解决。

第二节　完善证据收集保障权的制度选择

我国现行立法和司法在顶层设计方面缺乏对当事人证据收集权进行保障的制度。在现代民事诉讼法的视野中,程序公正和实体公正统一于辩论主义审判模式下,应该强调对当事人收集获取证据的保障。在我国加强保障和完善当事人证据收集权制度迫在眉睫。

一、完善证据收集制度需要考虑的因素

针对如何保障当事人的证据收集权,学术界有不同的理论探讨。与学术界的探讨维度不同的是,司法实务界采取了不同的路径。如何构建既符合理论发展共识,又符合实践需要的证据收集保障制度,使该制度在实践中发挥强大生命力,首先需要确定构建该制度的考量因素。笔者认为,在构建我国的当事人证据收集保障制度时,应主要考量以下几个方面的因素。

其一,是否具有解决问题的功能及在实践中能否有效发挥该功能。无论是在现有制度的基础上进行挖掘、修改和完善,还是有针对性地进行法律移植与制度创新,均需要满足解决实践中产生问题的功能。否则,再好的制度供给只能产生纸面上的"法"的效果,无法转变为行动中的法。就此而言,如果有一项实践中已经被广泛试行的制度,且试行的效果较好,则该制度可以认为更适合进行适当调整和优化,并可以作为解决问题的制度供给。

其二,是否符合我国的法律理念和法律传统。我国的社会主义法律体系具有鲜明的中国特色,其同我国经济社会的发展密不可分,同我国的现实法治土壤直接相关。在我国的民事诉讼制度由超职权的证据收集模式向当事人主义的举证模式演变过程中,证据收集权的保障需要也是伴随而生的。从追求价值上看,我国的民事诉讼更加注重对实体真实的追求,因此体现在证据收集方面法官的职权作用更明显,因此对当事人直接向他人调查收集证据的权利在立法上并没有规定。随着我国民事诉讼改革的进一步发展,在举证责任方面强化当事人举证、弱化法院依职权调查取证已经成为民事诉讼法改革的既有事实。因

此,如何平衡我国当事人对公权力尊重的传统与当事人举证要求之间的关系,构建兼具二者需求的证据收集保障制度,是我国民事诉讼制度中需要重点解决的问题。

其三,是否具备较为成熟的理论储备与实践支撑。一方面,一个法律制度的确立,需要理论的支持。没有理论的支持,法律制度难免在执行中陷入困境。一个法律制度的确立,需要以解决实际问题为出发点,以为实际问题提供恰当的解决方法为突破口,实现该制度的公平、效率价值,而不能为了维护少部分人的利益。因此,对于证据收集保障制度来说,既需要解决该制度的现实需要问题,更要解决该制度的理论基础问题,明确该制度能否实现公正、效率等价值,能否与一个国家的法治土壤相适应。另一方面,还要考察该制度在实践中的运行效果。制度的产生并非空穴来风,也不是一蹴而就的,而是经过长期实践优化的产物。如果一项制度在实践中运行的效果不好,或者根本不符合该制度设计的初衷,则需要对其进行深入的优化和完善,必要时要对其进行重大修改,甚至取消。就此而言,理论储备和实践支撑是相辅相成的,二者缺一不可。没有理论的指导,则就没有好的制度实践;没有制度实践的支撑,再好的理论也是空论。因此,在理论上的深入研究,可以为实践中该制度的深化提供理论积淀,让该制度走得更远、更稳健。

其四,能否在现行制度框架下实现制度自洽。〔1〕在新中国成立以来的民事诉讼举证责任制度中,法院的职权探知主义模式始终是我国举证责任的一个重要方面。但是,在目前我国法院面临案多人少矛盾及纠纷数量急剧上升的情况下,要求法院依职权调取证据显然同法院面临的重大压力是矛盾的,如果有一项制度既能够有调查取证的公权力保障,又能够结合当事人辩论主义模式的自行收集证据权,则能够实现制度的功能自洽。同样,如果一项制度既能符合我国的现实需要,又能与我国的整个规则系统之间形成良好互动,〔2〕则该制度的生命力必然是巨大的。

在上述考量因素下,需要对我国的证据收集保障制度进行研究,以评价其在我国目前的法律体系之下能否承担保障当事人证据收集的功能。对此,需要

〔1〕 参见朱新林:《论当事人证据收集权的程序保障》,载《法学论坛》2012 年第 5 期。

〔2〕 参见王杏飞、刘洋:《论我国民事诉讼中的律师调查令》,载《法治研究》2017 年第 3 期;陈刚:《法系意识在民事诉讼法学研究中的重要意义》,载《法学研究》2012 年第 5 期;徐爱国:《清末继受大陆法系传统的影响》,载《法律文化周刊》2012 年 2 月 24 日,第 5 版。

对我国的文书提出命令制度、证据交换制度和庭前会议制度、律师调查令制度能否承担这项功能的使命进行评价。证据交换制度和庭前会议制度是英美法中证据开示制度的一部分,其仅具有证据开示制度的部分功能,但是却不具有证据开示制度的证据收集保障功能。因此,能否在我国目前的法律制度体系中引进证据开示制度,由其承担证据收集保障制度的功能,需要进行评估。

二、我国文书提出命令制度的评价

德国、日本等国,以及我国台湾地区在立法上均对文书提出命令制度进行了详细的具有可操作性的规定,这些完善的制度设计为该制度的有效运行提供了良好的制度基础。但是,与之相比,一方面,我国立法上欠缺文书提出命令制度的规定;另一方面,2015 年《民事诉讼法解释》和 2019 年《证据规定》虽然确立了文书提出命令制度,但规定过于抽象,条文过于简单,使得实践中该制度既没有被举证当事人充分使用,也没有被法院积极采纳。就此而言,在证据裁判主义视角之下,为进一步保障当事人的证据收集权,能否通过进一步完善文书提出命令制度,实现保障当事人证据收集权的功能,需要从以下几个方面进行考量。

其一,文书提出命令难以满足目前审判实践中迫切需要解决的证据收集保障的问题。第一,我国规定的文书提出命令范围过窄,无法满足当事人证据收集权保障的需要。从条文文义可以推断,现行规定将文书提出义务的客体范围限定为"书证",其适用范围是明显过窄的,缺乏可操作性,影响了诉讼参与者在诉讼中使用该制度的积极性。在我国的民事诉讼中,证据收集保障是全方面的,书证仅是其需要保障的重要方面,电子数据资料、影像资料等均属于当事人迫切需要保障的证据收集内容,单纯地强化书证的证据收集保障功能显然不能满足需要。因此,即使通过将文书提出命令义务予以一般化,也不能解决文书之外的证据收集保障问题。第二,我国文书提出义务的主体仅为当事人,不包括当事人之外的第三人,显然不能满足目前证据资料大量被案外第三人控制的实际情况。无论是德国、日本等国,还是我国台湾地区,均规定案外第三人也有提出文书的义务。我国是从妨碍证据的出发点规定文书提出的义务,因此第三人被排除在外。从目前民事诉讼中虚假、恶意诉讼增多的情况来看,我国普通民众的法律意识尚未完全建立,如果将文书提出命令的范围扩至第三人,显然也很困难。第三,我国文书提出命令制度缺少规定文书持有人提交文书的一般化义务规定。因此,除了当事人之外,案外第三人并不承担一般化的文书提出义务,因此对于文书被第三人控制的情形,该制度发挥的作用明显受到限制。

其二,文书提出命令制度同我国民事诉讼改革的方向并不完全一致。事实上,最高人民法院设计文书提出命令制度的初衷系解决证明妨碍,而非解决证据收集保障,这就说明,文书提出命令制度的改革仍然是沿着法院职权行使的方向进行的。特别是,在依法院职权探知主义的调查取证模式下,其将工作压力和责任仍然由法院承担,显然不符合法院面临重大工作压力的实际,同近年来的证据收集制度的改革方向不符,这也就是为什么该制度不被实务广泛认可及适用的重要原因。

其三,该制度与我国法治土壤和法治理念存在不切合之处。第一,该制度强调的违反文书提出命令的制裁法律后果为推定该证据客观真实,同我国民事诉讼中奉行的证据必须经过质证才能采信的要求不符,也导致该制度在实务中很难适用。这说明该制度同目前我国的法治土壤存在一定的差距。第二,该制度虽然在司法解释中有所规定,但并无民事诉讼法的规范依据。该制度的操作性较低,导致实践中法官在适用该条时感觉无从下手。事实上,在全国法院司法责任制改革的背景下,针对文书提出命令制度,法院在一方当事人否定控制该文书的情况下即不予签发,这反映了法院对此问题的谨慎态度。

其四,在文书提出命令的缺陷无法弥补的情况下,加上该制度缺乏立法上的支持,即使最高人民法院在2019年《证据规定》中进一步完善文书提出命令的审查、违反文书提出命令的法律后果。但是,在法官责任制背景下,一方面,法官囿于案多人少的实际,要通过法定程序审查文书提出命令的申请,这给法官造成更大的工作量,因此,实践中法官对于有些文书,要么自行调取证据,要么不予支持申请命令,使该制度在实务中的适用大打折扣。另一方面,在我国目前并无证据失权的法律规定,即使是二审程序中当事人提出新证据,人民法院也要予以审查;由此导致,人民法院如果将当事人拒不交出文书的行为,推定该文书所主张的事实成立的法律后果,会导致案件审理的困难;也可能会导致案件被改判或者发回重审,这也一定程度上导致法官不愿、不敢适用文书提出命令。

文书提出命令虽然在一定程度上起到证据收集保障的功能,但是由于适用范围的狭窄和配套制度的缺失,使该制度缺乏生命力。在司法解释对该制度予以明确的情况下,再行通过修改司法解释提高该制度的生命力是更加繁重的工作，也可以说是不能完成的任务，可见，通过完善文书提出命令制度实现证据收集保障权能是可遇不可求的。虽然我国司法解释中对文书提出命令制度进行了规定，但是考虑到该制度在实践中的功能发挥较弱，且其具有以上不宜进一步扩充适用的短板，故在证据收集权保障中，律师调查令制度仍然发挥着文书提出命令制度所不具备的证据收集保障的功能。

三、我国证据开示制度的评价

在理论界，也有观点认为，应在我国现行民事诉讼体制中引入英美法的证据开示制度，这是我国强调当事人辩论主义诉讼模式之下的较高呼声。随着近年来我国民事诉讼审判模式改革的深化，这种呼声在逐渐变弱。但是，从证据收集保障制度的研究角度需要对此进行深入研究。笔者认为，英美法的证据开示制度在我国现行诉讼体制下不宜作为证据收集保障权的方法。主要理由如下。

第一，英美法的证据开示制度在我国尚不具备完全移植的条件。英美法系国家比较看重程序的正当性，偏爱对抗式的诉讼模式。在证据开示程序方面，赋予当事人和代理律师收集所有与案件有关的证据调查取证的权利，我国公众在观念上很难接受，与我国一直以来强调法院的职权介入不符。另外，律师接受当事人的委托，其往往基于利益导向倾向于维护委托人利益，由此，在我国让律师作为主体，根据英美法的证据开示程序，向对方当事人请求开示证据，显然不符合我国的法治传统，会受到被调查证据当事人的抗拒。[1] 事实上，我国在向英美法证据法学习的过程中，并没有将英美法证据开示制度的内涵吸纳进来，仅吸收了其中证据交换和庭前会议制度，也就是说其保障当事人证据收集权的功能没有被我国民事诉讼法借鉴和引入。

第二，从我国现有的借鉴成果和已有的路径依赖来看，证据开示程序中的证据收集保障功能不宜被我国采纳。在我国向英美法系证据法学习的过程中，证据开示制度中的证据交换制度和庭前会议制度被我国立法和司法解释采纳，但是这两者的功能均是提升案件审判的效率。相反，我国实务界多认为，英美法系的证据开示程序涉及的证据收集功能由于程序复杂，和我国的传统格格不入，因此没有被我国引入。于此，对英美法的借鉴在我国已经形成了一定的路

---

〔1〕 参见熊跃敏：《大陆法系民事诉讼中的证据收集制度论析——以德国民事诉讼为中心》，载《甘肃政法学院学报》2004 年第 4 期。

径依赖,也就是说,其职能上的证据收集保障功能不宜被我国引进。也是在此背景下,无论是我国在2012年修订《民事诉讼法》,还是最高人民法院起草2015年《民事诉讼法解释》的过程中,均没有在修改建议稿中增加证据开示制度。

第三,证据开示制度的功能发挥与我国民事诉讼的要求之间存在一定的矛盾。目前,人民法院审理的民事诉讼案件数量逐年增加,法院需要适度发挥职权主义的干预作用,高效推进民事诉讼程序。但是,证据开示制度在英美法的弊端之一就是对案件审理效率的影响;特别是由当事人主导的该程序,往往被一方当事人利用作为拖延案件诉讼的程序工具。因此,如果将证据开示程序引进我国民事诉讼中,在当事人主导的证据开示程序中,必然会影响我国案件审理的效率,加剧了人民法院的工作压力。

第四,从司法实务界对证据开示制度的回应来看,证据开示制度虽然在理论上被深入研究,但是在实务中并没有引起足够重视,也没有被实务界采纳,这也说明该制度在我国的生命力有限。证据开示制度在20世纪80年代末期已经被我国学术界热烈讨论,并且目前仍然是民事诉讼证据收集中的热议话题。与这种理论上的深入研究情况不相对应,我国实务界对之采纳较少,特别是近年来对之的实务采纳可谓举步维艰,这也说明其制度建构同我国实务需求不符。

第五,从制度供给的替代性来看,不宜采纳证据开示制度。与证据开示制度相比,我国司法解释中已经有文书提出命令制度,我国地方法院的司法实践中广泛开展律师调查令的试行,这两种制度均可以弥补证据开示制度所不具备的功能,就此而言,我们应大力推行律师调查令制度,而非进一步引进证据开示制度。

综上,证据开示制度的证据收集功能并不符合我国的法律传统和法律理念,且在实务上并不受我国实务界青睐,因此不宜在我国进一步采纳和推进证据开示制度。前文已经述及,2019年《证据规定》和《民事诉讼法解释》所规定的证据交换制度和庭前会议制度并不具有解决证据收集保障问题的功能,故不宜通过完善这两项制度实现证据收集权的保障功能。

四、推行律师调查令的可行性

我国民事诉讼证据收集制度是朝着限制法院依职权调查取证,强化当事人举证责任的方向改革的。但是,在改革过程中,当事人证据收集能力并未得到改善,因为当事人证据收集保障制度未得到有效建立。在我国不宜通过推行证据开示制度,以及进一步完善文书提出命令实现证据收集保障权的情况下,笔者认为,律师调查令这一已经被实践证明能够很好发挥证据收集保障功能的制度,是满足当事人证据收集保障需求的较好制度供给。

首先,律师调查令制度的试行证明了该制度能很好发挥证据收集保障的功能。律师调查令自产生时起就发挥了保障当事人证据收集权的功能。在欠缺立法和司法顶层设计的背景下,该制度在近几年更是如雨后春笋般快速推广,凸显该制度在实践中被认可的程度。该制度之所以被认可,我们前文中提到,是由于该制度弥补了现行法律体系中当事人举证难的法律漏洞,发挥了对当事人证据收集权的保障功能。对我国调查令试行状况的实务调查显示,律师调查令在实践中发挥了突出的作用,其价值得到了法院、当事人、律师的积极肯定。这已经充分说明,该制度符合我国的法治实践土壤。

其次,律师调查令制度与民事诉讼举证改革方向一致。一方面,律师调查令符合民事诉讼追求效率的方向。追求诉讼效率及保障当事人实体权利,仍是当前民事诉讼的改革方向。律师调查令是向对方当事人或诉讼外第三人收集证据的最主要手段。对于法院而言,律师调查令极大丰富了当事人调取收集证据的方法,使当事人能够及时向法院提交证据资料,而非在法院开庭审理时再向法院提出举证申请,从而使得法院能够迅速、妥当地解决纠纷,一定程度上提高了诉讼效率。另一方面,律师调查令既同辩论主义模式下的当事人收集证据要求相符,也同中国特色的职权主义模式的民事诉讼制度匹配。对于当事人而言,保障当事人收集证据的权利是律师调查令制度的功能,证据在对方当事人或者案外第三人控制下无法取得时,能防止其不能及时举证而导致其举证能力不足的风险,解决证据偏在的问题,从实质上保障当事人双方在对抗中达到武器对等的目的。对于持证调取证据的律师而言,基于证据收集问题对民事纠纷的基础性作用,其在以国家公权力作为背书签发调查取证命令的情况下,可以及时有效调取与案件有关的证据,可以在当前当事人举证为重点改革方向的情况下,提高为当事人服务的举证能力,进而提高其积极参与法院审理的能力,提高人民法院审理案件的效率。

再次,同司法环境和法治传统相契合。在我国的法治环境下,政府部门或者其他机关保存着大量的文件材料。对于这些材料,当事人及其委托代理律师往往难以收集到,此种形式的“取证难”已经成为民事诉讼中当事人反映最为强烈、最迫切需要解决的问题。通过法院签发调取证据的命令，由持证律师予以调查取证，赋予律师调查权以公权力的保障，能够得到当事人的高度认可，更符合我国的司法环境和法治传统。

事实上，在我国试行律师调查令的地区，律师持证调取证据的成功率较高的原因也在于律师调取证据的依据为法院签发的调查令，被调查人很大程度上也是基于对法院的公权力的服从而提交证据。在实践中，即使是不予配合调查取证的单位，也往往会向其上级机关或单位反映该等问题，这直接反映出被调查人对律师调查令背后的公权的重视。

复次，现有试行效果为律师调查令的顶层设计提供了可供广泛推广的成功经验。我国地方各级人民法院在试行律师调查令的实践中，积累了丰富的实践经验储备，而且也提供了一定的理论储备。这种理论储备恰恰是借鉴比较法上结论与我国实践结合的结晶。律师调查令制度一方面借鉴了英美法系的证据开示制度的内容，另一方面又借鉴了大陆法系中文书提出命令制度的内容。可以说，我国律师调查令制度是被实践证明行之有效的符合我国实践要求的证据收集方法。

最后，律师调查令还与我国现有民事诉讼制度具有良好的协调性，能够很好地发挥该制度与其他民事诉讼制度的自洽功能。由法院签发律师调查令，赋予了该调查取证命令的公权力保障；由当事人申请及律师持证调取证据，则可以发挥当事人和律师自行调取证据的积极性，将现代辩论主义的举证责任原则要求贯彻落实到我国经济生活中，符合举证责任的改革方向。

五、推行律师调查令的必然性

律师调查令之所以能够成为我国证据制度中证据收集保障功能的重要制度，有其发展的必然性。这种必然性可以通过总结律师调查令在我国试行的发展历程及发展需要得出。

一是弥补了现行立法、司法解释中关于证据收集保障功能的制度供给不足。本章及下面各章的研究得出，在我国目前的民事诉讼制度体系中，对于证据收集权保障的制度供给不足。在《民事诉讼法解释》规定文书提出命令制度之前，法律规定了法院依据职权调查收集证据、当事人自行收集证据和申请人民法院调查收集证据，加上《民事诉讼法解释》规定的文书提出命令制度，有4种证据收集保障。但是，这4种证据收集保障制度是不能满足民事诉讼制度需要的,因此需要一种制度在功能上提供证据收集保障的功能。在此背景下,律师调查令制度能够提供现行法律、司法解释未充分提供的证据收集保障功能。另外,恰恰是因为律师调查令提供了一种填补空白功能性质的制度,其已充分显示了在现实生活中的生命力。

二是律师调查令极好地呼应了基层法院的有益探索。一项制度的生命力和施行的必然性必须以其现实生命力为基础。与其他法律制度系自上而下的模式不同,律师调查令是以地方人民法院积极探索为出发点,以星火燎原态势延伸到全国其他地区。虽然该制度自推行以来就以地方探索为主,欠缺最高立法层面和司法解释层面的顶层设计,这也恰恰说明该制度所体现的强大实践突破能力。法律的生命在于实践。一项法律制度是否具有强大生命力,其最终需要将在实践中的运用作为检验标准,律师调查令恰恰是经受了实践检验的制度。在其经历了实践检验的情况下,其在实践中进一步的生命力也是自身发展的必然要求。

三是切实满足各方面参与主体的共同利益追求。虽然律师调查令在制度探索上存在探索主体积极性和顶层设计的态度模糊性的特点,但是,律师调查令作为解决当事人证据收集保障权的有效手段,自其试点开始就获得试点地区各方主体的欢迎和积极参与,无论是作为申请主体的律师,还是签发主体的法院,均高度认同该制度,可以说起到了多重的功能效果,就此而言,该制度的试行恰恰能够满足各类参与主体的共同利益追求:第一,能够解决审判人员的工作负担,解决庭审实质化问题;第二,能够解决律师调查取证权利不足,将其调查取证要求落到实处;第三,能够解决当事人举证能力不足的问题,解决当事人诉讼中可能面临证据能力不足的败诉风险。在各方参与主体对该制度具有共同利益追求的情况下,该制度在我国制度体系中的生命力是必然的。由于该制度满足了各方主体的利益诉求,地方法院积极、主动地制定律师调查令规范性意见;如在最高司法机关态度模糊的情况下,2019 年前后全国大部分法院力推律师调查令,律师调查令均以高院出台规范意见为主。这个时期,有的高院是单独出台意见,也有高院会同同级司法行政管理等部门联合出台意见,还有法院联合更多行政管理机关出台意见以获得取证支持,这恰恰显示该制度在实践中得以发展的强大必然性。

上文只是简单讨论了律师调查令在我国推行的可行性和必然性,对于律师调查令的具体价值和在我国现行证据法体系中的定位需要进一步加以研究。

自立法论角度,考察律师调查令制度在我国试行的现状,解决该制度试行中出现的问题,回应试行地区法院的需求,正是在问题视野下本研究的重要价值所在。因此,下一节将重点研究律师调查令的功能、价值和具体内涵。

第三节　律师调查令制度的功能、内涵与价值

律师调查令制度是我国地方法院广泛试行的制度。与地方法院试行律师调查令的积极态度相比,全国人大及其常委会缺乏立法规定,最高人民法院和司法部也未出台推行律师调查令的司法解释和规范性司法政策。这种顶层制度设计的欠缺,导致地方法院在试行层面上的上位法依据不足,对律师调查令的研究和试行仅停留在基层探索阶段或者自下而上的推动层面,缺乏更高层面的顶层设计,这进一步导致理论研究的薄弱。

在前面我们已经论述,律师调查令系在我国加强当事人举证能力,强化证据收集保障制度的背景下产生的,其功能主要是解决当事人的证据收集保障问题。因此,我国各地试行的律师调查令制度属于民事诉讼制度中的一个制度创新,具有一定的中国特色和本土原创性。在这样的背景下,如果给律师调查令下一个内涵外延均明确的定义,首先需要进一步明确律师调查令的功能定位,其次在此基础上对现行规范性文件中的律师调查令制度进行完善,最后再在此基础上研究律师调查令的特点和价值。

一、律师调查令制度的功能

律师调查令制度的产生和发展,与我国民事诉讼证据调查收集的模式转变密切相关。该制度是在我国民事诉讼改革中强调当事人主义举证模式的背景下,基于保障当事人在民事诉讼中的武器平等原则而发展起来的,其功能在于保障当事人的证据收集权。但是,律师调查令和当事人自行调查取证及律师调查取证存在明显的区别:当事人由于客观原因无法自行调取的证据,可以基于案件审理的需要,由其委托的代理律师向法院申请签发律师调查令,由律师持令调查取证。在当事人申请层面体现了当事人主义诉讼模式的对抗制特征;在法院签发调查令给律师、由律师持有法院的调查令调取证据方面,则有明显的职权主义或者赋权主义色彩。所以,相比之前调取证据的方式而言,首先需要

解决律师调查令的功能定位，其次在此功能定位的基础上研究律师调查令的性质及特性。

（一）律师调查令的功能：保障当事人的证据收集权

前面我们已经指出，律师调查令是在证据裁判主义背景下保障当事人的证据收集权而产生的，律师调查令的主要功能是对当事人证据收集权的保障，即通过对当事人证据收集权的保障，实现当事人主义诉讼模式下当事人在民事诉讼中的武器平等原则。

在我国民事诉讼法体系中，之前的证据收集主要依靠法院依据职权调取证据，[1]随着民事诉讼制度的深化改革，法院中立裁判地位的逐渐强化，导致法院依据职权调取证据的保障工作在逐渐弱化。因此需要建立和完善当事人证据收集保障制度，这是当前民事诉讼中需要重点解决的问题。

初步研究得出结论，实践的发展表明，与现实的证据保障需要的迫切性相比，我国的证据交换制度和庭前会议制度并不具有保障证据收集权的功能，文书提出命令制度的适用范围过于狭窄、适用程序较为严格、实践中适用较少，故其不能根本解决实践中当事人的证据收集保障问题。但是，律师调查令作为地方法院积极探索的一项当事人证据收集保障制度，恰恰能够满足我国当事人对于证据收集保障的需求，[2]自其试行之初就具有强大的生命力。

（二）律师调查令的性质：新的诉讼权利

将律师调查令功能定位于保障当事人证据收集权，那么律师调查令属于民事诉讼中形成的一种制度。因此，律师调查令系当事人委托的代理律师所享有的一种诉讼权利，目的在于保障当事人调取证据的权利。由于其系一种诉讼上的权利，因此依托公权力的背书就具有要求被调查人提供相关证据的权利。

目前，对于律师调查令法律性质的认识，存在法院授权说、法院间接取证说、私权行使说、[3]诉讼权利延伸说[4]等不同的观点。[5] 笔者认为，以上观点

---

〔1〕 参见常怡、杨军：《我国证据收集制度的反思与重构——兼论民事审判方式的改革》，载《汕头大学学报（人文社会科学版）》2002年第1期。

〔2〕 参见周卫国：《论我国当事人民事证据收集权利的保障》，载《哈尔滨学院学报》2006年第11期。

〔3〕 参见韦杨等：《当事人调查取证权之程序保障的路径尝试——以调查令制度的检讨及其实证量化分析为研究视点》，载《法律适用》2008年第3期。

〔4〕 参见钱雄伟：《律师调查令正当性的法理思考》，载《广西青年干部学院学报》2006年第4期；汤啸天等：《调查令制度的法律属性与完善建议》，载《法律适用》2008年第7期。

〔5〕 参见赵风暴：《民事证据调查令制度的司法适用路径探析》，载《兰州大学学报（社会科学版）》2018年第3期。

均存在一定的问题。

第一种观点是将法院签署调查令由律师调查取证看作法院让渡权力的属性。该观点虽然在形式上抓住了律师调查令的实质具有公权力保障的属性，但是该观点的缺陷在于，没有看到公权力原则上应由国家专属权力机关行使且不能让渡的属性。

第二种观点抓住了取证的公权力保障的属性，是正确的，但是没有看到律师持证调查取证本身与法院调查取证的差异，由此导致违反调查取证的效果的不同以及制裁不同。法院调查取证，当事人不得予以拒绝。律师持令调查取证，在一定程度上应当允许被调查人予以拒绝，如比较法上类似文书提出命令证据持有人基于隐私的秘密拒绝权。

第三种观点认识到律师调查令的启动是由当事人私权行使是正确的，但是该观点将该权利定位为一种纯粹的私权，则可能导致被调查人不予配合的情形，[1]与律师调查令所解决的证据收集保障功能不符。

第四种观点即律师调查令原则上属于诉讼权利的一种延伸，系当事人委托的律师所享有的一种诉讼上的权利，其目的在于保障民事诉讼中当事人证据收集的权利，以实现民事诉讼的武器平等原则。该种诉讼权利定位架起了私权利行使和公权力保障之间的桥梁。笔者认为，第四种观点符合律师调查令的功能特点，具体分析如下。

首先，律师调查令是保障当事人诉讼上的权利，即当事人在产生纠纷后，为了落实“谁主张、谁举证”举证原则的要求，可以享有证据收集保障的权利。在我国民事诉讼证据收集模式改革的背景下，强化当事人举证的要求，需要面对的是如何保障当事人能够平等获得收集证据的权利。民事诉讼程序中各国均面临证据偏在问题，即证据被一方当事人掌握或者被第三方掌握的问题。为了确保当事人调查收集证据的权利能够得到切实有效的保障，需要在诉讼中设置一种程序权利，这种权利并不具有私权上的实体属性，更不具有公权力的强制属性，而是诉讼法上赋予当事人的一种诉讼上的权利。由于这是一种诉讼法上的权利，在贯彻当事人主义诉讼模式的同时，还需要国家司法权的强制力后盾。因此律师调查令作为一种诉讼法上的权利，其功能在于解决当事人调查收集证据时的保障问题，是在诉讼制度上的设置，既是私权行使的方式，又有公权保障

---

〔1〕 参见王杏飞、刘洋：《论我国民事诉讼中的律师调查令》，载《法治研究》2017 年第 3 期。

的属性。

其次,律师调查令既不是私权行使,也不是公权行使,而是在民事诉讼协力主义之下法院公权力和民事诉讼当事人及案外第三人之间协力保障民事诉讼顺畅进行的一种制度设置,[1]属于诉讼中的专属制度。对于律师而言,属于律师代理民事诉讼上的专属权利。

一方面,如果将律师调查令定位于私权行使,对于被调查人拒绝协助调查的,则不能处以公法上的制裁;在未来律师调查令的制度设计上,显然不能将律师调查令定位于私权行使这个层面,否则该制度试行中所欠缺的制裁措施将无从落实,直接影响到该制度的生命力。事实上,能够保障这种私权行使由被调查人所协助配合,显然并非基于当事人的私权行使,而是基于法院签发的命令的"公权保障的属性"。[2] 因此,法院对于调查令的签署,实际上系由公权力作为保障。

另一方面,律师调查令显然也不是国家公权力的行使。其一,律师调查令需要以申请为前提,法院对律师的申请进行审查和裁判,签发调查令,然后由律师持令调查,调查主体显然不是公权力的工作人员。其二,在制度上,之所以不能定位为公权力的原因在于对违反法律后果的设计上。违反协助调查取证义务的首要不利法律后果不是《民事诉讼法》第一百一十四条的罚款、拘留等措施,而是推定该证据及证据内容为真实。其三,如果将律师调查令定位为一种公权力,是不正确的,因为国家权力原则上是不可让与的,[3]其也无法委托给平等主体的民事当事人行使。因此,将律师调查令定位为公权力或者公权力的委托,显然是不合适的。

最后,在这种诉讼权利的界定上,违反律师调查令的责任首先要承担的是诉讼法上的证明妨碍行为的法律后果。因此,文书调查命令所确定的违反文书提出义务推定该证据为真实的法律后果是律师调查令首先可以选择借鉴的法律后果,也是律师调查令制度需要切实解决的真正问题。简单地通过罚款或者拘留的方式,对违反协助调查义务的主体予以制裁,并不能从根本上解决律师调查令的证据收集保障功能。因此,违反协助提供证据义务,构成证据法上的证据妨碍行为,该行为的首要法律后果是证据法上推定该证据为客观真实的效果。

---

[1] 参见王杏飞、刘洋:《论我国民事诉讼中的律师调查令》,载《法治研究》2017 年第 3 期。

[2] 参见王建平:《关于建立调查令制度若干问题研究》,载《政治与法律》2002 年第 6 期。

[3] 参见骆东平:《论我国民事诉讼中的证据收集权限配置》,载《湖北社会科学》2010 年第 2 期。

因此,在将律师调查令定位为一种诉讼法上的权利的情况下,一方面,虽然律师持令调查取证形式上由法院签发调查令,似乎基于法院的委托授权,但实质上这是当事人委托的律师在诉讼中所享有的一种权利,只不过这种权利是以法院公权力的保障为后盾。因此,律师调查令显然包含了当事人私权行使和公权保障的属性。另一方面,将律师调查令定位为一种诉讼法上的权利,在启动程序上,则是由当事人基于私权发动的,具有私权行使的属性。对此权利,当事人有放弃的权利。在其公权属性上,律师调查令虽然由法院赋予律师持令调查,但是其却是法院赋予律师行使的一种权力,当事人接受持令调查也就有了遵守公权力要求的义务。

(三)对将律师调查令应定位为诉讼权利的保障要求

如果将律师调查令定位为当事人委托的代理律师所享有的诉讼权利,那么对律师调查令的功能发挥具有以下三个方面的要求。

1. 持令调查主体必须按照司法权的命令调查。律师作为持令调查的主体,其从事的并非律师法上的调查取证行为。律师持令取证行为,恰恰是律师在根据《律师法》第三十五条规定[1]无法调取证据的情形,为了保障当事人在民事诉讼中享有武器平等的举证权利,由法院签发令状由其调取民事诉讼所需要的证据,这显然不是律师自身基于私权能完成的,恰恰是法院依据司法权力签发这一行为本身所赋予的调查取证的权利。因此,一方面,律师调查令制度具有在诉讼程序中司法赋权而取证的权利;另一方面,需要持令律师遵循司法赋权的要求。因此,律师必须按照调查令的要求调查取证,不能滥用调查令;不得超越调查令赋予的权利范围调查与案件无关的事实;不得隐匿对其不利的证据;等等。这些是其在享有调查取证的同时需要承担的义务。

2. 接受调查的主体有协助、配合调查的义务。这种义务是基于公权力对于举证保障的要求产生的。大陆法系证据持有人有提出文书的义务,该种义务是一种基于公权力产生的义务。这对律师调查令的功能定位具有极大的借鉴意义。也就是说,对于律师持令调取证据的被调查人来说,其有接受调查的义务,这种义务原则上是公权力所要求的义务。进一步,正是因为被调查人有提供证据的义务,因此其违反该义务则构成证明妨碍行为,持令调查和被调查主体违反调查令时,需要承担违反证据收集保障要求的不利法律后果,包括可能的公

〔1〕《律师法》第三十五条规定:"律师对于承办的具体案件有调查取证的权利。"

权力制裁。显然,这是将律师调查令定位于当事人的私权行使层面下所不具有的内涵。

3. 这种诉讼权利还要求遵循当事人主义民事诉讼模式之下的相关原则。在当事人主义民事诉讼模式下,调查取证原则上应遵循“谁主张,谁举证”的举证责任原则,原则上法院不应过多干预当事人的举证问题。在当事人主义诉讼模式下,律师调查令制度从武器平等原则出发,是对当事人证据收集权的保障。因此,这种诉讼权利的发动和行使还带有私权的内容。其一,律师调查令必须依申请才能签发,且申请的前提条件必须是当事人确实由于客观原因无法自行收集与案件有关的证据。法律及司法解释对何种情况下属于客观原因不能自行收集的证据还应有明确的规定。这种申请及签发理由的特定性既要考虑到我国民事诉讼举证制度的改革方向,还要考虑到当事人自己负担收集和举证责任的举证能力不足。因此,在申请及签发理由上应该予以特殊限定。其二,只有当事人委托的律师才有权申请签发律师调查令。毕竟,持令调查超出了当事人自行调取证据的范畴,为了保障这种调取证据的权利不被滥用,应要求由更加专业的律师行使,以确保法院赋予的部分公权力得到正当行使。

二、律师调查令制度的内涵及完善

在前面的研究中,我们详细介绍了律师调查令在全国广泛试行和适用的情况。与律师调查令在司法实践中的星火燎原之势相比,在我国现行立法中却缺乏民事律师调查令的规定,最高人民法院层面也未出台司法解释或司法规范性文件。可以说,这种顶层设计的欠缺和态度模糊,导致该制度目前正处于发展的十字路口。在对律师调查令的功能和性质厘清的基础上,需要对其内涵进行明确界定。

我国现行《民事诉讼法》中并无律师调查令的规定。因此,对于律师调查令的内涵,需要从我国各地出台的律师调查令的规范文件中进行解读和归纳。[1]

---

〔1〕 参见汤啸天等:《调查令制度的法律属性与完善建议》,载《法律适用》2008 年第 7 期。2010 年,上海出台该试行规定时,明确制定的依据是 2007 年《民事诉讼法》第六十四条和第六十五条。2007 年《民事诉讼法》第六十四条规定:“当事人对自己提出的主张,有责任提供证据。当事人及其诉讼代理人因客观原因不能自行收集的证据,或者人民法院认为审理案件需要的证据,人民法院应当调查收集。人民法院应当按照法定程序,全面地、客观地审查核实证据。”第六十五条规定:“人民法院有权向有关单位和个人调查取证,有关单位和个人不得拒绝。人民法院对有关单位和个人提出的证明文书,应当辨别真伪,审查确定其效力。”

2001年6月13日《上海法院调查令实施规则》第二条中首次对调查令进行了界定:“调查令是指,案件当事人在民事诉讼活动中由于客观原因导致不能获取己方所需证明材料时,向法院提出申请,在获得准许后,由法院签发给代理律师的一种法律文书。”[1]据此,律师调查令开始在全国各地方法院广泛试行。目前各地出台的规范意见的主要依据是《民事诉讼法》中关于当事人有权申请调查取证和法院依职权调查取证的规定,因此规范性意见中对律师调查令的界定是比较统一的,多包含以下几个方面内容:其一,由当事人或当事人委托的律师申请;其二,申请及签发的条件是当事人由于客观原因无法自行调取;其三,由法院签发、由律师持令向控制证据的主体调取。[2]

但是,这种地方法院试行规范性文件中关于律师调查令内涵的界定,存在的缺陷是明显的:其一,欠缺功能定位。由于在基础理论上没有对律师调查令的明确功能定位,因此导致对该制度的制度目的并不清晰,或者说是欠缺的。其二,欠缺功能定位,导致对其功能发挥的需求定位模糊。将律师调查令定位为解决当事人证据收集保障权,故原则上只有在诉讼案件提交法院后或者为了有效进行诉讼才会产生此种证据保障的需求。对于尚未立案或者案件执行阶段的案件,律师调查令解决的并不是证据收集保障的问题。故在此阶段签发律师调查令是否合适,则不无考虑余地。当然,如果考虑到举证责任和实现当事人利益的延伸,当然可以将律师调查令延伸到立案和执行阶段。其三,律师调查令是补充当事人自身举证能力不足的制度,其与法院依据职权调查取证是既有区别又互有补充的。就此而言,不能用该制度替代本应由法院依据职权调查取证的范围。上述概念显然并没有明确这点要求。[3] 其四,缺乏违反律师调查令制度的法律后果规定。对于受调查人不配合调查以及持证律师滥用调查令程序的惩戒问题,如何处理目前各地出台的规范性意见中尚付阙如。[4] 其五,

---

〔1〕 可以看出该定义实际上是将2007年《民事诉讼法》第六十四条和第六十五条加以结合而进行的定义。各地出台的规定,调查令的定义在具体措辞上可能不同,但是从内容上看都是基于前述两条规定进行定义的。

〔2〕 比如,《广东省高级人民法院关于在民事诉讼中实行律师调查令的规定(试行)》第一条对律师调查令的界定为:“本规定所称律师调查令,是指在民事诉讼程序中,当事人及其代理律师因客观原因不能自行收集证据时,经代理律师申请,由受理案件的人民法院批准,由指定代理律师向接受调查的单位、组织或个人调查收集相关证据的法律文件。”

〔3〕 律师调查令的启动条件和法院依职权调查取证存在同样的问题,关于法院依职权调查取证存在的问题,参见周健宇:《论民事诉讼中法院调查取证制度之完善——基于实证分析与比较法的参考》,载《证据科学》2014年第5期。

〔4〕 参见曹建军:《论民事调查令的实践基础与规范理性》,载《法学家》2019年第3期。

上述关于律师调查令的内涵界定来自人民法院对调查取证权利保障的探索,并不触及人民法院诉讼之外的律师调查令适用问题。如果律师调查令制度的目的在于保障当事人诉讼中的武器平等原则,解决证据收集保障权问题,则在仲裁作为一种重要的纠纷解决方式的情况下,仲裁程序中自然无法避免律师调查令的签发问题和需要律师调查取证的问题。因此,在科学界定律师调查令的内涵上,自然需要将仲裁程序中的律师调查令问题纳入其中。

在律师调查令功能定位的基础上,笔者将律师调查令界定为:律师调查令是指,在诉讼和仲裁程序中,当事人由于客观原因确实无法自行收集证据的,由其委托的律师向人民法院或仲裁机构提出签发律师调查令的申请,人民法院或仲裁机构审查后对符合条件的申请,向律师签发律师调查令,由律师持令直接向当事人或者案外第三人调查取证的收集证据的程序。律师违反调查令调查取证要求及接受调查的被调查人拒不提供证据的,应承受法律上的不利后果。该内涵包含了以下几方面内容。[1]

其一,律师调查令是对当事人主义调查取证模式的补充,在坚持“谁主张、谁举证”的原则下,为贯彻武器平等原则对当事人证据收集权提供保障。因此,只有由于客观的原因导致当事人不能自行收集证据时,才能申请人民法院或仲裁机构向律师签发调查令。在该制度内涵背后则是当事人调查取证权的保障和当事人主义模式下武器平等原则的保障。

其二,律师持证调查取证是民事诉讼或仲裁程序中当事人委托的代理律师享有的一种诉讼权利,该权利源于法院公权力或仲裁庭的赋权,被调查取证人有协助调查取证的义务;律师违反调查令的限制要求或者被调查取证人不协助调查取证的,则应承担法律上的不利后果。就法律规范的构成要件而言,不能缺少制裁措施,否则该规范就是残缺的规范。因此,律师调查令的内涵中,最迫切需要完善的就是增加制裁措施的内容。[2]

其三,签发律师调查令是法院公权力和仲裁庭权力的行使方式,法院和仲裁庭在签发律师调查令程序中具有裁判权,其需要根据案件审理的需要决定是

---

〔1〕 参见周赞华等:《对民事诉讼中适用调查令的法律思考》,载《人民司法》1997 年第 5 期,将律师调查令界定为:“调查令是指民事诉讼当事人在履行举证责任时,因收集证据受到客观情况阻碍,而向人民法院提出申请,经人民法院审核后签发给当事人,由持令人向被调查人收集证据的书面凭证。”

〔2〕 参见王杏飞、刘洋:《论我国民事诉讼中的律师调查令》,载《法治研究》2017 年第 3 期;陈维君:《民事证据调查令制度的运行检视与完善路径》,载《河北法学》2017 年第 3 期。

否签发律师调查令。因此是否签发仍然需要法院或仲裁机构的公权判断,否则容易导致权利被滥用。

其四,考虑到律师调查令的专业性和法院、仲裁庭委托事项的严肃性,申请签发及持证调查的主体只能是律师,不能延伸到律师之外的其他主体。〔1〕 这是我国律师调查令制度同其他国家证据收集保障制度之间的重大差异。

考虑到律师调查令目前主要集中在由人民法院签发的,下文的研究主要以人民法院签发律师调查令为研究基础和落脚点,主要研究在民事诉讼中的律师调查令制度。对于仲裁程序中律师调查令问题,本研究将在律师调查令的实务操作专章中加以专门论述。对仲裁程序中的律师调查令的特点,本研究将专门予以论述。

三、律师调查令制度的特点

申请律师调查令是民事诉讼中律师享有的诉讼权利,确切地说是当事人委托的律师所享有的权利,体现了法院和当事人在诉讼中共同协力促进诉讼的进行。律师调查令依申请才能启动,这体现出当事人主义诉讼模式的特点;法院签发调查令给律师,由律师持调查令调取证据,则有明显的职权主义色彩,或者司法权的赋权特点。所以,律师调查令制度与民事诉讼法的其他证据收集方式具有明显的区别,具有其自身独特的特点。

(一)律师调查令的特点

律师调查令的特点如下。

1.制度产生的自发性和本土性。律师调查令制度在我国的产生和推进并无比较法上的相同或者类似制度可以借鉴,更无先例可循,其是我国司法实践中基于案件审理需要和当事人证据收集保障需要而自发产生的。特别是在立法和司法解释均欠缺顶层制度规范的情况下,完全由地方司法实践推动而产生的,体现了该制度形成的自发性。

恰恰是由于该制度源于我国地方司法实践中的积极探索,其没有比较法上的现成制度可以借鉴,因此律师调查令制度具有本土特性。〔2〕 该制度是为了解决我国现有法律制度中证据收集保障领域的空白,弥补当事人举证能力的不

---

〔1〕 目前研究文章在涉及持令调查主体上,基本意见是一致的,即认为应局限于律师。参见王杏飞、刘洋:《论我国民事诉讼中的师调查令》,载《法治研究》2017 年第 3 期。

〔2〕 参见曹建军:《论民事调查令的实践基础与规范理性》,载《法学家》2019 年第 3 期。

足。该制度的适用条件具有明显的中国特色,其系在从强职权主义的法院调查取证向当事人主义模式下当事人举证转变过程中的产生的。在职权主义的职权调取证据模式下,法院扮演了当事人证据收集的角色,不符合民事纠纷中当事人地位的平等要求,也无法体现法院居中裁判的地位要求。[1] 在当事人主义模式下,完全由当事人进行举证,却没有考虑当事人举证能力的不足,由此在证据裁判主义模式下,举证能力不足的当事人不得不面临败诉的风险,使案件审判的法律效果和社会效果不能实现有机统一,也不能实现案件的公正审理,从而无法将权利人的利益保护到位。通过法院签发律师调查令,赋予律师调查取证的权利,可以解决上述两种举证模式的不足,具有明显的中国民事诉讼制度的特色。

当然,这项制度在功能上同比较法的证据收集保障制度则具有类似之处,就此而言,我们能够从比较法上证据收集保障制度,为律师调查令制度提供一定的参考价值。这在下文我们将进行研究。

2. 性质的特殊性。律师调查令是法院签发给律师的规范性法律文书,其功能在于保障当事人的证据收集权,以确保在证据裁判主义要求下当事人在武器平等原则下展开对抗。因此,律师调查令包含了当事人私权行使和公权保障的属性。[2] 从辩论主义民事诉讼模式的视角来看,律师调查令制度的功能是解决当事人举证能力问题;但是从该制度发挥作用背后的公权力保障作用而言,其则具有公权授予或者保障的属性。[3]

律师调查令的性质特殊性,进一步产生以下几个制度内容上的独特特点:(1)申请主体的限定性。申请签发律师调查令的主体限于案件当事人委托的律师,这有两方面要求:一方面应该是案件已经起诉到人民法院;[4] 另一方面持令调查人是具备执业资格的律师。在本研究的后文中,笔者将深入研究律师调查令取证主体的专属性问题,不能将之扩充到律师之外的其他主体。(2)申请及签发理由的特定性。只有当事人由于客观原因确实无法获取案件的证据时,才

[1] 参见周健宇:《论民事诉讼中法院调查取证制度之完善——基于实证分析与比较法的参考》,载《证据科学》2014 年第 5 期。

[2] 参见王建平:《关于建立调查令制度若干问题研究》,载《政治与法律》2002 年第 6 期。

[3] 有学者认为,律师调查令仅仅是体现了私权利,法院签发调查令并没有将公权力交由律师,法院签发调查令仅仅是对调查令的确认和支持。该观点参见汤啸天等:《调查令制度的法律属性与完善建议》,载《法律适用》2008 年第 7 期。

[4] 虽然在向法院提起诉讼之前,当事人已经委托了律师,但是对于没有起诉到法院的案件,根据现行法律的规定,律师没有任何途径向法院申请签发律师令。

可以申请律师调查令。在当事人主义诉讼模式下,首先要坚持"谁主张,谁举证"的举证责任原则,对申请律师调查令的客观原因也应持严格限制的要求,即只有当事人及其律师穷尽其他方法不能取证的,才能向法院申请签发调查令调取证据。这种申请及签发理由的特定性主要的考量因素在于在我国近年来举证制度的改革方向上,当事人自身负担收集和举证责任是民事诉讼当事人主义诉讼模式的必然要求,原则上对于私权争议公权力不应过多干预。但是,考虑到举证责任武器平等的要求,应该针对证据偏在导致当事人无法取证的情形,允许法院公权力的介入,这应严格区别于法院依职权调查取证。[1] (3)制度效果上的特殊性。虽然目前试行法院在试行规范意见中均未规定违反律师调查令应产生证据法上的证明妨碍效果,但是由于律师调查令制度解决是证据收集保障的功能,故,首要的法律后果不应是违反调查取证的直接司法制裁后果,而应体现在对证明妨碍的法律后果上,可以产生推定该证据客观真实的法律后果。对此,将在本研究的后文予以专门论述。

3. 与我国现有证据收集制度具有功能上一致。与我国现有民事诉讼制度高度自洽。这种高度自洽体现在:一是通过保障当事人证据收集权的实现,有利于法院发现案件客观真实,有利于充分保障当事人的利益;二是有利于法院从依据职权调查取证的事务性工作中解脱出来,使得法官可以中立地审理案件;三是有利于提高案件的审理效率,法院从繁重的调查取证工作中解放出来,就可以将更多精力投入到案件审理中,提高审判效率;四是有利于发挥律师在案件审理中的积极作用,通过法院的赋权,切实将律师调查取证权利落实到司法实务中。

(二)律师调查令与现有调查取证制度的比较

《民事诉讼法》第六十七条第一款规定了"当事人对自己提出的主张,有责任提供证据"确定了"谁主张,谁举证"的一般举证责任原则,属于当事人取证制度。《律师法》第三十五条规定,受委托的律师根据案情的需要,可以申请人民检察院、人民法院收集、调取证据或者申请人民法院通知证人出庭作证。律师自行调查取证的,凭律师执业证书和律师事务所证明,可以向有关单位或者个人调查与承办法律事务有关的情况。从该规定可以看出,律师是受当事人的委托调取证据,律师调取证据仍然属于当事人调查取证的范畴。《民事诉讼法》第

---

[1] 参见韦杨等:《当事人调查取证权之程序保障的路径尝试——以调查令制度的检讨及其实证量化分析为研究视点》,载《法律适用》2008 年第 3 期。

六十七条第二款规定“当事人及其诉讼代理人因客观原因不能自行收集的证据,或者人民法院认为审理案件需要的证据”,可以依据职权调查取证,这属于法院依据职权调查取证。我国《民事诉讼法解释》第一百一十二条还规定了书证提出命令制度。在对律师调查令制度的功能和特点进行研究之后,需要对律师调查令与上述相关证据收集制度进行比较研究。如果律师调查令制度与上述制度的名称虽然不同,但是制度功能和具体实现路径没有差异,甚至完全相同,则律师调查令制度的存在价值需要重新考量。律师调查令与这些证据收集制度存在的差异,决定了律师调查令制度存在具有合理性和必要性。

1. 同律师自行调查取证的区别。根据《民事诉讼法》第六十七条确定的“谁主张、谁举证”的原则,当事人可自行收集证据,其委托的律师也可以受当事人的委托以律师身份自行收集证据。根据本条及《律师法》第三十五条的规定,原则上律师自身即有调查取证的权利。[1] 该权利和律师持令调查取证的相同之处在于:首先,二者均是证据调查收集的方式,目的均是解决当事人举证的问题。其次,二者的取证的目的是一致的,均为当事人的利益。最后,二者在适用条件上相同,即均应该围绕案件审理需要调取与案件有关的事实。

但是,二者的区别也是明显的:首先,律师调查令背后体现了国家法院公权力介入的成分,体现了职权主义诉讼或者协同主义诉讼模式的特点;而律师自身调查取证,本身即属于当事人调查取证的一部分,体现了当事人主义诉讼模式的特点。对于当事人由于客观原因无法自行调取的证据,该证据基于案件实质审理的需要对当事人诉权和实体权的保障具有重要意义,当事人委托的律师可以向法院申请调查令,并持令调查取证。在申请层面其体现当事人主义诉讼模式的特征,但是在调查令由法院签发方面,则有明显的职权主义色彩。

其次,二者适用的条件不同。律师调查令的签发是以当事人由于自身的客观原因无法自行调取到证据为前提。但是,律师自身调查取证则不存在这个前提,律师只要接受了当事人的委托就可以根据案件需要调查取证;律师调查取证可能的内容与案件并无关联,甚至有些是律师为了了解案件而去深入了解相关事实。当然,在实务中律师虽然能够掌握大量证据,但是在诉讼时,向法庭或仲裁庭提供何种证据,则可能基于案件胜诉的目的而有所选择。

再次,二者在实务中被调查人配合程度不同。在实践中,律师自行在调查

[1] 《律师法》第三十五条第二款规定:“律师自行调查取证的,凭律师执业证书和律师事务所证明,可以向有关单位或者个人调查与承办法律事务有关的情况。”

取证时困难重重，难以收集到证据的情形已经成为常态。[1] 律师调查令因为公权力的属性，被调查人更愿意配合。

复次，二者的制度构成不同。律师调查令具有一系列独特的制度要件，其在申请、签发、使用、法律后果和制裁上均具有独特的特点。而律师自行调查取证原则上要遵循《律师法》等要求，其系行使私权，目前我国法律尚无相关制度配套规定。

最后，二者负担的义务不同。律师调查令作为一种独立的诉讼上的权利，律师在持证调查时，应遵循"权利与义务相一致"的原则，遵守相关的义务。其中典型的义务就是律师无权隐匿所调取证据的权利，应承担向法院交付所调取证据的义务。但是，对于律师受委托调取证据来说，其可能基于案件诉讼目的的要求，有选择地不向法庭提供对己不利的证据；这种基于诉讼策略不提交证据，并不构成违法，也不能产生对其不利的法律后果。当然，一旦法院赋予其提交相关证据的义务，则情况有所不同。

2. 与法院依职权调查取证的区别。《民事诉讼法》第六十七条第二款对法院规定了法院可以依职权调查取证。《民事诉讼法解释》第九十四条明确了当事人及其诉讼代理人由于客观原因不能自行收集的证据，可以在举证期限届满前书面申请人民法院调查收集。笼统地说，上述两个方面均属于法院依职权调查取证的范畴。

法院依申请调查取证与律师调查令制度作为证据调查收集保障的制度，具有明显的共同点：首先，同属于证据收集保障权的范畴，二者的功能和目的是一致的，均是为了保障当事人证据收集权，有利于发现案件真实，有利于案件实体公正的审理。其次，二者适用的前提条件部分重合，即当事人由于客观原因不能自行收集证据。再次，二者均以当事人主义模式的当事人申请为启动条件。最后，二者在调取证据的采纳上是一致的，均需要再行质证和认证，才能作为案件的证据。

但是，二者的区别也是明显的：首先，二者的利益倾向不同。为了查明案件

---

〔1〕 参见王学棉：《民事诉讼当事人证据收集权有待完善》，载《法学杂志》2001 年第 4 期。

事实,法院依据当事人申请调查取证的范围主要涉及国家安全、社会利益类案件;[1]而律师调查令则着眼于一方当事人的利益,主要是当事人根据自身需要。也就是说:"当事人及其代理人收集调查证据的活动是为了完成主观的证明责任,而法官依职权调查证据是为了获得更确切的心证或者是为了作出更公正的判决"。[2] 其次,二者调查证据主体不同,律师调查令的取证主体是律师,法院依职权调查取证的主体是审理案件的法官。再次,对不配合调查取证的处理不同。当事人拒不配合法院调查取证的,法律有明确的处罚措施;但是对律师持令调查取证的不配合,由于现行法律对律师调查令制度欠缺规范,故没有对之制裁的规范依据。如果将来立法或司法解释对之规定的情况下,则可以对不配合协助调查的对方当事人基于证明妨碍的理论加以制裁;对于第三人则可以通过司法惩戒措施加以制裁。复次,二者的要件是不同的,律师调查令作为证据收集保障的制度,不同于当事人调查取证和法院依据职权调查取证,具有一系列复杂的构成要件和适用条件。事实上,在比较法上与律师调查令具有类似功能的证据开示制度和文书提出命令制度,均具有一系列复杂的制度构成要件和适用条件,这对律师调查令也具有一定的借鉴价值。最后,二者的规范依据不同。法院依职权调查取证有现行的法律基础,因此在规范基础和具体适用上具有统一性;而律师调查令在目前我国法律规范体系中并无法律规范的依据,也无司法解释的适用依据,是地方法院在审判实践中自发推行的一种积极探索,具有一定的地区差异。

3. 与文书提出命令的区别。《民事诉讼法解释》第一百一十二条中规定的文书提出命令,在一定程度上也是一种独立的证据收集制度。[3] 文书提出命令在功能和目的上同律师调查令制度是相同的;但是二者的区别也是明显的,本部分和下面章节的文书提出命令中将进行专门研究。

---

〔1〕 对于涉及社会利益的案件,尤其是对环境问题提起的民事侵权诉讼中,因为环境污染侵权具有持续性,损害结果可能短时间内无法显现,对于被侵权方而言,自身受技术水平限制,很难证明侵权方存在过错、证明确实发生了损害结果,更难的是证明损害结果和污染之前存在因果关系,因此该类案件从举证责任的分配上采取举证责任倒置,为了查明案件事实,该类案件,法院也可以依职权调查取证。参见王秀卫:《我国环境民事公益诉讼举证责任分配的反思与重构》,载《法学评论》2019 年第 2 期。

〔2〕 常怡主编:《民事诉讼法学》(第 2 版),中国政法大学出版社 2008 年版,第 211 页。

〔3〕 参见张卫平:《当事人文书提出义务的制度建构》,载《法学家》2017 年第 3 期。

四、律师调查令制度的价值

在民事纠纷中，当事人将纠纷提请法院裁判，其往往有以下诉求：一是请求法院公正裁判。这种诉求往往通过裁判者对实体权益的保护来实现，体现在诉讼结果的实体公正上。二是在请求裁判过程中，其程序利益能够得到公正、平等的保护，这体现在诉讼的程序公正上。三是其诉求能够及时得到保护，这往往要求诉讼裁判有效率。律师调查令制度通过保障当事人的证据收集权，能够满足以上三个方面的诉求。

（一）律师调查令制度的程序公正价值

“正当的法律程序是实现实体公正的保障，是现代法治的基石。”[1] 程序公正包括两方面内容：一是要设计符合公正价值目标的程序，二是设计的程序要在实践中得以运用。[2] 律师调查令制度通过保障当事人的证据收集权，确保当事人在诉讼中实现武器平等原则，将程序公正价值的保护落到实处。

律师调查令制度的程序公正价值主要体现在以下几个方面。

一是保障民事诉讼中对抗双方当事人的武器平等。在民事诉讼中，原则上证据由当事人负责收集；当事人不能收集到证据的，要承担相应的不利后果；如果对方当事人和第三人控制了证据，且没有一定的诉讼程序制度予以保障，则当事人一般难以取得该证据，在结果上就有可能承担不利的后果。[3] 因此，在比较法上各个国家均对当事人证据收集保障权进行了规定，例如英美法系的证据开示制度，以及大陆法系的文书提出命令均是对证据收集权的保障。我国地方司法实践中自发推行的律师调查令制度，通过法院签发律师调查令，赋予律师持令调取证据的权利，要求当事人及第三人提供所保存的证据。通过这种对律师持令调取证据权利的保障，能够保障当事人在民事诉讼中的武器平等，确保其举证能力平等，进一步保障其在庭审过程中的平等对抗，而不需要承担仅仅因为无法取得证据而败诉的风险。[4]

二是律师调查令制度有利于促进当事人诉讼地位的实质平等。一直以来，

---

〔1〕［美］伯尔曼：《法律与宗教》，梁治平译，上海三联书店 1991 年版，第 38 页。

〔2〕参见肖建国：《民事诉讼程序价值论》，中国人民大学出版社 2000 年版，第 169 页、第 190 页。

〔3〕参见王杏飞、刘洋：《论我国民事诉讼中的律师调查令》，载《法治研究》2017 年第 3 期。

〔4〕也有学者认为，通过律师调查令制度赋予当事人平等收集证据权，也可以避免在诉讼中当事人利用隐匿证据或者证据突袭等手段将诉讼活动变成一场律师竞技的游戏。对此，笔者认为，我国的防止当事人证据突袭的功能主要是通过证据交换制度或者庭前会议制度来实现的。

作为纠纷裁判者的人民法院,强调庭审的实质化是法院的重要工作。但是,在发源于20世纪80年代末期的民事诉讼改革实践,其改革方向之一就是构建当事人主义的诉讼模式。在此背景下,强调当事人承担举证责任。在我国的现实情况下,大量证据并未被纠纷当事人掌握,而是被有关机关或单位掌握。因此,在当事人主义诉讼模式下应该保障当事人证据收集权,否则无法实现庭审的实质化。在我国民事诉讼改革的过程中,虽然强调当事人的举证责任,但是证据收集保障制度方面的空白,往往导致当事人对诉讼所需要的证据无法取得,不得不承担败诉的风险。通过律师持令调取证据,可以保证当事人客观全面地提供案涉证据,有利于法官全面把握案件事实,客观分析案情,确保案件的实质化审理。

三是推行律师调查令制度有利于保证法院的中立裁判。[1] 中立裁判要求法官不能先入为主。在强职权主义的法院调查取证活动中,法院主动依职权调查取证,会使其在庭审之前就直接接触一方当事人的证据,在没有对证据进行质证之前就形成了对证据的初步判断,难免形成先入为主的偏见。因此,法院签发律师调查令,由律师调查取证,可以避免证据在法庭审理之前就被法院先行接触,避免审判人员形成先入为主的偏见。

(二)律师调查令的实体公正价值

从更深层次的价值追求来讲,律师调查令制度能够在保障程序公正的基础上,促进当事人的纠纷得到更公正的审理,进而促使当事人的实体公正利益得以实现。[2] 或者说,实体公正正是推行律师调查令制度的最终价值目标。律师调查令的实体公正价值包含以下几个方面的内容。

一是基于当事人双方的武器平等原则,"与程序结果有利害关系或者可能因该结果而蒙受不利影响的人,都有权参加该诉讼程序并得到提出有利于自己的主张和证据以及反驳对方提出之主张和证据的机会",[3]因此纠纷当事人被赋予了收集证据的权利,即使该证据在对方当事人手中或者第三人控制下,证据也能够获得,这一定程度上增加了证据的总量,有利于法院认定的案件事实接近于客观真实,实现我国以事实为依据的审判基本原则,从而使法院的裁判

---

〔1〕 参见陈维君:《民事证据调查令制度的运行检视与完善路径》,载《河北法学》2017年第3期。

〔2〕 参见陈桂明:《诉讼公正与程序保障:民事诉讼程序之优化》,中国法制出版社1996年版,第5页。

〔3〕 [日]谷口安平:《程序的正义与诉讼》(增补本),王新亚、刘荣军译,中国政法大学出版社2002年版,第11页。

更加接近于公正的裁判结果。

二是律师调查令制度保障当事人的证据收集权，有利于当事人向法院呈现更加系统全面的案件材料，从而增加当事人在案件审理中的对抗性，有利于法官更加客观全面地审理案件，进而有利于法院更加客观公正地裁判案件。例如，在民间借贷案件中，可能内含一些非法的高利贷因素，当事人出具的借据、收据中可能只有欠款的数额。对于一些内含支付非法高利贷的借据，如果无法查明当事人的银行明细，法院难以判断是否构成高利贷，也无法查明当事人实际偿还的款项是否内含非法高利贷。在出具律师调查令的情况下，法院在律师持令调取并提供了银行一定时期的往来账目流水后，可以更加全面地判断当事人之间的出借款项、偿还款项，进而进一步确定清偿款项中是否包括非法高利贷的部分。当事人充分和及时地提供证据，有利于法官查明案件事实并对其举证责任进行进一步的合理分配。可以说，从表面上看，律师调查令是保障当事人的程序权利，实际上这种保障恰是有利于实现更为重要的实体公正价值。

三是目前我国民事诉讼大力强化当事人主义诉讼模式，通过签发律师调查令由律师自己调查取证，能够减少法官依职权调查取证的工作，进而可以将法官从调查取证的繁重工作中解脱出来，更加有效地审理案件，做好证据的认定工作，也更有利于案件的公正处理。[1] 在前文我们已经提及，在对试行律师调查令的法院调查后我们发现，法官多对推行律师调查令制度表达了较高的评价，其中重要的原因就在于节省了法院主动依据职权调查取证的工作负担，加深了当事人对司法公正的认识。

四是就民事诉讼而言，在职权主义特别是强职权主义的诉讼模式下，不可避免会涉及法院的调取证据。法院依职权调查取证，无论调查取证的程度和启动调查取证的原因为何，法院均在一定程度上承担了本应由当事人负担的举证义务，这无疑将国家司法权变成为一方当事人服务的权力，不符合该权力的设置初衷。在法官依职权调查取证的过程中，其无疑先行占有了对一方当事人有利的证据，难免形成先入为主的先见，影响中立审判。律师调查令制度的推行，确保在庭审前当事人享有充分的调查取证权利，由此避免多数案件审理前由法

---

〔1〕 参见周健宇：《论民事诉讼中法院调查取证制度之完善——基于实证分析与比较法的考察》，载《证据科学》2014 年第 5 期，作者通过实证研究指出，大多数法官办理案件需加班加点，根本不愿意“自找麻烦”，进行调查取证，因此法院依职权调查取证的比例呈逐年降低的趋势。参见陈维君：《民事证据调查令制度的运行检视与完善路径》，载《河北法学》2017 年第 3 期。

院依职权调查取证,避免法官先入为主进而法官可以在庭审中对案件事实进行客观全面的审查和认定,追求案件法律真实和客观真实的统一,由此法官的中立性大大提升。

(三)律师调查令制度的效率价值

法律制度应当具有一定的效率价值,这是制度经济学研究发展的进一步要求。[1] 如果一味追求公正而忽略效率价值,那么结果公正的价值也将会大打折扣。在民事诉讼实践中,当事人往往存在"迟来的正义非正义"的看法。特别是一些纠纷,由于案件久拖不决而影响到当事人的正常生产经营活动。诉讼效率的提高要求以最少的诉讼成本投入获得最大的收益。[2] 提高诉讼效率包含以下两个方面内容:其一,在尽可能短的时间内公正解决纠纷,这是效率的基本要求;其二,通过高效率解决纠纷,提高司法公信力,树立人民群众对司法权威的信赖。

纠纷产生后,当事人起诉至法院,审判活动开始。当事人期待法院能够高效率解决纠纷。因此,如果案件不能在短的时间内通过一次开庭作出裁判,而是由当事人反复申请法院调查取证,法院多次针对新证据进行举证和质证,以及多次开庭审理,这将造成司法审判效率低下,当事人也受到复杂的诉讼程序拖累。在经历旷日持久的诉讼之后,即使当事人获得胜诉判决,这种判决的公正价值也会大打折扣,进而影响到司法公信力。因此,实现庭审实质化,使纠纷在一次开庭中得以解决,是各个国家民事诉讼中的重要价值目标。

在证据裁判主义要求下,当事人证据收集权的保障是较为重要的环节。因此,赋予当事人委托的律师持法院的调查令调取证据的权利,可以保障当事人及时收集到证据,避免在诉讼中当事人的频繁申请法院调查取证,以及以事实未查清为由提起上诉,进而有效提高诉讼效率。律师调查令制度的推行,有利于集中高效地审理案件,提高诉讼效率,节约诉讼资源。

首先,提高当事人的举证效率。[3] 在法庭审理之前如果当事人享有充分的律师调查令制度保障,则可以充分收集案件的证据,进而能够向法庭提供充分的证据,避免在开庭时才提出调查证据申请,影响到案件审理的正常进行。在开庭时或者证据交换时,当事人已经收集完证据,减少证据突袭,使庭审程序可

---

〔1〕 参见常怡主编:《比较民事诉讼法》,中国政法大学出版社 2002 年版,第 18 页。

〔2〕 参见常怡主编:《比较民事诉讼法》,中国政法大学出版社 2002 年版,第 23 页。

〔3〕 参见陈维君:《民事证据调查令制度的运行检视与完善路径》,载《河北法学》2017 年第 3 期。

以连贯顺畅地进行,使诉讼程序得以简化。

其次,提高庭审效率。律师调查令制度的推行,配合证据交换制度或者庭前会议制度,使人民法院在正式开庭之前就能够确定当事人无争议的证据、当事人之间存在的争议焦点,使案件能够获得集中审理,从而提高庭审效率。签发律师调查令,可以避免当事人利用举证申请达到其拖延诉讼的目的。在过去的许多诉讼中,当事人往往在庭审时才申请法院依据职权调查取证,如果法院允许当事人的申请,则必然会延缓诉讼进程;对于法庭调取的证据,必然需要再次启动证据交换程序和法庭调查程序,影响了案件的审理进程。

最后,有利于诉讼当事人之间达成和解或者调解协议,促进纠纷的实质解决。通过律师调查令的推行,在能够确保当事人充分收集证据的情况下,则通过庭审前双方交换证据,双方当事人对自己的证据和对方的证据都能够做到心中有数,这有利于当事人在衡量利害的情况下对案件达成的和解或者调解。这种诉讼和解或者调解的达成,有利于提高司法效率,更好实现纠纷的实质化解,更大程度促成当事人之间纠纷的案结事了,更大程度地维护司法权威。

五、完善律师调查令制度的必要性

在律师调查令的功能、内涵、价值研究的基础上,结合对律师调查令现状的分析,下一步的研究需要完成以下两个方面的目标。

(一)加强律师调查令的立法顶层设计

实践中,律师调查令试行中存在的最大问题,在于缺乏立法和司法层面的顶层设计,由此导致试行该制度时欠缺法律的制度支持,也使该制度在试行中经常遇到没有法律依据而被协助调查取证主体不予配合的问题。例如,黑龙江省人大代表曾提出在黑龙江实施律师调查令的建议,但该省最终认为,因律师调查令涉及司法权配置问题应由立法解决,并同时建议全国人大及其常委会将律师调查令纳入国家层面的立法工作中,在全国范围建立统一的、规范的律师调查令制度。

事实上,黑龙江省的这种态度代表了全国省级立法的态度。因此,为给律师调查令制度提供法律规范基础,解决该制度在试行中存在的问题,应首先在立法上对律师调查令制度进行规定。通过立法上的规定,可以避免该制度的试行受到《立法法》第八条规定的立法保留事项的限制,使保障律师调查取证的这种重要程序性权利得到更好执行。由立法予以规定,也可以避免司法解释规定面临的上述立法保留事项的障碍。

因此,为了使律师调查令在实践中取得更好的效果,应首先加强立法的顶层设计,在现行民事诉讼法律制度中增加规定律师调查令制度。[1]

（二）加强律师调查令的顶层司法设计

当前,由于律师调查令尚处在试行时期,难免与有关的规定或者制度存在不协调的情况。从试点结果看,被调查的单位大多为国家机关以及银行、电信、医院等事业单位。鉴于该制度系新生事物,且无立法的规范支撑,因此实践中存在国家机关和被调查单位不配合或者拒绝调查的情况。例如银行会以账户涉及个人隐私为由拒绝律师持令调查。上文我们介绍了,在调研中,被调研对象提出较为集中的建议是,由最高人民法院起草相关规定,[2] 在全国范围内统一推行律师调查令制度,以解决异地施行和惩戒方面存在的效力真空。

事实上,在全国大多数地方法院在试行律师调查令时,充分说明了该制度在实践中被普遍适用和认可,为解决律师调查令试行中存在的问题,由最高人民法院联合有关单位出台规范性意见,对律师调查令制度进行规定,可以充分发挥律师调查令在保障当事人证据收集方面的巨大优势,并减削其弊端。一旦自最高司法机关出台相关规范性意见,如果有关单位拒不配合调取证据的,法院可以申请最高人民法院向拒绝配合调取证据单位的上级主管部门发出司法建议。在现有地方法院试行律师调查令的规范性文件中存在的律师调查令适用范围、申请条件、法院审查条件、秘密保护、制裁措施等模糊或不统一问题,可以由最高人民法院从顶层制度设计角度进行统一规范。

他山之石,可以攻玉。为了进一步完善律师调查令制度,需要从比较法上对实现证据收集保障功能的制度进行研究,以提取可以被律师调查令制度吸收的内容。

---

[1] 参见陈维君:《民事证据调查令制度的运行检视与完善路径》,载《河北法学》2017 年第 3 期。

[2] 参见唐华:《民事审判中调查令使用规制和完善——以审判中心主义下的法官指挥权为视角》,载《贵州警官职业学院学报》2018 年第 1 期,该文作者认为,律师调查令由法院出台司法解释即可。

第三章

证据开示与律师调查令的比较与借鉴

依据证据裁判主义原则,“诉讼中对于事实的认定,应依据有关证据作出;没有证据,不得认定事实”。[1] 因此,证据对于保障当事人实体权利、促进法院发现案件事实、维护社会公平正义具有重要的作用。因此各个国家均会基于相应法律政策考量设计证据收集权的具体保障措施。

在英美法上,与我国律师调查令发挥的类似功能的制度系证据开示(discovery/disclosure)制度,该制度在我国被翻译为证据展示、证据先悉、证据告知、证据公开、[2]证据披露等。诚然,从功能上看,虽然律师调查令制度同英美法的证据开示制度类似,但也有明显区别。证据开示制度经过多年发展,已成为英美法系一个较为科学的民事诉讼制度。但我国在司法理念、司法环境、制度设计等方面与英美法系国家存在明显的不同,如果生搬硬套则有可能水土不服;[3]借鉴引进的过程,就是吸收与我国的法律文化、司法环境能融合、真正适合我国法治传统的制度和内容。因此,深入研究证据开示制度的产生、内涵、功能、制度构成,以及该制度同我国法治土壤相适应的可能性,对于借鉴该制度的合理内涵,推动我国律师调查令制度的科学构建,具有重要的意义。

本章的研究主要有如下三个问题:一是证据开示制度的具体发展和运作与律师调查令的比较;二是证据开示制度的概念、内涵、功能与律师调查令的比较;三是从二者功能上分析,我国应借鉴证据开示制度的相关内容,以完善律师

---

〔1〕 吴宏耀、魏晓娜:《诉讼证明原理》,法律出版社 2002 年版,第 109 页。

〔2〕 参见陈剑、黄沐欣:《也论证据开示》,载《当代法学》2001 年第 10 期。

〔3〕 达马斯卡教授认为,程序法的意义和效果更加依赖于外部环境——尤其是直接依赖于所在国家司法制度运行的制度背景。参见[美]米尔吉安·R. 达马斯卡:《比较法视野中的证据制度》,吴宏耀、魏晓娜等译,中国人民公安大学出版社 2006 年版,第 231 ~232 页。

调查令制度,而不应直接引进证据开示制度。

第一节　证据开示制度的起源与发展

证据开示作为一种当事人获取与案件有关信息和证据的手段,[1]起源于英国衡平法的实践,并在美国法律体系中不断完善。证据开示制度之所以会形成和发展于英美国家,有其历史原因和法律文化背景。[2] 英美两国是英美法系的典型代表,因此有必要对英美两国的证据开示制度进行研究。

一、证据开示制度的产生背景

英国普通法是通过司法判决而非立法机关制定法律规范确立规则的,因此,法律制度开始就是从提供司法救济入手的。在英国普通法院,当事人提起诉讼必须符合令状的要求,普通法院针对每一种令状都有严格的诉讼程序要求,同时针对每一种令状的救济方式也有严格要求。如果当事人提出的诉讼请求没有对应的令状,那么普通法院是不会支持当事人的诉讼请求的,[3]因此,可以说"没有令状就没有权利"。[4]

到了16世纪,随着经济的发展,当事人之间的纠纷呈现多样化的特点,模式固定的令状制度完全跟不上经济的发展,很多纠纷因没有适用的令状而被排除在普通法院之外。为了弥补普通法严格的令状诉讼制度的缺陷,[5]英国逐渐衍生出衡平法院诉讼程序,在普通法院得不到救济的当事人,转而向衡平法院提出诉讼。在衡平法院起诉时,原告提出的诉讼请求不需要符合具体严格的令状形式,因此修正了令状制度的刻板要求。虽然没有令状的要求,但是衡平法院对原告起诉状的内容有要求,其中,原告要在诉状中详细地叙述案件情况,包

---

〔1〕 证据开示是诉讼双方的义务,双方均有义务向相对方开示与案件有关的证据和信息,参见程雷、陈卫东:《中美"证据开示理论与实务专题"研讨会纪要》,载《证据学论坛》2004年第2期。

〔2〕 参见韩波:《悖论破解——对抗制中的证据开示制度》,载陈光中、江伟主编:《诉讼法论丛》第10卷,法律出版社2005年版。

〔3〕 参见徐昕译:《英国民事诉讼规则》,中国法制出版社2001年版,第2页。

〔4〕 参见[英]R. C. 范·卡内冈:《英国普通法的诞生》,李红海译,中国政法大学出版社2003年版,第7页。

〔5〕 参见[英]R. C. 范·卡内冈:《英国普通法的诞生》,李红海译,中国政法大学出版社2003年版,第135页。

括举证所需要的证据情况。因此，衡平诉讼的起诉状一定程度上具有初步的证据开示要求。[1] 但是，在此时期，衡平法院审理案件并没有解决证据突袭及当事人在诉讼中举证困难的问题，特别是针对证据被对方当事人控制而拒绝提供的情况，衡平法院最初并没有具体的应对措施。在此背景下，衡平法院为了解决证据突袭、当事人举证能力不足、诉讼效率低下的问题，逐渐创设了证据开示制度。

二、证据开示制度的形成及发展

16 世纪后半期，在英国民事诉讼中，诉讼当事人频繁地运用证据突袭策略，造成审判不公，[2]这直接导致证据开示制度开始在英国衡平法实践中萌芽。[3] 在衡平法院的诉讼中，一方当事人通过披露诉状令状(bill of discovery)，要求起诉方详细披露诉状涉及的案件事实、掌握的证据，起诉一方也可以通过交叉请求(cross - bill)要求另一方披露相关证据材料，[4]披露诉状令状后来被《美国联邦民事诉讼规则》中的披露规则取代。[5] 初期的证据开示制度主要有三方面内容：其一，由于普通法院并没有令状之外的诉讼方式，因此证据开示制度主要在衡平法庭的审理案件中适用。其二，需要当事人提出申请，如果没有当事人的申请，法院不需要也不能主动干预当事人的诉讼活动。其三，法官的裁量权。对于是否命令被请求方开示证据，由法官运用自由裁量权进行个案平衡。衡平法诉讼中，由于没有复杂的诉讼规则，法院在庭审活动中往往采取比较灵活的方式，[6]因此法院的裁量权较大。

到 19 世纪，英国将衡平法和普通法诉讼进行了合并，并采取了一系列的措施对司法制度进行改革，证据开示制度就是在这个时候确立的。[7] 1854 年《普

---

[1] Jack I. H. Jacob, *The Fabric of English Civil Justice*(Stevens Sons London 1987), p. 94, 88 - 89. 转引自崔婕：《英美两国民事证据开示制度比较及其对我国的启示》，载《学术研究》2002 年第 2 期。

[2] 参见陈石狮等：《事证开示制度(Discovery)与发现真实》，载《民诉法研究会第 50 次研讨记录：民事诉讼法之研讨》，台湾地区民事诉讼法研究基金会出版社 1996 年版。

[3] 参见石磊、郭丽：《对我国采纳证据开示制度的思考》，载《中共济南市委党校济南市行政学院济南市社会主义学院学报》2002 年第 2 期。

[4] 参见崔婕：《英美两国民事证据开示制度比较及其对我国的启示》，载《学术研究》2002 年第 2 期。

[5] 参见薛波主编：《元照英美法词典》，法律出版社 2003 年版，第 149 页。

[6] 参见[英]丹宁勋爵：《法律的训诫》，杨百揆等译，法律出版社 1999 年版，第 210 页。

[7] 衡平法的产生弥补了普通法的不足，作为替代性司法的存在，不可避免地与普通法发生了冲突，因此，司法改革将普通法和衡平法予以合并。参见[英]威廉·布莱克斯通：《英国法释义》(第 1 卷)，游云庭、缪苗译，上海人民出版社 2006 年版，第 572 页。

通法诉讼程序法》(Common Law Procedure Act)规定证据开示适用于普通法院审理案件。[1] 从此,当事人不再为了证据开示而向衡平法院求助,其可以在普通法院请求诉讼。英国1873年、1875年《司法法》(The Judicature Act)摒弃了以往诉讼中采取的严格形式主义的做法,正式开辟了证据开示制度。1888年,在Compagnie Financiere Et Commerciale Du Pacifique v. Peruvian Guano Co.一案中,法院确立了证据开示的标准开示程序。[2] 在该案中,法院要求当事人开示"与诉讼有关联性的任何事项"的书证,这标志着证据开示制度的正式确立。但是保守一直是英国法的特点,证据开示制度发展缓慢,跟不上审理案件的需要,和当事人的需求之间还有很大差距。

到20世纪,英国民事诉讼改革一直处于不断发力时期。到八九十年代,证据开示制度也加大了改革力度,这主要来自以下三方面因素:一是来自司法实践的改革需要。证据开示制度虽然对提高当事人的证据收集能力,加快诉讼进程有利,但是在英国法保守特质下,该制度却产生了影响诉讼效率的问题,因此需要进行改革。二是来自吸收该制度的同一法系的美国法的反向影响。美国法虽然沿袭自英国法制度,但是美国法在证据开示制度上进行了很大的变革,由此反向影响了英国法的证据开示制度。三是来自"二战"欧洲大陆法系民事诉讼制度对英国法的渗透和影响,特别是德国法关于文书提出命令制度的影响。

英国在20世纪八九十年代进行了司法改革,改革取得的最大成果就是1995年颁布的《民事证据法》(The Civil Evidence Act),该法案全面修订了1968年的《民事证据法》,对证据开示制度进行了系统规定。

1988年英国对民事司法进行审视之后,对民事诉讼程序进行了大力改革,这次改革的影响是深远的。沃夫(Wolf)法官领导的司法改革领导小组,在1994年开始大刀阔斧地对英国民事司法进行改革,1996年7月推出一份至今对英国民事诉讼程序影响深远的调查报告——《接近正义》,并开始起草《英国民事诉讼规则》。后经多次讨论修改,1996年4月26日《英国民事诉讼规则》正式施行,该规则出台以后就取代了《最高人民法院规则》和《郡法院规则》。[3]

---

〔1〕 参见[英]西奥多·F.T.普拉克内特:《简明普通法史》(第5版),中信出版社2003年版,第211页。

〔2〕 Compagnie Financiere Et Commerciale Du Pacifique v. Peruvian Guano Co. QBD 55 63(1882).

〔3〕 参见刘敏:《接近正义与英国的民事司法改革》,载《法制现代化研究》2004年第00期。

英国法证据开示制度主要以《英国民事诉讼规则》作为框架。因此,对英国证据开示制度的研究应以《英国民事诉讼规则》为基础。

三、美国对证据开示制度的改革

直到19世纪中叶,美国各州的证据开示实践主要来自英国法的判例和影响,同英国法的证据开示制度没有太大差别。美国法的证据开示主要是指在庭前程序中,在法院的监督指导下,双方当事人将自己持有的证据材料向相对方出示或者要求相对方出示其掌握的证据材料的制度。[1] 其有两方面要求:一是将自己掌握的证据材料提供给对方,属于当事人在诉讼中应当承担的义务;二是要求对方提供其持有的证据材料,属于当事人在诉讼中享有的权利。证据开示制度的目的,一方面是使得纠纷的解决更加公正高效,另一方面是赋予当事人尽可能多的机会和权利去获取与案件事实有关的证据材料或者信息。[2]

1938年《美国联邦民事诉讼规则》(Federal Rules of Civil Procedure)将证据开示予以制度化,这标志着证据开示制度在美国的正式确立,这一制度在实践中受到广大律师的重视。[3] 但是,随着证据开示制度在实践中被广泛运用,该制度也遇到了被滥用的问题,从而导致以下几个方面的弊端:一是律师们经常利用证据开示达到拖延诉讼的目的,影响诉讼效率;二是对于与案件无关的证据也申请开示,侵害当事人的正当权利;三是当事人在证据开示程序中会误导法院,以达到其不正当的目的,增加当事人的诉讼成本。[4] 尤其到20世纪70年代以后,上述问题更加突出,对证据开示制度进行改革迫在眉睫,改革的方向之一就是强化法官对证据开示的审查和干预。

针对上述弊端,美国1980年修改了《联邦民事诉讼规则》第26条第6款,制定了证据开示程序会议制度(discovery conference),即开示的时间和相关事项由双方当事人在法院的参与下决定,该制度一定程度上防止了诉讼的拖延。由于对申请证据开示的次数并无限制,不能完全杜绝诉讼拖延现象的发生。随

---

〔1〕 在当时,书证的开示是美国使用最多证据开示方式;多由当事人向法官申请,由法官签发开示令的方式。Fleming James, Jr., *DISCOVERY*, The Yale Law Journal Company, Inc. 1929, p. 769.

〔2〕 Gray B. Born & David Westin, *International Civil Litigation in United States Court*, New York: Kluwer, 1993, p. 262.

〔3〕 Jank H. Friedenthel, Mary Kay Kane, *Civil Procedure*, 2nd ed. West Publishing Co. (Minnesota) 1993, p. 379.

〔4〕 参见罗玉珍、高委主编:《民事证明制度与理论》,法律出版社2003年版,第356页。

后美国法又修改了《联邦民事诉讼规则》第 26 条第 4 款，对当事人申请证据开示的次数进行限制。1993 年又对《联邦民事诉讼规则》的相关部分进行了修改，重点在于强调证据开示义务在双方当事人之间是对等的，即在要求对方出示证据时，要先履行向对方出示证据的义务。美国一系列的改革措施在一定程度上对沿袭自英国的证据开示制度进行了完善，很大程度上限制了当事人利用证据开示程序拖延诉讼的不当做法，提高了法院的审判效率。这些改革措施受到了世界其他国家的高度重视，并向其他国家渗透，或被其他国家积极吸收。如德国、日本将之用来改造自己的文书提出命令制度，[1] 法国将之用来改造法国民事诉讼法中的审前准备制度。

四、证据开示制度的产生及对律师调查令的启示

（一）证据开示制度的产生特点对我国律师调查令的借鉴意义

通过第一章对我国律师调查令制度发展的介绍，将之与证据开示制度的形成和发展进行比较，我们发现二者发展的时代不同，制度名称有差异，特别是各自制度具有与各自的民事诉讼法律体系相关的关系，并展现出各自的本土特性。证据开示制度在形成和发展上的特点对我国律师调查令具有重大的借鉴价值。

1. 针对类似问题需要具有类似功能的制度供给。英美法证据开示制度的形成和发展，解决的是当事人证据收集保障功能。从解决同类问题需要类似的制度供给出发，需要我国对该问题进行研究并设计相关制度，这恰恰可以通过我国律师调查令制度来实现对证据收集的保障。从证据开示制度与律师调查令解决问题的视角来看，两者的重要功能均着眼于解决当事人举证能力不足的问题。在我国民事诉讼法的发展历程中，也存在向证据开示制度借鉴的先例，目前我国在民事诉讼法中确立了证据交换制度和庭前会议制度，这实际上系借鉴了证据开示制度的部分功能。因为我国目前诉讼程序中没有独立的庭前证据开示程序，证据交换也仅仅是法院审理案件前的准备程序，其系为了庭审实质化和庭审效率提高而进行的。我们目前的证据交换从制度设计和实践运用来看，并没有吸收证据开示制度中的证据收集保障功能，就此而言，我国目前的证据法律体系中对于证据开示制度欠缺证据收集保障功能。律师调查令制度

---

[1] 参见罗艺方、赖紫宁：《美国民事证据开示制度浅议》，载《华南理工大学学报（社会科学版）》2002 年第 4 期。

的引入恰恰可以解决证据开示制度欠缺的证据收集保障功能。

2. 法院在证据收集保障中发挥职能的借鉴。英美法的证据开示制度是建立在当事人主义诉讼模式基础上,原则上法院不予介入,〔1〕该机制与我国民事诉讼模式下法院在诉讼中发挥重要的作用有所区别,故证据开示制度原则上在我国并不适用。〔2〕但是,英美法在进行民事诉讼制度改革时,针对证据开示制度的弊端,也主张加强法官对案件的司法管理,尤其是在必须加快案件审理、提高审理案件效率的情况下,均需要法官对诉讼程序有一定的掌控(control)。〔3〕这对我国律师调查令的借鉴意义是明显的,即在我国深入研究和完善律师调查令制度的过程中,也需要研究法院在其中的职权发挥问题。

3. 证据开示制度的开放性和包容性对律师调查令的借鉴。证据开示制度的发展在英美法体系中并不是自我封闭的。相反,大陆法系文书提出命令对证据开示制度带来的冲击,以及证据开示制度对文书提出命令制度的吸收,均能够反映出在解决类似问题上的制度互相吸收的特点。我国的律师调查令制度作为解决证据收集保障的一种自基层实践中推行的制度,系基于我国审判实践需要发展出来的具有本土特色的制度,因此,其更应该具有开放性,对于比较法上发挥相似功能的制度应积极吸收,并加以完善。

4. 证据开示制度发展历程与律师调查令发展轨迹高度相似,这对于我国律师调查令具有重要的借鉴价值。证据开示制度发展的初期系为了解决当事人证据收集困难的问题,但是,随着该制度的发展其也面临当事人滥用该制度,由此导致诉讼效率受到影响的问题。我国律师调查令的发展源于当事人调查取证权的保障问题,其在发展初期还有其他国家所没有的问题,即缓解全国法院

---

〔1〕 美国有学者认为是律师推动了美国证据开示程序的发展。Valerie Davies & Thomas N. Pieper, *English Disclosure and U. S. Discovery*, in John Fellas (ed.), Transtlantic Commercial Litigation and Arbitration, Oceana Publications 2004, p. 223.

〔2〕 参见罗玉珍、高委主编:《民事证明制度与理论》,法律出版社 2003 年版,第 361 页。决定英美法系诉讼特征的一个决定性事实是,英美法系的诉讼程序源于陪审制,因此律师对审判的准备积极且很重要,在英美审判中,审理是一次性的,在审判开始之前,双方当事人不仅需要理清自己的证据、论点,还需要了解对方的论点和证据。法官审理案件时从双方的辩论中发现事实。参见[德]K. 茨威格特·H. 克茨:《比较法总论》,潘汉典等译,法律出版社 2004 年版,第 395 页。

〔3〕 Sliberman, "Masters and Magistrates Part 1: The English Model", 50 New York University Law Review (1975), quoted from *The Quite Revolution: English Civil Law Court Reform and the Introduction of Case Management*, The Justice System Journal, Volume 13, Number 2 (1988 - 1989).

面临的案多人少的问题。[1] 虽然我国律师调查令试行的时间还较短，但是与证据开示制度发展的历程相比，该制度所面临的问题及发展均对我国律师调查令具有重要的借鉴价值。比如，证据开示制度的滥用问题，在我国律师调查令适用过程中已经遇到；再如，“证据开示制度的设立，原本是为了提高诉讼效率，但随着这一制度的日益完善，却走向了自身的对立面，成为诉讼拖延的主要原因”。[2] 对该制度所带来的影响诉讼效率的问题，我国也应该未雨绸缪，提前予以研究应对。

(二)证据开示制度的类型发展及借鉴

1. 当事人主导型和法院介入型。英美法系国家奉行当事人主义的诉讼模式，法院原则上不介入当事人的纠纷，因此最初是采取当事人主导型的证据开示。但是，有时候由于对方当事人和第三人掌握的证据并不能基于当事人的申请而予以开示，因此当事人主导的证据开示程序实际上无法进行。法院公权力介入则会促成当事人之间的证据开示，因此逐渐演变出法院介入型的证据开示模式。法院并不是无条件地直接介入，只有在当事人发生不可调和的争议时，法院才会介入。另外，需要注意的是，随着证据开示制度的发展，英美法亦发展出类似我国庭前会议的证据开示内容，即法院为巩固证据开示的成果、了解和固定争议焦点，往往会介入当事人的证据开示程序中。

由这种法院介入型的证据开示制度可以看出，在以当事人为主导的证据开示程序中，法院公权力在逐渐介入。英美法系发展出来的法院介入型的证据开示模式，很好地契合了大陆法系职权审判模式，逐渐对大陆法系的证据收集制度产生影响。比如，对德国法、日本法的文书提出制度和证据收集制度均产生较大的影响，日本法在吸收该制度内涵的基础上在民事诉讼法中确定了律师照会制度。这种法院介入民事主体之间争议的证据收集制度，恰恰是在当事人、法院和第三人协力解决纠纷的背景下基于实质解决争议的目的产生的，这也暗合了我国律师调查令制度的产生背景及其制度构造，对律师调查令的借鉴价值是直接的，即原则上民事诉讼的证据需要由当事人依据“谁主张，谁举证”的举证原则收集，但是在当事人难以收集证据的情况下，由国家公权力介入，向当事

〔1〕 律师调查令在各地法院推行的目的首先在于保障当事人的调查取证权，其也一定程度上能够缓解法院案多人少的问题。参见袁爱军等：《关于律师调查令的调研报告与思考》，载《人民法院报》2018 年 4 月 18 日，第 B3 版；廖长春、丁鑫：《“律师调查令”有待完善规范》，载中国法院网，https://www.chinacourt.org/article/detail/2019/09/id/4479565.shtml。

〔2〕 常怡主编：《民事诉讼法学》（第 2 版），中国政法大学出版社 2008 年版，第 361 页。

人出具以公权力作为背书的律师调查令，由当事人的代理律师持令调查收集证据。

2. 请求开示型、裁量开示型和强制开示型。请求型证据开示指的是一方当事人根据另一方当事人的申请向其出示证据的方式，多由当事人基于申请启动证据开示程序。事实上，证据开示建立之初是基于当事人举证能力不足而启动的。英美法最初发展出来的证据开示程序就属于此种开示类型。

裁量型证据开示，是对当事人请求证据开示，在是否符合开示条件、是否开示、开示的具体内容中加入了法院裁量的因素，以解决争议当事人之间围绕开示产生的困难。但是，裁量型证据开示具有法官权力滥用、偏向一方当事人的弊端，因此其广受诟病。

强制开示型是在上述两种证据开示基础上发展出来的法定型证据开示制度，即无须等待对方提出请求，当事人主动开示证据。对于持有证据的当事人而言，开示证据是义务，且属于法律规定的义务，当事人可以根据法律的规定主张当事人或第三人开示证据。

这三种开示程序给我们提供了我国证据调查的区分点：(1)法院根据法律或相关规定认为审理案件需要的证据，或者涉及秘密、隐私的证据，可以基于职权自行调取。对于法律规定必须由法院调取的证据，无须当事人自行调取，也无须签发律师调查令调取。这类似于强制开示。(2)人民法院认为不应该由其依职权调取的证据，可以应当事人的请求向律师开具律师调查令，由律师持令申请当事人或者第三人提供。这类似于法院裁量型的开示程序。(3)对于完全属于当事人可以自行收集证据的范畴，则应遵循“谁主张，谁举证”的原则进行证据收集，法院不介入。这在我国属于基本的证据收集程序。证据交换和争议焦点固定问题，交由证据交换和庭前会议制度解决，不需要通过律师调查令制度完成。这类似于当事人主导型的请求型证据开示。

第二节 证据开示制度及对律师调查令的借鉴

一、证据开示的概念和内涵

证据开示制度具有明确证据内容、保障当事人调取证据和防止当事人运用证据突袭而造成实质的不公平的功能。[1] 即使在英美法系的英国法和美国法中,在证据开示规则上也存在区别。深入研究证据开示制度,目的在于为本研究的律师调查令制度设计提供借鉴和参考。为此,需要首先对证据开示制度的概念和内涵进行深入研究,并将其同我国的律师调查令制度进行比较研究。

(一)证据开示制度的总体概念

英美法法律辞典中关于证据开示的定义基本上是从诉讼程序角度进行界定的,且含义基本一致。

法律词典对证据开示的解释,多定义为披露自己控制的证据,[2] 并从相对方获得证据的手段,[3] 是庭前为诉讼做准备的程序。在英美法学理论中,对证据开示制度的界定也多是从民事诉讼程序中保障证据收集角度加以明确的。对此,英国证据法专家保罗·马太和郝哲·曼勒克将证据开示(discovery)解释为:证据开示是由一个或多个程序构成的庭前程序,通过该程序,诉讼中的一方当事人在庭前就可以从对方当事人处获得证据,同时在法律规定的例外情况下还可以直接从案外第三人处获得证据,是当事人披露相关证据材料的义务。[4]

我国学者在介绍英美法证据开示制度时,多将之界定为,诉讼双方当事人通过开示程序,从案件当事人或第三人处取得证据材料或与案情相关信息的程序。[5]

(二)证据开示制度的基本内容

从上述证据开示制度的界定中可以看出,尽管从不同角度对证据开示概念的具体表述有细微差异,但其所包含的特征是基本一致的。总体上,可以将证据开示制度理解为诉讼当事人之间获取证据的一系列规则。其主要包括以下 4 个方面的重要内容。

一是证据开示是案件审前程序的独立阶段。传统的美国民事诉讼程序分为诉答程序(pleading)和庭审程序(trial),诉答程序是庭审前(pre - trail)的程序,该程序是通过诉状和答辩状确定案件的争议点,诉答程序只确定争议点并不交换证据,导致律师往往会在正式庭审中以证据突袭作为胜诉的方式。[6]

---

〔1〕 参见崔婕:《英美两国民事证据开示制度比较及其对我国的启示》,载《学术研究》2002 年第 2 期。

〔2〕 参见龙宗智:《相对合理主义》,中国政法大学出版社 1999 年版,第 258 ~ 259 页。

〔3〕 参见[英]C. B. 科尔科:《朗文法律词典》(第 6 版),法律出版社 2003 年版,第 135 页。

〔4〕 Paul Matthews & Hodge M. Malek, *Discovery*, London, Sweet & Maxwell, 1992, p. 3.

〔5〕 齐树洁主编:《美国证据法专论》,厦门大学出版社 2011 年版,第 252 页。

〔6〕 参见[美]理查德·D. 弗里尔:《美国民事诉讼法》,张利民等译,商务印书馆 2013 年版,第 3 页。

1938 年《美国联邦民事诉讼规则》规定了审前程序的主要内容，在诉答程序之外，规定了证据开示程序，此后诉答程序变成了当事人之间请求或主张的相互告知程序。[1] 证据开示程序通过证据的收集、开示、整理争点等具体环节将当事人诉讼之前的起诉、答辩和庭审程序衔接起来，成为审前程序不可或缺的内容，成为美国民事诉讼审前程序中最重要的环节。

二是证据开示的主体主要是双方当事人。“证据开示旨在为双方律师提供足够的信息，以保证法官作出为公众所接受的、正确的判决。”[2] 在对抗制诉讼模式下，法官居中审理案件，案件的进展由当事人主导，但是法官也不是完全不介入诉讼，在当事人发生不可调和的矛盾或者争议时，可以请求法官解决，此时法官才会出面解决。[3] 当然，近年来在英美法特别是美国法的证据开示制度中，证据开示开始向第三人延伸，要求持有证据的第三人负也担证据开示义务。

三是证据开示制度包含两方面的内容：一方面交换证据，通过证据开示程序双方把自己持有的证据提交给对方；另一方面收集证据，通过相对方提交的证据，可以获取之前己方不掌握的证据。因此证据开示最重要的作用或者功能中包括了收集证据。

四是随着证据开示制度的发展，各个国家扩充了证据开示的主体，将证据开示的义务主体扩展到诉讼当事人之外的第三人。对持有证据的第三人，也有开示义务。事实上，证据开示制度主体范围的扩大，对大陆法系日本法的文书提出命令产生了重大影响，如日本《新民事诉讼法》第 220 条将文书提出义务一般化。这对本研究的律师向持有证据的当事人和案件之外的第三人收集证据具有重大的制度参考价值。证据开示的第三人开示义务恰恰是律师调查令的最主要功能。

由于证据开示程序要求第三人负担的提供证据义务，和律师调查令的功能类似，因此需要进一步比较二者的功能特点，以及对我国律师调查令的借鉴价值。

（三）证据开示制度与律师调查令制度的比较

1. 二者的共同点。二者均是在当事人主义诉讼模式下基于举证需要而发展出来的。二者的共同点在于：首先，均是在当事人主义模式下对证据收集保

---

〔1〕 参见王亚新：《民事诉讼准备程序研究》，载《中外法学》2000 年第 2 期。

〔2〕 崔婕：《英美两国民事证据开示制度比较及其对我国的启示》，载《学术研究》2002 年第 2 期。

〔3〕 Oscar G. Chase et al., *Civil Litigation in Comparative Contex*, Thomson/West 2007, p. 28.

障权进行的制度设计,均具有解决民事诉讼程序中普遍存在的证据偏在问题。就此而言,二者概念的定位存在重合部分:都是为保障当事人证据收集权的一种民事诉讼程序上的制度。其次,二者在令持有证据的当事人出示证据方面是一致的。证据开示制度的概念发展之初主要解决的是证据在对方当事人控制下的开示问题,随着该制度的进一步发展,开示义务范围扩展到持有证据的第三人;我国律师调查令制度在实践中强调第三人协助提供证据的义务,实践该制度主要针对证据被第三方控制的情形;当然,我国律师调查令也不排除向对方当事人开具调查令调取其所控制的证据。最后,证据开示制度发展出来的第三人开示义务与律师调查令的命令证据持有人提供证据,均有司法权在其中的协调和支持,这与当事人自行调取证据或者自行主导开示程序不同。因此,二者都包含司法权介入或者裁量的因素和内容。

2. 二者的区别。虽然二者均是诉讼程序的一部分,但是二者却存在重大的区别。首先,证据开示是英美法制度体系的一部分,律师调查令是我国民事诉讼法律制度的一部分,在我国制定法法律体系的背景下,显然二者所隶属的法系不同,这是不争的事实。英美法和大陆法在法律传统、法律土壤、法治理念等具有重大区别,二者的制度运行必然存在重大的差异。

其次,参与主体的区别。证据开示需要双方当事人共同参与,律师调查令主要是一方当事人委托的律师向法院提出申请后,由法院签发调查令。证据开示主要在双方当事人之间进行,法院原则上不介入。在律师调查令制度中,法院自一开始就介入,从审查、裁量、签发到证据质证乃至制裁均有浓厚的职权主义色彩,这充分反映了律师调查令的大陆法系职权主义的因素。

最后,二者虽然都有保障证据收集权的功能,但是证据开示的功能是复合性的,除了保障当事人证据收集权之外,还有向对方展示证据及一定程度上的质证功能,以及争议焦点的固定功能。律师调查令的重要功能则是保障当事人的证据收集权,实现民事诉讼当事人的武器平等原则。律师调查令的提高审判效率、保证法院居中裁判等复合性功能则是其主要功能发挥的延伸结果。对证据开示的质证、固定证据和固定争点的功能,律师调查令制度则没有。在调取证据之后,律师调查令制度也没有向对方展示的功能,仍然需要在法院主持之下依据举证责任规则和质证程序处理。

鉴于二者存在的上述差异,故对二者概念和内涵的比较对于本研究的价值,远远不如从该制度所解决的功能上进行比较的价值大。由此,本研究将重点转向证据开示制度的范围、程序、方法和例外等内容的比较上。

二、证据开示范围

(一)英国的证据开示范围

1999 年《英国民事诉讼规则》正式生效,其中并没有限制证据开示的范围,可见英国法的证据开示,比美国法更接近其诞生时的样子。[1]

英国法证据开示主要针对证据中的书证。《英国民事诉讼规则》第 31 章"书证的开示和查阅"中对书证的开示作出详细规定。第 31.6 条规定了开示书证的范围,对申请开示方和相对方有利或不利的书证,以及《诉讼指引》中要求开示的书证均属于书证开示的范围。第 31.8 条规定,一方当事人可以要求对方当事人开示其占有、保管的所有相关书证。

在英国法理论上,一般认为《英国民事诉讼规则》第 32 章规定的"证人证言、宣誓证据",第 34 章规定的"笔录证言与证人出庭作证"内容主要从"开示方法"的角度进行规定,也属于证据开示的内容。因此,英国法的证据开示范围主要是书证(包括对对方当事人有利或不利的书证以及《诉讼指引》中要求开示的书证),鉴定结论也属于开示范围,物证、勘验报告等则不属于开示范围。这也是英国法证据开示和美国法证据开示的区别之处。[2]

需要注意的是,虽然普通法中没有统一规定,法官应当对民事诉讼程序进行管理,但是从法官在案件审理程序中对案件的实际管理职能来看,英国法的证据开示比美国更强调法官对案件的管理职能。[3]

(二)美国的证据开示范围

英国的证据开示主要是书证(包括视听资料)的开示,而美国证据开示的范围相当广泛,几乎包括所有与案件相关的信息和材料。

1. 必须开示的证据(required disclosures)。1993 年《美国联邦民事诉讼规则》第 26 条第(a)款规定了必须开示的制度内容,即不需要申请,各方当事人必须予以开示。必须开示主要指:(1)初始开示(initial disclosures),包括当事人的姓名、住址、电话;作为主张或抗辩的文件信息、数据或其他有形的材料;损害赔

---

〔1〕 [英]J. A. 乔罗维茨:《民事诉讼程序研究》,吴泽勇译,中国政法大学出版社 2008 年版,第 34 页。

〔2〕 参见吴浅:《民事证据开示制度理论研究》,广西民族大学 2008 年硕士学位论文。

〔3〕 *The Quite Revolution: English Civil Law Court Reform and the Introduction of Case Management*, The Justice System Journal, Volume 13, Number 2(1988 - 1989).

偿的计算方法、证据以及涉及保险协议的开示。(2)专家证人的开示。一方如需专家作证,则需提供书面报告,报告中应描述要表达的观点、支持观点的依据,专家意见采用的信息、专家身份,以往作证的案件目录。(3)审前开示(pretrial disclosures),当事人在庭审前必须对庭审中可能提出的证据的详细信息予以开示。

2. 基于请求的开示范围。除必须开示外,美国法还规定了申请开示。《美国联邦民事诉讼规则》第26条第(b)款规定,可以请求开示的范围是除保密特权外的任何与当事人的主张或答辩有关的事项,除非法院发布相反的命令。从该款规定可以看出,美国证据开示的范围几乎包括与案件相关联的所有事项,除非涉及保密特权的事项或者法院发布相反的命令。与当事人的诉讼请求或答辩相关的信息,与案件有关的材料,无论是否具有可采性,均属于开示的范围。〔1〕根据该规则,只要认为是与案件相关的信息都属于开示的范围,即只要与诉讼标的有关的信息,均允许当事人请求开示,法院也会允许开示。〔2〕《美国联邦民事诉讼规则》第26条第(b)款第(1)项还同时规定,允许法官根据案件情况决定开示信息是否与诉请或答辩相关。

3. 第三人的开示义务。《美国联邦民事诉讼规则》第45条规定,可以要求案外第三人开示。但是需要向非当事人送达提交书面文件传票(subpoena duces tecum),〔3〕如果不需要证人出庭宣誓作证,只需要提交材料,也可以申请法院签发书面提交文件传票。

4. 证据开示义务人的整理义务。因为证据开示制度是发现案件真实的方式。但是不可否认的是,正是因为美国证据开示制度范围广,不可避免地出现被滥用的情形,在诉讼中一方当事人为了隐藏关键材料,可能故意向对方提供一堆杂乱无章的卷宗,以便扰乱对方,从而让对方在开示时无暇顾及案件的主要信息。〔4〕

《美国联邦民事诉讼规则》第34条规定,开示的范围不仅包括披露方拥有、

---

〔1〕 相关性由材料与案件事实之间是否存在逻辑关系决定,可采性则由法院决定,相关性是可采性的前提,如果没有相关性就不必考虑可采性问题。参见齐树洁主编:《英国证据法》(第2版),厦门大学出版社2014年版,第97页。

〔2〕 参见[美]理查德·D.弗里尔:《美国民事诉讼法》,张利民等译,商务印书馆2013年版,第459页。

〔3〕 在美国民事诉讼中传票分为两种:一种是作证传票(subpoena of testificandum),即要求某人在法庭指定的时间出庭作证;另一种是提交书面文件传票。

〔4〕 参见[德]K.茨威格特·H.克茨:《比较法总论》,潘汉典等译,法律出版社2004年版,第396页。

保管或者控制的文件、电子信息和有形物,也包括进入土地实施被许可的行为。为防止披露方故意将有用的信息隐藏在一堆文件材料中,披露一方还需要根据披露申请对文件进行分类并贴上标签。

5. 对开示内容的补充答复义务。美国的民事诉讼耗时长,证据开示时披露的内容,经过几个月甚至几年后,可能发生了变化,因此《美国联邦民事诉讼规则》第36条第(e)款第(1)项要求当事人应对开示内容补充或者更正予以答复,该条规定的是当事人的义务,不需要申请。

(三)证据开示范围对律师调查令制度的借鉴

英美法特别是美国法的证据开示范围主要围绕案件审理需要,判断标准是与案件具有关联性,只要与案件有关均在证据开示范围之内。从此意义上讲,可以开示的证据等同于我国法律中的物证、书证、证人证言、电子资料等证据。我国律师调查令目前并没有对调查证据的类型进行限制,就此而言,证据开示的范围对律师调查令的适用范围具有一定比较法的理论支持作用。

与美国法证据开示制度中法院裁量开示不局限于当事人的申请不同,我国律师调查令调取的证据仍然局限于当事人申请调取的证据。对于当事人未申请调取的证据,法院认为与案件审理事实有关的,法院能否在当事人未予申请的情况下开具调查令,对此的答案应该是否定的。主要理由在于:其一,我国的律师调查令的功能主要在于解决当事人证据收集保障的问题,在签发律师调查令方面如果无一方申请,让法院主动依职权向另一方当事人签发调查令,则违反了审判的中立性原则。其二,我国的民事诉讼法确立了法院依职权调取证据的制度,可以弥补我国法律中可能存在的上述证据开示程序中法院"命令开示"的不足。就此而言,没有再在律师调查令中增设法院"依据职权签发调查令"的必要性。因此,针对我国司法实践中存在的法院主动依职权,在当事人未申请的情况下向律师签发调查令的做法,在律师调查令制度设计框架内不予采纳。如果法院在审理案件时,认为某些证据符合一定条件的,法院自可依据《民事诉讼法解释》第九十六条关于法院主动依职权调取证据的规定主动调取。

三、证据开示的程序和方法

美国法的证据开示程序源于英国法,因此,在程序设计上,英国法与美国法具有一定的相似性。我们已经提到,美国法的证据开示制度在英国法的基础上进行了大刀阔斧的改革,因此美国法的证据开示程序比英国法更加细致和完善。这具体体现在美国法对于证据开示方法的具体明确规定上。这二者对于我国律师调查令的制度设计均有一定的借鉴意义。

（一）英国法证据开示的主要程序和方法

英国法的证据开示程序与美国法的证据开示程序略有不同。《英国民事诉讼规则》规定了标准开示程序与特别开示程序两种程序。

1. 标准开示程序（standard disclosure）。根据《英国民事诉讼规则》第31.5条的规定，除非法院作出特别开示裁定，否则法院对于一方当事人控制的书证，有权根据标准开示程序要求该书证控制人予以开示。在该程序中开示的书证材料主要有：

（1）当事人提起诉讼依据的文书；

（2）对己方或对方当事人产生不利影响的文书或支持他方诉讼的文书；

（3）诉讼指南中规定的对方当事人披露的文书。

英国法规定的书证开示义务系对案件审理需要的书证，不仅对当事人有利的书证需要予以开示，而且对当事人不利的证据也需要开示。但是，法院不允许当事人在案情没有争论的情况下，通过开示申请试图从另一方获取证据，即像“捕鱼”一样去捕捞证据。[1]

在英国法的书证标准开示程序中，对书证持有人还规定了调查书证材料是否真实、全面的义务。当事人可以拒绝开示证据，但需说明开示该等证据不合理的理由。

在标准开示程序中，双方当事人都会制作己方要开示的证据清单，并将说明开示文书所在以及保证履行开示义务的开示声明附在清单后面。在诉讼程序的任何阶段，一方在接到开示书证的通知书后，应立即通知其他当事人，直至诉讼结束。

在英国的书证开示程序中，当事人可以不提交清单和声明，而是通过协议的方式开示书证、限制开示范围。

2. 特别开示程序（specific disclosure or inspection）。

（1）主要内容。所谓特别开示程序，是指通过标准开示程序后，一方没有履行或没有适当履行开示义务的，相对方可以根据《英国民事诉讼规则》第31.12条申请法院向没有履行或者没有适当履行开示义务的当事人，签发特别开示

---

〔1〕 参见沈达明、冀宗儒编著：《1999年英国〈民事诉讼规则〉诠释》，中国法制出版社2005年版，第241页。

令，此时法院将综合案件、证据情况决定是否向书证持有人出示开示命令。如果法院认为拒绝开示的理由不成立，就可以向持有人出具“特别开示命令”，要求持有证据的当事人根据法院在特别开示命令中列出的书证材料进行开示。

(2)证据特别开示命令。法院根据申请向证据持有人出具的命令中会列举需要开示的书证材料。当然，法院对特别开示的申请有要求的，申请中要明确申请开示的理由并附上相关证据。

3. 对案外第三人的开示令。在英国证据开示制度发展初期，并不允许当事人请求案外第三人向其开示书证材料。但是，随着民事纠纷的复杂化和民事诉讼制度的进一步发展，英国法律和判例逐渐要求第三人进行证据开示，主要包括以下情形。

(1)当事人是公司或社会团体时，内部高管书面回复提出的问题。

(2)法院有权命令银行提供当事人在诉讼中作为证据使用的账簿。[1]

(3)信托诉讼中有利害关系的第三人有证据开示义务。

(4)在人身伤害案件或死亡案件中，法院有权要求案外第三人出示与案件有关的书证，当然前提是书证为第三人控制或掌握。

并非所有对第三人请求开示的申请均能够获得法院的支持，在这其中法院的裁量具有重要的意义。

《英国民事诉讼规则》第31.17条规定了案外第三人开示证据的原则性要求，该规定表明在任何案件中，当事人均可申请要求第三人开示证据，法院必须基于当事人的申请并结合案件审理需要判断是否向第三人出具开示令，法院自身不能主动向第三人出具开示令。法院掌握的对涉及案外第三人开示命令签发判断标准，主要在于是否有助于保护当事人实体利益和提高案件的审理效率。

(二)美国法的证据开示程序和方法

相较于英国法，美国法对证据开示方法进行了明确规定。在证据开示程序中，通常情况下，当事人及其代理人必须在实施证据开示之前制订好开示计划，并且按照该计划逐步展开证据开示，这种证据开示程序完全由当事人主导并推动。但是，如果当事人就证据开示无法达成一致时，则任何一方都可以提出动议，或提出申请请求法官主持召开开示会议，制定开示计划；没有当事人的申

---

〔1〕 Brankers Trust Co. v. Shapira [1980] 1 WLR 1274. CA.

请,法院也可以依职权主动召开开示会议。

《美国联邦民事诉讼规则》第 30 ~ 36 条规定了证据开示的方法。[1] 根据该规定主要有笔录证言、书面质询(interrogatory)、提供文件和其他物品(documents and things)、检查身体和精神状况(physical and mental examination)、请求自认(request for admission)、专家证言。

1. 笔录证言。对笔录证言的开示,只要申请就可以,不需要法院批准。如果在开示笔录证言的同时要求提供书面材料,法院应当出具"附交书面文件传票",并将需要提交的目录附在后面。当事人申请笔录证言时,应当告知地点,地点通常是在当事人委托律师的事务所。如果在律师事务所收集证据时发生争议,可以提交法院解决;例如,在询问过程中对于证据的真伪问题发生争议。

2. 书面质询(interrogatory)。书面质询是一方当事人需要对方回答案件有关的问题时,向对方当事人发出书面质询文件,收到质询的一方当事人有义务在规定的时间内如实回答,[2]除非提出该书面质询侵犯了其隐私权或者秘密特权,否则违反该义务将会受到相应的制裁。

3. 提供文件和其他物品(production of documents and things)。和笔录证言一样,此类开示不需要经过法院同意。在涉及医疗纠纷、环境污染等案件中,证据材料通常都由一方当事人控制,对此类案件,可以申请持有证据的一方开示。此类开示包括一切有形物,范围相当广泛。如果需要开示的证据在案外人处、被案外人控制或占有,根据《美国联邦民事诉讼规则》第 45 条的规定,应当向案外人送达传票,法院签发传票也比较容易。[3]

4. 检查身体和精神状况(physical and mental examination)。根据《美国联邦民事诉讼规则》第 35 条第(a)款第(1)项的规定,在人身损害的案件中,当案件的争议焦点是当事人的身体或精神状态时,基于当事人的申请,法院认为申请理由成立的,可以命令检查。检查报告属于可以开示的范围。

需要注意的是,检查报告只能交给请求开示方。因为请求开示方请求身体和精神检查的目的是获取检查报告,以此否认对方当事人的诉讼请求。当然,

---

〔1〕 本研究主要从功能比较的角度,对证据开示程序和方法的主要内容进行介绍。关于美国法证据开示方法的详细介绍,参见齐树洁主编:《美国证据法专论》,厦门大学出版社 2011 年版,第 266 ~ 274 页。

〔2〕 参见[美]杰克·H. 弗兰德泰尔等:《民事诉讼法》(第 3 版),夏登峻等译,中国政法大学出版社 2003 年版,第 394 页。

〔3〕 参见[美]理查德·D. 弗里尔:《美国民事诉讼法》,张利民等译,商务印书馆 2013 年版,第 452 页。

被开示方可以要求取得开示方组织进行的检查报告,代价是其向请求开示方交出自己以前所作的所有检查报告,由此其也就放弃了其特别享有的医患特权。[1]

5. 请求自认(request for admission)。请求自认是指诉讼中的一方当事人可以向另一方提出承认《美国联邦民事诉讼规则》第26条第(b)款范围内事项的真实性的书面文件。请求自认只能适用于诉讼中的当事人,对于诉讼之外的案外人则不适用。收到书面文件的一方当事人应在规定的时间内,如实回答自认请求书中列明的问题。如被申请人认为问题侵犯了其隐私权可以提出异议。当事人对自认请求书中的问题不予回答被认为是默认,默认即视为承认。自认的事项在进入法庭审理阶段时,不再需要证据予以证明。

6. 专家证言。在民事诉讼中,当事人对技术问题可能无法解释清楚,因此需要某一方面的专家对专业性问题出具专业意见,当事人可以要求开示相应的专家意见。

需要注意的是,通过证据开示程序,法官在庭审前可能对案件的争议焦点有充分的了解,因此证据开示起到了固定案件争议焦点的作用。同时,通过证据开示程序,双方当事人可能对自己的主张和证据有了更充分的认识,在此基础上可能更愿意通过和解解决纠纷。比如,美国证据开示程序使得美国法院审理的民事案件中有95%以上都是不必开庭审理的案件。当然,对于英美法的该功能,在我国则是通过《民事诉讼法解释》中规定的庭前会议制度完成的。就此而言,在我国律师调查令制度设计中,不再需要强调庭前证据交换和固定争点的功能。

(三)证据开示程序和方法对律师调查令的借鉴价值

1. 标准证据开示程序对律师调查令的借鉴。英国法中证据开示制度实质上分为两个部分。标准开示程序中向对方当事人提示证据及固定争点的功能主要由当事人进行,一定程度上需由法院主持;该部分功能和我国的庭前会议制度(包括证据交换制度)重合。特别开示程序中涉及当事人或第三人需要负担的提出证据义务,类似于我国律师调查令所发挥的调取证据的功能。

在我国民事诉讼制度中,虽然按照"谁主张,谁举证"的举证原则,要求当事人承担举证责任,但是我国法律并没有赋予其必须提交不利于己的证据的义

---

[1] 参见齐树洁主编:《美国证据法专论》,厦门大学出版社2011年版,第272页。

务,实践中当事人往往隐藏对己不利的证据材料。证据开示程序中开示的证据包括的对己不利的证据,当事人均有开示的义务,这对我国具有借鉴意义。即使律师持证调取的证据对持证调取一方的当事人不利,律师也没有隐匿该证据的权利,也需要向法院提供。

2. 特别开示命令中涉及的证据开示,特别是法院命令第三人开示证据,这是我国现行法律体系中没有的制度,律师调查令弥补了责令第三人提供证据的缺陷。就此而言,证据开示制度的借鉴价值是明显的:其一,对可能对当事人产生不利影响的书证材料,在证据开示程序中,当事人需要予以开示;在我国则可以通过签发律师调查令要求当事人提供。其二,英国的证据开示规则规定,在任何案件中,当事人均可向法院申请开示案外第三人控制占有的书证。这正是我国律师调查令的优势所在,目前我国律师调查令调查证据的范围是与案件有关的材料,这些材料无论是由案件当事人还是案外第三人持有,均需要提交。其三,在证据开示命令中,英国法院作出对案外第三人的开示令,需要基于当事人的申请,法院不能依职权进行。由于将该制度定位于当事人主义的对抗模式下的证据制度,美国法的法院依职权命令当事人进行证据开示的制度,不能被我国律师调查令制度借鉴;但是,这种第三人的证据开示制度,在我国民事诉讼法制度体系中恰恰可以被法院依职权调查取证或者律师调查令制度弥补。对于符合《民事诉讼法解释》规定的符合法院自行依职权调取的证据,由法院依职权调取;对于不能由法院依职权调取的证据,则可以由律师持调查令调取。其四,对于申请案外第三人开示书证,法院需要综合案件情况予以判断,这种判断的标准主要在于是否同保护当事人实体利益和提高案件审判效率有关。在我国律师调查令的签发实践中,这恰恰是需要进一步深化的问题,即律师调查令的签发需要由法院根据同案件审理的关系予以判断,而不能只要有申请法院就签发,更不能法院毫无理由地均不予签发;法院在签发律师调查令过程中的裁量权行使,应是调查令审查程序中的重要内容。

3. 证据开示方法对律师调查令的借鉴意义。我国目前实行律师调查令的规范性文件中均未规定律师调查令调取证据的具体方法,实践中多强调律师持令调取方面。实践中,多是由被调查单位将证据密封交由律师提交给法院,在此制度基础上,律师仅仅发挥了一个"交通工具"的功能,没有发挥其专业知识的优势。事实上,不同的证据,其调取的方法是不同的。就此而言,英美法的证据开示方法对我国律师调查令的调查取证具有直接的借鉴价值。比如,对于开示方法中的命令当事人提交控制的书证和物证,则可以直接在我国律师调查令中予以采纳;对于笔录证人证言这种方法则可以被我国律师持令调查借鉴。

当然,证据不同,取证方法也不同。我国的证据类型同英美法的证据类型存在一定程度的差异,因此,对其借鉴和参考也需要结合证据的类型进一步加以研究,这在下文中会进一步深化研究。

四、证据开示的例外

英美法关于证据开示并非漫无边际、毫无限制。对可能损害公共利益的证据开示申请,法院往往不予证据开示。对可能涉及侵害当事人秘密的申请,法院也不予证据开示,由此产生了证据开示程序中的例外。[1] 这对于我国律师调查令的进一步发展具有借鉴价值。

(一)证据开示的例外:免于开示的特权

在英美法中,并非在所有的情况下均可以适用证据开示程序。对于一些特殊的情形或者理由,可以适用证据开示的例外。英国法上免于证据开示的特权包括法律职业特权、反对自证其罪特权、不受损害特权为内容的私人特权,以及涉及公共利益的公共特权。《美国联邦民事诉讼规则》第 26 条第(b)款明确规定,待开示的证据材料必须是不属于保密特权的事项,否则将被排除在开示范围之外。这反映了美国法在查清案件事实与保护公民权利之间的平衡。《美国联邦民事诉讼规则》第 501 条中对证据开示的保密特权作出原则性规定。虽然在联邦法律的层面对保密特权没有统一的规定,但是在各州的法律中对免于开示的特权有明确规定。保密特权的种类较为广泛,主要有以下几种情形。

1. 法律职业特权(attorney work product immunity)。基于 Hickman v. Taylor 案,美国法开创了法律职业特权,并在《美国联邦民事诉讼规则》第 26 条第(c)款中固定下来。在英美法系国家。律师和委托人之间的保密特权系普通法传统,它是最重要的证据特权,设定该特权的目的是对信任关系的保护,"如果当事人不能完全信任地向律师陈述,则对抗制诉讼程序将无法良性运作"。[2] 虽然保护信任关系极其重要,但是如果对律师的工作内容一概予以开示豁免必

---

〔1〕 普通法学者认为,基于发现真相的利益需要和隐私权、人格尊严及其他价值之间进行平衡,因此在一定程度上必须容忍证据材料的不完整性。参见[美]米尔吉安·R. 达马斯卡:《比较法视野中的证据制度》,吴宏耀、魏晓娜等译,中国人民公安大学出版社 2006 年版,第 236 页。

〔2〕 [美]理查德·A. 波斯纳:《证据法的经济分析》,徐昕、徐昀译,中国法制出版社 2001 年版,第 95 页。

定会影响证据开示制度的功能,因此,英美两国对律师秘密特权实际上也有所限制。首先,秘密特权限于“交流信息”或“通信”。英国证据规则中,律师与当事人之间、第三人之间基于案件的受特权保护的交流无论是在国内还是国外发生,所涉及的诉讼无论是在国内还是国外诉讼,均适用保密特权。[1] 美国特殊人员之间的特权也是针对“秘密通信”,如果在公开场合谈论某事,就不属于可以对抗开示的特权。[2] 其次,根据英国判例,如果法律意见极为不公正,也不享有秘密特权。[3] 最后,对于律师自行收集的书证应予开示。英国法在 Essex County Council v. R. 案中认为,对于涉及未成年人福利的情形,律师不享有秘密特权。[4]

2. 工作成果特权。为诉前或庭审准备的文件和有形物,证据持有人有权拒绝开示。这些工作成果不限于律师的专业工作成果,还包括顾问、保证人、保险人或代理形成的工作成果。即使在刑事诉讼中,律师也享有工作豁免权。[5]

3. 夫妻之间的秘密特权。设置该秘密特权的目的是维护夫妻之间的隐私权。这种特权保护更注重保护个体之间的基本人权。夫妻秘密特权即使在离婚后也仍然存在。[6]

4. 医生与患者之间的秘密特权。患者在与医生的交流过程中,往往需要向医生毫无保留地陈述病情,以便医生能对症下药。这些患者陈述的信息很大程度上构成了患者的个人隐私。因此,即便患者不是案件当事人,也可以拒绝开示与医生之间的通信、谈话资料,以保护其个人权益。当然,美国法上,对于这种特权不是无限制的,许多州基于维护公共利益及防治欺诈的原因限制这种证据的保密特权抗辩。[7]

5. 公务情报秘密特权。对于涉及国家安全的信息,允许持有该证据的国家

---

〔1〕 参见齐树洁、黄斌:《英国证据法中的律师特权规则及其借鉴意义》,载《法学论坛》2002 年第 5 期。

〔2〕 参见[美]理查德·D. 弗里尔:《美国民事诉讼法》,张利民等译,商务印书馆 2013 年版,第 462 页。

〔3〕 在 Finers v. miro 案中,法院认为,为进行犯罪和欺诈进行的通讯是不受保护的。See Bank of Scotland v. A Ltd. & Ors [2001] EWCA Civ 52。关于不适用特权的保护,参见沈达明、冀宗儒编著:《1999 年英国〈民事诉讼规则〉诠释》,中国法制出版社 2005 年版,第 245 页。

〔4〕 Essex County Council v. R. 1994 fam 167.

〔5〕 关于刑事证据开示制度研究,参见孙长永:《美国刑事诉讼中的证据开示》,载陈光中、江伟主编:《诉讼法论丛》第 3 卷,法律出版社 1999 年版。

〔6〕 参见高忠智:《美国证据法新解:相关性证据及其排除规则》,法律出版社 2004 年版,第 137 ~ 141 页。

〔7〕 参见陈桂明、纪格非:《美国证据法中的保密特权原则及其对我国证据立法的启示》,载《法学评论》2002 年第 2 期。

机关或公共单位拒绝开示。具体范围包括：涉及国家安全和与国家相关的事务；警察在侦查犯罪过程中取得的信息，但是在刑事诉讼中可以要求开示证明被告人无罪的信息；陪审团以及仲裁员等所做的与案件有关的讨论。[1]

另外，还有会计师与客户之间、牧师与忏悔者之间的秘密特权等。

6. 商业秘密保护特权。商业秘密保护特权，是指人们有权拒绝披露或阻止他人披露其商业秘密。一切可能使商业秘密的所有者在商业竞争中占据优势地位的信息都可以列入商业秘密的范围。当然，这种保密是有限度的，如果保密是为了从事欺诈行为或者将造成审判的不公正，法庭就有权裁定不适用该规则，但法庭还应采取一切可行的措施使公开该商业秘密对秘密所有人可能造成的损失最小化。[2]

美国各州还有弹劾资料豁免规则等秘密保护程序，鉴于这些制度在我国的法律制度体系中并无可比较空间，故不予阐述。[3]

但是，需要注意的是，秘密特权需要法院认可，当然当事人可以放弃秘密特权。如果当事人不主张或放弃，该权利就得不到认可。[4] 根据《美国联邦民事诉讼规则》第 26 条第(b)款第(5)项 A 的规定，享有特权的人必须明确地主张特权，否则可能被认为放弃了特权。

(二)法院在证据开示程序中的裁量权

证据开示是在英美法对抗制模式下诞生并发展的，原则上遵循当事人主义诉讼模式的要求，法官在这其中是被动的。但是，随着该制度的逐渐发展，各国和地区在强调民事诉讼协同主义发展模式的背景下，法院在证据开示中的裁量权越来越大，由此研究人员甚至认为存在一种裁量型的证据开示程序。当然，英美法的传统多坚守当事人主义的民事诉讼模式，反对法官主导的裁量型的证据开示程序。但是，无论如何，法院在证据开示中的裁量权是不容忽视的问题，具体表现在以下几个方面。

1. 签发不予开示保护令。美国证据开示的范围比较广，因此在实践中，当事人往往基于自身利益或诉讼策略的考虑拒绝开示，从而导致当事人之间也会

---

〔1〕 参见袁敏琴：《刑事诉讼中公务秘密特权的法律规制》，载《中国人民公安大学学报(社会科学版)》2010 年第 3 期。

〔2〕 参见齐树洁主编：《美国证据法专论》，厦门大学出版社 2011 年版，第 260 页。

〔3〕 具体介绍，可参见齐树洁主编：《美国证据法专论》，厦门大学出版社 2011 年版，第 260 页、第 264 页。

〔4〕 Linda S. Mullenix. , *Civil Procedure*, New York：AspenLaw & Business, 1997, p. 315.

产生是否开示的争议。由此,法院在是否开示相关证据的裁量中发挥着重要的作用。法院并非对证据开示不作判断,而是会根据开示信息与案件的关系,在当事人发生争议时裁量是否予以开示。当然,法院在裁量是否开示时,要遵循证据不予开示的例外。《美国联邦民事诉讼规则》第 26 条第(c)款第(1)项规定,法官可以签发保护令,使取得保护令的一方不必披露。法官在是否签发保护令上有很大的自由裁量权,比如认为开示费用过高,侵犯了他人隐私等情况下,都可以根据案件的实际情况签发保护令。在美国法中商业秘密通常是通过法官签发保护令予以保护的。

2. 开示证据关联性的裁量。英国法院如果认为申请开示的内容与诉请或者答辩不具有关联性,则往往拒绝开示申请。对于书证与案件系争点无关联的具体含义是什么,则需要法院根据具体的案件进行判断。在 Dolling baker v. Merrett 案中,法院确立的关于开示证据的关联性判断原则为:第一,书证与案件事实没有关联性或者关联性很弱;第二,书证对案件事实没有证明力或者证明力很低;第三,要求开示的书证对查明案件的公正审理毫无意义;第四,查阅书证的工作量大,而且需要从大量的文件材料中查阅;第五,书证符合保密要求。[1] 当然,在该判决中所确定的保密性要求实际上也构成了开示中的特别拒绝权。

3. 对保密特权拒绝证据开示的裁量。基于保密特权不予开示证据,不可避免地会影响真相的发现。因此法院可以根据案件情况自由裁量是否开示。美国法还特别规定,在基于特权而拒绝开示的审查中,法官有权在披露和不披露之间进行权衡,享有更大的自由裁量权。[2]

4. 证据开示对等性的裁量。证据开示中当事人双方均可以向相对方提出证据开示的要求。如果在证据开示程序中,一方当事人违反证据开示要求,拒绝开示证据,则另一方当事人也有权拒绝开示自己的证据,这体现了诉讼中的对等原则。但是,需要指出的是,对等原则只是相对的。一方面,如果当事人在对方当事人申请证据开示时的拒绝开示要求不符合对等原则,法院仍然可以要求当事人进行证据开示。另一方面,即使当事人基于对等原则享有拒绝开示权,另一方当事人仍然可以基于特别的证据开示程序,要求法院以特别开示令的形式,命令证据持有人开示相关证据。

---

〔1〕 [1991]2 ALL E. R. 890 A. T. 897.

〔2〕 参见齐树洁主编:《英国证据法》(第 2 版),厦门大学出版社 2014 年版,第 392 页。

5. 英国法对提高诉讼效率的裁量和司法改革。最初英国对书证材料的界定、开示次数并没有限制,直接导致书证的开示不仅频繁而且费用不菲,巨额的费用成为恶意一方当事人拖延诉讼甚至拖垮对手的一种手段。因此在英国进行司法改革时,沃夫法官在《接近正义》的报告中提出应在保障诉讼结果公正的前提下,更加注重书证材料的开示与查阅中的程序效率。由此,近年来,法官在证据开示程序中对开示次数、时间、质量等因素的考量中,加大了对诉讼效率的裁量权。这也是我国律师调查令制度在试行中应该未雨绸缪、重点关注的问题。

(三)证据开示程序的例外对律师调查令的借鉴

1. 未雨绸缪,对律师调查令可能影响诉讼效率的问题,提前予以预防。律师调查令这一新生事物,在我国审判实践中取得了较好的法律效果和社会效果。但是,证据开示制度的发展路程给我国带来的启示是明显的。随着证据开示制度的逐渐被运用,影响了诉讼效率,由此导致英美法国家不得不对此提出改革的要求。我国律师调查令目前在制度设计上并没有对律师调查令的申请、签发、持令人调查程序等进行明确的制度安排,也没有具体期限上的硬性规定。可以预见,在发展到一定阶段时,该制度将不得不面临当事人利用该制度影响诉讼效率的问题。因此,英美法关于证据开示程序的例外、证据关联性的实质审查和法院在证据开示程序中的裁量权等制度,均对我国律师调查令的制度设计具有借鉴价值。

2. 法院裁量权行使的借鉴。在英美法证据开示制度下,即使在英美法当事人对抗主义的诉讼模式下,法院在证据开示程序中仍然享有自由裁量权。[1] 这对于法院在签发律师调查令中的裁量权行使具有借鉴意义。当然,签发律师调查令,就是法院裁量权行使的一部分,因此法院裁量权的行使本身属于律师调查令制度的重要组成部分。在未来的民事诉讼制度中,如果没有法院负责地行使裁量权,律师调查令不仅不能发挥其功能,而且可能出现证据开示程序中的影响诉讼效率、增加诉讼成本的弊端。[2]

3. 证据关联性实质性审查的借鉴。英美法并不会批准所有证据开示的申

---

〔1〕 对抗制诉讼是英美法国家诉讼中最为核心的内容,有美国学者曾认为美国证据法是"对抗制之子"。参见张卫平主编:《外国民事证据制度研究》,清华大学出版社2003年版,第156页。

〔2〕 英国理论也有学者认为,证据开示、强制证据交换、庭前程序都是导致诉讼成本增加的原因。Joyce Plotnikoff, *The Quite Revolution: English Civil Law Court Reform and the Introduction of Case Management*, The Justice System Journal, Volume 13, Number 2 (1988 – 1989)。

请,法院还需要对该等证据与案件审理的关联性进行实质性的审查,这对我国律师调查令的具体制度设计具有重要的借鉴价值。在我国近年来全国法院民事和执行案件居高不下的情况下,如果对每起案件的代理律师申请律师调查令,法院均予以签发,将不可避免地面临律师调查令泛滥的危险。由此,法院在签发律师调查令时,需要对律师调查令拟调取的证据与案件审理是否具有关联性进行审查。

4. 秘密特权的保护程序对完善律师调查令制度的借鉴。在我国各地出台的律师调查令试行规范性文件中,秘密特权的保护均系重要的问题。[1] 但是,各地规范性文件的缺陷是明显的,一方面,涉及秘密保护的规范内容较简单;另一方面,缺乏可操作性。由此导致实践中产生两个极端:一是法院一旦认为涉及秘密问题,即不予签发,导致实践中持令人很难调取到证据,影响了该制度功能的发挥;二是法院即使遇到秘密保护问题,也予以签发,可能导致影响对真正需要保护的权利人利益的损害。就此而言,英美法发展出来的较为规范的秘密特权保护制度对律师调查令的制度设计具有重要的借鉴价值。

五、证据开示制度功能对律师调查令的借鉴

上面介绍了,基于证据开示制度功能研究制度借鉴,是比较法的重要内容。前文我们主要介绍了证据开示制度和律师调查令在保障证据收集权方面的共性。下面将介绍证据开示制度的功能,以便对律师调查令提供借鉴内容。

证据开示制度虽然发源于英国,但是证据开示却在美国发展成为英国都几乎弄不懂其含义的制度。[2] 在英美法上,证据开示发源于解决当事人举证能力不足特别是证据偏在的问题,其最终目的系让司法审判能够在一个公开、公平、公正的武器平等情境下进行,最终达到公正的裁判结果。从功能比较的视野看,证据开示制度与律师调查令既有共同点又有差异,在我国现行民事诉讼证据制度体系中,律师调查令制度的功能恰恰能够弥补证据开示制度所不具有的证据收集保障功能。

(一)证据开示制度的功能

一是保障当事人的证据收集权,有利于查明案件事实。一方面,通过此种

---

〔1〕 我国《民事诉讼法》第七十五条规定:“凡是知道案件情况的单位和个人,都有义务出庭作证。有关单位的负责人应当支持证人作证。不能正确表达意思的人,不能作证。”因此,在我国仅仅就证人出庭作证有规定,对于秘密特权并没有相关规定。

〔2〕 Linda S. Mullenix, *Civil Procedure*, Aspen Law & Business Press, 1997, p. 300.

证据收集的程序保障,当事人可以及时了解对方攻击与防御的手段和方式,并且获得相关的证据线索以进一步收集有利证据。同时,通过证据开示可以充分展示案件事实,有利于法院查明案件事实。另一方面,英美法对违反证据开示的行为设定了制裁措施,这是确保证据开示制度有效性、合法性的重要保障。

二是有助于确保双方当事人之间民事诉讼的武器平等,防止证据突袭。英美法国家采取的是当事人对抗主义诉讼模式,对抗的前提是当事人在诉讼中的地位、权利、义务对等。但是,由于当事人在经济、技术、能力等方面存在差距,因此当事人很难实现举证能力的对等化。无论在大陆法系还是英美法系的民事诉讼中,当事人通过诉讼技巧,如证据突袭获胜的做法均较为普遍。[1] 证据开示制度正是在民事诉讼实体审理之前就要求当事人开示其所持有的证据,防止证据突袭情况的发生。英美法的证据开示制度在立法层面调整和平衡诉讼双方的诉讼能力,赋予双方在诉讼程序中进行公平对抗的机会和能力,在能实现对弱者的救济和关怀的同时,最终实现纠纷的公正裁判。

三是有助于及时保全证据。在英美国家对证据的保全主要通过证据开示这一制度实现。当事人在进行证据开示的过程中,交换己方掌握的证据材料,专门人员如准备法官或书记官进行整理和记录,并由当事人进行签字确认,以备日后开庭审理时使用。证据一旦以书面形式固定下来,便可直接用于法庭审理时攻击和防御的依据。证据开示可使在开庭审理时可能无法展示的证据得以提前获取,具有证据保全的功能。开庭审理时证据不能出示或证人无法出庭的,在证据开示程序中获得的证据效力就等于证据在法庭上的出示和证人在法庭上的直接作证。由于当事人在证据开示程序中的疏忽等原因所造成的证据灭失不能重新获取,也不能成为上诉或重新审理的理由。[2]

四是有助于提高多元化纠纷解决机制的利用率。证据开示程序给当事人提供了多元化纠纷的解决机会;在进入诉讼之前,当事人可能对案件事实不太了解,对法律适用也有偏差,在证据开示程序中开示的证据,则给当事人在审理

---

〔1〕 所谓证据突袭,是指一方当事人及其诉讼代理人将自己掌握的应在开庭审理前向法庭提交或向对方当事人披露的关键性证据,在另一方一无所知的情况下出乎意料地出示在法庭上,使对方遭受突然打击,从而处于不利的被动地位,由此,审判程序并未成为一种对案件事实客观真实的审理,而往往成为当事人之间诉讼技术的竞技场。这不仅增加了诉讼成本,而且直接影响到举证能力有限的当事人合法权益的保障,影响到司法公正;最终证据突袭也无益于发动突然袭击一方当事人的利益。通过证据开示这一制度,让彼此掌握的证据均能够事先向对方公开,有助于当事人双方的诉讼武器对等,排除证据突袭对诉讼胜负的影响,把诉讼的胜败确定在客观事实的基础上。

〔2〕 参见韩象乾主编:《民事证据理论新探》,中国人民公安大学出版社 2006 年版,第 429 页。

程序之前提供了了解案件事实的机会，通过证据开示程序，当事人可以充分了解案件事实，获得与案件有关的全面信息及相应证据资料，包括于己不利的证据，这促使当事人站在对方的角度权衡利益，并理性地对待双方的争议。这种条件下，当事人对是采用和解还是开庭审理能事先有所预期，使得当事人可以通过协商和解的方式解决争议。特别是，对于面临败诉预期的当事人而言，其更愿意承认调解或和解带来的法律效果。在美国，当事人在审前通过开示证据对案件事实有了详细地了解后，大约有95%的纠纷在审前程序中就解决了，不会进入审判程序。[1] 因此证据开示制度促成了个案调解，减少了进入正式审理程序的案件数量。

五是有利于提高诉讼效率。提高诉讼效率，是法律实践必然追求的目标之一。[2] 如果一味追求公正而忽略裁判的效率，则裁判结果的公正性会大打折扣。迟来的公正，非公正。诉讼对于当事人来说，往往是一场耗时耗力的战役，[3]而且要随时做好打持久战的准备；对于国家司法机关而言，如果案件不能在尽可能短的时间内通过一次开庭作出裁判，而是反复调查取证、开庭审理，且案件久拖不决，将会大大浪费国家的诉讼资源。经历这样一场诉讼，无论哪一方都可能精疲力尽，胜诉的意义就会大打折扣，司法权威无疑将被弱化。因此，通过较小的成本投入，使纠纷得到快速、公正、高效的解决，是现代民事诉讼制度追求的一个价值目标。在发达国家倡导的协同主义诉讼模式中，当事人、法院和第三人协力解决纠纷，即是基于快速高效解决纠纷的需要而转变。[4] 鉴于大多民事案件的解决很大程度上依赖于证据的收集与运用，因此，证据开示制度的设立，便是满足了更加高效审理案件的需要。

（二）证据开示制度与律师调查令的功能比较

1. 共同点。二者在功能上存在共同点，具体表现在：有利于保障证据收集

---

〔1〕 Joyce Plotnikoff, *The Quite Revolution: English Civil Law Court Reform and the Introduction of Case Management*, The Justice System Journal, Volume 13, Number 2(1988 – 1989).

〔2〕 参见常怡主编：《比较民事诉讼法》，中国政法大学出版社2002年版，第18页以下的论述。

〔3〕 Kendall v. GES Exposition Servs, Inc. 174 F. D. R. 684(D. NEW. 1997).

〔4〕 关于证据协同主义的研究及论断，参见杨锦炎：《武器平等原则在民事证据法的展开》，中国政法大学出版社2013年版；唐力：《辩论主义的嬗变与协同主义的兴起》，载《现代法学》2005年第6期；田平安、刘春梅：《论协同主义民事诉讼模式的建立》，载《现代法学》2003年第1期；吴如巧等：《论中国文书提出命令制度适用范围的扩展——以第三人文书提出义务为视角》，载《重庆大学学报（社会科学版）》2017年第1期。我国有些研究论断也是基于协同主义诉讼模式的转变而提出的，对此，笔者认为，就目前我国民事诉讼实践现状而言，我国司法实务尚未确立此种理念。

权,有利于发现案件事实,有利于提高诉讼效率,有利于促成和解。

2. 差别。二者在功能上的差别,主要体现在证据开示制度的功能较之于律师调查令的功能更加多元。具体表现在:证据开示制度的证据保全功能,证据开示制度的证据交换和争议焦点固定功能,以及证据开示制度的防止证据突袭功能,是律师调查令所不具有的。

(三)证据开示制度功能对律师调查令制度的借鉴

证据开示和律师调查令二者在证据保障收集功能上是一致的。因此,研究证据开示制度应主要着眼于其在证据保障收集功能的发挥上。在借鉴证据开示制度的功能层面,我们不得不回应的一个问题是,证据开示制度的证据保全、证据交换、争议焦点固定、防止证据突袭功能为何不能在我国的律师调查令中实现。为回答这个问题,首先要明确两个层面的问题:一是证据开示制度证据收集保障功能之外的其他功能在律师调查令制度中不能发挥的原因;二是证据开示制度的证据保全、证据交换、争点固定、防止证据突袭功能在我国民事诉讼体系中是否存在实现的必要以及需要以何种制度满足上述制度的需要?

在我国目前的证据体系中,证据开示制度的证据保全、证据交换、争点固定、防止证据突袭功能均有相关制度予以解决,就此而言,没有必要再引进证据开示制度的上述功能。对此,在上文证据保障体系下考察律师调查令制度的研究中已经进行了探讨。目前我国证据法体系中需要解决的是证据收集保障功能,切实强化当事人的举证能力,[1]这在逻辑上恰恰是律师调查令制度的首要功能所在。

从功能比较的视角来看,研究比较法上的制度的目的在于弥补我国现行法律制度中欠缺的功能,并将比较法上的相关制度借鉴到我国现行法律体系中。其中,最为重要的是弥补我国现行制度的功能漏洞。我国律师调查令制度主要解决证据收集保障上,因此研究证据开示制度的重点则应集中在该制度所具有的证据收集保障功能上。

---

〔1〕 当然,还有文章认为,为强化当事人举证能力,还应进一步规范人民法院调查收集证据的职能。参见万长红:《切实强化当事人举证能力进一步规范人民法院调查收集证据职能》,载《河北法学》2003 年第 1 期。

第三节　结论：律师调查令实现证据开示制度的部分功能

随着我国证据制度改革的不断深入，有学者认为，我国应全面引入证据开示制度。[1] 在前面的研究中，笔者已经指出，从文化背景、法治传统、证据制度构建上，我国不具备全面引入英美法系证据开示制度的条件。我国2001年《证据规定》第三十七条至第四十条，规定了证据交换的内容。虽然有意见认为该规定中的"证据交换"具有证据开示的作用，但笔者认为我国目前规定的"证据交换"，更符合双方当事人接受对方证据材料的"交接"功能。交换的仅仅是各方掌握的证据，而没有英美法证据开示制度中证据必须出示或可以申请出示的内涵，更没有对当事人证据收集权予以保障的功能。当然，不可否认的是，证据交换制度在一定程度上节省了法官庭审的时间，有助于庭审前明确争议焦点，而且在正式开庭前将各自主张或反驳的证据进行交换，可以防止证据突袭。[2] 我国的证据交换不具备证据开示中保障当事人取证权的功能，律师调查令恰恰可以弥补证据交换制度的功能漏洞，如果将律师调查令和证据交换结合起来，可以弥补我国证据开示的保障证据收集权的功能漏洞。

一、英美法证据开示制度发展趋势对律师调查令的启示

总体上看，英国证据开示方式仍维持20世纪80年代的规定，美国在证据开示制度上进行了巨大的改进。这种改进对律师调查令具有重要的启示。

(一)证据保障收集权的启示

英美法证据开示制度的发展趋势之一是扩充证据开示的范围，其中最为突出的扩充是将证据开示范围扩张到案件当事人之外的第三人，美国证据开示的

---

〔1〕 参见丁朋超：《试论我国民事审前证据交换制度例外规则的完善——以英美证据开示例外范围比较为研究进路》，载《证据科学》2017年第2期；刘家磊：《中美证据开示之比较》，载《辽宁行政学院学报》2012年第6期。

〔2〕 证据交换虽然在实践中起到了一定的作用，但是因为没有相应的配套制度，在司法实践中出现了诸多问题，比如证据交换组织主体不明、新证据认定泛化、证据交换与质证关系混淆、与举证时限制度衔接不当等问题，当前广大法官对于启动证据交换心存忧虑。参见程浩朋：《浅析我国的证据交换制度》，载中国法院网，https://www.chinacourt.org/article/detail/2013/07/id/1019721.shtml。

范围几乎扩展到与案件相关的任何信息。美国的请求—回应型证据开示制度恰恰同律师调查令的请求、签发、律师持证调查的结构完全一致。英国特别开示程序需要法庭的命令,这种法庭命令的方式暗合了当事人请求开示证据和法院要求当事人开示证据的结构。

从上述特点可以看出,英美法系证据开示制度在发展中更加强调当事人证据收集权的保障,这种保障恰恰是律师调查令的制度功能,通过保障当事人证据收集权,使当事人因为收集不到证据而败诉的情况减少,符合民事诉讼追求实质正义的诉讼目的。[1] 因此,从英美法系证据开示制度的功能视角出发,我国证据法律体系中需要借鉴证据收集保障功能。

通过对我国现有证据制度的功能研究可以发现,我国证据交换制度和司法解释中的庭前会议制度均不具有保障当事人证据收集权的制度功能,这种功能的欠缺恰恰可以通过律师调查令弥补。

(二)解决诉讼迟延问题的启示

在解决诉讼迟延方面,英美法均扩大了法院在证据开示制度中的裁决权。在英美法系国家,庭审前证据开示的时间可能长达一年或几年,案件审理效率受到极大影响,造成诉讼偏离法庭实质审理、偏离证据开示目的的不正常现象。[2] 证据开示制度也经常为居心不良的当事人及其律师的恶意利用开了绿灯,成为从时间上和金钱上拖垮对手的工具。[3] 英美法均进一步加大了法院的裁量权,来解决诉讼迟延的问题。虽然面对的问题一样,但是英美两个国家解决诉讼延迟的方式并不相同。英国通过加强法官的干预来解决,美国则通过设立不同的制度比如当事人会谈,或者完善相关规定比如完善审前会议程序,来解决诉讼拖延问题。

从上述两个国家证据开示程序的改革发展可以看出,两个国家均加大了法院在证据开示程序中的干预和裁量,根据当事人的申请和案件的情况加以裁

---

〔1〕 参见王杏飞、刘洋:《论我国民事诉讼中的律师调查令》,载《法治研究》2017 年第 3 期。

〔2〕 证据开示滥用在英美国家比较普遍,有时候诉讼成本可能远远高于胜诉利益。美国在 1993 年修改联邦民事诉讼规则后,1997 年联邦司法中心对证据开示进行了调研,其调研时律师建议加强对诉讼案件的管理,但是报告指出,案件司法成本和法官对案件的管理之间有关联,但是和案件争议标的额、律师办理案件的时间有关。参见韩波:《悖论破解——对抗制中的证据开示制度》,载陈光中、江伟主编:《诉讼法论丛》第 10 卷,法律出版社 2005 年版。

〔3〕 Willam W. Schwarzer, *Slaying the Mosters of Cost and Delay: Would Disclosure Be More Effective than Discovery*, Judicature, 1999, 74(4): 178 – 184. 转引自罗艺方、赖紫宁:《美国民事证据开示制度浅议》,载《华南理工大学学报(社会科学版)》2002 年第 4 期。

量,可以为律师调查令提供以下两方面的借鉴:其一,可以由法院介入当事人证据收集权,为有效提高收集证据的效率和法院裁判的效率。其二,为有效判断当事人证据收集权的边界,保护当事人证据收集权和保护被调查人秘密特权等权利之间进行平衡,避免当事人的正当权利受到不当干涉。

二、英美法证据开示制度的功能借鉴

美国联邦最高法院在1947年的Hickman v. Taylor案中指出,在诉讼中要求双方当事人开示证据是必需的程序。[1] 使诉讼双方能够尽可能地了解案件事实是证据开示制度的主要作用,在开庭之前通过证据开示了解案件证据,通过对证据的了解进一步了解案件事实,一定程度上使案件的审理更透明。同时通过证据开示,证据提前在双方当事人间开示,庭审中靠证据突袭达到胜诉目的的情况减少了。英美法证据开示制度的下列三个功能对于律师调查令功能的借鉴价值是明显的,[2]而这也恰恰是构建律师调查令制度所欲达到的目的。

一是解决当事人收集证据困难的问题。保障当事人的证据收集权,是英美法证据开示制度的目的,在保障证据收集权的同时也可以有效防止在案件审理中的证据突袭,防止诉讼程序完全成为掌握诉讼技巧的律师的表演场,从而实际上损害当事人的实体权利。[3] 联邦最高法院1958年在United States v. Procter & Gamble Company一案中指出,"证据开示制度的目的是使审理能够在阳光下进行,它必需排除借法庭演恶作剧的游戏,在可能范围内基于开示的争点及事实展开争论"。[4] 我国建构律师调查令制度主要解决当事人收集证据的困难,促进案件的公正审理。例如,我国和英美法国家面临的共同问题是,在某些案件中,比如产品责任案件,证据由一方当事人控制,如果基于"谁主张、谁举证"的举证原则,要求受害一方提供其并不掌握的证据,并据此认定在不能提供时承担不利的法律后果,一方面受害人很难接受,另一方面无异于鼓励加害方继续实施加害行为。由此,在此类案件中,尤其是产品缺陷责任方面的诉讼,

---

[1] Hickman v. Taylor, 329 U. S. 495, 67 S. Ct. 385 (1947).

[2] Linda S. Mullenix, *Civil Procedure*, Aspen Law & Business (New York), 1997, p. 301 - 302.

[3] Robert A. Carp, Ronald Stidham, *Judicial Process in American*, Congressional Quarterly Inc, (Washington, D. C.), 1990, p. 188.

[4] UNITED STATES of America, Appellant, v. The PROCTER & GAMBLE COMPANY et al., 356 U. S. 677, 78 S. Ct. 983(1958).

在英美法中可以适用证据开示制度，在我国则可以通过律师调查令制度来收集证据。

二是固定证据，提高审判效率。固定那些开庭时无法当庭获得的相关证据，这是证据开示制度设立的最初目的。比如，证人远离审判地区或者由于身体等原因不方便或不适宜前往庭审现场宣誓作证的，可以通过记录证人证言的方式免除证人出庭作证的义务。还有，如果一方当事人要求对方自认，对方当事人没有否认需要其自认的内容的话，为了节省诉讼时间，在进入庭审程序时，当事人就不再需要对自认的事实予以证明。事实上，英美法证据开示制度一定程度上具有我国庭前会议制度的功能。但是，对于第三人控制的证据，我国庭前会议制度并没有令其提交证据的功能。就此而言，我国律师调查令可以发挥在开庭之前固定证据、提高审判效率的作用。其可以让律师在开庭前调取到审理案件所需要的证据，避免在审理时当事人临时提出申请法院调取证据的困扰，也避免法院在此情况下不得不另行开庭所导致的诉讼拖延问题。

三是证据开示制度促进了纠纷解决的多元化，可以为我国律师调查令制度的建构提供参考和借鉴。在律师持令调取证据的过程中，有利于当事人判断案件的走向，当事人基于尽快结案的考虑，一定程度上会主动进行调解和和解。不仅如此，律师调查令制度的推行，还可以改变我国在二审、再审程序中出现的提交新证据的现状。在充分保障当事人证据收集权的同时，可以审视我国目前证据提交期限的相关制度规范，为将来未在举证期限内提交证据规定证据失权制度的创造可能性。

三、证据开示适用范围对律师调查令制度的借鉴

（一）我国证据交换制度的发展

在英美法上，其一，证据开示制度对当事人自行发现证据的范围、方法、失权等内容均有明确的规定，并建构了主动开示型和请求—回应型的证据开示体系，法院逐渐加大了证据开示的干预力度。其二，证据开示制度还特殊的保护，维护了社会的正常运转。其三，证据开示制度还对拒绝开示规定了相应的制裁措施，以确保该制度得以顺畅运行。这三方面的制度安排，为案件的公正审理以及发现客观真实提供了更加科学全面的保障。

我国学者多从比较法角度对证据开示制度的运行空间进行研究，并将之与

我国的证据交换制度进行比较。但是,下文通过对我国现行证据交换制度以及庭前会议制度的介绍,可以发现,我国证据交换制度不具有英美法的证据开示制度中的证据收集的功能。

庭前证据交换制度在我国最早的民事诉讼法中是没有规定的。该制度是在民事审判方式改革过程中逐步确立的。在以往的民事审判活动中,为了强调法院的中立性,在开庭之前没有证据交换或庭前谈话。庭审程序从举证、质证,到法庭辩论、最后陈述,可以说是“一气呵成”,该种方式在经济不发达、案情简单的诉讼中,可以一次开庭就解决案件所有的问题,也避免了法官先入为主,有利于司法公正。随着案件复杂程度的加深,这种做法在实务中显现出很多弊端:其一,该模式省略了开庭前的必要准备工作,不利于当事人积极有效提供证据;其二,法官在开庭前完全不了解案件情况,庭审完全交由当事人,在当事人法律知识薄弱、缺乏庭审经验的情况下,则法官很难通过庭审全面了解案情,导致庭审效果一般;其三,这种模式造成案件常常因当事人“证据突袭”而不得不多次开庭,致使诉讼延迟。[1]

为了解决我国民事诉讼程序中的上述庭审弊端,20 世纪 80 年代我国民事诉讼启动了审判方式改革,这次改革以辩论主义诉讼模式为改革方向,具体包括强化庭审功能、强化当事人举证责任等方面。为强化当事人的举证责任,提出了确立证据交换制度的改革目标。该目标是最高人民法院在 1993 年 5 月的《全国经济审判工作座谈会纪要》第四部分“要继续改革审判方式,提高开庭审理的水平”中首次提出的;8 个月后,最高人民法院在《第一审经济纠纷案件适用普通程序开庭审理的若干规定》中进一步强调:“开庭前,合议庭可以召集双方当事人及其代理人交换、核对证据,核算账目。对双方当事人无异议的事实、证据应当记录在卷,并由双方当事人签字确认。在开庭审理时如双方当事人不提出异议,便可予以认定。”《最高人民法院关于民事经济审判方式改革问题的若干规定》(1998 年 6 月 19 日)第五条规定情况复杂,材料较多的案件,可以进行证据交换。

〔1〕 参见宋英辉、汤维建主编:《我国证据制度的理论与实践》,中国人民公安大学出版社 2006 年版。

2001年《证据规定》及司法解释规定了证据交换制度及基本程序。[1] 由于证据交换不是一个规范性程序,其合理性和合法性在理论上受到质疑。[2] 我国证据交换制度的主要目的是解决双方当事人之间进行证据交换的问题,以及交换次数和质证问题,[3]体现民事诉讼对抗性的特点,其实质上的功能在于避免证据突袭、提高庭审效率。但是,我国证据交换制度并未解决案件当事人的证据收集程序保障问题。[4] 对于英美法上证据开示制度所包含的最重要的保护当事人证据收集权的问题,2001年《证据规定》中并未涉及。

2012年修改的《民事诉讼法》首次对来自审判实践的证据交换制度进行了确认,从立法上规定了证据交换制度。该法第一百三十三条规定:"人民法院对受理的案件,分别情形,予以处理:(一)当事人没有争议,符合督促程序规定条件的,可以转入督促程序;(二)开庭前可以调解的,采取调解方式及时解决纠纷;(三)根据案件情况,确定适用简易程序或者普通程序;(四)需要开庭审理的,通过要求当事人交换证据等方式,明确争议焦点。"需要注意的是,该法还为司法解释留足了进一步对具体程序问题进行解释适用的空间。[5] 2019年《证

---

[1] 2001年《证据规定》第三十七条规定:"经当事人申请,人民法院可以组织当事人在开庭审理前交换证据。人民法院对于证据较多或者复杂疑难的案件,应当组织当事人在答辩期届满后、开庭审理前交换证据。"第三十八条规定:"交换证据的时间可以由当事人协商一致并经人民法院认可,也可以由人民法院指定。人民法院组织当事人交换证据的,交换证据之日举证期限届满。当事人申请延期举证经人民法院准许的,证据交换日相应顺延。"第三十九条规定:"证据交换应当在审判人员的主持下进行。在证据交换的过程中,审判人员对当事人无异议的事实、证据应当记录在卷……通过证据交换,确定双方当事人争议的主要问题。"第四十条规定:"当事人收到对方交换的证据后提出反驳并提出新证据的,人民法院应当通知当事人在指定的时间进行交换。证据交换一般不超过两次。但重大、疑难和案情特别复杂的案件,人民法院认为确有必要再次进行证据交换的除外。"第四十七条第二款规定:"当事人在证据交换过程中认可并记录在卷的证据,经审判人员在庭审中说明后,可以作为认定案件事实的依据。"第五十五条规定:"证人在人民法院组织当事人交换证据时出席并陈述证言的,可视为出庭作证。"

[2] 参见刁金梅:《圈点"证据交换"》,载《中国律师》2003年第11期。

[3] 最高人民法院民事审判第一庭:《〈关于民事诉讼证据的若干规定〉的起草说明》,载最高人民法院民事审判第一庭编:《民事诉讼证据司法解释及相关法律规范》,人民法院出版社2002年版,第44页。

[4] 有学者认为,在我国,"当事人调查收集证据的权利是一项缺乏程序保障的抽象性权利,是权利的招牌"。参见汤维建:《论美国民事诉讼中的证据调查与证据交换——兼与我国做简单比较》,载王利明主编:《中国民事证据的立法研究与应用》,人民法院出版社2000年版,第1108页。

[5] 需要注意的是,最高人民法院于2019年修改的《证据规定》中,证据交换制度是重要的内容。在该司法解释中,证据交换仍然停留在完善阶段,并没有涵盖证据收集的功能。该司法解释虽然对文书提出命令的制裁效果进行了完善,一定程度上涉及当事人举证能力的完善、证据收集权的保障等问题,但该问题的规定对于证据收集保障制度来说仍然是无法满足需要的。这在本书后文中将专门予以论述。

据规定》进一步对证据交换进行了完善。第五十六条规定,人民法院依照《民事诉讼法》第一百三十三条第四项的规定,通过组织证据交换进行审理前准备的,证据交换之日举证期限届满。证据交换的时间可以由当事人协商一致并经人民法院认可,也可以由人民法院指定。当事人申请延期举证经人民法院准许的,证据交换日相应顺延。第五十七条规定,证据交换应当在审判人员的主持下进行。在证据交换的过程中,审判人员对当事人无异议的事实、证据应当记录在卷;对有异议的证据,按照需要证明的事实分类记录在卷,并记载异议的理由。通过证据交换,确定双方当事人争议的主要问题。第五十八条规定,当事人收到对方的证据后有反驳证据需要提交的,人民法院应当再次组织证据交换。

《民事诉讼法解释》设立了庭前会议制度,其第二百二十四条规定:"依照民事诉讼法第一百三十六条第四项规定,人民法院可以在答辩期届满后,通过组织证据交换、召集庭前会议等方式,作好审理前的准备。"对于庭前会议的具体内容和功能,该司法解释第二百二十五条进一步规定:"根据案件具体情况,庭前会议可以包括下列内容:(一)明确原告的诉讼请求和被告的答辩意见;(二)审查处理当事人增加、变更诉讼请求的申请和提出的反诉,以及第三人提出的与本案有关的诉讼请求;(三)根据当事人的申请决定调查收集证据,委托鉴定,要求当事人提供证据,进行勘验,进行证据保全;(四)组织交换证据;(五)归纳争议焦点;(六)进行调解。"从庭前会议制度中关于证据交换、明确诉讼请求和答辩意见、申请证据保全归纳争议焦点的规定来看,庭前会议制度除了证据收集保障功能之外,基本上内涵了英美法上证据开示制度的所有内容。

事实上,目前在许多重大复杂的民商事案件中,我国法院普遍采用庭前会议的制度。通过庭前会议实现以下四个方面目的:一是庭前证据交换;二是固定证据;三是整理争点;四是促进调解。上述前三个功能的发挥由此提高实质庭审的质量和效率。

2019 年《证据规定》的出台,虽然进一步完善了文书提出命令制度,但是证据收集保障问题仍然是审判实践中迫切需要解决的问题。

(二)证据收集保障功能的缺失

通过上述关于证据开示制度的介绍,我们可以发现,证据开示制度除了具有证据交换、庭前会议的功能之外,还有保障当事人收集证据的功能。这种功能恰恰是我国目前的证据交换制度和庭前会议制度所不具有的。

事实上,我国庭前证据交换与英美法的证据开示制度实质上系两个不同的制度体系,二者有本质上的功能差异。参与和主导我国 2001 年《证据规定》的起草者认为,“我国的庭前交换证据与外国的证据开示制度相比差别巨大,称之为本质区别也不为过,只能说是对外国证据开示制度的最初步和最粗糙的模仿,谈不上移植,甚至移植的变种都算不上”。[1] 因此,二者在功能和具体制度构成上存在本质的区别。

1. 二者的制度功能不同。证据开示制度在有助于提高诉讼效率的同时,还具有解决当事人举证能力不足的问题。通过庭审前的证据交换,诉讼双方当事人可以了解相对方以及案外第三人持有的证据,从而更全面明确地了解案件的事实,在此基础上,双方当事人有可能调解结案或者原告撤诉,即便进入诉讼程序,当事人对案件的了解也有利于加快庭审,提高诉讼效率。从我国相关法律法规及司法解释对证据交换制度的规定来看,该制度只是双方当事人之间交接证据的程序,其并没有解决证据收集保障的问题。

2. 二者的制度构成要件不同。(1)二者体现的诉讼模式不同,证据开示制度体现的是当事人主义诉讼模式的证据制度,双方主动向相对方开示证据,律师和当事人会积极推动开示,法官只有在双方存在争议的情况下才会介入。我国的证据交换制度体现的是职权主义诉讼模式的证据制度,由法官主持双方交换证据。(2)证据开示有明确的方法,而且方法有多种,每一种证据方法都有具体的开示规定和相应的处罚;我国的证据交换仅是交换各自的证据,并不包括诉讼中需要获取证据的内容,对查明案件事实有重要作用的证据也没有强制当事人提交的义务。

3. 二者要解决的影响诉讼公正和效率的问题截然不同。首先,二者解决的问题不同。证据开示程序重点解决诉讼证据偏在、证据突袭可能影响的诉讼公正问题;庭前证据交换要解决诉讼中证据突袭所影响的质证、认证的效率问题。其次,二者解决问题的路径不同。证据开示程序通过一系列的程序设计完成。我国的证据交换制度和庭前会议制度规定得比较原则,因此,实践中多由法官根据案件情况具体推动,这些对于稍有经验的法官来说可以通过行使法官的自由裁量权加以探索和完善。比如笔者曾参与了很多庭前交换证据和庭前会议

---

〔1〕 最高人民法院民事审判第一庭:《〈关于民事诉讼证据的若干规定〉的起草说明》,载最高人民法院民事审判第一庭编:《民事诉讼证据司法解释及相关法律规范》,人民法院出版社 2002 年版,第 44 页。

程序,在该程序中,当事人双方在正式开庭之前即将证据提交给对方当事人,并由法院根据当事人的主张、抗辩情况予以认定,对于没有争议的证据,当事人双方可以在笔录上签字,在正式开庭时不需要再行提供、质证和认证。最后,证据开示所具有的要求当事人及第三人提供证据的功能,在我国证据交换制度中是欠缺的。在我国法律规定中,并没有当事人可以自行向对方当事人或者第三人取证的诉讼程序。这恰恰是律师调查令能发挥的作用。

通过上述比较可以看出,如果我国引入证据开示制度,就需要对一系列证据规则进行大幅度的修改,而律师调查令制度在功能上完全可以弥补证据交换的不足,证据交换制度和律师调查令制度相结合完全可以实现证据开示所具备的保障收集证据的功能。就此而言,没有必要引进证据开示制度。我们只需要解决证据交换中欠缺的证据收集权保障问题即可。这恰恰是我国推行律师调查令可以实现的功能。

(三)律师调查令与证据开示的功能重合

我国地方法院试行的律师调查令制度,其功能和内在构造与英美法的证据开示制度是暗合的:一方面是当事人主导的证据收集程序;另一方面则是在当事人主导的程序无法进行的情况下,法院介入,由法院开具律师调查令,并由律师持调查令收集证据。由此看出,我国律师调查令制度与英美法系的证据开示的内部构造具有一定程度的类似。

从这种法院介入型的证据开示制度可以看出,在当事人主导型的证据开示程序中,法院公权力再开始介入,已经成为发展方向。英美法系发展出来的法院介入型的证据开示模式,与大陆法系职权主义的审判模式是一致的,其逐渐对大陆法系的证据收集制度产生影响。比如,对德国法、日本法的文书提出制度和证据收集制度均产生了较大的影响。

英美法上的强制开示和请求开示证据程序恰恰给我们提供了我国证据调查的区分点。一方面,人民法院认为证据是审理案件需要的,可以基于职权自行调取证据;对涉及国家秘密、商业秘密和个人隐私的证据,可以由当事人申请法院依职权调取,从而保护秘密特权。另一方面,人民法院认为不应由自己自行调取的证据,且该证据与案件有关联的,可以由当事人申请向律师签发律师调查令,由律师持令要求当事人或者第三人提供。

(四)推行律师调查令替代证据开示制度

在向对方当事人出示证据问题上,我国目前证据交换制度和庭前会议制度可以实现。证据开示制度所具有的强制当事人出示证据的功能，是我国证据交换制度和庭前会议制度所不具有的。而此功能可以通过推行律师调查令制度来实现。对此，即使是专门研究证据开示制度的专家，也认为在借鉴证据开示制度问题上，我国应推行律师调查令程序。[1]

在我国的证据交换制度和庭前会议制度已经初步固化的情况下，不再具备强行增加证据开示制度的证据收集功能，且在未来的民事诉讼改革中，也很难进一步将证据开示制度移植到我国的现行民事诉讼法律体系中。但是保障证据收集的功能恰恰可以通过进一步推行律师调查令制度，并配合证据交换制度和庭前会议制度来实现。这也是本研究得出的结论之一。

民事诉讼中，如果证据收集保障权完全交由法官依职权调取证据，不得不面对司法资源有限性，因此我国目前民事诉讼弱化法院依职权调查取证、强化当事人举证要求是大改革方向。在我国目前的司法实践中，一些法院通过试行律师调查令程序，能够保障当事人收集证据权，提高庭审的质量和效率，这种实践结果恰恰可以得出，我国没有必要移植英美法的证据开示制度。[2]

---

〔1〕 参见崔婕：《证据收集制度》，载《现代法学》2002 年第 3 期。

〔2〕 参见曹建军：《论民事调查令的实践基础与规范理性》，载《法学家》2019 年第 3 期。

第四章

文书提出命令与律师调查令的比较与借鉴

在民事诉讼中，“一方当事人在法律关系形成中处于优势地位，对于证明法律关系的各种证据具有更大的控制权，也就形成了所谓‘证据偏在’的情形”。[1] 在产生纠纷之后，对于没有控制证据的当事人而言，如何能够向法庭提交其并不控制的证据，需要特殊的证据规则加以保障。大陆法系的文书提出命令制度是为了解决“证据偏在”问题而产生的一项制度。从实质上看，文书提出命令与律师调查令制度高度相似，其在发挥的功能及具体的制度构造方面与律师调查令具有可比较性。并且，均是在职权主义诉讼模式下发展出来的制度。因此，对文书提出命令制度进行深入研究，有助于完善律师调查令制度。

第一节　文书提出命令制度

实际上，文书提出命令的功能与律师调查令的功能基本一致。二者的内涵和制度构造也具有相似性。就此而言，深入研究文书提出命令制度，对律师调查令制度的建构和完善具有重要的参考价值。

一、文书提出命令制度的概念及内涵

研究文书提出命令制度的概念和内涵中，对于界定和优化我国律师调查令

〔1〕 张卫平：《当事人文书提出义务的制度建构》，载《法学家》2017 年第 3 期。

的内涵,具有重要的意义。

(一)文书提出命令的概念

文书"是指以文字或其他符号表现出制作人思想、判断、认识的有形物",[1]因此,认定是否为文书主要是看记载的内容是否表现了文书制作人的思想。

书证是"裁判官通过阅读文书,进而将文书中记载的内容作为证据资料的证据调查方式"。[2] 文书和书证在概念上不同,文书不能等同于我国证据分类中的书证,[3]"文书是书证的载体,是书证的物质形式",因此在制度表述上采用文书提出命令的概念比书证提出命令的概念更为妥当。[4] 例如,申请调查文书证据后,经过质证,法院认为该文书与案件并无关联,故并未采信该文书证据;据此调取的文书在本案审理中不具有书证的证明效力,无法成为诉讼要求类型的"书证"。为统一用法,本书中提到文书证据,也指书证。

文书提出命令制度,是指在诉讼中,当案件有关的文书被对方当事人或案外第三人控制或占有时,由一方当事人向审理案件的法院提出申请,法院对申请进行审查后,认为申请符合发出文书提出命令条件的,法院直接向文书持有人发出提交文书的命令。[5]

(二)文书提出命令的内涵

1. 设立文书提出命令的一个重要目的是保障当事人的证据收集权。在当事人主义诉讼理念之下,基于证据裁判主义规则,提供证据证明其主张的义务主体是当事人;当事人为了证明其主张成立,对己方持有的有利证据肯定会积极主动地向法院提交,但是对于一些在相对方手中或第三人控制的证据,如果没有相应的制度保障当事人收集证据的权利,持有人不愿意提交证据时,则难以实现保障裁判机构发现案件事实、提高诉讼程序效率、促进案件实体公正的目的。文书提出命令制度正是为保证书证的有效收集而建立并发展起来的一项制度。

---

[1] [日]伊藤真:《民事诉讼法》(第4版补订版),曹云吉译,北京大学出版社2019年版,第281页。

[2] [日]伊藤真:《民事诉讼法》(第4版补订版),曹云吉译,北京大学出版社2019年版,第281页。

[3] 从原始意义上,文书属于我国证据分类中的书证,是忽视了裁判者对文书经裁判者的调查形成书证这一过程。认为文书属于书证的观点,参见陶婷:《文书提出命令初探——以文书提出义务为中心》,载《法制与社会》2009年第9期。

[4] 参见张卫平:《当事人文书提出义务的制度建构》,载《法学家》2017年第3期。

[5] 理论界研究文书提出令制度时,鲜有对该制度进行定义,本文对文书提出令制度的定义主要是结合大陆法系国家对该制度的规定。

2. 文书提出命令制度需要公权力的介入。如上所述,文书提出命令制度的建立是在证据持有人不愿提供证据时,法律赋予当事人取得证据的途径。即通过向法院提交申请,由法院根据案件情况向文书持有人签发文书提出命令,要求其提交该文书证据。因此,法官需要根据申请,依职权进行审查,因此公权力的介入是文书提出命令的内涵之一。

3. 文书持有人有义务在接到法院命令后提交该文书。从德国、日本等国以及我国台湾地区来看,提出文书的义务范围从限定义务转变为一般义务,范围扩大是发展趋势。[1] 有义务提交文书的文书持有人并非仅仅是案件当事人,还包括持有文书的第三人。持有人有义务配合法院查明案件事实,向法院提交文书证据。

4. 违反文书提出命令的应受到制裁。由于文书持有人提交文书是其义务,因而违反文书提出命令义务,法律规定了相应的制裁措施,以保障该制度的实施。

二、文书提出义务的法理基础——武器平等原则

探寻文书提出义务的法理基础,目的在于明确文书持有人承担义务的正当性基础,也能够为律师调查令制度中被调查人协助调查义务提供理论借鉴。

"在民事诉讼中,当事人无论其在诉讼中为原告或被告,无论其在诉讼外处于高低阶层的关系,在诉讼中的地位一律平等。法官则负有通过客观公正程序,中立评价当事人双方主张、适用法律及履行其他程序上的义务,以确保当事人诉讼地位的平等。这就是民事诉讼中的武器平等原则。"[2] 要想获得公正判决,当事人在诉讼中的地位就要平等,民事诉讼中要保证当事人的武器平等。武器平等原则具有以下要求。

从形式上讲,要让各方当事人享有平等的攻击防御机会。文书提出义务首先能够实现形式意义上的武器平等。这具体体现在,文书提出义务由当事人"平等地负担",与当事人是否处于优势地位并无必然关系。文书提出义务扩充至持有文书的第三人,可以进一步确保当事人在诉讼中的武器平等。文书提出

---

〔1〕 我国台湾地区文书提出命令的改革,参见吴伟华:《文书提出命令制度司法适用研究——以2015年〈关于适用《中华人民共和国民事诉讼法》解释〉和台湾地区立法为中心》,载《河北学刊》2015年第6期。

〔2〕 参见姜世明:《民事程序法之发展与宪法原则》,台北,元照出版有限公司2003年版,第162~163页。

义务给予双方当事人平等的接近证据、获取证据机会,平等保障当事人的程序权利。

从实质上讲,诉讼中更应结合当事人之间的实质差异,调整当事人地位事实上的不平等,个别地实现实质的平等。〔1〕尽管人们对法律认定的事实和案件真实事实的不一致具有共同认识,但不可否认的是“事实真相是所有司法裁判活动的真正目的”。〔2〕传统的辩论主义原则建立在诉讼双方当事人拥有平等收集证据资料的能力和机会的基础上,并允许当事人享有“隐匿不利事证自由”。〔3〕但是,这样的假设在现实中显然是难以成立的。如果一味强调辩论主义的举证能力平等,法院绝对不干预证据收集,则在多数证据偏在的情况中,最终导致案件审理实质上的不平等。根据文书提出义务的要求,法院可以向不必承担证明责任的当事人出具要求其将持有的文书向法院提交的命令,即使该等证据是对其不利的证据。从法院角度讲,文书提出命令是法院基于当事人的申请依职权签发的法律文书;从当事人角度讲,文书提交义务是当事人应当履行的义务,作为当事人的义务,这在一定程度上限制了当事人“隐匿不利事证的自由”,〔4〕体现了“调整事实上的不平等,个别地实现实质平等”的实质意义上武器平等的理念。赋予诉讼中弱势一方有利的武器,可以使该方当事人和强势一方当事人在诉讼武器上保持平等,这种平衡有利于查明案件事实,也符合诉讼公平公正的要求。

在现代经济活动中,在经济上或者技术上处于强势的一方,接触或者获得证据的能力更强,如果在诉讼中不保障弱势一方的证据收集权,从实体和程序上,都不利于弱势一方。因此文书提出命令调和了强弱,以实现当事人在平等的诉讼环境下展开诉讼。

三、文书提出义务

文书提出命令对持有证据的当事人及案外第三人而言是一种法律上的义务,赋予诉讼中并不承担举证责任的当事人以及与案件本身可能根本没有关系

〔1〕杨锦炎:《武器平等原则在民事证据法的展开》,中国政法大学出版社2013年版,第20页。

〔2〕Williams v. Floria,399U. S. 78,82(1970).

〔3〕参见黄国昌:《民事诉讼理论之新展开》,台北,元照出版有限公司2005年版,第33页。

〔4〕关于我国目前民事诉讼模式是否在向协同主义模式转变,或者是否已经需要在协同主义民事诉讼模式下开展研究,需要进一步深入研究。但是就本研究而言,笔者认为我国司法理念尚未实现上述转变。故笔者的重大论断均不是在协同主义民事诉讼模式下展开论证的。

的第三人提交文书的义务,该义务的法理基础何在?性质为何?厘清前述两个问题对我国证据持有人配合律师持令调查证据义务的法理基础和性质,同样具有借鉴价值。

(一)文书提出义务是一般性的义务

大陆法系国家,最初在赋予诉讼中并不承担举证责任的当事人以及与案件本身可能根本没有关系的第三人提交文书的义务持谨慎态度。文书持有人仅在法律规定的范围内有义务提出文书,这在保障证据收集权的同时,能够平衡持有人对书证的自由处分权以及可能涉及的秘密特权的保护。[1] 随着经济的发展,纠纷类型呈现多样化的趋势,法院的审理案件出现部分案件证据材料几乎完全由一方当事人或者案外人控制的情形,该类案件具有受害人众多的特点,如果不在制度上保障当事人一方的证据收集权,最终可能导致完全不控制证据的一方当事人败诉。从司法实践来看,限制文书提出义务的范围已经不能满足案件审理需要。因此,需要扩大文书提出义务的范围。[2]

日本学者首先提出了文书提出义务与证人的作证义务等同的观点。法律规定证人有作证的义务,没有限制证人作证的范围,只是从反面赋予特定情况下证人拒绝作证的权利,因此证人作证义务是一般义务,基于前述观点,日本学者提出扩张解释文书提出义务的建议。[3] 1996 年修订的《日本民事诉讼法》(以下简称《新民事诉讼法》)将文书提出义务一般化。根据最新的规定,涉及保密事项、拒绝作证的情况,以及如果文书是持有人制作的仅供自身使用的文书,持有人可以不提供;除此之外的文书持有人都有义务提供。文书提出义务的客体范围被扩大了。我国台湾地区的规定也一样。[4] 德国虽然没有在立法

---

〔1〕 日本民事诉讼法在修改之前,文书提出命令制度在实践中发挥的作用有限,主要原因是文书持有人没有提出文书的一般义务。参见林剑锋:《日本民事司法改革中的证据收集程序的扩充——争点中心审理主义的重要保障》,载《司法改革论评》2002 年第 2 期。

〔2〕 证据分布结构偏颇的诉讼难题介绍以及现代型诉讼产生对证据收集制度的影响,参见林剑锋:《日本民事司法改革中的证据收集程序的扩充——争点中心审理主义的重要保障》,载《司法改革论评》2002 年第 2 期。另参见毕晓宇:《日本民事证据收集制度改革对我国的启示》,载《学理论》2013 年第 8 期。

〔3〕 参见[日]伊藤真:《民事诉讼法》(第 4 版补订版),曹云吉译,北京大学出版社 2019 年版,第 289 页。

〔4〕 我国台湾地区文书提出命令制度,参见包冰锋:《我国台湾地区文书提出命令制度探讨——兼论与日本相关制度比较》,载《海峡法学》2011 年第 4 期;吴伟华:《文书提出命令制度司法适用研究——以 2015 年〈关于适用《中华人民共和国民事诉讼法》解释〉和台湾地区立法为中心》,载《河北学刊》2015 年第 6 期。

中明确文书提出义务为一般性义务，但立法者更倾向于将文书提出义务作为一般性义务看待。[1]

当然，同证人作证义务一样，对文书提出义务，各国也同时赋予了持有人在特殊情况下的文书拒绝提供权。

（二）文书提出义务的性质：公法性义务

文书提出命令要求不具有举证责任的案件当事人，以及案外第三人承担提交证据的义务。该义务被认为是公法性义务，目的在于保障当事人的武器平等，确保法院能够查明案件事实，作出公正的判决。[2] 文书提出义务的“公法性”，主要从文书提交义务的基础、文书提交义务的依据以及文书提交义务的目的三个方面提供制度支持。

首先，提交文书证据是因为法律上有规定。虽然有国家规定，申请人可以直接基于私法上的请求权要求持有人提交证据。[3] 但是，私法上的权利如果在诉讼法中没有被规定为他人的诉讼义务，则该权利很难直接转换为诉讼上的权利。因此，国家多在诉讼法中明确规定一般化的文书提交义务。

其次，文书提出义务的文书提交依据是法院命令而非当事人申请。无疑，法院签发文书提出命令首先需要当事人申请，但是申请本身并不具有强制的效力，真正具有强制效力的是法院根据申请签发的要求持有人提交文书的命令。与此对应，文书递交对象也是法院，而非案件的当事人。

最后，法律对文书持有人课以文书提出义务，使案件当事人可以收集有利于查明案件事实的证据，目的在于尽可能还原案件真实，实现公平正义。一旦法院签发文书提出命令，持有人就应当提交，申请人没有权利和途径对提交的文书材料进行筛选甄别，因此提交的文书可能对申请人并不一定有利，但是从查明案件事实而言是有利的，排除了当事人隐藏对己不利文书的可能性。

（三）文书提出义务对律师调查令的借鉴

就法律规范的逻辑结构而言，没有惩罚措施的规范是不完善的规范。我国地方法院试行的律师调查令制度多欠缺惩罚性措施，这直接影响了该制度功能的发挥。文书提出命令的一般性义务及该义务性质的定位对律师调查令制度

---

〔1〕 参见毕玉谦：《民事诉讼证明妨碍研究》，北京大学出版社 2010 年版，第 161 页。

〔2〕 参见占善刚：《证据协力义务之比较法分析》，载《法学研究》2008 年第 5 期。

〔3〕 根据日本民事诉讼法的规定，如要持有人负有文书提出义务，则举证者持有人间具有法律上的交付或阅览请求权，欠缺该请求权，则应否定提出义务。参见[日]伊藤真：《民事诉讼法》（第 4 版补订版），曹云吉译，北京大学出版社 2019 年版，第 295 页。

具有直接的借鉴意义。

1. 配合调取证据义务的一般化、法定化。文书提出命令的文书提出义务的一般化为该制度的功能发挥提供了重要的规范基础，这对律师调查令制度具有直接的借鉴价值。就此而言，我国律师调查令制度，首先要在立法上明确被调查人的协助配合调查取证义务，这样可以为律师调查令制度提供重要的制度支持。其次，应将配合调查义务予以一般化。即对于凡是符合律师持证调取的证据，法院均可签署调查令由律师持令调查。这种一般义务的法律化可以为全社会赋予一般化的法定义务，由此才能带动文书提出命令的顺利实行。由此，为扩大律师调查令的适用，应在立法层面由国家基本法律规定律师调查令制度，将协助配合义务予以一般化，以增强该制度在实务中的强大生命力。

2. 配合调查取证义务的定位。文书提出义务是法律规定的义务，以公权力作为保障的行使，这对律师调查令也具有借鉴意义。对于律师持令调查而言，从律师申请法院签发命令及律师持令调查取证的角度来看，其系私权利的行使。但是在法院签发律师调查令层面，显然是国家司法权的行使，而非私权的行使；就法院签署的具有法律效力的命令而言，其则提供了公权力的支撑。就此而言，单纯将律师调查令定位于公权力行使或者私权利行使都是不恰当的。因此，将之界定为一种民事诉讼法上的诉讼权利更加符合该权利的性质。因此，文书提出义务的公权力性质，对于律师调查令的配合调取证据义务而言，具有直接的借鉴价值。

3. 文书提出命令惩罚措施。文书提出命令的功能发挥离不开对违反协助调查义务的制裁。大陆法系各个国家均规定了相应的制裁法律后果。我国律师调查令由于欠缺制裁措施和违反的不利法律后果，导致在实践中对被调查人不予配合的情形并无救济措施。2019 年《证据规定》规定的违反文书提出命令的法律后果，超出了过去司法强制制裁的层面，赋予违反文书提出命令导致所主张的待证事实为客观真实的法律后果，这恰恰为律师调查令制度提供了直接的借鉴内容。文书提出命令的惩罚措施对律师调查令具有直接的借鉴价值，有关惩戒措施的借鉴，详见下文的专门分析。

四、文书提出命令的制度发展

在辩论主义民事诉讼模式主导下，民事诉讼遵循“谁主张，谁举证”的举证原则，“当事人只负责自己的主张及其证明，没有义务提出有利于对方当事人主张及证据”,[1]在经济不发达,纠纷类型简单,当事人在诉讼中势均力敌的情况下,这种诉讼规则是可行的。

但是,随着人类社会的快速发展,特别是经济的快速发展,经济交往愈加复杂,纠纷当事人的力量对比也存在明显差距。知识产权侵权、环境污染、消费者保护、医疗事故等领域的证据材料的产生和保管,往往都不是由举证人持有并随便查阅的。由于地位上的不平等,当事人不可能拿到证据材料,以致民事诉讼当事人根本无法证明其所主张的事实,更勿论达到民事诉讼证明的高度盖然性或者优势证明标准。此时,再坚持辩论主义下对方当事人和第三人没有证据协力义务,将严重威胁当事人的证据收集权,在“举证之所在、败诉之所在”之下,往往会导致纠纷审理的实质不公平。[2]

针对上述弊端,在辩论主义原则下增加司法权的介入是各国通行的做法。当前,民事诉讼的发展方向在于,努力使法院、当事人以及纠纷之外的第三人共同探明案件事实,互相合作实现纠纷的和谐解决、重塑社会的和谐秩序。[3] 在此原则指导下,民事诉讼中当事人“应当互相配合及协助法官发现案件事实,并实现实质意义上的公平正义,这也就是证明协力或者协同主义审判的理念”。[4] 对于当事人并不控制的书证材料,通过申请人民法院要求持有书证主体提供该书证,则是协同主义诉讼理念的体现,有助于法官全面了解掌握证据材料,并在此基础上,查明案件事实、正确适用法律,进而实现民事诉讼所追求的公平正义的价值目标。

文书提出命令制度最初源于德国法规定,日本民事诉讼中借鉴了该制度,我国台湾地区亦借鉴德国法和日本法的该制度,并进行了完善。我国《民事诉讼法解释》和 2019 年《证据规定》借鉴了该制度,但是在规定上,仍然比较简单,可以说仍然处于探索适用阶段。因此,下面的研究中,我们仍然主要以比较法上较为完善的文书提出命令制度为研究蓝本。

---

〔1〕 肖建华主编:《民事诉讼立法研讨与理论探索》,法律出版社 2008 年版,第 6 页。

〔2〕 参见黄娟:《当事人民事诉讼权利研究——兼谈中国民事诉讼现代化之路径》,北京大学出版社 2009 年版,第 122 页。

〔3〕 参见[德]赖因哈德·格雷格:《作为诉讼主义的合作》,载米夏埃尔·施蒂尔纳编:《德国民事诉讼法学文萃》,赵秀举译,中国政法大学出版社 2005 年版,第 443 页。

〔4〕 许仕宦:《证据搜集与纷争解决》,台北,新学林出版公司 2005 年版,第 547 ~ 548 页。

第二节　文书提出命令的主要内容及其借鉴

文书提出命令最初产生于大陆法系的德国。之后日本继受了该制度，并对之进行了一定程度的改进。日本法的文书提出命令还受到美国法的证据开示制度的影响，将英美法中的庭前会议制度引进到文书提出命令制度中。我国台湾地区的文书提出命令，具有典型的东方特色，与中华民族的传统文化习惯表现出融合的特性。因此，从比较法角度对上述国家和地区的文书提出命令制度与律师调查令制度进行比较研究，对律师调查令制度的完善具有重大的比较价值。

一、文书提出命令的主要内容

1.《德意志联邦共和国民事诉讼法》〔1〕（以下简称《德国民事诉讼法》）第四百二十一条至第四百三十二条对文书提出命令进行了规定。《德国民事诉讼法》第四百二十一条规定，举证人断定证书在对方当事人手中时，应在申请证据时，同时申请命对方当事人提出文书。第四百二十二条对应规定，对方当事人有义务提交文书。文书提出命令制度是德国民事诉讼法规定的主要证据收集制度。

2. 日本法的文书提出命令制度。日本法的文书提出命令制度源于德国，因此在内容上和德国接近。最初日本民事诉讼法对文书提出命令范围的规定远不如现在广，只有三类文书：当事人自己在诉讼中援引过的文书、举证人有权向文书持有人请求交付或阅览的文书、为举证人的利益或是为举证人与文书持有人之间的法律关系而制作的文书。日本在制定《新民事诉讼法》之后，将文书提出义务一般化（第二百二十条），〔2〕"除上述四种文书及公务文书外，如果文书不具有类似于证言拒绝权的情形及专为文书持有人所利用的情形，文书持有人不得拒绝提出所持有的文书"。〔3〕 1998 年 4 月日本对《新民事诉讼法》进行修

〔1〕 关于德国民事诉讼法的翻译文本，本研究主要依据：《德意志联邦共和国民事诉讼法》，谢怀栻译，中国法制出版社 2001 年版。

〔2〕 参见白绿铉编译：《日本新民事诉讼法》，中国法制出版社 2000 年版，第 16 页。

〔3〕 参加熊跃敏：《日本民事诉讼的文书提出命令制度及其对我国的启示》，载陈光中、江伟主编：《诉讼法论丛》第 7 卷，法律出版社 2002 年版，第 454 页、第 457 页。

正时,取消了区别对待公文书与私文书的规定,同时提出由法院自行判断是否具有提出公文书的义务。[1] 日本《新民事诉讼法》规定:“对于以图纸、相片、录音带、录像带或其他的信息表示为目的而制作的非文书的物件,准用调查文书的方法。”[2]

2003 年,日本在 2001 年的司法改革报告[3]的基础上,对民事诉讼法进行了再次修订,增加了计划审理制度[4]等方面的规定。在诉前证据及资讯收集制度方面,日本在 2003 年修改民事诉讼法时,规定了两种取证方式,一是由当事人自行取证即诉前照会制度,二是法院协助当事人取证,包括法院证据收集权的处分和文书送交嘱托等。

3. 我国台湾地区文书提出命令制度概述。2000 年台湾地区修改“民事诉讼法”时,扩大了当事人提出文书的义务范围,[5]但也规定了例外的情形,根据台湾地区“民事诉讼法”第三百四十四条的规定:“文书内容涉及当事人或第三人之隐私或业务秘密,如果公开该等文书,将使当事人或第三的利益受损的,当事人或第三人有权拒绝提出文书,法院可以要求持有人提出文书,并以不公开的方式来审查判断拒绝理由的合理性。”第三百六十三条还规定,除文书以外,只要是在诉讼中和文书具有相同作用的材料,准用文书提出命令。可见,我国台湾地区的文书提出命令适用范围也很广。

二、文书提出义务的范围

关于文书提出义务的范围,大陆法系各个国家和地区在初期均存在限制性的规定,随着该制度的发展,逐渐扩充文书提出义务的范围。这对我国律师调查令的被调查人配合调查义务具有很大的借鉴意义。因此,研究文书提出义务的发展及变化,具有重要价值。

---

〔1〕 参加熊跃敏:《日本民事诉讼的文书提出命令制度及其对我国的启示》,载陈光中、江伟主编:《诉讼法论丛》第 7 卷,法律出版社 2002 年版,第 456 页。

〔2〕 白绿铉编译:《日本新民事诉讼法》,中国法制出版社 2000 年版,第 20 页以下的论述。

〔3〕 报告详细内容,可参见张卫平、李旺:《日本司法改革审议会意见书》,载张卫平主编:《司法改革论评》(第三辑),中国法制出版社 2002 年版,第 76 页以下。在这次修改中,设置了包括计划审理制度。

〔4〕 计划审理制度强调诉讼审理应当有计划地推进,在大致确定判决宣告时间的基础上,对诉讼各个阶段的进程作出合理的安排。关于该制度的详细介绍,参见唐力:《有序与效率:日本民事诉讼“计划审理制度”介评》,载《法学评论》2005 年第 5 期。

〔5〕 参见许世寇:《证据收集与纷争解决》,台北,新学林出版股份有限公司 2005 年版,第 346 页。

(一)德国法的文书提出义务范围

德国法上,只要举证人认为文书证据由对方当事人持有,就可以向法院提出申请,要求对方当事人提出该文书证据。德国法的文书提出义务的范围如下。

1. 基于实体法负担交付的文书。德国法规定,当事人有权依据实体法[1]的规定,在起诉前请求交付相关文件。请求交付文书依据的实体法,主要是德国民法、商法。这些法律往往赋予法律关系的当事人请求提供信息、查询账目的请求权。例如,《德国民法》第八百一十条的规定。[2] 但是基于"禁止探询"原则,德国实体法上往往没有规定答复义务。《德国民事诉讼法》第四百八十五条还规定,当事人可以启动独立证明程序,来澄清双方都不形成清楚的事实,[3]原告通常可以通过该种方式对案件事实形成清楚的认识,这有利于原告起诉,也有利于原告了解事实情况后接受或主动寻求调解或者不再提起诉讼。[4]

2. 当事人在诉讼中引用的文书。在诉讼中不承担证明责任的当事人,为证明自己的主张而引用自己的文书的,即使只在准备书状中曾经引用过,该当事人也负有提出义务。[5]

3. 第三人的文书提出义务。德国法上对纠纷当事人之外的第三人持有文书,也要求该第三人承担文书提出义务。[6] 当然,根据德国法的规定,如果第三人不提出文书,法院不得不强制第三人提出文书的,则必须通过诉讼的方式要

---

〔1〕 "对查阅由他人占有之文书有法律上利益者,在该文书系为自己利益而作,或该文书证明其与他人所存在之法律关系,或该文书证明其与他人间,或双方之一方当事人与共同中间人间所为法律行为商议内容者,可以向占有人请求允许其查阅该文书。"

〔2〕《德国民事诉讼法》第四百二十二条规定:"依照民法里的规定,举证人可以要求交出或提出证书时,对方当事人有提出证书的义务。"

〔3〕 在英国如果一方当事人对要主张的事实并不清楚,不能要求对方开示证据,以"捕鱼"的方式收集证据在司法实践中是不被允许的,与德国法不同,在诉讼开始之前可以有独立程序,以弄清双方可能都不清楚的事实。

〔4〕 参见[德]罗森贝克、施瓦布、哥特瓦尔德:《德国民事诉讼法》,李大雪译,中国法制出版社 2007 年版,第 810 页。

〔5〕《德国民事诉讼法》第四百二十三条规定:"对方当事人在诉讼中为举证而引用在他自己手中的文书时,有提出此项文书的义务,即使只在准备书状中曾经引用的,也有提出的义务。"

〔6〕《德国民事诉讼法》第四百二十九条规定:"第三人在有与举证人的对方当事人相同的原因时,负有提出证书的义务;但强制第三人提出证据,必须通过诉讼的途径实行。"

求。《德国民事诉讼法》第一百四十二条[1]还规定了法院依职权命令文书持有人提交文书的义务，无论持有文书的是当事人还是第三人，这类似于我国的法院依职权调查取证的制度。但是，在实践中，该规定也往往被作为文书提出命令制度的内容之一。[2] 如果文书处于某公共机构或者公法上的官员手中，则当事人可以根据第四百三十二条的规定，申请该机构或官员告知文书。

在德国法的实践中，为促进案件真实的发现，对于文书提出义务的范围，几乎没有任何限制。德国法的这种改革和发展一定程度上系受到英美法证据开示制度的影响。

（二）日本法文书提出义务范围的发展

1996 年日本颁布《新民事诉讼法》。为行文方便，将此前的民事诉讼法称为日本《旧民事诉讼法》。日本《旧民事诉讼法》关于文书提出义务的范围是很狭窄的，这主要是借鉴自德国法的原因。提出义务范围限于：(1) 诉讼中当事人引用过的文书；(2) 请求交付或阅览文书本身就是诉讼的标的；(3) 基于举证人利益而制作的文书。[3]

上述文书提出义务范围，明显过于狭窄，无法满足解决“证据偏在”的需要。特别是对医疗、环境污染、产品质量等纠纷，[4] 由于证据往往由持有人控制，申请人很难接触和收集到这些证据。针对这些案件，如果不赋予举证人申请提出文书命令的权利，则无异于剥夺了举证人或者被害人的举证权，无法实现民事诉讼的武器平等原则，不利于纠纷的实质化解。针对上述日本旧法中文书提出命令存在的范围狭窄问题，日本《新民事诉讼法》进行了重大修改，最重要的是将文书提出义务一般化。日本《新民事诉讼法》第二百二十条在上述三类文书范围之外，新设文书提出一般性义务，即凡是与案件有关联的文书，作为文书持

---

[1] 《德国民事诉讼法》第一百四十二条还规定：“(1) 法院可以命令当事人一方提出他所引用的而存在他手中的文书，以及家谱、地图、设计图纸和其他图纸等。(2) 法院可以命令当事人将提出的文书在法院所规定的期间内留存于书记科。(3) 法院可以命令当事人提供外国文的文书的译本，这种译本须由州司法行政部门所授权的翻译人员译出。”

[2] 参见陶婷：《文书提出命令的适用范围探讨》，载《西南政法大学学报》2008 年第 2 期，第 66 页。

[3] 有学者认为，日本旧民事诉讼法对文书提出义务规定的范围过于狭窄，只能说是“重要之文书应提出而已”。参见［日］谷口安平：《日本民事诉讼法修改之动向》，载陈荣宗译：《民事程序法论文集》（第 4 册），台北，三民书局 1994 年版，第 154 页。

[4] 现代型纠纷是日本学者提出的概念，指环境权保护、消费者权益纠纷、社会福利纠纷及其他涉及人数众多的纠纷，也称“政策形成型诉讼”。关于现代型纠纷的研究，参见［日］铃木贤：《现代社会中政策形成型诉讼的条件与意义》，载中国人民大学法学院编：《中外法律体系比较国际学术研讨会论文集》2007 年，转引自肖建国：《现代型民事诉讼的结构和功能》，载《政法论坛》2008 年第 1 期。

有人均负有向法院提出的义务。[1]

1998年4月，日本通过《新民事诉讼法》部分修正案。修改后的民事诉讼法取消了公文书与私文书的区别。该法修正案同时规定，对于公文书持有人是否有拒绝提出文书的权利，由法院行使裁量权。[2]

需要注意的是，相片、录音带、录像带等物件，并不属于文书的范畴。但是，根据日本《新民事诉讼法》的规定，对这些证据适用书证提出命令的规定，这实际上是扩大了当事人收集证据的手段。[3]

（三）我国台湾地区的规定

日本法的规定和发展对我国台湾地区产生了重大影响。20世纪90年代以来，我国台湾地区加大对民事诉讼证据收集制度的改革。[4] 在经过近10年的实践经验积累和理论积淀之后，我国台湾地区于2000年修订了“民事诉讼法”，并公布实施。其中文书提出命令制度是本次证据法修改的核心内容。

根据我国台湾地区2000年修改之前的旧“民事诉讼法”，文书提出命令仅适用于4种文书：(1)引用文书（当事人在诉讼中引用过的文书）；(2)交付或阅览文书（依照法律规定，对方当事人有权请求交付或阅览的文书）；(3)利益文书（文书的制作是为了当事人利益）；(4)法律关系文书及商业账簿。可见，旧法上的文书提出义务属于限定性义务，仅限于法律规定的特定文书。显然，这种限定主义的模式无法解决民事诉讼中存在的证据偏在问题。因此，对文书提出义务范围进行扩充，并在立法上确定一般化的文书提出义务，是我国台湾地区学术界和司法界的呼声。

2000年修正后的“民事诉讼法”第三百四十四条第一款[5]扩大了文书提出范围。根据该款规定，文书提出义务的范围，除旧法规定的范围外，另增设，与本案有关的事项所作的文书，文书持有人有提出义务，这实际上在一定程度上扩充了文书提出义务的范围。从文书提出命令的实践适用情况看，只要申请人向法院申请，均可解释为文书与本案有关所作。因此，在实际的诉讼中，文书

---

〔1〕 参见白绿铉编译：《日本新民事诉讼法》，中国法制出版社2000年版，第16页。

〔2〕 参见熊跃敏：《日本民事诉讼的文书提出命令制度及其对我国的启示》，载陈光中、江伟主编：《诉讼法论丛》第7卷，法律出版社2002年版，第456页。

〔3〕 参见白绿铉编译：《日本新民事诉讼法》，中国法制出版社2000年版，第20页以下的论述。

〔4〕 参见沈冠伶：《摸索证明与事证收集开示之协力》，载《月旦法学杂志》第10期（2005年）。

〔5〕 该款规定：“下列各款文书，当事人有提出义务：一、该当事人于诉讼程序中曾经引用者；二、他造依法律规定，得请求交付或阅览者；三、为他造之利益而作者；四、商业账簿；五、就与本件诉讼有关之事项所作者。”

提出义务已经与一般性义务无异。所以,有学者也认为,我国台湾地区新“民事诉讼法”通过上述修订已经将文书提出义务一般化了。[1] 这值得我国律师调查令制度建设加以借鉴。[2]

(四)文书提出义务与律师调查令被调查人义务的比较

将文书提出义务在立法中予以规范,在规范层面为该制度在实践中提供了规范基础。由此,对于违反该义务的当事人,法院要课以不利的法律后果。进一步,将文书提出义务在立法上予以一般化,无论该文书被占有的层级如何,均体现了民事诉讼的形式平等要求,有利于该制度在实践中获得更好适用,从而更好地发挥该制度的功能。这种在立法层面予以规范化,并将提出义务一般化恰恰是我国律师调查令最需要借鉴的内容。

与文书提出义务的一般化规定相比,我国目前立法上尚无被调查人针对持令调查的协助调查义务。事实上,我国无论是地方法院还是人大代表、律师界、学界均建议,在立法上提供证据协助调查取证义务,以为律师调查令的推行提供立法上的支持。

前文已经指出,与我国律师调查令在地方法院试行呈现星火燎原之势相反的是,该制度到目前为止在我国立法层面尚无规范上的支持。因此,在立法层面对律师调查令进行规范,使被调查人负有协助调查的一般化义务,则是借鉴比较法类似制度得出来的结论,也是律师调查令制度需要迫切解决的问题。

三、文书提出命令的申请及文书特定义务

(一)文书提出命令的申请

1. 当事人。案件当事人有权申请文书提出命令,自不待言,这在德国民事诉讼法、日本民事诉讼法中均有明确的规定,我国台湾地区“民事诉讼法”亦作此安排。因此,对于文书提出命令的申请,并不局限于一方当事人,只要基于案件审理需要,任何一方当事人均可以向法院提出申请。至于是纠纷当事人本人,还是委托的代理律师,均无不可。

2. 申请的阶段。对于在民事诉讼的何种阶段可以提出文书提出命令申请,各个国家和地区在立法上往往并没有明确规定。但是,在实践中,为了避免文书提出命令影响案件审理的效率,各个国家和地区往往将之限于法院所确定的

---

〔1〕 参见许士宦:《新民事诉讼法》,北京大学出版社2013年版,第286~287页。

〔2〕 参见姜世明:《新民事证据法论》,台北,学林文化事业有限公司2004年版,第39页。

举证时限届满之前。

在德国的民事诉讼过程中，法院为避免文书提出命令制度被当事人利用以达到拖延民事诉讼的目的，将文书提出命令限于法庭举证时限届满之前，而非在法庭最终辩论终结之前。但是根据《德国民事诉讼法》第三百五十六条的规定，法官可以依据自由心证，认为不拖延诉讼程序时，可以在期满后签发命令调查证据。在德国民事诉讼的实践中，即使当事人在诉讼之前为提起诉讼而申请文书提出命令，法院也往往予以支持。

日本《新民事诉讼法》第一百八十条规定，当事人可于（口头辩论）期日前进行证据申请。《日本最高裁判所民事诉讼规则》第一百零二条规定，为了实施证人询问或当事人本人询问、鉴定人以口头形式为意见陈述时预备适用的文书应于该询问或意见陈述开始前的适当期间内提出。[1]

我国台湾地区"民事诉讼法"第三百六十八条规定，当事人申请起诉前可以为保全证据申请调查证据，以实现促进调解和和解、消除纠纷及预防诉讼的目的。[2]

3. 举证人向法院提出书面申请。对此，德国法、日本法和我国台湾地区的规定均要求文书提出命令的申请需要以书面申请形式提出。在提出书面申请时，又要求申请人在文书中尽量列明文书证据的所在、宗旨和应证明的事项，这就是文书特定义务。

（二）申请人负担文书特定义务

举证人在申请文书提出命令时，还需要根据案件争议焦点问题提出申请，并明确该文书的标示、文书的内容、持有该文书的人以及依据该文书欲证明的事实，[3]这就是文书特定义务。通过明确文书的表示和文书的内容，可以将举证人要申请的文书固定，并让法院了解举证人申请的是提出何种文书。德国法首先确定文书特定义务，后来日本法在继受德国法过程中采纳了该制度。[4] 我国台湾地区也继受了该制度。

基于文书特定义务，法院可以在签发命令时判断文书持有人是否持有该文

---

〔1〕 参见曹云吉译：《日本民事诉讼法典》，厦门大学出版社 2017 年版，第 442 页。

〔2〕 参见许士宦：《新民事诉讼法》，北京大学出版社 2013 年版，第 289 页。

〔3〕 参见［日］伊藤真：《民事诉讼法》（第 4 版补订版），曹云吉译，北京大学出版社 2019 年版，第 288 页。

〔4〕 文书的表示，是指文书的标题、制作者姓名、制作年月日以及文书的类别等事项，也称文书的标示。文书的内容，是指文书记载内容的概略、要点。

书，以及在初步判断该文书是否与案件欲证明的事实具有关联性的基础上，确定是否命令持有人承担提出义务。当然，法院一旦确定证据持有人承担提供该文书的义务而签发文书提出命令，持有人就应当提出文书，拒绝提出的要受到相应的制裁。

（三）文书特定义务的缓和

日本《新民事诉讼法》第二百二十一条和我国台湾地区“民事诉讼法”第三百四十二条第二款对举证人申请法院签发文书提出命令时需要承担文书特定义务的规定基本上是一致的。但是，在实践中，由于证据偏在导致文书并非由举证人控制，有时候举证人对于文书的表示（所谓文书的表示，指的是要以文书的类别、文书上的名义人、作成日期、标题等来确定和明确相关文书〔1〕），内容可能并不清楚。由此，如果强行要求举证人承担文书特定义务，则难以实现文书提出命令的制度功能。因此，日本《新民事诉讼法》第二百二十二条和我国台湾地区“民事诉讼法”第三百四十二条〔2〕规定了文书特定义务的缓和程序，以确保将举证人的证据收集保障权落到实处。

日本法文书特定义务缓和的程序主要是《新民事诉讼法》第二百二十二条所规定的文书特定程序。根据该程序，如果举证人已经尽到合理的努力，仍然不能特定该文书的表示和内容时，法院可以要求文书持有人协助明确该文书的表示和内容。在司法实务中，只要举证人能够在诉讼中达到识别该文书即可。〔3〕 日本《旧民事诉讼法》第三百一十三条规定，申请人应当在书面申请书中尽量详尽说明文书证据的表示、内容、宗旨及所应证明的事实等，且旧法对于申请人确定所申请文书事项方面的严格规定，往往使部分申请人无法提出申请，进而不能使自己的权利得到保护。《新民事诉讼法》第二百二十二条规定的文书特定程序是为了缓和日本《旧民事诉讼法》在申请人特定文书方面过于严苛的规定而设立的救济程序，其在实务中极大地提高了该制度的利用率，增强了该制度的生命力。〔4〕

我国台湾地区对于缓和文书特定义务问题，在最初的制度设计中也没有相

---

〔1〕 参见兼子一等：《条解民事诉讼法》（第2版），东京弘文堂2011年版，第1221～1222页。转引自曹云吉译：《日本民事诉讼法典》，厦门大学出版社2017年版，第70页。

〔2〕 ［日］伊藤真：《民事诉讼法》（第4版补订版），曹云吉译，北京大学出版社2019年版，第289页。

〔3〕 参见林剑锋：《日本民事司法改革中的证据收集程序的扩充——争点中心审理主义的重要保障》，载《司法改革论评》2002年第2期。

〔4〕 参见张卫平主编：《外国民事证据制度研究》，清华大学出版社2003年版，第376页。

关规定。后来通过修改“民事诉讼法”,在第三百四十二条中增设了文书特定协助义务作为第三款,规定申请人在申请时表明文书内容有明显困难时,法院可以行使裁量权,根据具体情况要求文书持有人需要承担必要的协助义务。[1] 修改本条的理由在于,在民事诉讼中当事人均具有诚信诉讼的义务,也承担对法院诉讼的促进义务,而且此种义务是一种公法上的义务。[2]

但是,需要注意的是,日本《新民事诉讼法》和我国台湾地区“民事诉讼法”均没有针对违反文书特定义务缓和程序规定相应的制裁措施。在日本理论界和我国台湾地区理论界,对此问题存在发令否定说、[3] 发令肯定说、[4] 再评价说[5] 三种不同的观点。到目前为止,对此问题理论界尚无定论。在司法实践中,多采纳再评价说,即法院根据情况再行评价是否需要签发文书提出命令。

当然,对于文书特定义务的缓和,日本法和我国台湾地区的有关规定并非漫无边界,而是有以下几点具体要求:其一,申请人需要继续说明该文书应证明的待证事实及文书由被申请人持有的事实,也需要说明被申请人承担提出义务的理由。其二,法院在令文书持有人承担协助义务上具有一定的裁量权。法院应根据申请人的申请,评判是否适用文书特定缓和程序。法院在裁量过程中,

---

〔1〕 参见邱联恭:《程序利益保护论》,台北,三民书局 2005 年版,第 295 页以下的论述。

〔2〕 参见许士宦:《新民事诉讼法》,北京大学出版社 2013 年版,第 302 页;许士宦:《新学林分科六法——民事诉讼法》,台北,新学林出版股份有限公司 2008 年版,第 370 页以下。

〔3〕 发令否定说认为,在文书 ii 的表示与意旨不充分而无法将文书予以特定时,如果文书持有人拒绝开示上述资讯,那么欠缺特定性的情况将无法得到改善。由于文书特定性有欠缺的情况仍然持续存在,所以法院可以以文书提出命令的申请不合法为由而予以驳回。参见姜世明:《新民事证据法论》,台北,学林文化事业有限公司 2004 年版,第 340 页。

〔4〕 发令肯定说认为,文书特定义务缓和程序的要件,已经要求文书提出命令的申请人表明“文书持有人可以识别关于该申请文书的事项”,这些要求对于文书持有人的保护已经足够,进而可以认为申请人的申请已经符合文书特定的要件。从而,文书持有人无正当理由拒绝开示相关文书资料,法院当然可以对其发出文书提出命令。参见许士宦:《证明妨碍》,载《月旦法学杂志》第 76 期(2001 年)。

〔5〕 再评价说认为,如果以文书无法特定为理由而频繁驳回文书提出命令的申请,有违创设文书特定义务缓和程序的目的。法院应当综合审查申请的内容以及案件具体情况,允许就当初的申请是否已经充分特定了文书进行再评价。该学说进而认为,在文书特定程序上,文书持有人拒绝协助文书的特定时,法院可以综合考量申请的内容、文书特定的困难程度、当事人特定文书所尽的努力程度、文书识别的可能度、文书的证据价值以及其他渠道获得该文书的可能性等因素,认为有必要时,可以发出文书提出命令。在法院因某种范围程度的特定而发出文书提出命令,文书持有人应当提出属于该范围的所有文书。如果文书持有人不服从法院的文书提出命令,依据民事诉讼法中不服从文书提出命令的制裁规定处理。参见吕太郎:《文书提出命令》,载《台湾本土法律杂志》第 25 期(2001 年)。

要衡量待证事实的重要性，申请人特定文书的困难情况，文书持有人是否因此增加不能承受的负担。

（四）与律师调查令申请的比较及借鉴

1. 提出申请的比较。在我国地方法院试行律师调查令的规范性文件中，律师调查令的申请也要求以书面形式提出。[1] 与文书提出命令的特定要求相比，我国律师调查令试行规范中并没有对证据特定的制度进行规范，由此导致实践中申请理由只写“因客观原因无法收集”，申请人不会详细写明申请调取证据和案件的关系，[2] 因此律师调查令的签发需要法官综合考虑案件情况，结合法官的办案经验判断，这可能导致在案件庭审前法官对案件就存在先入为主的判断。

2. 申请时限的比较。关于文书提出命令的申请阶段，比较法上均要求在举证时限届满之前提出申请。目前，我国各地试行律师调查令的规范性文件中均没有涉及申请的时限，实践中也多存在法庭调查阶段允许当事人申请的做法。对此，如果在法庭调查阶段允许当事人提出律师调查令申请，则难免造成开庭审理的程序拖延，影响案件审理的正常进度。因此，应借鉴文书提出命令的申请限制在举证期限届满之前的做法，要求当事人在举证期限届满之前提出调取证据的申请。

3. 特定义务的比较。文书特定义务对法院确定是否签发文书提出命令具有重要的价值，各个国家和地区均给予足够重视和充分研究。我国目前各地试行律师调查令的规范性文件中，均有律师需要向法院提出申请的要件要求。但是，在律师申请书中，对于特定义务缺乏定位和规范。因此，文书特定义务的规范目的和要求对我国律师调查令具有直接的借鉴价值。这要求，在申请律师调查令时，当事人需要对欲调取的证据承担特定义务；在申请人特定或表示该证据有困难时，可借鉴文书提出命令的证据特定缓和程序，由证据持有人负担一定的协助义务。这是我国律师调查令制度需要重点加以完善的地方。

---

〔1〕 各地在试行规范中均明确了申请书应当载明的事项，如福建省高级人民法院《关于民事诉讼调查令的实施意见》闽高法〔2017〕15号》第五条规定：申请书应当载明申请调查证据的名称、证明目的、无法获得证据的原因、接受调查人及证据线索，并由当事人签字或者盖章。

〔2〕 从调研的情况看，法院系统普遍认为律师调查令存在的问题中，鲜有提及证据特定的要求，实际证据特定是解决申请调取的证据材料和案件关系的问题，也是对调取材料的明确，实践中被调查部门存在拒不配合的情形，如果申请中写明持有人持有材料的原因，一方面有利于法院判断是否签发调查令，另一方面可以减少被调查部门拒绝提供的情形。

四、文书提出义务的主体

(一)第三人文书提出义务

案件当事人承担文书提出义务,这是文书提出命令的应有之义,在理论和实务中均不存在争议。而案件之外的第三人,是否承担文书提出义务,经历了从不承担到承担的发展历程。

德国法的文书提出义务主体限于案件当事人,对于持有文书的案件之外的第三人,法院原则上不得向其签发文书提出命令。但是,法院认为第三人持有的证据对查明案件事实具有重要意义时,可以由法院依职权予以调取。还可以由法院通过诉讼程序命令第三人提交该文书。因此德国法中,案件当事人和第三人均承担文书提出义务。[1] 德国法的规定,对大陆法系其他国家和地区的文书提出命令产生重大影响,在我国台湾地区和日本法中有直接体现。

日本法最初的文书提出义务主体局限于案件的当事人,这一直是文书提出命令的原则。申请提出文书的对象系第三人时,法院原则上不判令文书持有人提示该文书。在后来的发展中,有条件地将提出义务主体扩展到持有文书的第三人。但是,法院在命令第三人提出文书前,根据《新民事诉讼法》第二百二十三条第二款的规定,法院应当询问第三人。法院为了判断该文书是否构成《新民事诉讼法》第二百二十条第四项规定的记载有证言拒绝事由的文书或自己使用文书,可以令持有人提示文书。必要时,法院也可以先根据《新民事诉讼法》第一百四十一条的规定暂时保管该文书,在此情况下,任何人均不可再请求开示该文书。这种情况下对该种文书的提示,并非作为证据调查方法而实施的提示,法院也不能将因此而获得的文书内容作为案件审理的证据材料。[2]

需要注意的是,日本法上的文书提出义务的当事人不同,违反该义务的法律后果也是不同的。这在下文将予以论述。

我国台湾地区旧“民事诉讼法”仅规定案件当事人承担文书提出义务,在我国台湾地区“民事诉讼法”修正后,承担文书提出义务的主体扩展至第三人。前面的研究指出,对于文书提出义务的范围在实务中也基本上实现了一般化。因此,我国台湾地区已经将文书提出义务的主体由案件当事人扩充到第三人。

---

〔1〕 参见郭成:《论我国文书提出命令制度及其完善——以德、日文书提出命令制度为比较视角》,载《法制与社会》2016 年第 6 期。

〔2〕 [日]伊藤真:《民事诉讼法》(第 4 版补订版),曹云吉译,北京大学出版社 2019 年版,第 297 页。

由诉讼外第三人承担文书提出义务,主要基于提高诉讼效率和案件事实发现的目的。[1] 当然,强令与案件并无关的第三人承担义务,难免对其利益造成潜在损害。因此,德国法、日本法和我国台湾地区有关规定均提供了保护第三人的程序。德国法和我国台湾地区均要求第三人提交文书要依照诉讼程序,方可强制文书持有人承担义务。[2]

需要注意的是,第三人毕竟不是案件的当事人,其一般对当事人的诉讼并不知情,也不具有利害关系,因此对第三人赋予义务的同时,还要注重对第三人利益进行保护。首先,对案件当事人违反文书提出义务的制裁和第三人违反文书提出义务的制裁应有区别,第三人不服从法院的文书提出命令时,不能推定文书提出命令申请人所主张的事实为真实。这在下文中将进一步详细阐述。其次,为保障第三人的合法权益,法院在裁定第三人承担提出文书义务前,应允许第三人有陈述意见的权利。在此程序中,第三人可以向法院明确说明是否提出文书;如果其明确拒绝的,则应向法院说明拒绝的理由。第三人拒绝的,法院需要进一步裁量其拒绝的理由是否正当。法院认定理由不正当的,仍然会发出命令。

(二)第三人文书提出义务与律师调查令的第三人配合调查取证义务比较

从我国律师调查令试行的实践来看,调查取证的对象主要为第三人。因此,第三人是否承担协助调查取证的义务,恰是律师调查令应该予以讨论的核心内容。[3] 在比较法上文书提出命令一定程度上扩充到案件第三人的情况下,理论上第三人承担的配合举证义务并不存在障碍。在借鉴对第三人权益保护的方面,需要解决第三人所享有的拒绝配合调查取证的问题。

因此,在我国律师调查令的制度设计中,对于向第三人调取证据,第三人原则上负有协助配合提供证据的义务。在第三人配合提供证据义务的方面,我国大陆和台湾地区的理论基础是一致的,即任何人都有配合法院调查取证的义务。质言之,法院审理案件系行使的公共权力,法院签发调取证据的命令也是为了维

---

〔1〕 参见王亚新:《民事诉讼中的证人出庭作证》,载《中外法学》2005 年第 2 期。

〔2〕 我国台湾地区现行"民事诉讼法"第三百四十六条规定:"声明书证系使用第三人所执文书者,应声请法院命第三人提出,或定由举证人提出之期间。"该法第三百四十八条规定:"关于第三人提出文书之义务,准用第三百零六条至第三百一十条、第三百四十四条第一项第二款至第五款及第二项之规定。"其中,第三百零六条至第三百一十条主要是关于证人拒绝作证权利的规定,第三百四十四条则是有关当事人有提出义务之文书的规定。

〔3〕 证据协力义务具体包括证人义务鉴定义务、文书提出义务、勘验协力义务及当事人受讯问义务等 5 种形态。参见[日]新堂幸司:《新民事诉讼法》(第 3 版补正版),弘文堂 2005 年版,第 5 页。转引自占善刚:《证据协力义务之比较法分析》,载《法学研究》2008 年第 5 期。

护公共秩序,因此,任何第三人均不得拒绝作证和拒绝提供所掌握的证据。

但是,在第三人协助配合提供证据的情况下,对第三人的利益也不能完全漠视,毕竟第三人并非案件当事人,其对于案件当事人发生的纠纷来说一般距离较远,一概要求其承担协助配合举证的义务,难免对第三人的正常生产生活带来影响。有鉴于此,在律师调查令的制度设计和实践操作中,对第三人利益的保护具有重要意义,需要专门进行制度设计。由此,需要法院在审查律师调查令的过程中履行严格的审查程序。可见,文书提出命令中法院的审查程序及秘密特权的保护具有重要的价值。

五、法院的审查程序

(一)法院的审查内容

对当事人请求提出文书的申请,法院需要审查。对申请书的审查程序是法院依职权启动。法院不仅需要审查申请人是否提交符合形式要求和内容要求的书面申请,还需要审查该申请能否特定欲命令提交的证据,以及该文书与待证事实的证据关联性。[1] 对举证人的申请,法院经审查认为其申请合理,应签发提出命令,命令文书持有人提供该证据;如果法院经审查认为,申请不应予以支持的,则应驳回申请。

需要注意的是,在实务中经常出现被申请人否认其占有申请提交文书的情形。对此,法院一般会向被申请人询问该文书的下落。法院往往通过向被申请人发送询问传票的形式进行。如果被申请人对此回复,使法院能够确信该文书确实不由被申请人持有,则法院往往会驳回申请人的申请;反之,法院则会命令持有人提出该文书证据。

(二)法院的裁决

比较法上,文书提出命令申请的发出和驳回,均有法定的文书裁决格式。

对于裁决发出或者驳回文书提出命令的文书,我国台湾地区以裁定的方式作出。对于裁决发出文书命令的,自不待言。但是,对于裁定驳回申请的方式,则有不同的处理方式。法院可以在终局判决的理由中说明驳回的意见,也可以在案件审理过程中出具中间裁定予以驳回。[2]

需要注意的是,我国台湾地区的文书提出命令裁决中对律师调查令制度具

---

〔1〕 参见姜世明:《新民事证据法论》,台北,学林文化事业有限公司2004年版,第14~15页。

〔2〕 参见杨建华原著,郑杰夫增订:《民事诉讼法要论》,北京大学出版社2013年版,第280页。

有参考价值的是对于第三人的命令。法院针对第三人持有文书的，可以向第三人直接发出命令，要求其提交文书。实务中，法院为了提高诉讼效率，减轻法院的负担，举证人如果可以自行取得该文书，法院也可以不发出文书提出命令，而是给申请人预留一定的期间，由其直接向第三人获取该文书。

（三）与律师调查令的比较

比较法上对文书提出命令的审查内容和审查程序均有规定。我国律师调查令在地方试行文件中由于缺乏顶层设计，导致审查的主体、审查内容和审查程序均欠缺规定，或者欠缺明确规定，由此导致实践中并不统一。[1] 文书提出命令的审查内容和审查程序对我国律师调查令申请的审查具有借鉴意义。并非对所有的律师调查令申请法院均必须签发，法院除审查其提出书面申请的形式是否符合之外，还需要审查该申请是否具有正当性和合法性。[2]

六、文书提出命令的秘密保护程序

在文书提出命令的实践中，对被调查人的秘密保护是民事诉讼程序中需要重点关注的问题。秘密保护还内涵了被调查人的隐私保护。在涉及秘密保护问题时，主要包括以下两种具体方式：一是文书持有人的秘密拒绝权；二是对秘密和隐私的秘密审查程序。比较法的制度设计和实践虽然存在细微差距，但总体上的目标是一致的，即均关注对文书持有人的秘密保护。

（一）文书提出命令的拒绝权

1.《德国民事诉讼法》规定了证人基于保密或隐私而有拒绝作证的权利。此规定适用于所有合法证据获取的限制。[3] 因此，对于涉及秘密和隐私的文书，在出现法定情形的情况下，具有文书提出义务的当事人或第三人可以拒绝提供该文书。《德国民事诉讼法》拒绝作证分为两类，一类是第三百八十三条规定的由于个人原因而拒绝作证，另一类是第三百八十四条规定的由于案情的原因而拒绝作证，这两条规定均准用于文书提出命令的文书提出义务。

---

〔1〕 从调研中各地方法院在试行过程中反映出来的问题可见，律师调查令在适用过程中存在的问题并不统一。

〔2〕 在调研材料中，可以明显看出各地方法院对签发律师调查令的数量掌握都十分精确，但对于申请数只有少部分法院有大概的统计，如在北京市法院的调研情况反映，律师调查令的成功签发率在一半以上；对于未签发原因，则没有明确，因此从调研中无法看出法官在审查判断过程中面临的问题。

〔3〕 [日内瓦]瓦尔特·哈布沙伊德、维尔兹堡：《证明权》，载米夏埃尔·施蒂尔纳编：《德国民事诉讼法学文萃》，赵秀举译，中国政法大学出版社 2005 年版，第 322 页。

(1)因个人原因拒绝作证。这包括:第一,基于职务的秘密证言拒绝权。法官、官员和其他公法上的官员只有在其上级批准后才可以对属于保密义务范围的事实进行作证。第二,具有亲属关系的人。第三,神职人员关于教会工作中受人信赖而被告知的事项。第四,职业上的原因,或因职务等关系而接触信息的人。比如《德国基本法》第五条第一款规定了新闻自由,因此对新闻工作者和提供信息者之间的信任关系给予一定的保护,也属于新闻自由的范畴。[1]

(2)因案情原因拒绝作证。包括:第一,对于上述B项的人员,如果作证会导致前述人员的财产损害,影响名誉或者因犯罪或违警行为而受追诉风险。[2]第二,证人作证会泄露职业秘密。

2. 日本民事诉讼法及我国台湾地区"民事诉讼法"也规定了文书持有人在特定情形下的文书提出义务拒绝权。鉴于日本和我国台湾地区在内容上接近,因此本书以下主要以我国台湾地区的规定为研究蓝本。

(1)当事人的拒绝权。如果文书涉及持有人的秘密或者隐私,公开将对其造成损害,则当事人有拒绝权。当然,如果该文书已经由当事人在诉讼中引用(引用文书),或文书本身就是诉讼标的(请求阅览、交付的文书),则不当事人不能拒绝提供。[3]

当然,在衡量文书提出义务时,法院往往需要平衡真实发现、隐私与秘密保护及维护案件实体公正等价值,只有隐私或业务秘密的保护较之于案件事实发现和实体公正审理价值更为重要时,才可以拒绝提出。

(2)公职人员所知悉秘密的特殊保护。对于内容涉及公务员职务上应守秘密事项的文书,比较法上也有特殊程序的规定。对此,我国台湾地区规定,如果公务员需要提供文书,应报请其上级主管领导同意。为防止公务员的上级主管领导滥用权力,我国台湾地区有关规定还赋予法院对此的裁量权。如果法院认

---

〔1〕[日内瓦]瓦尔特·哈布沙伊德、维尔兹堡:《证明权》,载米夏埃尔·施蒂尔纳编:《德国民事诉讼法学文萃》,赵秀举译,中国政法大学出版社2005年版,第325页。

〔2〕参见[美]米尔吉安·R.达马斯卡:《比较法视野中的证据制度》,吴宏耀、魏晓娜等译,中国人民公安大学出版社2006年版,第235页。

〔3〕我国台湾地区"民事诉讼法"第三百四十四条规定,文书内容涉及当事人或第三人的隐私或业务秘密,如公开会导致该当事人或第三人遭受重大损害可能的,当事人可以拒绝提出该文书。详言之,仅是第五款所规定的"就与本件诉讼有关事项所作的文书"之内容涉及当事人或第三人隐私或业务秘密的,当事人才可以拒绝提出。根据上述规定的反面解释,如果是第一款至第四款的文书,即使其内容涉及当事人或第三人的隐私或业务秘密,当事人仍然不得拒绝提出。换言之,自文义解释角度来看,对于第一款至第四款的文书,持有人负有无条件的提出义务,对第五款的文书持有则有拒绝提出的事由,并非是绝对无条件的提出义务。

为该文书对于案件审理具有重要性，则应命令文书持有人提交文书，由法院直接阅览该文书，并不得向当事人和第三人公开该文书。[1]

(3)第三人文书提出义务的拒绝权。对于第三人所承担的文书提出义务，我国台湾地区准用证人作证拒绝权的规定。鉴于我国法律明确规定证人有作证的义务，故我国法律原则上没有规定证人有拒绝作证的权利，故我国台湾地区的该规定并无参照比较法上借鉴的余地。

日本《新民事诉讼法》还规定，对专供文书持有人利用的文书，文书持有人不承担提出义务。比如，对于日记属于个人隐私的资料，日记持有人原则上不承担提供义务。我国台湾地区"民事诉讼法"虽然对此并未规定，但是在实务中，也有学者持有相同的观点。[2] 在我国台湾地区的司法实务中采取更为务实的做法，即对于专供文书持有人利用的文书，持有人是否需要提供，则由法官根据案件的具体情形确定。在实务中，对于公司内部决议的文件，我国台湾地区也存在发出提出命令的情形，不因为其涉及公司内部秘密事项而允许文书持有人拒绝提供该文书。[3]

(二)秘密保护程序

文书提出命令中要求提供证据的持有人，如果其基于秘密保护或者隐私保护的理由拒绝提出相应文书，法院可以依据特别程序要求申请人进一步提出拒绝提供的理由。法院基于此理由重新决定是否签发提出命令。如果法院经审查认为，该文书与案件待证事实之间具有重大关联性，则会继续命令当事人提出。在此情况下，文书提出人可以要求法院不予公开该证据，并要求法院秘密使用该证据。

但是，对于涉及秘密和隐私的文书，其持有人并非毫无利益。比较法上设置了秘密保护程序。首先，法院不得在公开审判程序中公开该证据，也不得将证据向当事人之外的第三人公开。在日本法和我国台湾地区"民事诉讼法"中，对此适用文书秘密审查程序。其次，法院还可以针对提交的文书要求只有法官才能知悉该内容，必要时可由法官暂时保管该文书(《日本新民事诉讼法》第一百四十一条)。通过该程序，能确保秘密和隐私不被泄露。最后，对于上述秘密

---

〔1〕 我国台湾地区"民事诉讼法"第三百五十条规定，法院为判断有无拒绝提出的正当理由，在必要时可以命其提出文书，直接阅览文书记载内容。

〔2〕 参见吕太郎：《文书提出命令》，载《台湾本土法律杂志》第25期(2001年)。

〔3〕 参见许士宦：《证据搜集与纠纷解决》，台北，新学林出版股份有限公司2000年版，第379～380页。

审查程序所涉及的文书，法官在裁判文书中不得公布。

通过上述程序，既能发现案件真实，又能避免当事人滥用文书提出命令程序侵害他人的隐私和秘密，能够实现调查取证权与秘密隐私保护特权的利益平衡。[1]

（三）与律师调查令秘密保护的比较

在我国地方法院试行律师调查令的规范中，秘密保护系律师调查令制度中的一个重要内容，几乎在每个试行规范性意见中均有规定。

与文书提出命令的秘密保护不同，我国地方法院试行规范性文件中，多规定涉及国家秘密、商业秘密和个人隐私的，法院不签发调查令。由此可见，二者的差异是明显的：首先，秘密保护的范围不同。律师调查令秘密保护中没有涉及专供持证人个人使用的证据以及涉及公务秘密的证据的特殊保护，由此导致在涉及这二者时，被调查人往往以国家秘密、商业秘密和个人隐私为由拒绝提供，影响到该制度的实施效果。其次，律师调查令制度中也没有对当事人提出秘密保护抗辩的审查制度，导致只要当事人提出秘密保护的拒绝理由，法院则不再继续要求其提供证据。再次，律师调查令制度中也没有涉及特殊的秘密审查程序，导致如果该等证据对于案件审理具有决定性意义，但是当事人以秘密保护为由不提供，则举证人不得不承担败诉的风险，由此影响到案件的公正审理。最后，秘密保护的范围较窄，对医生、律师等基于信任关系而产生的秘密保护没有相关规定。上述律师调查令制度中秘密保护制度的缺失，可以从文书提出命令制度中吸收借鉴。

七、违反文书提出命令的制裁

比较法上针对文书持有人拒绝提供文书的制裁，区分案件当事人和第三人规定了不同的处理方式。

（一）对当事人的制裁

当事人违反的，主要的法律后果为推定该命令提交的文书及文书内容为真实。至于该文书拟证明的主张能否被推定为真实，在比较法上存在差异。

1. 拟制该文书客观真实及该文书的性质和内容为真实。《德国民事诉讼

---

[1] 日本判例认为该程序过于繁杂，但是为了合理保护持有人的利益，日本法律仍然对之予以规定。参见[日]伊藤真：《民事诉讼法》（第4版补订版），曹云吉译，北京大学出版社 2019 年版，第 296 页。

法》第四百二十七条规定，当事人不提供文书的，可以拟制该文书客观存在，并拟制该文书的性质和文书的内容客观真实。也就是说，认定该文书的证明能力。在德国法的实践中，当事人并未提供该文书的复印件或者传真件，但是基于文书特定义务能够特定化该文书的性质或者内容的，在对方当事人拒绝提供时，法院可以斟酌情形，拟制所命令交出的文书性质和内容为真实。比如，在基于建筑师出具专业意见所签订的买卖合同中，由于建筑师出具的专业意见存在重大瑕疵，买受人申请建筑师提供专业意见，在基于买卖合同所载明的附件中涉及该建筑师出具专业意见的情况下，法院签发文书提出命令，命令建筑师提交该专业意见。如果建筑师拒绝提供该专业意见的文书，则法院可以拟制该专业意见书客观存在。德国法的这种拟制文书真实的处理方法对日本法和我国台湾地区的有关规定产生了直接影响。

日本《新民事诉讼法》亦有类似规定，这是借鉴德国法的结果。我国台湾地区“民事诉讼法”规定，法院可以拟制对方当事人就该文书的主张为真实，在处理后果上基本相同。

我国台湾地区“民事诉讼法”受日本法影响，对此也有类似的处理方法。一方当事人不服从法院发出的文书提出命令不提出相关文书时，可能会认定对该方当事人依该文书应证的事实为真实（第三百四十五条第一款）。我国台湾地区对此问题赋予法官一定程度的裁量权。例如，在举证证明公司董事会决议程序的案件中，股东主张董事会决议有会议记录，提供了其参加董事会的会议邀请和参会证明，并申请法院发出调取该会议记录内容的文书提出命令。在公司不提供的情况下，则拟制该会议记录为客观真实，但是对于股东所拟证明的公司增资方案的证明内容则不拟制真实，法院仍然基于其公司董事会决议程序和登记于主管机关的增资方案和公司章程来认定该决议的内容。[1]

---

〔1〕 事实上，将文书记载内容拟制为真实与将事实主张拟制为真实，在性质上是截然不同的，前者是证明过程的一个环节，后者则意味着证明过程的结束。但是，就司法实务而言，其存在的问题也是明显的：其一，如果申请提出文书命令的举证人本身不了解该文书证据的具体内容，其在主张该证据客观真实基础上提出特定的文书证明主张难免是不客观的，也容易导致举证人自身滥用该拟制待证事实真实的构成要件。其二，举证人对申请提出的文书证据所做的诉请或者抗辩主张，需要特定到何种程度以及在何种情况下才能获得法院的认可，并被拟制为真实，这不得不交由法官根据个案加以自由裁量。比如，在证据偏在诉讼中，文书提出命令申请人往往并未参与文书的制作，故其通常无法得知该文书的内容，因而导致其要么无法就该文书的记载进行具体的主张，要么主张不符合客观情形，因此如果将申请人关于该文书的主张拟制为真实，反而会导致案件审理结果的不公正。参见韩波：《民事证据开示制度研究》，中国人民大学出版社2005年版，第232页以下的论述。

我国《民事诉讼法解释》第一百一十二条第二款和2019年《证据规定》第四十八条亦作出相同规定,这是受到日本法和我国台湾地区相关规定的影响。

2. 能否拟制该文书欲证明的主张为真实。德国法对此一直持较为谨慎的态度。即使对大规模侵权纠纷以及环境污染纠纷,甚至是产品设计缺陷纠纷,也仍然将违反文书提出命令局限于拟制该文书的性质和内容为真实,而非直接拟制举证人所欲证明的主张为真实。[1] 德国这样处理的原因在于,德国司法审判中法院还具有职权主义的模式,法院根据案件审理需要的事实,可以进行调查取证,以实现其公正审判的目的。这样的处理对我国律师调查令的制度设计具有一定的借鉴价值。

日本《新民事诉讼法》则有不同处理,第二百二十四条第三款规定,在文书持有人拒绝提供文书并存在毁灭文书的情况下,法院可以拟制当事人依据该文书欲证明的主张为真实。当然,日本法适用此条的要件是非常严格的,只有在文书持有人故意损毁该文书,导致举证人通过其他证据难以证明其主张的情况下,法院才适用该制裁措施。[2]

我国台湾地区的实务则采取了更为务实的做法。[3] 司法实务中往往综合考虑案件的性质,文书持有人拒绝提供该文书的理由,文书与案件的关联性程度,能否以其他证据证明欲主张的事实,证据持有人拒绝提供文书的主观恶性程度,从平衡案件真实发现和保障文书持有人的隐私和秘密等利益角度进行综合衡量。[4] 如果文书对于证明当事人的主张具有极端重要性的,则可采取推定该文书拟证明的主张成立的制裁措施。

我国2019年《证据规定》第四十八条借鉴日本法的规定,从证明妨碍角度出发,在文书提出命令制度中,对文书被损毁的,规定了拟制文书欲主张的内容为真实的制裁措施。

(二)对第三人违反文书提出命令的制裁

因为第三人非纠纷的当事人,因此对第三人违反文书提出义务的制裁应

---

〔1〕 德国有学者认为拟制的真实包括案件事实。参见[德]罗尔夫·施蒂尔纳、康斯坦茨:《民事诉讼中案件事实阐明时当事人的义务——兼论证明妨碍理论》,载米夏埃尔·施蒂尔纳编:《德国民事诉讼法学文萃》,赵秀举译,中国政法大学出版社2005年版,第355~356页。

〔2〕 日本学者认为,该规定奠定了一个原则,即文书提出责任和证明责任是可以分离的。参见[日]新堂幸司:《新民事诉讼法》,林剑锋译,法律出版社2008年版,第424页。

〔3〕 参见姜世明:《新民事证据法论》,台北,学林文化事业有限公司2004年版,第13页。

〔4〕 参见[日]高桥宏志:《重点讲义民事诉讼法》,张卫平、许可译,法律出版社2007年版,第114页。

该区别于纠纷当事人。我国律师调查令调取证据主要在于调取被第三人持有的证据，因此对第三人违反文书提出命令的制裁进行研究，具有重要的借鉴价值。

1. 直接强制措施。能否直接强制第三人交出文书，比较法上存在不同的处理方法。德国法规定，强制第三人交出文书，只能通过诉讼途径实现。[1] 通过诉讼，法院认为第三人应交出文书，则确定一个期限，要求第三人交出该文书。[2] 德国法规定，要以判决的方式命令第三人交出。由此，该判决书就具有了执行力。如果第三人不履行判决，申请人可以申请法院强制执行。日本法并未作此要求。我国台湾地区的规定类似德国法的规定，法院可以裁定强制文书持有人交出文书。这种强制处分，准用强制交付物的执行方法。

2. 罚款的间接强制措施。间接强制措施主要为罚款的方法。日本法和我国台湾地区均规定了对拒绝交出文书的第三人可适用罚款的强制措施。日本《新民事诉讼法》规定，对第三人不服从文书提出命令的，可处最高 20 万日元的罚款，罚款数额较《旧民事诉讼法》的“10 万日元以下”有大幅度提升，以强化制裁措施。我国台湾地区“民事诉讼法”第三百四十九条规定，法院可以裁定处新台币 3 万元以下的罚款。

3. 不得准用拟制的规定。对第三人不提交文书的，不得拟制文书客观真实的制裁。主要理由在于，第三人毕竟非案件的当事人，不能让第三人的过错由案件的当事人承担不利法律后果。相反，如果采取该种拟制措施，则可能被恶意当事人利用。

4. 对第三人的救济。比较法上，第三人不服法院对其制裁，可以提出异议。我国台湾地区规定，第三人得提出抗告。针对强制第三人交出文书的制裁措施，为了避免第三人利用抗告程序的瑕疵，隐匿或者毁灭文书，法院在第三人异议期间并不停止强制执行的措施。但是，对罚款等间接强制措施，则应停止执行。台湾地区司法实务中往往采取更加务实的做法，即法院在裁判强制措施之前，会给当事人辩论的机会。[3]

---

〔1〕《德国民事诉讼法》第四百二十九条规定：“第三人在有与举证人的对方当事人相同的原因时，负有提出证书的义务；但强制第三人提出证书，必须通过诉讼的途径实现。”

〔2〕结果取决于第三人是否根据实体法的规定应当承担提交的义务，参见[德]汉斯－约阿希姆·穆泽拉克：《德国民事诉讼法基础教程》，周翠译，中国政法大学出版社 2005 年版，第 263 页。

〔3〕参见吴伟华：《文书提出命令制度司法适用研究——以 2015 年〈关于适用《中华人民共和国民事诉讼法》解释〉和台湾地区立法为中心》，载《河北学刊》2015 年第 6 期。

第三节　比较结论:对律师调查令制度的借鉴

通过上述文书提出命令与律师调查令的比较,我们发现,文书提出命令与律师调查令既有共性点,也有互相补充的功能。通过深入研究文书提出命令的制度构造,可以提供对我国建构律师调查令制度的借鉴。

一、律师调查令的内涵与文书提出命令的比较

律师调查令与文书提出命令均是证据调查收集制度的部分,二者所要解决的问题是相同的。因此,从功能主义视角对文书提出命令进行比较法上的研究,对于我国律师调查令制度的科学设计具有重大的价值。首先,二者均属于大陆法系证据收集制度的范畴。因此在制度构成上都遵循大陆法系的要件、法律后果、制裁的规范模式。其次,二者发挥的功能存在共同之处。律师调查令系为保障当事人举证权的实现,最终实现民事诉讼中的武器平等原则而由地方法院自发试行的制度。文书提出命令也为保障当事人证据收集问题而产生。最后,二者都建立在当事人主义诉讼模式的基本框架下。在当事人主义诉讼模式下,大陆法系需要解决由于证据偏在而导致诉讼中当事人武器不平等问题,由此才有司法权介入当事人证据收集权。

当然,二者在制度内涵上的差异也是明显的。

1. 二者最重要的差异在于二者制度基础的差异。比较法上规定文书提出命令制度的国家和地区,在立法上均确定证据持有人的文书提出义务。因此,违反该文书提出义务,需要受到相应的法律制裁。但是,我国律师调查令制度由于欠缺立法和司法解释的规定,导致证据持有人提出证据的义务尚无立法上的明确规定,由此导致实务中违反律师持令调查义务没有受到相应的制裁,直接影响了该制度的效力。

2. 文书提出命令在各个国家和地区有诉讼法的统一规定,由此各国和地区的内部制度内容是统一的。但是,由于我国律师调查令系地方推动而发展出来的制度,该制度尚无立法和司法解释上的顶层设计,导致该规范在试行中存在差异,这同各国和地区文书提出命令的一致性规定是不同的。

3. 二者在具体的制度要件上存在差别。首先,二者调取证据的范围不同。

律师调查令调取所有适宜调取的证据,包括物证、书证、证人证言等。文书提出命令仅调取我国证据范围内的书证。由此可见,文书提出命令不能解决律师调查令所欲解决的所有证据收集保障问题。就此而言,律师调查令的证据保障收集功能能够弥补文书提出命令调取证据的制度漏洞,对于完善我国的证据保障收集制度具有重要的价值。其次,二者调取证据的方式不同。文书提出命令系法院直接命令控制证据的当事人向法院提交该书证;律师调查令则是法院开具命令,由律师持证调取证据,调取后再向法院提交该证据,并经由质证认证程序。最后,违反命令的法律后果不同。文书提出命令规定了违反的法律后果,且规定了相应的惩戒措施。但是,我国律师调查令目前由于没有上位法的依据,故目前没有违反律师调查令的法律后果规定,试行法院也无法对违反的行为采取惩戒措施。由此导致律师调查令在实践中的效用大打折扣。

由于二者存在上述差别,在上文所介绍的借鉴内容之外,还有以下几个需要借鉴的内容。

二、借鉴文书提出命令的理论基础

虽然大陆法系国家和地区的文书提出命令制度有所差别,但其理论基础是相同的。

文书提出命令制度的构建与运行的法理基础在于贯彻民事诉讼中的武器平等原则,其作用机理在于保障当事人证据收集权,保障司法机关发现案件真实、实现正义的价值追求。因此,尽管理论上民事诉讼的当事人一方无权任意要求对方当事人或第三人提交相应证据以证明己方主张,但是鉴于文书提出命令内涵了保障当事人证据收集权、司法机关发现案件真实、实现正义的目的,这种机理就架起了当事人诉讼的私权行使和国家公权力干预的桥梁,这恰恰给律师调查令提供了理论基础层面的借鉴和参考。

首先,律师调查令的功能也是通过保护当事人的证据收集权利,实现保障司法机关发现案件真实、实现公正审理案件的价值追求。由此,在律师调查令和文书提出命令的功能一致的情况下,文书提出命令的许多制度建设均可以为律师调查令制度借鉴。

其次,在功能发挥上的借鉴。在当事人之间基于私的权益行使层面,显然无法满足证据收集权的保障要求,需要国家公权力的介入。在文书提出命令上,国家司法权准予文书提出命令的申请,对调查取证权利的保障就具有了公权力保障的属性。律师调查令通过国家司法权签署,由律师持令展开证据调查,律师持证调取证据提供国家公权力支撑。由此,按照调查令要求提供证据的义务同文书提出义务一样,就不仅仅局限于私法上的义务,而应该属于一种公法意义上的义务。这恰恰是将律师调查令定位于一种诉讼权利的基础。

最后,违反文书提出命令的制裁对我国律师调查令建构的借鉴。比较法上对违反文书提出命令的行为规定了制裁的法律后果,这种法律后果的主要内容为推定所主张的事实为客观真实,这种惩罚性规定的背后是国家公权力的支持。这恰恰是我国律师调查令制度的软肋。没有国家公权力对违反调查令的制裁规定,无异于老虎缺少了牙齿,其实际效果大打折扣。通过比较法上文书提出命令的研究,为进一步完善我国律师调查令制度提供借鉴,即为了更好地发挥该制度效果,需要增加违反律师调查令的制裁措施。

三、文书提出命令具体制度内容对律师调查令的借鉴

在功能上,律师调查令同文书提出命令几乎是相同的。因此,文书提出命令的具体运行对律师调查令具有明显的借鉴价值。

(一)律师调查令的申请及证据特定义务的借鉴

1. 文书提出命令申请及文书特定的借鉴。律师调查令作为一种严肃的举证方式,是由作为专业法律人士的律师提起申请,应以书面形式提出申请,并且在申请书中将拟调取的证据进行特定,以利于法院判断是否签发命令。

举证人向法院申请签发律师调查令时,应在申请文书中表明所申请提出的证据及其证据内容、证据能力,以使法院了解申请提出的证据究竟为何,此即证据的特定。对此,在目前我国律师调查令的研究文献中,尚无相关研究涉及此问题。从比较法的角度看,以下几点具有重要的参考价值:(1)要求相对人提出的证据及证据为相对人所占有的事实。(2)举证人需要向法院说明所申请之证据中与待证事实的关联性。(3)依该证据所要证明的事实。(4)相对人或者第三人承担配合提供证据义务的原因。

在提出义务的原因上,比较法上有所差异,但是从其发展来看,如上所述,德国、日本已经在事实上认可文书提出命令的一般性义务,且将此义务定位为公法上的义务,并认为文书持有人协助提出文书系民事诉讼中的诚实信用原则

的体现。[1] 即便是在法律条文中采取限制列举的方式,在司法解释上也会采取一般化义务的解释。德国、日本关于文书提出义务的发展历程,经历了从限制到一般化的变化,因此将文书提出义务予以一般化应是发展趋势。借鉴文书提出义务一般化的发展历程和比较法上的现行做法,对于确定律师调查令中被调查人的协助调查义务具有积极的借鉴意义。因此,对于律师持令调查证据而言,我国也应采纳证据持有人的一般性配合义务的方法。

2. 关于文书提出命令申请阶段的借鉴。目前,我国各地试行律师调查令的规范性文件中均没有涉及申请的诉讼阶段,实践中也多存在在法院法庭调查阶段当事人提出申请、法院予以签发的做法。对此,应借鉴文书提出命令的申请规定在举证期限届满之前申请的做法,要求当事人在举证期限届满之前提出调取证据的申请。法院没有确定举证期限的,应限制在一审法庭辩论终结之前提出申请,以避免开庭程序的拖延、影响案件审理的效率。

3. 文书特定义务缓和的借鉴。文书特定义务对我国律师调查令制度最直接的借鉴是文书特定义务及缓和的制度设计。在我国各地试行律师调查令的规范性文件中,均有律师需要向法院提出申请的要件要求。但是,在律师申请中,特定证据这点上,并没有证据特定的要求,进一步也无证据特定义务缓和的规定。因此,文书特定义务的规范目的和要求对我国律师调查令均具有借鉴价值。这要求,在申请签发律师调查令时,当事人需要对于欲调取的证据承担特定义务;在申请人特定该证据显然有困难时,需要设定特定义务缓和的制度。即申请人对特定证据有困难时,可以由控制证据的当事人履行证据特定协助义务。这在我国的公司知情权纠纷、医疗损害纠纷中均具有重要的价值。

(二)借鉴文书提出命令的审查程序

比较法上对文书提出命令的审查均有明确规定。一般包括一般性审查程序和秘密保护程序。在举证人提出申请后,法官应当依法对举证人的申请进行审查,并据此作出驳回或支持的决定。

1. 普通审查程序的借鉴。比较法上各个国家关于法官对文书提出命令申请审查的内容基本上是一致的:形式审查,即审查申请书是否符合要求,审查能否特定欲调取的文书。如果文书无法特定,则法院无从判断被申请人是否有文书提出义务。在这种情况下,法官往往不会发出文书提出命令。这在我国律师

---

[1] 参见[日]谷口安平:《程序的正义与诉讼》(增订本),王亚新、刘荣军译,中国政法大学出版社 2002 年版,第 169 页。

调查令的审查中也是可以直接参照的，即首先审查律师提出调查取证申请的申请书形式是否符合要求，再进一步确定申请书是否包含了应该有的内容。审查程序还要审查申请人的申请能否确定欲调取的证据，这就是证据特定的义务。只有符合申请书的内容和形式及能够特定欲调查的证据，法院才能签发调查令，命令律师持令调查。

普通审查程序中法院还要行使裁量权，审查该文书对待证事实是否具有关联，以及是否具有侵害他人秘密和隐私的情况。这对我国律师调查令具有借鉴价值。

2. 秘密信息保护程序的借鉴。虽然比较法上有的国家和地区为了发现案件真实，保障当事人的证据收集权利，立法对文书提出命令作出规定，但这些国家和地区为了避免文书的提出对文书持有人的隐私、秘密等合法权益造成损害，由此设置了秘密信息保护程序。这种秘密信息保护程序恰恰也是我国律师调查令制度所急需解决的问题。

首先，文书提出命令中法院的裁量权行使是律师调查令制度需要加以借鉴的地方。并非任何以秘密或者隐私为由拒绝提出文书都是合理的，法院会在秘密、隐私价值和证据发现价值之间进行权衡，只有秘密、隐私价值保护大于案件事实发现的价值时，才会以秘密特权为由不予签发文书提出命令。这对律师调查令的审查具有直接的借鉴意义。只有证据所涉及的秘密、隐私价值大于案件真实发现时，该秘密特权才可以作为不予签发律师调查令的理由。

其次，在该证据对于案件事实发现和公正审理具有重大意义，但是该等事实又涉及当事人的个人隐私或者秘密保护时，合议庭可以通过不公开质证的形式审查该等证据，并以不公开的形式使用该证据。比如，在医疗纠纷中，患者如果主张受到侵害，而医疗机构以审理案件的隐私为由不提供该等药物采购、运输情况，则法院可以要求医疗机构提供，并且使用时在不公开的程序下进行。

最后，文书提出命令制度中限制当事人及第三人在诉讼进程中接触有关私密内容，以保障文书持有人的秘密利益的程序，对律师调查令制度也有借鉴意义。在律师调查令制度中，法院在审查律师持令所调取的该证据时，可以采取秘密审查的方式审查证据，排除当事人对证据的质证和言辞辩论环节。法院还可以限制当事人阅览该文书，禁止查阅庭审笔录和案卷的证据材料。

（三）文书提出命令裁决的借鉴

文书提出命令的裁判对我国律师调查令的签发和驳回具有直接的借鉴意

义。我国推行律师调查令的法院,均有支持当事人申请的方法。但是,这种对申请的支持文书在我国法律文书中未占一席之地。对不予签发律师调查令的,我国推行律师调查令的法院却欠缺统一的规定,有些法院直接以口头方式表达拒绝的意思,还有一些法院甚至不予表态,更无法以正式的裁判文书形式加以表述。因此,在完善律师调查令制度时需要进一步完善律师调查令的签发和驳回程序,并进一步完善该类文书在现有文书体系中的地位。在比较法上,对文书提出命令以法院裁定形式作出,这对我国律师调查令的签发具有借鉴价值。

(四)违反文书提出命令制裁的借鉴

文书提出命令之所以在大陆法系国家具有蓬勃的生命力,重要的原因在于违反该命令需要承担不利的法律后果。但是,与之相反,我国律师调查令制度缺乏对违反协助提供证据义务的法律后果的规定。没有制裁的规范,将极大影响该制度的生命力。在前面的实证调研中我们指出,我国律师调查令制度由于缺乏法律规范和制裁措施,在现实中遭遇的最为尴尬的处境是被调查人不予配合调查的问题。我国试行律师调查令地区,无论是法院、律师,还是被调查的主体,较为集中的建议是,由立法或者司法从顶层设计角度出台统一的规范性意见,规定制裁措施。如果采纳该建议,则文书提出命令所规定的制裁措施具有一定的借鉴价值。因此,借鉴违反文书提出命令法律后果的规定,完善我国律师调查令制度,具有重要的价值。

1. 关于案件当事人的制裁。目前我国律师调查令适用的范围多是向纠纷之外的第三人调取证据,且我国有的地方规范性文件中规定律师持令不得向对方当事人调取证据。例如,福建高院出台的文件中明确规定,律师不得持令向对方当事人调取证据。故对当事人的制裁方法在我国适用的空间较有限。

但是,需要注意的是,在未来律师调查令的顶层设计上,为充分发挥律师调查令的功能,不应排除律师持令向对方当事人调取证据的适用。就此而言,对方当事人违反调查令的配合调查取证义务的,应承担相应的不利法律后果。文书提出命令制度所规定的推定该文书客观真实的制裁后果可以在律师调查令中予以借鉴。事实上,我国《民事诉讼法解释》第一百一十二条第二款规定和

2019年《证据规定》第四十八条的规定中均规定了推定文书真实的制裁后果[1]，这为律师调查令制度的适用提供了直接的参照适用规范。事实上，在实践中也有适用该制裁措施的做法。[2]

2. 关于第三人的制裁。首先，对第三人不适用拟制该文书欲证明的事实为真实的处理方法，对律师调查令具有借鉴价值。毕竟，第三人非案件当事人；在案件审理过程中，不能因为第三人拒绝提供证据而让当事人承担不利的法律后果，因此，第三人违反调查令调查取证配合义务的，不能推定该文书欲证明的事实成立的法律后果。其次，对第三人适用强制其交出文书的直接强制措施，对律师调查令具有借鉴价值。有些证据被第三人持有，但是第三人拒绝交出该证据的，则可以借鉴德国法中文书提出命令的规定，命令第三人交出该证据；对于该命令，则可以适用强制执行程序。最后，对第三人适用罚款的间接强制措施，具有借鉴价值。在我国现行民事诉讼法律体系下，对于第三人拒绝交出相应证据，甚至隐匿、毁灭相应证据的，则应适用《民事诉讼法》第一百一十四条规定的司法制裁措施。

3. 对于滥用文书提出命令的制裁。在比较法上，各个国家对当事人滥用文书提出命令的制裁均无明确规定。一方面在于文书提出命令以文书特定为前提，故当事人滥用文书提出命令，超越范围调取文书的情况并不存在；另一方面，在文书提出命令属于诉讼法上的制度的情况下，违反文书提出命令构成滥用的，各个国家和地区均可以适用妨碍民事诉讼的制裁措施。上述两个方面的理由，导致没有必要在法律中另行规定。

但是，鉴于目前我国并没有在立法层面规定律师调查令制度，如果能够在立法上增加律师调查令制度，则无须单独规定滥用律师调查令的惩罚措施；但是，如果由最高司法机关出台律师调查令规范性文件或者司法解释，则需要在出台律师调查令制度的同时考虑适用《民事诉讼法》第一百一十四条规定滥用律师调查令的制裁。

（五）日本法律师照会制度的借鉴

日本法的律师照会制度允许律师向机关或团体收集证据，这恰恰是对律师

---

〔1〕 2001年《证据规定》第七十五条规定："有证据证明一方当事人持有证据无正当理由拒不提供，如果对方当事人主张该证据的内容不利于证据持有人，可以推定该主张成立。"

〔2〕 笔者用阿尔发系统进行查询，输入"证据规则第七十五条"共搜索出案例324件，从程序上看，二审明显多于一审，可见实践中有法官将该条规定作为判决案件的依据，但是运用较少。

这个群体的信任,也是赋予其一定程度的特权。这对我国律师调查令制度,具有很好的借鉴价值。

由于律师具有的专业法律人特点,以及律师作为专业人士在提供服务时还要有中立性的要求,故允许其向当事人调取证据恰恰是发挥其专业性、中立性的重要表现。日本法对律师加以信任的制度,恰恰可以印证我国推行律师调查令制度的可行性、由律师持令调查收集证据的合理性和科学性。

第五章

律师调查令的制度设计

通过对律师调查令功能定位的研究，以及对与律师调查令制度功能相同的证据开示制度、文书提出命令制度的比较研究，在深入研究比较法上的类似制度对律师调查令的借鉴内容基础上，本研究到了为我国律师调查令的立法设计和司法解释规范提供建议，以为律师调查令制度提供现实路径的时候。[1]

第一节 加强律师调查令制度的顶层设计

虽然律师调查令的试行取得了一定的成效，但是在调研中，试行地区法院和律师以及被调查人反映的最为突出的问题是，该制度运行缺乏最高立法机关和最高司法机关的法律、司法解释规范依据。[2] 现行的律师调查令多是以地方法院内部规范性文件为试行依据，其效力层级明显过低，由此导致约束力较弱。再加上目前有些部门对于律师调查令的性质和法律地位尚存在争议，对其可能引发的问题还有所担忧，由此导致实践中经常遇到被调查人以调查令没有法律依据为由拒绝协助配合。特别是，在我国《立法法》第八条关于民事诉讼程序应

〔1〕 比较法的功能之一就是为本国法律提供经验和借鉴的办法，最终结合本国实际提出有意义的建议和意见，而不能照搬，因为各国司法程序规定不同，经济进程不同，社会环境也不同……因此，在外国形成并经过考验的解决办法，是不能够在他国法律上转抄的。参见[德]K. 茨威格特 H. 克茨：《比较法总论》，潘汉典等译，法律出版社2004年版，第24页。

〔2〕 参见叶若思、叶艳：《民事证据调查令制度初探》，载《中国审判》2008年第10期；张纵华：《律师调查令制度的完善与规范》，载中国法院网，https://www.chinacourt.org/article/detail/2019/05/id/3872292.shtml。

属于立法保留事项的明确要求下,该制度由于缺乏法律规定而导致有关部门不予配合而束手无策的情形,其法律效果明显受到局限。[1] 因此,为解决上述实践中最为突出的问题,首先应在立法层面确立律师调查令的法律地位。[2]

一、立法规定

在前文已经对律师调查令制度的功能和在我国现行法律规范体系中的定位予以研究的情况下,如果将律师调查令制度定位于一种保障当事人调查取证权的诉讼权利,则该调查取证权利背后则是国家公权力的许可,而具体实施则由律师来完成,其实质上具有如下几个方面的要求:其一,该制度是保障当事人证据收集权的一部分,因此该部分权利在规范体系上属于证据举证和证据收集的一部分;其二,赋予律师收集证据权的背后是国家公权力的介入,或者说是国家公权力在此情况下对当事人证据收集权的保障;[3] 其三,在证据收集权上,本身是当事人由于其自身证据收集的限制而无法调取证据,故该部分取证权由法院依据职权授予律师持令调取;[4] 其四,该权利属于民事诉讼中的一项权利,故应在民事诉讼制度框架内构建该制度的构成要件和法律后果。

在上述关于律师调查令功能定位的基础上,在现行民事诉讼法中规定律师调查令制度应考虑以下几个因素:其一,律师调查令属于证据收集和保障的一部分;其二,律师调查令应同法院依据职权调查取证密切联系起来,并成为人民法院依据职权调查取证和当事人自行收集证据之间的桥梁,或者成为填补二者之间空白地带的制度;其三,仍然应秉持"谁主张、谁举证"的举证原则,[5] 只有

---

〔1〕 参见贾军乔:《律师调查取证权之立法不足与完善》,载《法制与社会》2007 年第 4 期;孙国辉:《律师调查权制度的立法思考》,载《中国律师》2003 年第 8 期。

〔2〕 2012 年,中华全国律师协会与中国民事诉讼法学研究会共同向全国人大提出《〈中华人民共和国民事诉讼法〉修正案(草案)律师修改建议稿》,主张在第六章"证据"中第六十四条第二款后增加两款:"代理诉讼和执行的律师可以向人民法院申请签发调查令,人民法院根据案件情况,作出是否准许的决定"。"代理律师持法院签发的调查令调查案件情况时,有关单位和个人应当予以配合;拒绝配合执行调查令的单位和个人,人民法院应当视情节以妨害民事诉讼采取相应的强制措施"。王杏飞、刘洋:《论我国民事诉讼中的律师调查令》,载《法治研究》2017 年第 3 期。

〔3〕 参见曹建军:《论民事调查令的实践基础与规范理性》,载《法学家》2019 年第 3 期;陈瑞华:《辩护律师调查取证的三种模式》,载《法商研究》2014 年第 1 期。

〔4〕 参见陈维君:《民事证据调查令制度的运行检视与完善路径》,载《河北法学》2017 年第 3 期。

〔5〕 罗森贝克将证明责任分为主观证明责任和客观证明责任,谁主张、谁举证,是主观上的证明责任,即举证责任,是当事人提起诉讼时应当承担的责任。关于证明责任的论述,参见[德]奥莱·罗森贝克:《证明责任论——以德国民法典和民事诉讼法典为基础撰写》(第 4 版),庄敬华译,中国法制出版社 2002 年版,第 12 ~ 24 页。

在当事人因客观原因无法自行收取证据的情况下，才可以请求人民法院签发律师调查令。因此，笔者认为，在现行民事诉讼法体系中，律师调查令制度可以顺着法院依职权调查取证加以规定。未来在修改《民事诉讼法》时，在法院依职权调查取证之后规定律师调查令制度。

另外，为发挥律师调查令制度的功能，不宜通过在《律师法》中增加律师调查令制度规定的方式解决律师调查令试行中存在的问题。主要理由在于：其一，民事诉讼法的证据收集保障规范是其本，而律师法中相应的跟进修改是末；没有民事诉讼法的修改，则没有解决该制度的根源问题，作为律师权利保障的问题也就无从谈起。其二，《律师法》主要是律师管理法和律师权益保障法，其偏重行政管理上的规范，而非民事诉讼上的证据规范。考虑到律师调查令的功能在于保障民事诉讼中的当事人证据收集权，而非作为律师的权利保障，其服务的最终目的是平等主体之间的民事关系当事人的证据收集权，故应在作为基本法的民事诉讼法中予以规范，而不宜在律师法中加以规范。其三，在平等主体之间的民事法律关系中，在举证责任规则上强调举证责任的武器平等原则，也就是说当事人之间是基于彼此之间的对抗而进行举证的，原则上不需要国家公权力的介入，否则容易引发对一方当事人有所偏袒的忧虑。由此，原则上律师调查令的签发和律师持证调取证据并非律师的一种常规权利，而是在民事诉讼中的一种例外规范。因此，律师调查令制度原则上应规定在《民事诉讼法》中，而非《律师法》中。[1] 其四，律师调查令制度作为民事诉讼法上的制度，其作用在于解决民事诉讼程序上的证明责任问题，故其法律后果也应服务于民事审判的需要，应通过进一步明确证明责任来落实该权利。比如，对于对方当事人违反该律师调查令的配合举证义务，则可以推定该欲证明的事实为客观真实，这是证明责任中的问题，显然不是对律师进行管理所产生的问题。律师法上的管理规范并没有这种法律后果的规定。

二、修订《民事诉讼法》应规定的内容

鉴于律师调查令的详细内容需要在司法审判中予以细化，故立法仅原则性规定相关内容即可，并不需要面面俱到。主要理由在于：其一，该制度尚在探索

---

〔1〕 普遍的观点认为，应在民事诉讼法中规定律师调查令制度。参见叶若思、叶艳：《民事证据调查令制度初探》，载《中国审判》2008 年第 10 期；刘阳：《民事诉讼中建立律师调查令制度研究》，云南大学 2016 年硕士学位论文。

阶段,如果立法上力求面面俱到,难免挂一漏万,故在立法上原则规定的情况下,交由法院明确具体规定,该制度在实务中更具可操作性。[1] 其二,交由法院规定具体规则,有利于法院在总结各地试行经验的基础上,对具体的内容予以提炼、完善,并抽象出普遍性的规则,同时修改完善试行规范中不科学、不合理之处。其三,有利于发挥法院的能动性,吸收法院的地方经验,提高效率。因此,在立法上原则规定律师调查令的权利、责任、制裁规范即可,至于律师调查令在运行中的具体问题,则交由最高人民法院出台相关司法解释予以系统明确的规定。

在上述论证框架的基础上,本书建议,立法上应从保障律师证据收集权的角度对律师调查令所欲解决的调查取证权利予以规范。立法上应原则性规定,只有当事人不能自行收取的证据,才可以申请法院签发律师调查令,且规定持令人应当是当事人委托的律师;同时,还应强调法院对该申请的审查权。针对上述三方面的内容要求,笔者建议,在现行《民事诉讼法》第六十七条第二款之后增加规定:“当事人委托的律师可以申请人民法院出具调查令,由律师持证调查收集。”于此,该款完整的规定为:“当事人因客观原因不能自行收集的证据,当事人委托的律师也可以申请人民法院出具调查令,由律师持调查令调查收集。”通过该规定,可以将律师持证调取证据的权利固定下来,并且同法院依职权自行调取证据衔接起来,发挥该制度的多重功能。对于该规定内容的解释,应包括以下几方面的内容。

一是遵循民事诉讼当事人主义模式之下“谁主张,谁举证”的举证责任原则。启动律师持令调查取证属于当事人私权的范畴。这就要求:其一,申请律师调查令的条件是当事人及其诉讼代理人由于客观原因不能自行收集的证据。如果当事人能够自行收集的证据,则不能申请法院签发调查令。其二,必须由律师向人民法院申请出具调查令。除律师外,不允许其他主体提出申请,这样就能够保证律师调查令不被滥用。其三,由律师提出书面申请,如果没有律师提出申请,法院不能主动依职权向律师签发调查令。

二是人民法院对律师调查令申请的审查和裁判权。律师有权向人民法院申请调查令,但是否签发调查令,则由人民法院审查决定。人民法院经审查后,认为律师申请调查取证的命令适当的,应及时签发调查令。具体申请的文书格

---

〔1〕 法律不可能穷尽所有的情形,更何况在我国目前对秘密保护、证人拒绝权等诉讼制度尚不完善的情况下,给予法官自由裁量的权利更符合我国的实际情况。

式、法院审查的程序、调查令的文书格式、具体处罚的情形,则可以留待最高人民法院司法解释明确。

三是被调查人协助调查取证的义务。笔者建议,在修改《民事诉讼法》第六十七条的同时,亦应同时修改《民事诉讼法》第七十条第一款的规定,增加"律师持调查令调查取证的,有关单位和个人不得拒绝"的内容。由此,赋予被调查人协助律师调查取证的义务。如果被调查人拒绝的,则需要承担相应的制裁措施。在法律赋予该被调查人义务的情况下,如果被调查人不履行民事诉讼法上的义务,则可以根据民事诉讼法妨害作证的相关规定予以罚款或者拘留。[1] 当然,如果系案件的当事人,则可以参照适用2019年《证据规定》第四十八条"控制书证的当事人无正当理由拒不提交书证的,人民法院可以认定对方当事人所主张的书证内容为真实"的规定,推定该证据内容为客观真实。符合第四十九条规定条件的,可以推定所拟证明的内容为客观真实。

三、全国人大常委会授权规定

鉴于《民事诉讼法》作为民事诉讼中的基本法律,在目前我国立法机关修法任务艰巨的情况下,纳入修法计划尚需时日。由此,考虑到短时期内全国人大常委会不可能再启动《民事诉讼法》修订的客观实际,推动全国人大常委会授权最高人民法院在全国部分法院试行律师调查令,是较为可行的做法。本书经研究认为,该授权规定可以考虑两方面内容:一是授权最高人民法院根据情况在全国法院开展试点律师调查取证制度;二是赋予被调查人配合调查取证的义务。因此,全国人大常委会出台授权性规定应重点明确以下两点内容:"一、当事人因客观原因不能自行收集的证据,当事人委托的律师可以申请人民法院出具调查令,由律师持证调查取证。二、持有调查令的律师调查取证的,有关单位和个人不得拒绝。"在此规范依据基础上,全国地方法院推行律师调查令则有了全国人大的授权,取得了立法上的依据。对此,亦可为仲裁程序中适用律师调查令提供立法依据。

四、出台律师调查令司法解释

律师调查令制度的构建与运行依赖于武器平等原则,并着眼于该制度对于

---

[1] 参见王建平:《关于建立调查令制度若干问题研究》,载《政治与法律》2002年第6期。

发现案件客观真实、追求实体正义的价值。目前试行过程中,各方主体均呼吁最高人民法院出台相关司法解释,统一律师调查令的试行规范。[1] 在平等主体之间的民事诉讼当事人,其并无可以要求对方当事人或第三人提交相应证据以达到证明其主张的权利。因此,需要探究该制度在实务中运行的制度基础。律师调查令在《民事诉讼法》中尚无规定的情况下,考察该制度在实务中的推行应对律师调查令予以定位。就此而言,应将律师调查令制度定位于法院基于公权力赋予律师调查取证的一项诉讼权利,[2] 该诉讼权利的功能是保障当事人的证据收集权,实现民事诉讼的武器平等原则。

法院调查取证本是我国现行《民事诉讼法》第六十七条明确规定的一种证据收集方法。但是,在当前人民法院面临案多人少、案件数量急剧攀升的情况下,由法院签发律师调查令委托律师就特定事项进行取证,可以极大地减轻人民法院的案件审判压力。恰恰由于法院基于公权力委托律师持令调查取证,才有了禁止律师滥用调查令和对拒绝配合调查的惩戒要求。

由于律师持调查令进行调查取证权系一种诉讼上的权利,律师对被调查事项不能选择是否向法院提供。因此,对律师的要求应是:一是律师调查取证局限于人民法院授权调查的事项。二是对于调查的证据,律师无权自行筛选,不能有选择性地向人民法院提供。三是被调查人来讲,被调查人不得拒绝向律师提供调查令中提及的证据。在涉及被调查人的秘密保护需要时,被调查人可以直接向人民法院提供被调查的证据。四是律师是否有权先行查阅相关证据。从证据开示层面,律师有权先行开示相关证据,这对我国有一定的借鉴价值,即律师可以先行阅示其所调取的证据。当然,被调查人也可以采取密封的形式要求律师在不阅示的情况下直接将调取的证据提供给法院。[3]

在上述顶层设计的制度框架之下,下一步则需要研究律师调查令的具体制度构成,这涉及:律师调查令的申请、适于调取证据的范围、法院审查和签发程序、违反律师调查令拒绝调取证据的法律后果、律师调查令调取证据的质证与采信等制度。

---

〔1〕 参见曹靖:《律师代表存期待:律师调查令制度统一规定全面推行》,载《中国律师》2017 年第 4 期。
〔2〕 参见曹建军:《论民事调查令的实践基础与规范理性》,载《法学家》2019 年第 3 期。
〔3〕 实践中,在律师持证向相关部门调取证据时,相关部门都会告知律师调取的内容。

第二节　律师调查令的申请

律师调查令要由人民法院审查签发,但是其必须坚持当事人主义诉讼模式的基本诉讼机理,即由律师书面提出申请。由此,就涉及以下几个问题:(1)谁有权提起申请。(2)申请书的内容。(3)申请书的递交。(4)申请的阶段和期限。

一、申请主体

诚如本书前文的分析,律师调查令是法院分散一部分自身调查取证职能给当事人委托的律师,由律师持令调查,因此带有公权赋权的性质。故考虑到这种公权部分让渡的严肃性和科学性,对受委托行使该部分权力的主体应加以限制。前面已经指出,律师调查令只能由律师提出申请,并仅赋予律师持证调查取证的权利。[1] 这主要有以下几个方面的理由。

其一,加强与案件审理的关联性,提高调查令申请的效率。签发律师调查令限于当事人由于客观原因无法收集到的证据。由此,以当事人自身穷尽其私权手段无法收集到证据为前提,且申请调取的证据与案件有关联。因此,只有在申请时由专业律师提出,才能发现该等证据是否属于当事人不能自行收集,或者该证据与案件审理是否有关联,以提高调查取证的成功率,避免当事人在申请调查取证时做无用功,影响审判效率。

其二,符合律师调查令的功能定位。律师虽然是调查取证的主体,但是考虑到律师作为专业人士,在其接受当事人委托后,不得不面对服务当事人利益和出具中立性专业意见之间的平衡问题,故由专业律师申请并持令调查更能实现其保障当事人调查取证的功能和促进法院发现案件真实的目的。律师虽然受当事人委托,需要为当事人的利益服务,但是律师自身也具有自律的要求,有利于人民法院对该制度的控制,也有利于消除目前对律师调查令试行不利后果的担忧。让律师充分行使调查取证权,能够强化律师参与案件的深度,更加向案件中立性靠拢,有利于人民法院公正裁判,有利于多元化化解矛盾纠纷。

---

〔1〕 参见黄莹等:《民事诉讼中律师调查令的制度构建》,载《法制与社会》2017 年第 15 期。

其三,与比较法上证据收集权的做法一致。英美法系的证据开示制度、大陆法系的文书提出命令虽然并没有对申请调查取证的主体进行限制,但是在实务操作上多由律师进行,非由专业律师进行的情况很少,这为我国提供了一定的借鉴价值。[1] 事实上,律师在收集证据方面的专业性,能够满足律师调查令的多项功能要求。律师的专业性能够提高律师调查令申请和调取证据的有效性,避免漫无目的的调查取证,增加调查取证的工作量。律师的专业性能够提高所调取证据在案件中的针对性和实效性;律师通过调取证据、分类证据,并利用专业知识将证据与案件关联起来,能够提高证据在案件审理中的作用。

其四,与律师在我国法治建设体系中的地位相符。在社会主义法治建设的实践中,律师是法治建设的重要组成部分。律师参与解除相关纠纷时行使调查取证权,符合《律师法》对于律师行使权利的定位。由律师参与证据的调查取证,有利于发挥律师的积极主动性。

律师调查令的申请主体仅限制于律师,这里的律师是指取得执业资格的律师。[2] 至于申请调取证据的律师,包括政府内部担任政府委托诉讼代理人的公职律师,也包括案件原被告和第三人的委托代理律师。

此种调查取证权利的保障仅限于律师担任诉讼代理人期间,一旦律师不再担任代理人,则其不能再行使该权利,应立即将其不担任诉讼代理人的情形报告签发调查令的法院,并将调查令交回法院。当然,裁定签发的调查令,律师不必交回该调查令。律师在获得调查取证权利时,不得将该部分权利让渡给当事人,更不能让渡给当事人另行委托的其他律师。[3]

由于律师调查令的申请和调查取证主体限于本案当事人委托的律师,因此以下主体应该被排除在申请律师调查令的范围之外。

(1)当事人本人。虽然律师行使的诉讼代理权限来自当事人的授权,其调查取证的目的也在于保护当事人追求实体公正的权利,但是考虑到该权利行使的专业性、严肃性和严格性,故不应由当事人本人行使。当然,限制民事行为能力或者无民事行为能力人的法定代理人,也不能享有持有律师调查令调取证据的权利。

---

〔1〕 参见唐力:《日本民事诉讼证据收集制度及其法理》,载《环球法律评论》2007 年第 2 期。

〔2〕 参见叶若思、叶艳:《民事证据调查令制度初探》,载《中国审判》2008 年第 10 期。

〔3〕 实践中法院签发律师调查令时,会在调查令中明确持调查令调查的律师的名字,被调查人会核实证件,因此从实际中通行的做法来看,更换代理人的情况下,原签发的律师调查令无法再使用。

(2)基层法律服务工作者。虽然在我国现行的法律服务市场中,基层法律服务工作者在实践中履行了几乎和律师相同的职能,[1]但是鉴于律师调查令的功能主要由律师来完成,因此持令调查证据不能由基层法律服务工作者完成。

(3)实习律师不能申请。实习律师由于尚处于实习阶段,在专业知识和经验积累上尚需要进一步提高,故对律师调查令这种严肃性和需要法律知识储备的行为,应认为其不符合要求,故不应向其签发律师调查令。

(4)当事人的近亲属或者工作人员。虽然《民事诉讼法》第六十二条规定当事人的近亲属或者工作人员可以被委托为案件的诉讼代理人,但是考虑到这些诉讼代理人可能在法律知识上欠缺,故不宜被作为适格的律师调查令申请人员。例如,公司委托的诉讼代理人员不能申请。虽然在实务中有些公司会委托其法务人员参与民事诉讼,但是考虑到其系基于公司委托代理的自然人身份参与民事诉讼,故不应赋予其调查取证权。[2] 主要理由在于:一方面,其不具有律师身份,虽然了解案件事实,但是其缺乏律师的高度专业储备;另一方面,作为当事人的员工,其往往缺乏中立性的考虑,故其在调取证据时可能基于委托人的利益,难免会影响该制度的发挥。

(5)当事人所在社区、单位以及有关社会团体推荐的公民。同样的道理,虽然《民事诉讼法》第六十二条规定,公民经过所在社区、单位及有关社会团体推荐可以担任诉讼代理人,但是亦考虑到律师调查令在调取证据方面的专业性和程序性要求,故不宜由公民行使调取证据权。

(6)其他不是律师身份的主体。比如,法人代表人和非法人组织的负责人由于不具有律师身份,同样基于上述理由不应赋予其持证调查取证的资格。又如,破产管理人虽然在破产企业进入破产程序中取代法定代表人的地位,但是其仍然不具有持证调查取证的资格;企业破产时,仍然需要由破产企业委托的律师申请及持令调查。

综上所述,律师调查令的申请和签发主体仅限于本案受委托从事诉讼代理业务的律师;除此之外,不应赋予其他人调查取证权。

---

〔1〕 为此司法部还专门出台了《基层法律服务工作者管理办法》。

〔2〕 《律师法》第十二条规定:"高等院校、科研机构中从事法学教育、研究工作的人员,符合本法第五条规定条件的,经所在单位同意,依照本法第六条规定的程序,可以申请兼职律师执业。"从规定来看,公司法务人员不属于可以申请兼职律师的范围,且从司法部门对执业律师的要求来看,公司员工也不具备申请成为律师的条件。如果在北京申请执业,需要提供律所缴纳社保的证明,因此公司员工从实践来看也不可能申请律师执业证。

二、律师调查令的申请及证据特定义务

律师请求法院签发调查令，责令对方当事人或第三人提供所占有证据的，应当向法院提交符合法定形式及内容的申请书，并说明要求相对方承担证据协助调查义务的依据。

目前，各地试行律师调查令的规范意见仅规定了律师有权申请法院签发律师调查令，并要求律师提交申请书。但是，对于申请书的内容及申请的条件则少有涉及。对此，考虑到大陆法系文书提出命令和英美法系证据开示制度在保障证据收集权的同时，还设置了避免当事人滥用收集证据权以达到拖延诉讼的目的。因此，为了进一步提高诉讼效率、遏制当事人滥用调查申请，并为人民法院审查调查令申请是否合理做出审查判断，应要求以下几点。

1. 申请书应明确拟调取的证据。对此，大陆法系的文书提出命令的文书特定义务具有一定的借鉴价值。为使法院及证据持有人明确申请提供的证据，申请律师应在申请书中清楚表明申请调取证据的外在特征，如证据的名称、性质、证据来源、证据形成时间等信息。[1] 将律师申请的文书予以明确化，也是法院判断该申请是否合理及该证据同案件审理是否具有关联性的前提。

2. 所申请调取证据的大概内容及同待证事项的可能关联。在所提交申请的外在特征之外，律师还需要向法院说明申请调查的证据与待证事实的可能关联内容。鉴于并非所有调查取证的申请均能够获得批准，故为了提高申请的针对性并有助于法院判断申请的合理性，律师应在申请中说明拟调取的证据同案件的关联性。只有这样，法官才可判断该拟调取的证据是否属于案件处理可能涉及的证据范围，判断该证据内容与待证事实的关联性及重要性，并据此作出审查结论，裁定是否签发律师调查令。在申请书中，律师应当明确说明依其所申请的证据拟证明的事实，即该证据所指向的待证事实。明确待证事实，能够帮助法官了解证据对于待证事实是否具备证明能力，以决定是否责令证据持有人提交该证据。

3. 证据被占有的事实及举证人不能自行收集证据的理由。律师调查令制度的主要功能在于使申请调取证据人获取对方当事人或第三人所占有的证据，以支持其主张，达到胜诉的可能。因而，该证据由被调查人占有或者实际控制

---

〔1〕 参见［日］伊藤真：《民事诉讼法》（第4版补订版），曹云吉译，北京大学出版社2019年版，第288页。

是律师调查令运行的基础条件。如果证据并未由被调查人占有或控制，则该制度可能会被滥用，从而达到当事人拖延诉讼的目的。[1] 被调查人占有证据，包括直接占有与间接占有。间接占有指相对人虽未直接占有该证据，但该证据在其直接控制范围内，其获得该证据并不存在事实上的任何障碍。申请人必须在申请书中阐明该证据被占有的依据或事实。例如，在甲公司起诉乙公司交付房屋的诉讼中，甲公司委托的代理律师申请调查房屋使用情况。作为申请人的甲公司委托代理律师只要证明被申请人系该房屋的登记权利人，则自然可以推定该房屋由被申请人占有；即使该房屋非由登记权利人占有，也可推定该登记权利人承担协助调查义务。

4. 被调查人承担提供证据或者协助证据调查的义务及原因。在申请书中简单说明被调查人承担协助调查的原因，也即所申请之证据处于当事人举证义务的范围内。当然，举证人在申请法院签发律师调查令时，还需要阐述证据持有人承担协助调查义务的法定事由。在此，只要说明申请人由于客观原因不能调取到证据即可。对于被调查人而言，为了公正裁判，只要其掌握证据，在法院签发律师调查令的情况下，有义务配合律师调查取证。对此，大陆法系文书提出命令的一般化义务，以及英美法系的证据开示范围的一般化义务方向，对我国律师调查令具有明确的借鉴意义：一是赋予律师调取证据的范围是采取列举式还是一般化义务的方式。从比较法的层面及发展方向来看，采纳一般义务的方式更符合对当事人证据收集保障的要求，更符合律师调查令的功能发挥。二是对于采纳一般化义务的律师调查令调取证据方式，也需要发挥法官在其中的裁量作用，并对当事人滥用申请权予以控制。三是申请人需要在申请文书中说明被调查人不享有拒绝权的情形。

需要注意的是，申请调取证据还要受到秘密保护的要求，这在下述法院审查裁判中将进行研究。

5. 申请签发律师调查令的时间限制。律师调查令的申请需要在何时提出，主要涉及以下几个问题：(1)立案阶段的律师调查令。案件纠纷在人民法院受理之前，能否申请签发律师调查令；(2)有举证期限的，应否在举证期限之内提出申请；(3)法院没有明确举证期限的，应否将举证期限限制于一审法庭辩论终结之前；(4)二审程序中能否申请调查取证；(5)在审判监督程序中能否申请。

[1] 参见王杏飞、刘洋：《论我国民事诉讼中的律师调查令》，载《法治研究》2017 年第 3 期。

(1)立案阶段的律师调查令。案件纠纷由人民法院受理之前,律师能否申请签发律师调查令。答案是肯定的。主要理由在于:首先,目前我国通过2015年的民事立案登记制度改革,已经基本实现立案登记制,[1]故案件在人民法院立案已非难事。由此,在立案阶段,由律师申请调查取证,并未增加当事人的诉累。其次,有利于纠纷的快速解决,有利于从源头上化解纠纷。对于一些当事人来说,通过律师调查取证之后,发现案件对其不利,则不再起诉,有利于纠纷的及时化解。对于有些案件,在立案之后进入实体审理程序之前,由法院签发律师调查令,申请人发现无法胜诉的情况下,可能会采取撤诉或调解的形式结案,要么最终承担败诉的法律后果这样使已经产生的纠纷能够最终解决。[2] 特别是,目前在我国地方法院面临案多人少压力的情况下,法院针对诉讼案件多在立案阶段成立调解速裁中心,由专门的人员对案件进行调解。在这一阶段,签发律师调查令,有利于将一些案件消化掉。最后,考虑到目前我国各地已经在立案阶段试行律师调查令,并且形成了良好的法律效果,将此有益做法继续推广下去,有利于进一步提高律师调查令的现实生命力。当然,鉴于本研究主要针对民事诉讼程序中适用律师调查令制度进行研究,故对于立案阶段律师调查令的适用可以参照诉讼程序中的律师调查令制度。事实上,在立案阶段推行律师调查令,不仅不会增加人民法院的工作负担,相反会提高人民法院司法审判的效率、提高司法权威。将律师调查令嵌入立案阶段的案件,一方面如果当事人通过调解、撤诉方式结案,则可以大量减少进入审判的案件,提高案件裁判的社会效果;另一方面,如果案件进入诉讼程序,则可以减少或者避免在诉讼阶段律师申请调查令,从而起到"磨刀不误砍柴工"的法律效果。

(2)有举证期限的,应在举证期限之内提出申请。对于人民法院已经确定举证期限的,应要求律师在该期限之内提出申请。如果律师在此期限没有提出

---

〔1〕 2014年10月23日中国共产党第十八届中央委员会第四次全体会议通过,《中共中央关于全面推进依法治国若干重大问题的决定》第四部分"保证公正司法,提高司法公信力"第(二)项要求,改革法院案件受理制度,变立案审查制为立案登记制,对人民法院依法应该受理的案件,做到有案必立、有诉必理,保障当事人诉权。加大对虚假诉讼、恶意诉讼、无理缠诉行为的惩治力度。2015年4月1日,中央全面深化改革领导小组第十一次会议审议通过的《关于人民法院推行立案登记制改革的意见》明确,为充分保障当事人诉权,切实解决人民群众反映的"立案难"问题,改革法院案件受理制度,变立案审查制为立案登记制。因此,当事人只要提供符合形式要件的诉状,法院应当一律接收,并在规定的期限内依法处理。在此形势下,各级法院对当事人起诉进行实质性审查的做法得到基本改变。

〔2〕 纠纷并不一定要通过诉讼解决。参见范愉:《非诉讼纠纷解决机制(ADR)与法治的可持续发展——纠纷解决与ADR研究的方法与理念》,载《法制现代化研究》2002年第00期。

申请的,人民法院应视为其放弃了申请调查取证的权利。主要理由在于:其一,既然当事人委托了律师,律师对于其权利应该有明确的认识。在法院明确了举证期限的情况下,其提供证据应该符合该期限要求。由此,其申请签发律师调查令也应该在此期限内。其二,在已经确定了举证期限的情况下,在该期限内申请有利于提高案件审理的效率。如果允许在举证期限届满之后再提出调查令签发申请,则会使案件久拖不决,影响案件的审理效率。

(3)法院没有明确规定举证期限的,应将申请期限限制在一审法庭辩论终结前。这样限制的理由主要在于提高案件审理的效率。如果在法庭辩论终结后还允许当事人提出调查证据的请求,则会浪费法院审理案件的资源,使之前案件审理程序由于调取新证据而不得不恢复到法庭调查阶段,进而再次启动法庭辩论程序,使得案件审理程序陷入周而复始的循环,浪费司法资源。

(4)二审程序中是否允许当事人申请律师调查令。对此,答案应该是,原则上是允许的,但是应作出限制。2001 年《证据规定》第四十一条第二款规定,二审程序中新证据包括:一审庭审结束后新发现的证据;当事人在一审举证期限届满前申请人民法院调查取证未获准许,二审法院经审查认为应当准许并依当事人申请调取的证据。上述规定说明,在人民法院司法审判实践中,并未禁止二审阶段当事人提交新证据。《民事诉讼法解释》第九十九条第二款规定,人民法院确定举证期限,第一审普通程序案件不得少于 15 日,当事人提供新的证据的第二审案件不得少于 10 日。由此,通过《民事诉讼法解释》规定的文义也可以确定,二审阶段允许当事人提供新的证据。当然,在《民事诉讼法解释》逻辑上允许二审阶段提出新证据的情况下,该司法解释并未将 2001 年《证据规定》第四十一条第二款的规定吸收进来;2019 年《证据规定》也未保留之前的第四十一条第二款的规定。就此意义而言,对于之前的新证据的判断则不宜作过度限制的解释。

在二审阶段允许当事人提交新证据的背景之下,对律师申请调查取证的申请也应予以准许,逻辑上的理由在于:既然律师申请签发调查令调取证据,则说明该证据系一审诉讼中并未提交的证据,在逻辑上自然构成新证据。就此而言,从新证据的角度考虑,也应允许律师申请。当然,从纠纷的实质解决、案件的公正审理、诉讼效率提高的角度,也应允许律师申请法院签发律师调查令。

当然,对二审阶段律师申请调查取证并非毫无限制,法院在审查时除了同一审阶段律师调查令的审查程序相同之外,法院还需要审查以下几点,并作出判断:其一,对于一审诉讼程序中律师已经申请法院签发律师调查令的,且法院已经签发律师调查令的,二审程序中当事人委托的代理律师再行申请的,则不应予以再次签发。其二,对2001年《证据规定》中新证据的要件的判断应作限缩解释。如果该证据在一审阶段虽然已经客观存在,但是律师在一审阶段既未申请法院调查取证,也未申请法院签发律师调查令的,则不能限制律师在二审阶段对该证据申请调取。

(5)在审判监督程序中能否申请法院签发律师调查令。原则上,考虑到审判监督程序为我国正常民事诉讼程序之外的特殊程序,其功能在于纠正已经生效裁判的错误。故在一审、二审程序已经完成的情况下,举证义务原则上应在一审、二审程序中完成。因此,对于审判监督程序中当事人提出律师调查令的申请,人民法院原则上不应准许。

《民事诉讼法解释》第三百八十八条第一款规定:"再审申请人证明其提交的新的证据符合下列情形之一的,可以认定逾期提供证据的理由成立:(一)在原审庭审结束前已经存在,因客观原因于庭审结束后才发现的;(二)在原审庭审结束前已经发现,但因客观原因无法取得或者在规定的期限内不能提供的;(三)在原审庭审结束后形成,无法据此另行提起诉讼的。"上述规定说明,在再审程序中,当事人也可以提出新证据,特别是由于客观原因才发现或者由于客观原因无法取得的证据。因此,对于当事人由于客观原因无法取得的证据,恰恰是律师调查令制度所欲解决的证据收集保障权的重要问题。因此,对于一审、二审程序中当事人申请法院调取证据或者申请签发律师调查令未获得人民法院批准的,应允许律师申请签发律师调查令,并在此阶段赋予律师持证调查的权利;对于此阶段律师持证调取的证据,可以依据《民事诉讼法解释》第三百八十八条的规定,认定为新证据。

三、证据特定协助义务及其缓和

在证据收集上,无论英美法系的证据开示制度,还是大陆法系的文书提出命令,均排除当事人漫无目的的调取证据申请。于此,英美法设计了证据开示的证据特定化,大陆法系在文书提出命令制度中规定了文书特定义务,这两个法系的做法对我国律师调查令的申请具有很大的借鉴意义。本研究认为,申请人向法院申请律师调查令时,应当在申请书中表明所申请调取的证据及其大概内容,这就是申请调查取证的证据特定义务。

应予注意的是，证据被对方当事人或第三人持有的情况下，申请人往往难明确证据类型及内容。在此情况下，仍然严格要求律师申请时必须完成证据特定义务，这会使律师调查令的制度功能无法发挥。因此，法官考虑个案情况后，认为该可能的证据对于案件审理确有必要的，可以责令证据持有人协助实现证据特定义务。证据持有人是否承担证据特定协助义务，需要考虑以下三个方面因素：一是证据持有人证据特定协助义务的正当性；二是证据持有人证据特定协助义务的内容；三是证据持有人证据特定协助义务的法律效果。

1. 证据特定协助义务的正当性。笔者认为，应在一定情形下要求证据持有人承担证据特定协助义务。主要有以下几点理由：首先，基于协力解决纠纷的需要，证据持有人承担协助特定证据的义务。按照现代诉讼协同主义原则，“不负证明责任的当事人就证据资料的收集亦负有一般协力解明事案之义务”，〔1〕因此，申请人无法完成证据特定义务时，请求证据持有人给予必要的协助，正是协同探明案件事实的需要。其次，基于提高诉讼效率、促进案件实体公正审理的需要。如果因为举证不能，或者围绕证据收集的问题形成旷日持久的争论，会使案件纠纷悬而未决、久拖不决，还有可能因为新证据的获取而使已经生效的案件出现反复，这不仅耗费当事人大量的经济、时间成本，更加无法保障当事人的实体公正。所以，出于提高诉讼效率的考虑，应要求证据持有人就证据特定承担协助义务。再次，基于民事诉讼诚实信用原则的要求。我国《民事诉讼法》第十三条规定诚实信用原则是民事诉讼的基本原则之一，这是当事人参加民事诉讼的行为准则。在举证人并不具备控制、占有证据材料的条件或能力时，即存在证据偏在造成举证明显困难时，需要法官行使裁量权，“依诚信原则对这种扭曲了的诉讼利益关系进行矫正”。〔2〕 最后，证据被纠纷之外的第三人持有时，将律师调查令定位为一种诉讼法保障证据收集权，可以要求第三人负担证据特定协助义务，促进法院发现案件客观真实的效率。

2. 律师调查令中的证据特定协助义务的内容。证据特定协助义务的内容，系指在申请调取证据的律师明确该证据及其内容存在困难时，证据持有人所承担的协助提供相关证据的义务。例如，在由于政府规划调整使当事人之间合作开发房地产的合同是否能够继续履行产生争议时，一方当事人往往很难知悉政府规划及规划调整的内容，也无从知悉是否存在政府规划调整的文件。因此，

〔1〕 沈冠伶：《民事证据法与武器平等原则》，台北，元照出版有限公司 2007 年版，第 15 页。
〔2〕 汤维建：《论民事诉讼中的诚信原则》，载《法学家》2003 年第 3 期。

在产生争议时,责令负责规划的政府相关部门向申请人提供相关的证据文件,供申请人选择,有利于申请人决定是否申请调取该证据,也有利于当事人纠纷的及时解决。

前面的研究指出,大陆法系的文书提出命令制度中,在立法上即明确了文书持有人的特定协助义务。英美法系通过多次的证据开示制度逐步接近证据的内容。笔者认为,我国律师调查令中的证据特定协助义务,可以由司法解释予以细化规定,并在实践中交由法院行使裁量权来实现。在上述案例中,律师虽然知道由于政府规划调整导致合作开发房地产合同难以履行,但是规划调整被政府以"会议纪要"、"内部文件"或行政公文的形式作出的情况下,没有参与会议的主体难以知道该"会议纪要"、"内部文件"或"行政公文"的具体名称和内容。由相关政府部门承担协助证据特定义务,可以进一步为律师调查令证据特定提供帮助。

3. 违反律师调查令中证据特定协助义务的法律后果。比较法上,在文书提出命令制度中对违反文书特定协助义务的法律后果,存在不同的意见。因此,即使文书提出命令的制度具有借鉴价值,延伸到律师调查令中,也会存在不同的处理意见。对此,日本法及我国台湾地区关于违反文书特定协助义务的规定具有一定的参考和借鉴价值。之前我们介绍过,日本法没有规定违反文书特定协助义务的法律效果,理论界对此问题有不同观点,主要有:发令肯定说、发令否定说、再评价说。在文书提出命令上,我国台湾地区有学者认为,违反文书特定协助义务的,可推定该文书真实。[1]

笔者认为,在我国现阶段的法治环境下,为避免律师调查令的滥用,上述观点均不适用。

首先,发令肯定说并不适用。被调查人不协助证据特定时,虽然导致证据不能特定,法院原则上应以此为由驳回调查令的申请。民事诉讼中,当事人首先应提供初步的证据对事实加以证明,在无法提供欲调取证据的名称、内容的情况下,如果仍然签发调查令或者要求被调查人协助证据特定,可能会引导当事人利用证据特定协助义务拖延诉讼。

其次,如果被调查人违反证据特定义务不提供证据,不可以适用关于该证据拟制真实的制度,也不可以适用民事诉讼法的制裁措施,对此应该是不存在

---

〔1〕 参见许士宦:《证明妨碍》,载《月旦法学杂志》第76期(2001年)。

争议的。主要理由在于:首先,避免当事人恶意利用证据特定协助义务达到拖延诉讼的目的,以此提高民事诉讼效率。在证据内容和形式毫无准确性的情况下,当事人可能任意为之,如果将该裁断交给法院,会加大法院审理案件的难度。其次,设置证据特定义务及证据特定协助义务的目的在于为法院审查律师调查令的申请是否合理提供判断依据。拟制真实、罚款、责令提供证据等制裁措施是法律明定存在妨碍证据调查义务的制裁措施,擅自使用会违背立法者设置律师调查令的制度初衷。最后,发令否定说不符合证据保障制度的需要。实践中大量的证据被对方当事人或第三方控制,申请当事人根本不知道该证据名称和内容的情形,如果简单驳回调查令申请,进而以一方当事人未尽到证明责任为由驳回其诉讼请求,难免导致案件审理的结果不公正。

对此的救济路径是,人民法院应斟酌该证据对于案件的关联性、重要性,并确定是否需要依据职权调查取证,即在借鉴再评价观点的基础上,根据民事诉讼诚信原则,如果证据持有人未依法院命令履行证据特定协助义务,法院可以裁量后决定是否由人民法院亲自调取该"证据",而非认为证据持有人违反证据特定协助义务,[1]也不能直接签发调查令由律师调查取证。因此,人民法院在评价符合《民事诉讼法》第六十七条第二款当事人由于客观原因无法取证,且申请符合构成要件时,可以决定由人民法院调查取证。

四、申请签发律师调查令的条件

申请法院签发律师调查令,除了上述证据特定的要求之外,还应写明申请签发律师调查令的理由,包括签发调查令的必要性和重要性。

1. 必要性。应写明当事人及其律师无法调取证据的原因,也可以写明已穷尽其他办法仍无法取得证据的客观事实。当然,由于个案的差异性,这种理由只是列明即可,至于此种理由是否为必要,由法官结合具体案件情况进行综合评判。一般情况下,只要写明该证据被对方当事人或第三人占有,以及申请人无法行使私权获得该证据即可。

2. 重要性或关联性。应在申请中写明对案件审理的重要性,一般意义上为该欲调取的证据同案件审理的关联性,即"该证据对案件事实的证明作用"。[2]

---

〔1〕 我国台湾地区有学者认为,对文书提出命令的文书特定协助义务也可采纳该方式。参见吕太郎:《文书提出命令》,载《台湾本土法律杂志》第25期(2001年)。

〔2〕 陈光中、徐静村主编:《刑事诉讼法学》,中国政法大学出版社1999年版,第163页。

《美国联邦证据规则》第四百零一条规定,关联性是指,有这项证据和没有这项证据相比,有该项证据使事实存在或者不存在更可能,该事实对诉讼具有重要意义,那么证据具有关联性。如果能够说明调取的证据和案件事实之间有直接关联并且程度很高,则有助于提高人民法院签发的成功率。

第三节 律师调查令适用的诉讼阶段和范围

这涉及以下三个问题:第一,律师调查令适用的诉讼阶段;第二,律师能够申请持调查令调取的证据范围;第三,律师调查令中的证据收集保障和秘密保护利益的平衡。

一、律师调查令的适用诉讼阶段

目前,地方法院对律师调查令多适用于案件立案阶段、案件审理阶段和执行阶段。对此,需要分析该三种阶段适用律师调查令的法理基础和必要性。

(一)立案阶段适用律师调查令

前文已经论述,在立案阶段,人民法院可以签发律师调查令,赋予律师持证调查权。[1] 在立案阶段签发律师调查令,一方面可以帮助没有对方当事人身份信息的原告查明当事人身份信息;另一方面可以帮助可能的原告在起诉前收集起诉证据,比如第三方留存的合同等,有利于拟起诉原告根据证据综合判断是否起诉。

在我国全面实施立案登记制的背景下,人民法院案件立案时不再需要对诉的要件进行审查,仅在立案阶段查明起诉是否符合一定的条件即可。因此,只要当事人的起诉符合提起诉讼的条件,人民法院即应予以立案;至于诉讼请求

---

〔1〕 参见曹云吉:《立案登记制下"当事人"的程序构造》,载《法制与社会发展》2017 年第 5 期。

能否成立,则需要经过实体审判进行判断,不能在立案阶段予以审查。[1] 因此,在立案阶段允许律师持调查令调取证据,并非要求当事人证明诉讼请求成立的可能性。对此,在立案阶段允许法官签发律师调查令的范围应当要窄,要区别于审判程序中签发律师调查。立案阶段应仅限于当事人身份信息,证明有法律关系的证据在第三方留存时可申请律师调查令。

(二)非诉讼程序不适用律师调查令

有文章认为,有必要在律师的非诉讼业务领域适用律师调查令制度。[2] 笔者认为,律师非诉讼领域不应推广适用律师调查令。主要理由如下。

首先,与律师调查令的功能不符。律师调查令主要保障当事人的证据收集权,以实现民事诉讼中双方当事人的武器平等原则。但是,律师的非诉讼业务,并不存在利益对立的双方当事人,因此不存在收集证据的问题,故律师调查令所欲解决的问题不存在;进一步,律师调查令所发挥的保障证据收集的功能也就不存在。

其次,与律师调查令的法理基础不符。上文我们阐述了,律师调查令在性质上应定位于一种诉讼权利,该种诉讼权利背后是国家公权力的授权背书,因此,该权利带有公共利益的属性。但是,律师的非诉讼业务,往往系律师私权行使的业务领域,服从于律师和当事人的利益导向。在该利益导向中,很少具有公共利益的属性。因此,如果开具律师调查令,由律师持证调查相应材料,无异于将本应服务于公共利益的公权力服务于私的利益,构成了对公共利益的侵害。

最后,与目前律师调查令试行的实际不符。在存在双方当事人的诉讼构造中,法院对签发律师调查令有很大的控制权。非诉讼中,法院在没有利益对立的情况下,无法决定是否需要签发律师调查令。目前,对于是否签发律师调查

---

〔1〕 关于诉的成立要件与诉讼成立要件的关系,参见最高人民法院(2020)最高法民终 605 号民事判决。在该判决中,最高人民法院明确,《民事诉讼法》第一百一十九条规定的起诉要件为诉讼成立要件,系判断当事人提起诉讼能否成立的形式要件。若原告起诉不符合该起诉要件,法院应以原告之诉不合法为由通过裁定形式驳回起诉。但若案件实质上涉及原告的权利保护要件是否成立时,应由法院对案件进行实体审理后加以判断。如果其提起的诉讼请求缺乏权利保护要件,即诉讼请求不能成立的,则法院应以原告之诉不能得到支持为由通过判决形式驳回。当事人起诉主张的法律关系的性质或民事法律行为的效力与法院根据案件事实作出的认定不一致,法院应向当事人释明,由其变更诉讼请求;如当事人经释明后,仍坚持原诉讼请求的,法院应就当事人主张的法律关系和合同效力进行实体审理并作出判断。在此判断基础上也应以实体判决的形式对当事人的诉讼请求进行判断,而不能以裁定驳回当事人起诉的形式认定当事人无诉权。

〔2〕 参见林鸿:《律师权利保障》,载《福建政法管理干部学院学报》2004 年第 4 期。

令,法院往往需要斟酌案件的事实、立案需要和被执行人财产线索予以考虑,其往往基于对立当事人的请求和案件审理需要进行判断。但是,在律师非诉讼服务领域,并不存在对抗利益的当事人,如果允许签发律师调查令,则法院在利益平衡上没有相应的判断依据。

(三)执行阶段的律师调查令

在人民法院的执行工作实践中,从理论上讲执行阶段并无律师调查令的适用空间,主要理由在于:其一,执行阶段原则上是对生效法律文书的执行,原则上是法院依据国家公权力执行生效法律文书的问题;在涉及被调查人财产查询时并不涉及民事诉讼当事人举证能力的保障问题。其二,执行中对被执行人财产的调查原则上属于人民法院执行部门应履行的职责,如果由律师申请执行,则混淆了两种权利的性质差别,容易将本应由人民法院履行的职责推诿给申请执行的当事人,此种做法并不可取。其三,我国各地执行中实现的执行财产的查扣问题已经基本解决了执行中财产查询的困难,执行中的律师调查令发挥的功能有限。因此,在执行中推行律师调查令,其制度价值必然无法发挥。〔1〕

但是,目前在人民法院执行程序中案多人少的形势下,律师调查令仍然有其适用空间。其一,从提高执行效率而言,在执行中签发律师调查令,允许律师持令调查被执行人的财产,属于执行中的具体措施,有助于形成解决基本执行难的常态化机制。因此,在执行中试行律师调查令,亦无不可。执行中律师调查令的制度设计,可以参考审判程序的律师调查令制度。这也是目前实务中较多的呼声。〔2〕 其二,有利于提升申请执行当事人对司法公信力的认同度。对此,在执行阶段赋予律师持证调查取证权,可以将部分人民法院调查当事人财产状况的工作交由当事人完成;无法查询到当事人财产的后果,可以被律师认识,并被认可,使律师和当事人对人民法院客观执行不能具有正确的认识。其三,实践中有些领域或者地区,通过人民法院执行信息查控系统无法查询,交由律师持证调查,可以弥补人民法院调查财产方面的不足。比如,一些边远地区的房产登记状况、公司登记状况、婚姻登记状况,存在无法通过人民法院统一网络查询系统查询的情况,要求人民法院执行人员亲自赴现场调查,无疑会增加

---

〔1〕 参见叶蓁:《论民事强制执行中的财产调查权》,载《环球法律评论》2011 年第 1 期;廖中洪、李峰:《民事执行调查程序基本理论分析》,载《天津师范大学学报(社会科学版)》2013 年第 1 期。

〔2〕 参见刘清林等:《多措并举完善律师调查令制度——江西安福法院关于律师调查令的调研报告》,载《人民法院报》2018 年 5 月 3 日,第 8 版。

人民法院的工作压力，而且会影响执行工作效率；在此情况下，人民法院签发律师调查令，由律师持证调查，既可以减轻人民法院的工作负担，也可以提高执行的工作效率，还可以消除当事人对法院的不信任感。

二、律师调查令调取证据的范围

大陆法系的文书提出命令是保障证据收集权的主要制度，对象限于书证；但是，对于书证的具体类型和形式，则没有限制。比如，日本法就赋予了一般化书证提出义务，将文书提出命令适用于所有的书证；英美法系国家因采判例制形式，并不像大陆法系国家一样存在概念体系，而是直接规定什么样的证据具有可采性、排除证据收集的规则以及排除规则的例外。[1] 英美法系保障证据收集权的主要制度是证据开示制度；证据开示的范围比较广泛，包括书证、物证和其他证据。我国明确规定了证据的种类，因此本书根据证据分类就律师调查令的适用范围展开论述。

（一）律师调查令适宜调取的证据类型

对律师持调查令调取证据的范围，目前各法院试点意见中均设置了消极条件，即在涉及公共利益、个人隐私保护、秘密保护的情况下不予签发，其他的情形由法院具体裁决，主要审查当事人由于客观原因不能自行收集及拟调取证据与案件审理的关联性。笔者认为，鉴于我国律师调查令的签发需要法院根据具体案件审理情况进行审查，故不宜予以限制，而应采纳一般性义务的方法，即律师调查令适用于所有适宜调取的证据。因此，律师调查令具有了明确区分于文书提出命令制度的优势，其适用范围包括文书提出命令中的文书，且这里的文书证据还包括第三人持有的文书。

结合我国民事诉讼法关于证据类型的规定，笔者认为律师持证调取的证据应包括以下几种。

1. 书证。书证是民事诉讼中被普遍应用的一种证据，主要表现形式是各种书面文件。书证是最适于调取的证据，也是实践中被申请调查取证最多的证据，可以说是律师调查令的重要适用领域。

我国《民事诉讼法解释》第一百一十二条虽然规定了书证提出义务，但是该书证提出义务的范围仅限于案件当事人所掌握的书证，对于实践中广泛被案外

---

〔1〕 参见常怡主编：《民事诉讼法学》（第2版），中国政法大学出版社2008年版，第204～205页。

第三人占有的书证,则缺乏规定,由此导致上述司法解释中的书证提出义务功能大打折扣。2019 年《证据规定》虽然对《民事诉讼法解释》文书提出命令制度进行了完善,特别是增加了违反文书提出命令的法律后果,但是对于文书被第三人占有的情形仍然缺乏规定。通过推行律师调查令制度,可以弥补上述司法解释的空白。即针对文书被第三人占有控制的情形,可以通过人民法院签发律师调查令,由律师持令向该第三人调取该类文书证据。

2. 物证。物证是指以物存在的形状、质量、规格、特征等来证明案件事实的证据。物证是通过其外部特征和自身所体现的属性来证明案件的真实情况,不受人们主观因素的影响和制约。因此,物证也是《民事诉讼法》规定的重要证据之一。民事诉讼中常见的物证有:争议的标的物(房屋、物品等);侵权所损害的物体(加工的物品、衣物等);遗留的痕迹(印记、指纹)等。鉴于有些物证可能由于特殊的原因被对方当事人或者第三人掌握,申请人难以取得,由此也有调取必要。比如,在某委托案件审理的过程中,如果受托人将受托买卖的物品寄存在第三人拍卖行,对于该物品产生的争议则需要确认该物证的客观真实性。申请人请求调取该争议物品的事实情况时,法院为查明事实,可以签发律师调查令。又如,假冒商标案件中,对于销售商所销售的产品是否存在侵犯商标权,原告可以申请人民法院出具律师调查令,调取正在销售的某批商品。

3. 视听资料。视听资料,是指利用录音、录像、电子计算机储存的资料和数据等来证明案件事实的一种证据。视听资料包括录相带、录音片、电影胶卷、微型胶卷、电话录音、雷达扫描资料和电脑贮存数据和资料等。国外民事诉讼法一般都没有将视听资料作为一种独立的证据类型对待,仅将其归入书证和物证的种类,我国民事诉讼法鉴于其具有独立的特点,将其归为一类独立的证据类型。

视听资料是通过图像、音响等再现案件事实的,具有生动逼真、便于使用、易于保管等特点。视听资料作为证据种类,不仅在民事诉讼中可以应用,而且在仲裁活动和非讼案件中也得以广泛应用,并越来越受欢迎,它为人民法院的审判活动以及当事人和其他诉讼参与人的诉讼活动提供了更多方便。试听资料适用于律师调查令,自不成问题,其也是实践中较为广泛的律师调查令适用对象。比如,机动车在小区中造成某人受伤。受害人在起诉侵权责任纠纷中,请求调取该小区的监控录像。法院在审查当事人无法自行取得该证据的情况下,可以出具律师调查令,对该监控录像资料进行调取。

4. 电子数据。电子数据，是指基于计算机应用、通信和现代管理技术等电子化技术手段形成包括文字、图形符号、数字、字母等的客观资料。电子数据是以数字化形式存储、处理、传输能够证明案件事实的数据。2019 年《证据规定》第十四条规定："电子数据包括下列信息、电子文件：（一）网页、博客、微博客等网络平台发布的信息；（二）手机短信、电子邮件、即时通信、通讯群组等网络应用服务的通信信息；（三）用户注册信息、身份认证信息、电子交易记录、通信记录、登录日志等信息；（四）文档、图片、音频、视频、数字证书、计算机程序等电子文件；（五）其他以数字化形式存储、处理、传输的能够证明案件事实的信息。"该规定第十五条第二款同时还规定，当事人以电子数据作为证据的，应当提供原件。因此，在民事诉讼中，当事人欲举证电子数据，需要提交原件，这些原件往往并不由举证人控制。电子数据目前在我国民商事交易中广泛存在，对于绝大多数的电子数据信息而言，储存在一些平台经营者的后台服务器中；如果不通过平台经营者，这些电子数据信息是当事人所无法取得的。因此，律师申请签发律师调查令，应该是予以允许的。比如，在一些电子购物中，购物的信息被购物平台掌握，在产生争议时，平台有可能故意删除这些信息，导致当事人很难举证。由此，法院可以向律师签发调查令，调取该平台保存的交易数据资料。

5. 证人证言。证人证言是指证人就自己所知道的与案件有关的情况向司法机关所作的陈述。证人证言，也是我国《民事诉讼法》中规定的一种证据类型。证人证言一般以口头形式表达，由询问人员制作成笔录，必要时，也可以允许证人亲笔书写证言。证人证言一般应当是证人亲自看到或听到的情况。

证人证言在一些地方出台的规范性文件中被排除在适用律师调查令的范围之外。对此，笔者认为，律师调查令也应适用于证人证言的调取上。美国法证据开示制度中笔录证言的程序，可以作为我们律师调查令调取证言的参考。即，针对一些证人由于客观原因无法出庭作证的，律师可以申请法院签发律师调查令，向证人获取证言，由证人签字确认，并在庭审中作为证据提交。事实上，我国刑事程序中由侦查人员调取证人证言的制度也可以在民事诉讼程序中加以参考。但需要注意的是，对于证人拒绝作证的情况，能否适用相关惩戒措施，则需要进一步加以研究，下文予以分析。

（二）不适宜律师调查令调取的证据

1. 当事人陈述。当事人陈述，是指当事人在诉讼中在法院主持下向法庭所作的陈述，不需要律师持令调查。因此，在现行法律要求当事人如实陈述案件事实的前提下,并无必要签发律师调查令调取当事人陈述。

2. 鉴定意见。鉴定人,是指接受聘请或指派凭借自己的专门知识对案件中的疑难问题进行科学研究并做出具有法律效力结论的人。我国民事诉讼理论中普遍认为鉴定人是诉讼参与人。在国外一般将鉴定人纳入证人范畴,称为专家证人。鉴定人运用专业知识、专门技术对案件中的专门性问题进行分析、鉴别、判断后做出的意见,称为鉴定意见。民事诉讼中的鉴定意见具有广泛性和多样性,通常有医学鉴定意见、文书鉴定意见、痕迹鉴定意见、事故鉴定意见、产品质量鉴定意见、会计鉴定意见、行为能力鉴定意见等。在实践中,通过法院委托进行鉴定产生的意见才能被称为鉴定意见。当事人自行委托的专业意见只能称为专家咨询意见,不能称为案件的证据。由此,在律师可以申请法院委托鉴定的情况下,没有必要申请调取。

实践中可能存在律师申请调取另案人民法院委托的鉴定意见的,此种情况下的鉴定意见属于本案的具有书证意义上的证据,应适用调取书证的规则。例如,承包人在承包工程后将工程转包给实际施工人。在工程竣工验收后,实际施工人起诉发包人。发包人抗辩其已经在另案诉讼中将工程款支付给承包人,并且提供了法院判决。实际施工人以其系实际工程的施工人为由,请求发包人支付欠付工程款,并申请人民法院调取另案判决依据的鉴定意见,人民法院为了审理需要,且出于节约案件审理成本的需要,可以直接签发律师调查令,调取该鉴定意见。

3. 勘验笔录。勘验笔录为人民法院审判人员现场勘验的记录。勘验本身,是人民法院审判人员在诉讼过程中为了查明一定的事实,对与案件争议有关的现场、物品或物体亲自进行或指定有关人员进行查验、拍照、测量的行为。勘验笔录作为一种独立的证据,是一种固定和保全证据的方法,行使主体为人民法院审判人员,故不能由律师持调查令调取。

三、律师调查令中的秘密保护

在律师调查令制度中最为困难的问题之一是如何协调秘密保护、个人隐私保护和证据收集保障权的冲突问题。目前,各地试行律师调查令的规范意见多规定,律师调查令的申请可能侵害国家秘密、商业秘密、个人隐私的,不予签发律师调查令。但是对于何种情形会侵害国家秘密、商业秘密、个人隐私,则交由法官进行裁量。在实务中,还有些被调查单位以损害公共利益为由加以拒绝。

由此,律师调查令中涉及的秘密保护问题需要重点研究。

(一)关于秘密或隐私拒绝权与证据收集保障权冲突的评价原则

为了发现真实,保障当事人的证据收集权利,比较法上存在将证据提出义务明定为法定义务的做法。但是,律师调查令在保护举证当事人的证据收集权、满足其追求公正价值的同时,"难免在一定程度上牺牲或否定其他价值",〔1〕即证据提出义务显然也会对证据持有人的隐私、秘密等合法权益造成影响。因此,这就涉及对法律所保护的价值冲突进行平衡问题。在涉及隐私、秘密更加值得保护的价值时,应优先保护此种价值。详言之,首先,参照比较法上的结论,如果申请调取证据所欲保护的权利与被调查人的秘密和隐私构成冲突,且被调查人的秘密和隐私更具有保护价值时,被调查取证人有权拒绝协助该调查取证。其次,如果不顾秘密和隐私保护,强迫证据持有人交出证据,则必然会使证据持有人对法律和司法审判有不满甚至敌对情绪,这对于法院的权威树立、判决的顺利执行均百害而无一利。最后,当证据持有人面临泄露秘密而不得不交出证据的情况下,可能存在持有人提交虚假证据以走出困境的可能,进而不利于本案事实的真实发现,进而影响到案件实体处理,这同证据保障收集的功能目标背道而驰。由此,就律师调查令制度而言,当涉及证据持有人的秘密和隐私等更重要的价值保护时,当事人的证据收集权利、民事诉讼的发现真实价值均应作出适当妥协。

当然,并非所有的隐私或秘密均可作为被调查人拒绝提供证据的理由。对于隐私或秘密的保护,应当考虑隐私或者秘密的保护价值,并立足于平衡真实发现、实现案件审理实体公正与隐私及秘密保护等冲突利益的平衡角度加以综合判断,这需要考虑以下几个因素:(1)被调查的证据对于案件真实发现具有不可替代性;(2)被调查的证据对于案件审理中的事实认定具有关联性;(3)被调查的证据对于案件事实具有重要性;(4)公开秘密和隐私不会对秘密隐私主体造成超过诉讼标的价值的损害;(5)公开秘密和隐私不会影响到正常的社会经济秩序。在综合考量上述因素基础上,由法院衡量后得出结论,即被调查人提供该证据的价值较之于案件真实发现的价值为小,对于案件审判所追求的公正价值为小,则不可以拒绝提供。

(二)几种具体情形的探讨

1. 当事人在诉讼中引用的证据。如果律师持令欲调查的证据涉及被调查

---

〔1〕 [英]罗杰·科特威尔:《法律社会学导论》,潘大松等译,华夏出版社1989年版,第94页。

人的秘密或者隐私，且公开这些秘密或者隐私将对被调查人的利益造成重大损害，则被调查人针对该调查取证命令有权主张秘密特权。但是，如果调查的证据是在诉讼中当事人引用的证据，可以认为该证据持有人对该证据已经没有保密的利益，其不享有秘密拒绝权。对于当事人在其他诉讼中引用的证据，也应依据该原则处理。

2. 交付证据本身系当事人争议的诉讼标的。如果律师持调查令调取的证据本身就是当事人在实体法上有权请求交付的证据，虽然证据内容涉及被调查人秘密或者隐私，该证据持有人仍然不享有秘密拒绝权。比如，当事人之间的诉讼标的为对公司进行审理清算，这必然涉及查询公司的会计账簿；而公司账簿必然涉及该账簿持有人的秘密。[1] 虽然该账簿对于被调查人而言具有秘密特性，但是如果该账簿持有人不提供该会计账簿，对于一方当事人造成的不利益要大于账簿持有人秘密特权的利益，在此情况下被调查人仍然应当承担提供该证据的义务。

3. 证据内容涉及公务员职务上应保守秘密的事项时，被调查人有拒绝权。日本和我国台湾地区对文书提出命令中当事人拒绝提供文书权规定，在涉及公务员职务上的秘密时，均应征得该公务员上级官员的同意；原则上，在对申请时，除非涉及国家利益，均应予以提供。这值得我们予以参考。

律师调查令欲调查的证据涉及公务员职务上应保守的秘密事项时，原则上该公务员可以拒绝提供。对此，并非没有其他救济途径。此时，理论上，如果该证据对案件审理确实重要，可以由法官依职权进行调查。在法院依职权调查该事项时，也应注重对该等秘密的保护。当然，对此可以遵循秘密审查程序。

4. 不得主张诉讼关联性的拒绝权。为了避免律师调查令调查的证据范围过大，且同案件审理没有必然的联系，由此损害证据持有人的隐私或者商业秘密等，有必要要求申请调取的证据具有诉讼上的关联性；如果该申请调取的证据没有诉讼上的关联性，则该证据持有人有权拒绝。但是，鉴于法院在审查签发时对于是否存在诉讼关联性已经进行了审查，为避免律师调查令制度的空置，在法院已经签发律师调查令的情况下，被调查人不得以诉讼上缺乏关联性作为其拒绝提供证据的理由。事实上，这种诉讼关联性的拒绝理由多发生在对方当事人有义务配合调取证据的情形；对于证据在第三人手中控制的情形，被

---

〔1〕 如我国《公司法》第三十三条第一款规定："股东有权查阅、复制公司章程、股东会会议记录、董事会会议决议、监事会会议决议和财务会计报告。"

调查人由于并未参与诉讼,故往往并不会以该证据缺乏诉讼关联性为由拒绝提供该证据。

5. 律师调查令中的证人拒绝作证权。我国民事诉讼法规定证人有如实作证的义务。但是,在律师持证调查的情况下,证人是否有拒绝作证的权利,即被调查人有无拒绝担任证人的义务,拒绝就该案件事实作证,则存在一定的探讨余地。因此,被调查人应享有证言拒绝权。亦即基于第三人享有证言拒绝权,其对于持令律师向其调查的内容,可以基于隐私保护的理由而予以拒绝。

6. 第三人基于秘密及隐私保护的拒绝权。我国律师调查令的实践中多向持有证据的第三人调取证据,第三人是否享有拒绝提供证据的权利,我国现行立法上并没有明文规定。考虑到律师调查令的功能主要在于保障当事人的证据收集权,其系一种民事诉讼中特殊的程序权利,当事人具有一定的程序利益,因此,第三人虽然与案件纠纷无关,但是原则上该第三人并无拒绝提供证据的权利。但是,借鉴自比较法上的证据保障制度中的秘密保护特权,如果该证据的内容涉及第三人的秘密和隐私,且第三人对该秘密隐私的利益大于案件真实发现的利益,则第三人有权拒绝提供。因此,即使该证据系当事人诉讼的交付标的,但是如果该第三人并没有提交该证据的义务,则第三人仍然应享有基于秘密保护的拒绝权。[1]

7. 专属证据持有人利用的证据。专属证据持有人持有的证据具有保护持有人的人格尊严和自由意思的属性,因此有必要予以特殊保护。《日本新民事诉讼法》规定,文书持有人对专供文书持有人利用之文书不负担提出义务,这对律师调查令调取证据的范围具有借鉴意义。比如,日记、工作备忘录等材料,原则上属于持有人自己内心意思的范畴,材料持有人本无对外公开的意思,持有人对之具有处分自由。在持有人不愿意对外公开的情况下,应认为证据持有人对该证据不负担提出义务。[2]

但是,需要注意的是,备忘录、契约草案、公司内部工作讨论草案虽然属于公司法人内部的决议事项,但是如果该等事项在交易过程中具有确定纠纷当事人交往过程的重要价值,且为当事人之间争议之前已经获悉的内容,则不得拒

---

〔1〕 参见包冰锋、陶婷:《论文书提出命令中的秘密保护》,载《西南民族大学学报(人文社会科学版)》2010年第8期。

〔2〕 参见吕太郎:《文书提出命令》,载《台湾本土法律杂志》第25期(2001年)。

绝提供。[1] 比如,在当事人对签署的合同存在解释争议时,之前当事人签订的备忘录、契约草案,对于合同解释具有重要的价值,此种情况下证据持有人不得拒绝提供。

8. 关于因业务所生成的资料是否享有秘密拒绝权。这也是律师调查令实施过程中可能遇到的实践难题。对此,日本法实务中认为,因业务所生成的资料构成个人隐私、业务伦理、家庭伦理上的保密事由时,可以拒绝提供。这对我国律师调查令制度的建设可资借鉴。但是,在产生纠纷时,如果该等事实对于查清案件事实至关重要,且该等事实并非基于个人隐私、业务伦理所需要专门保护的事由时,则不能拒绝。比如,一方当事人在民间借贷纠纷中主张已经返还借款,另一方当事人主张所返还款项系清偿之前所发生的借贷关系中的借款;在当事人对往来款项的表述不一致时,可以请求调取一段时间以来双方当事人的往来账款。银行不能基于该等往来账款系业务中的秘密而予以拒绝。对此,考虑到这些业务上的往来本身即不存在违反业务伦理的情形,当事人不得拒绝。当然,律师在与委托当事人讨论纠纷处理思路时所形成的业务报价报告,属于该等业务上的秘密事项,律师可不予提供。

(三)特别程序:秘密信息之保护与公开

证据所保护的秘密价值较之于案件客观真实的价值为小,此时案件真实发现的价值更应受到法律的保护,[2] 法院往往会责令证据持有人协助提交该证据。但是,并不代表证据持有人的秘密保护价值在律师调查令程序中一点价值没有。因此,比较法上设置的秘密审查程序,具有一定的借鉴价值。

秘密保护程序,或者不公开审查程序,可以在证据持有人交付证据的同时,由法院通过非公开质证的程序对该调取的证据进行审查。这种秘密保护程序一方面能够通过签发律师调查令,由律师调查取证,以促进案件真实的发现;另一方面还能保护证据持有人对证据所享有的秘密、隐私价值。因此,比较法上的秘密保护程序是衡量真实发现与秘密隐私保护的有效保障程序。秘密保护程序主要有以下内容。

1. 不公开质证程序。对此,我国 2019 年《证据规定》对文书提出命令也规

---

〔1〕 参见许士宦:《证据搜集与纠纷解决》,台北,新学林出版股份有限公司 2005 年版,第 379 ~ 380 页。

〔2〕 在英美法系,诉讼中披露某些重要的文件可能导致当事人的特殊利益受损,因此需要保密特权来平衡各种社会关系,保障他人隐私安全、国家安全。保密特权的范围应立足我国实际,不应过大。参见陈清、朱佩:《英美保密特权对建立我国保密特权制度的启示规范》,载《中共贵州省委党校学报》2013 年第 2 期。

定了不公开质证程序。不公开质证程序有两个方面的内容：一方面，案件公开审理，但是仅对于所涉及的秘密证据不公开质证。实践中，对于证据涉及持有人隐私或者秘密利益，但是该等隐私或者秘密系当事人可以知悉的内容的，比如当事人之间的争议标的，法院则可以通过不公开质证的方式对调取的证据进行质证。虽然质证工作不公开，但是该证据仍然需要在当事人之间进行质证。另一方面，鉴于对第三人具有不予公开的利益保护需求，应在裁判文书中省略该部分证据的内容。因此，这种秘密审理程序有以下4点要求：其一，限制第三人接触和阅读有关私密内容的证据材料；其二，在涉及该证据时，避免向第三人公开；其三，在言辞辩论时排除第三人在场，并排除对该证据的辩论；其四，在裁判文书中省略有关涉及私密内容的证据。

2. 法官秘密审查程序。证据不得向案件的对方当事人或双方当事人公开。证据持有人依律师调查令提供涉密或者隐私的证据，如果允许该证据在公开开庭时交由案件对方当事人或双方当事人质证，则在法庭调查、言辞辩论或阅看庭审笔录等环节对方当事人或者双方当事人均能够获得该证据的内容，从而也就知悉该证据所涉及的秘密和隐私。例如，在实践中有的商业对手提起侵权之诉系基于恶意竞争的目的，如果允许其通过律师调查令调取对方的生产经营状况，则必然对对方当事人所持有的商业秘密造成损害。对此，在法院通过签发调查令调取该证据后，由法院通过秘密审查程序，掌握所调查的证据，而不由当事人进行质证和辩论，从而形成质证原则的例外，这样既有助于法院发现案件真实，又有利于对被调查人的秘密和隐私进行保护。对此，这种程序有以下4点要求：其一，不得在公开开庭程序中出示该证据；其二，不得在当事人之间对该证据进行质证；其三，不得在裁判文书中公开该证据；其四，只有法院合议庭可以接触该证据，并在合议庭内形成对于欲证明事实的心证。

第四节　律师调查令的审查及签发

在律师提出调查取证申请之后，由法院审查并确定是否签发律师调查令，这是律师调查令制度的关键环节。在这个关键环节中，需要解决以下4个方面的问题。

一、审查主体

在全国法院法官员额制改革之前,律师调查令的审查主体在地方法院存在差异。基本有以下三种做法:一是由审理该案件的承办法官签发;二是由审理该案件的合议庭合议决定签发;三是由审理该案件的合议庭决定,并报所在民事庭的庭领导或院领导签发。

笔者认为,在借鉴比较法上证据开示制度和文书提出命令制度的法官参与制度基础上,考察我国进行的司法体制改革,对采纳普通程序审理的案件,应将律师调查令的审查签发交由合议庭审查决定并签发。当然,如果案件适用简易程序审理,则应由独任法官审核并签发。[1] 主要有以下几个方面理由。

首先,从律师调查令的制度功能出发,应由审理该案件的合议庭负责。之前本书论述过,律师调查令的功能在于保障当事人的证据收集权,促进案件真实发现,以实现案件的公正审理。因此,确定该申请调取的证据同本案是否具有关联性,审理该案件的合议庭有最为直接的认识,也能作出客观合理的判断。可见,由审理案件的合议庭审查,能够对是否需要签发调查令有很好的把握。

其次,律师调查令的目的在于收集案件审理的关联证据,并非行政管理的事项,故在目前司法责任制改革背景下承担行政管理职能的庭长、院长由于没有参与案件审理,故不能也没有必要让其负责签发。在审查问题上,合议庭可以根据案件的审理需要,确定申请调取的证据同本案是否具有关联,以决定是否签发律师调查令。法院可以进一步根据证据同本案的关系,组织当事人质证,以确定能否作为本案的证据。这些审理过程,承担行政管理职能的庭长、院长均没有参与,故由其签发违反了司法责任制的“让审理者裁判、由裁判者负责”的司法改革要求。

再次,由合议庭审查并签发律师调查令有利于提高案件的审理效率。合议庭在审理案件中具有发现案件真实、出具裁判结论的职能,由合议庭审查并签发律师调查令可以建立在合议庭对案件情况掌握的基础上,在此情况下合议庭能够出具更加客观合理的审查意见;通过由合议庭进行审查裁判,可以促进合议庭在案件庭审之前先行掌握案件情况;在调取证据之后进入证据交换程序和

---

〔1〕 参见蔡青:《律师调查令制度构建研究》,湖南师范大学2017年硕士学位论文。

庭审程序时，合议庭可以组织当事人对案件调取的证据进行质证，使合议庭对案件证据进行科学认证，更全面地审查案件事实。

最后，由合议庭合议后签发也符合目前我国司法体制改革的要求。其一，由合议庭成员审核并签发，是审理案件的法官行使职权的应有之义，也是其行使审判权的重要组成部分。其二，让不参与审判、仅行使管理职能的庭领导签发律师调查令更符合当前的司法规律，也符合司法改革“让审理者裁判、由裁判者负责”的改革目标。其三，由合议庭审查并裁判有利于合议庭内部审查中对于签发律师调查令是否适当进行权力制衡，有利于避免律师调查令签署中的盲目性，有利于避免律师调查令损害对方当事人和第三人的秘密和隐私，使这一制度更加符合我国的现实国情，避免该制度所产生的弊端。

当然，在合议庭审查并签发程序上，应遵循我国民事案件审判中合议庭的议事规则，即合议庭内部实行少数服从多数的合议规则。在案件审判长的组织下，如果多数意见不同意签发的，则不予签发。具体由审判长最终签发。

如果案件适用简易程序由法官独任审判，则由独任法官进行审查并进行签发，自不待言。

二、律师调查令申请的审查程序

在法院收到律师的调查取证申请后，承办案件的合议庭或者独任法官应当及时进行审查，并作出驳回或支持的决定。对法院的普通审查程序，主要有以下要求。

1. 审查申请书是否符合形式要件，以及是否包含所规定的内容。若合议庭经审查后认为举证人的申请不符合形式要件的，应要求律师及时补充。合议庭经审查认为申请欠缺相应内容的，也应限定律师在规定的时间内补充。补充的时间以多长为宜，如果在合议庭收到律师调查令当时能够补充的，则可令律师当场补充；如果不能当场补充的，可以限律师在三个工作日内补充完毕，并递交合议庭。如果在限定的时间内没有补充，则应当驳回该律师申请调查取证的本次申请。

事实上，在将来律师调查令制度由立法或者最高司法机关司法解释规定的情况下，最高司法机关应明确律师调查令的统一申请格式，以及申请律师调查令应提交的材料，供律师申请时一次性提交，避免因为格式的不统一而反复补充材料。

2. 审查证据能否特定。根据律师调查令的申请,应能够特定拟调取的证据。[1] 如果法院根据律师的申请无法特定拟调取的证据,则无法判断被调查人是否有义务配合调查,进一步无从判断是否应当签发调查令。如果申请调取的证据漫无边际,则有可能损害被调查人的利益,存在损害被调查人秘密和隐私的可能。

3. 是否存在侵害秘密、隐私等不予签发律师调查令的情形。对于能够确定申请调取的证据,如果该申请存在违反律师调查令的秘密保护和隐私保护问题的,合议庭不应签发。基于此,法院应重点审查是否存在违反秘密保护和隐私保护的问题。必要时,法院可以听取案件对方当事人的意见。

如果被调查人享有的秘密、隐私保护的价值较之于案件审理真实发现的价值为小,则应优先保护案件真实发现的价值,在此情况下,可适用律师调查令中的秘密保护程序。

4. 申请是否超过举证时限。在法院确定当事人举证期限的情况下,合议庭还要审查申请是否超过了举证期限。如果当事人在举证期限内没有申请调取证据,则法院原则上不予支持其调查取证的申请。对此,在我国的《民事诉讼法》并未规定逾期提供证据即构成证据失权的情况下,仍然需要坚持实事求是的原则,基于案件审理实质公正的需要,合理考察证据收集保障的问题。由此,需要讨论以下两个方面的问题。

一是人民法院调查取证的补充。在这种情况下,是否允许律师申请人民法院调查取证。对此,笔者认为,考虑到律师调查令能够在一定程度上发挥保障当事人调取证据的功能,如果立法层面已经规定了律师调查令制度,如律师没有在举证期限内申请律师调查令的,则法院原则上应驳回其申请。但是,在当前立法上尚未规定律师调查令制度的情况下,应考虑当事人对律师调查令的接受尚需要一定的时间,故在未申请律师调查令的情况下,当事人请求法院调查取证的,法院应斟酌情况予以处理。如果能够确定当事人系由于客观原因未申请调查令,但是当事人认为应由法院调查取证的,法院在此情况下可斟酌情形处理。

---

〔1〕 证据特定义务系直接借鉴于文书提出命令的申请人的文书特定义务。对此的比较及借鉴,参见本书第四章的论述。另参见[日]伊藤真:《民事诉讼法》(第4版补订版),曹云吉译,北京大学出版社2019年版,第281页以下的论述。我国台湾地区的论述,参见包冰锋:《我国台湾地区文书提出命令制度探讨——兼论与日本相关制度比较》,载《海峡法学》第4期(2011年)。

二是对逾期举证的从宽解释。其一，当事人由于客观原因未申请或者对方当事人对逾期申请未提出异议的，可以参照《民事诉讼法解释》第一百零一条关于"当事人逾期提供证据的，人民法院应当责令其说明理由，必要时可以要求其提供相应的证据。当事人因客观原因逾期提供证据，或者对方当事人对逾期提供证据未提出异议的，视为未逾期"的规定，对由于客观原因未申请的，视为未逾期申请。其二，拟调取的证据与案件基本事实有关。可借鉴《民事诉讼法解释》第一百零二条的规定处理，即当事人因故意或者重大过失逾期申请调查令的，人民法院不予签发；但该证据与案件基本事实有关的，人民法院应当予以签发，并依照《民事诉讼法》的规定对律师予以训诫、罚款。律师非因故意或者重大过失逾期申请调取证据，人民法院应当签发调查令，并对当事人予以训诫。当然，对于另一方当事人要求逾期申请调查令，一方承担因逾期提供证据导致其增加的交通、住宿、就餐、误工、证人出庭作证等必要费用的，人民法院可予支持。

三、对律师调查令申请的裁决

法院对律师提出签发调查令的申请，经审查后需要决定，是驳回申请，还是签发调查令责令证据持有人提交证据。当然，这还涉及对违反律师调查令拒绝提供证据的证据持有人的制裁。对违反律师调查令的制裁，应作为单独问题加以研究。

（一）律师调查令的签发

当事人的代理律师提交律师调查令申请，法院经审查认为其申请合理，应签发律师调查令，责令证据持有人提供该证据，这就是律师调查令的签发；如果法院经审查认为，律师的调查取证申请不应予以支持的，则应驳回其申请。应予签发的情形，包括提交符合法定形式的申请文书、该证据能够基于调取申请予以特定、拟调取证据同案件事实具有关联、被调查取证人持有特定证据。不予签发的，可能包括如下情形：(1)提交申请书不符合法定的形式，不具备法定的申请内容要件，如案件尚未起诉到法院，申请法院调查取证与申请调查令难以区分；(2)不能特定拟调取的证据；(3)拟调取的证据同案件事实无关联；(4)被调查取证人不持有特定证据；(5)调查取证可能侵害被调查人的隐私或者秘密。

1. 律师调查令的签发。法院应当以何种形式向证据持有人发出调查取证命令,要求其提出证据,这是目前各地律师调查令签发中一个难题。地方法院试行规范多规定采纳令状形式。令状在我国民事诉讼法中并非一种特殊的文书形式,被调查人对之往往并不知悉,由此影响该制度的效力。[1] 造成这种情况的原因,主要在于目前我国欠缺立法层面的规定,也欠缺最高人民法院层面的规范性指导,由此导致各地在试行律师调查令中既各自为政,又互相借鉴。

笔者认为,如果未来能够通过修改《民事诉讼法》,规定律师调查令制度,则应要求法院以裁定的形式签发律师调查令,不再通过目前令状的形式签发律师调查令。[2] 主要理由如下。

其一,在我国民事诉讼法律制度体系中,裁定是人民法院针对民事诉讼中的程序性事项作出的判定。律师调查令的申请涉及证据收集保障,是解决案件审理中的程序性事项。[3] 故对申请调取证据的律师调查令申请这种程序性事项的解决,通过裁定方式符合上述法理基础。法官签发律师调查令实质上是对当事人申请证据收集保障权利的阶段性处理,故使用裁定责令当事人提供证据符合律师调查令的上述特点。决定往往是指人民法院为了保障民事诉讼的顺利进行,对诉讼过程中发生的障碍或者阻却诉讼活动正常推进的事项进行处理时作出的具有法律约束力的结论性判定。律师调查令签发并非为解决诉讼障碍问题,故决定并不符合律师调查令的性质和功能要求。

其二,裁定作为民事诉讼程序性事项的处理决定,往往需要在法律层面予以规定。对律师调查令的申请适用裁定,有利于推动在法律层面规定该制度,有利于全社会知道该裁定的事项及内容,在有法律依据的情况下,进一步保障该制度在实务中充分发挥作用。在律师调查令签发过程中,对于承担提出证据义务的证据持有人而言,其尚无阻碍或阻却诉讼活动进行的行为,故并没有对之采取决定的前提,原则上不能对之采用决定的方式。因此,采纳令状的形式往往并不适当,相反裁定的形式则更为恰当。

其三,有利于强化对违反律师调查令制度的制裁。将签发律师调查令作为裁定事项,如果当事人不执行该裁定内容不配合调查的,轻的可以适用民事制裁措施,严重的可以适用刑罚制裁措施。就此而言,这在逻辑上同裁定的制度

---

〔1〕 参见韦杨等:《当事人调查取证权之程序保障的路径尝试——以调查令制度的检讨及其实证量化分析为研究视点》,载《法律适用》2008 年第 3 期。

〔2〕 针对我国的文书提出命令,张卫平教授也认为应采纳裁定形式,参见张卫平:《当事人文书提出义务的制度建构》,载《法学家》2017 年第 3 期。

〔3〕 参见宋朝武主编:《民事诉讼法学》(第 3 版),中国政法大学出版社 2012 年版,第 366 页。

是一致的。与之相对，决定本身是对阻碍或阻却诉讼进行的事项进行的处理，本身即带有一种强制的属性，不再需要对违反该决定再行处罚，这与违反律师调查令后果的“命令—违反—制裁”的逻辑结构不符。律师调查令由于解决的是阶段性程序问题，对是否签发律师调查令的裁定，原则上当事人不享有提起上诉的权利。

其四，采纳裁定文书的方式，还有一个优点是，即使通过裁定形式签发调查令，也不需要修改现行《民事诉讼法》，因为该法第一百五十七条关于裁定范围的第十一项中规定的兜底条款，可以涵盖签发律师调查令的事项。该条同时明确了可以上诉的事项，对律师调查令的签发基于文义解释也属于不可上诉的事项。〔1〕

其五，我国文书提出命令制度的借鉴。本书前面介绍了，对于文书提出命令，2019年《证据规定》明确规定采用裁定的形式。从文书提出命令和律师调查令的功能、结构而言，二者具有一定程度的类似性。在作为证据保障收集制度的文书提出命令采纳裁定形式的情况下，律师调查令也应借鉴该文书形式。

2. 律师调查令审查的实质判断。对于受律师调查令拘束的被调查人而言，在确定其承担提出证据的义务时，需要满足形式方面的要求具体为：(1)提交符合形式要求和内容要求的书面申请；(2)拟调取证据属于律师调查令适用的范围。此外，还应当考虑律师申请调取证据是否具备证明利益：(1)对于待证事实具有证据关联性；〔2〕(2)适合充当证据方法；(3)当事人由于客观原因无法自行收集的证据与法院依据职权调取证据的区别及认定。具体分析如下。

(1)对于待证事实具有证据关联性。〔3〕 这包含三方面内容：其一，该拟调取证据应该针对当事人之间有争议的需要证明的事实。〔4〕 在诉讼立案之后，当事人对于事实有争议的，申请调查取证才有意义；对于无争议的事实调查取证

---

〔1〕《民事诉讼法》第一百五十七条规定：“裁定适用于下列范围：(一)不予受理；(二)对管辖权有异议的；(三)驳回起诉；(四)保全和先予执行；(五)准许或者不准许撤诉；(六)中止或者终结诉讼；(七)补正判决书中的笔误；(八)中止或者终结执行；(九)撤销或者不予执行仲裁裁决；(十)不予执行公证机关赋予强制执行效力的债权文书；(十一)其他需要裁定解决的事项。对前款第一项至第三项裁定，可以上诉。裁定书应当写明裁定结果和作出该裁定的理由。裁定书由审判人员、书记员署名，加盖人民法院印章。口头裁定的，记入笔录。”

〔2〕参见姜世明：《新民事证据法论》，台北，学林文化事业有限公司2004年版，第14~15页。

〔3〕参见韦杨等：《当事人调查取证权之程序保障的路径尝试——以调查令制度的检讨及其实证量化分析为研究视点》，载《法律适用》2008年第3期。

〔4〕参见张海燕：《民事诉讼案件待证事实的确定》，载《南京大学法律评论》2010年第1期。

毫无价值。对于待证事实双方当事人根据举证责任规则承担举证责任。如果该事实不需要加以证明,则没有签发调查令的必要。其二,该证据对待证事实的证明具有重要性。换言之,拟调取的证据与待证事实之间有关联性,对于待证事实的存在与否具有相当程度的证明力。如果该拟调取证据与待证事实之间不存在任何关联,则可能构成申请人调查权的滥用,既浪费司法资源,又可能侵害第三人的利益,故需要加以限制。其三,在辩论主义诉讼模式之下,纠纷双方当事人原则上应各自收集并提供证据以证明其主张。通过法院签发律师调查令,责令对方当事人或第三人提交证据,是民事诉讼举证活动的非正常形态。因此,只有当待证事实有助于发现案件客观真实,才能将律师调查令这种将特殊形态予以正当化。[1]

(2)适合充当证据方法。该证据适合充当证据方法,是指要求该拟调取的证据是具有合法性的证据,能够被法院作为合法证据使用。[2]《民事诉讼法解释》第一百零六条规定:"对以严重侵害他人合法权益、违反法律禁止性规定或者严重违背公序良俗的方法形成或者获取的证据,不得作为认定案件事实的根据。"由于律师调查令的签发主体、调查取证主体均需要符合律师调查令的要求,且律师持令调查需要符合合法性的要求,因此证据合法性主要审查该证据本身是否系合法的证据。如果法院发现,申请调取的证据本身即为非法的证据,则法院不得签发调查令。例如,对于利用窃听手段、非经当事人同意偷录的试听资料,即使律师能够明确知悉该证据被持有人控制,但是鉴于该证据产生本身不合法,法院也不能签发调查令由律师持证调取。

(3)当事人由于客观原因无法自行收集的证据与法院依据职权调取证据的区别及认定。考虑到律师调查令的申请与申请法院调查取证应具有互相补充的特点,故原则上对当事人可以申请法院依职权调取的证据,[3]律师不得申请

---

〔1〕《民事诉讼法解释》第九十五条规定:"当事人申请调查收集的证据,与待证事实无关联、对证明待证事实无意义或者其他无调查收集必要的,人民法院不予准许。"

〔2〕参见[日]兼子一、竹下守夫:《民事诉讼法》,白绿铉译,法律出版社1995年版,第100页;何家弘、刘品新:《证据法学》(第5版),法律出版社2013年版,第10页。

〔3〕《民事诉讼法解释》第九十四条针对法院应依职权调查收集的证据规定:"民事诉讼法第六十四条第二款规定的当事人及其诉讼代理人因客观原因不能自行收集的证据包括:(一)证据由国家有关部门保存,当事人及其诉讼代理人无权查阅调取的;(二)涉及国家秘密、商业秘密或者个人隐私的;(三)当事人及其诉讼代理人因客观原因不能自行收集的其他证据。当事人及其诉讼代理人因客观原因不能自行收集的证据,可以在举证期限届满前书面申请人民法院调查收集。"

法院签发调查令。[1] 因此,当事人由于客观原因无法自行收集的证据,可包括以下几种情形。

①由国家有关部门保存的证据,个人虽然有权调取,但是调取该种证据必须要求法院出具相关调取文书的。实务中,对于房产登记信息、户籍登记信息,个人均有权利申请查询,但是在申请查询的主体方面,有关部门多限定为"利害关系人"。利害关系人在实践中缺乏明确的标准,因此许多部门认为一旦涉及法院的诉讼,且诉讼中的争议指向该证据,即可认定该申请查询人系利害关系人。只要法院开具调取证据的命令,该有关部门即予以配合取证。例如,实践中,对于申请依据《不动产登记暂行条例》第二十七条规定[2]查询、复制与调查不动产登记资料的,登记部门多要求以产生纠纷立案为认定为利害关系人的要件。因此,对于诉讼中当事人申请签发调查令的,人民法院可以签发,而非由法院依据职权调查取证。

②证据由有关单位保存,但是法院没有开具调查令,该有关单位对当事人自行调取证据又不予配合的。在实践中广泛存在的病历资料、银行交易记录等均被医院、银行等单位控制,对于这些证据,当事人自行收集的,被调取单位往往予以拒绝。由此,法院可以签发律师调查令,由律师持令向这些单位调取。

③持有该证据的当事人在诉讼中提出或者引用过的证据。[3] 要求提交的证据在诉讼中已经引用过,这表明该证据持有人愿意公开,因此举证人请求法院签发调查令向其调取的,法院应该允许。这里的证据持有人既包括案件的当事人,也包括在其他诉讼中提出或者引用过证据的第三人,笔者认为还应当包括审理案件的法院。[4]

④为举证人利益所产生的证据。例如,被继承人死亡之前立有遗嘱,该遗

---

〔1〕 参见曹建军:《论民事调查令的实践基础与规范理性》,载《法学家》2019年第3期。作者认为,律师调查令制度可能侵占法院依据职权调查证据的空间。

〔2〕 《不动产登记暂行条例》第二十七条规定:"权利人、利害关系人可以依法查询、复制不动产登记资料,不动产登记机构应当提供。有关国家机关可以依照法律、行政法规的规定查询、复制与调查处理事项有关的不动产登记资料。"

〔3〕 比较法上的文书提出命令,均对诉讼中提出或引用过的文书要求文书持有人负担提出义务,这对律师调查令直接具有借鉴价值。参见[日]伊藤真:《民事诉讼法》(第4版补订版),曹云吉译,北京大学出版社2019年版,第290页;张卫平:《当事人文书提出义务的制度建构》,载《法学家》2017年第3期。

〔4〕 实践中向当事人或第三人调取,被拒绝的可能性很大;对涉诉案件法院肯定是有卷可以查阅的,对法院档案的调取,只要有相关合法手续,法院一般都会调取,因此向审理案件的法院申请调取更容易。

嘱涉及被继承人房产的继承问题。被继承人子女甲以子女乙非法占有被继承人的房屋为理由，请求分割该房屋。继承人请求法院签发调查令，向某负责起草并见证遗嘱的律师事务所调取被继承人所立遗嘱。虽然该第三人律师并非纠纷当事人，其应承担为被继承人保密的义务，但是鉴于该遗嘱的作成即涉及继承人甲的利益，故法院在此情况下签发调查令，并不涉及隐私保护问题。该证据部分是为了举证人的利益即可，而不必要求该证据是为了举证人的全部利益制作。〔1〕例如，基于特殊交易所产生的特定账簿等证据材料，虽然能够成为诉讼争议中的重要证据，但是在产生争议后，对方当事人或第三人由于发生纠纷而拒绝提供的，当事人委托的代理律师可以申请法院调取。就此而言，在医疗纠纷中为受害人制作的病历资料、劳动关系纠纷中为劳动者制作的工资账簿、交通事故中对交通事故参与人的实时录像均属于法院可以签发调查令的事项，该证据的持有人原则上不承担秘密保护义务。

⑤与举证人有关的法律文书或者人民政府的决定。实践中，法律文书或者人民政府的决定对于当事人的利益往往具有直接的影响，这些文书和决定虽然并不具有保密性，但是这些文书或者决定往往并不对第三人开放。特别是作成这些文书或决定的依据更不对当事人开放，由此直接影响到民事诉讼当事人利益的保护。《日本新民事诉讼法》第二百二十条第三款规定，对于为举证人与持有人之间法律关系形成的文书赋予文书提出义务。此处的法律关系并非指当事人之间的法律关系，而是指当事人一方与持有人之间的法律关系。〔2〕这对我国的律师调查令也具有借鉴价值。例如，根据我国《民法典》第二百二十九条的规定，直接引起物权变动的法律文书对于纠纷当事人而言往往利益重大，但是这些证据一般由人民政府或法院控制，当事人在产生纠纷时难以获取，故应允许其申请调取。

需要注意的是，对该等法律关系文书产生依据的证据材料，是否允许当事人申请法院签发调查令。应持肯定的态度，即将该等法律文书证据的范畴扩展到做成该法律关系文书所依据的证据。

⑥当事人由于客观原因无法调取的其他证据。上述当事人由于客观原因

〔1〕参见［日］伊藤真：《民事诉讼法》（第4版补订版），曹云吉译，北京大学出版社2019年版，第290页。

〔2〕参见［日］伊藤真：《民事诉讼法》（第4版补订版），曹云吉译，北京大学出版社2019年版，第292～293页。

无法调取的证据原则上系与人民法院依职权调查取证构成补充关系。对此的判断,交由法院综合衡量。

(二)律师调查令申请的驳回

对于律师调查令的驳回,目前各地试行律师调查令的地区均无明确的规定,试行地区有以下三种方式:一是以口头形式驳回;二是在终局判决的理由中驳回;三是中间书面通知(裁定)形式驳回。

1. 口头形式驳回。法院经审查,认为律师调查令申请不应予以签发的,以口头形式予以驳回,并由合议庭记录在案。口头形式驳回的优点是效率高,可减轻人民法院审理案件的繁重工作压力。因此,该形式是目前各地试行律师调查令中采用较多的做法。

2. 在终局判决的理由中驳回。我国各地试行律师调查令的法院,对不予批准律师调查令申请的,有在终局判决理由中驳回的做法,这有利于节约司法资源,减轻法院审理案件的工作量。

3. 中间书面通知(裁定)形式驳回。对此,我国台湾地区的文书提出命令的驳回制度有一定的借鉴价值。[1] 在借鉴该制度的基础上,如果我国在法律层面对律师调查令制度予以规定,并规定以裁定形式签发的情况下,人民法院可以以中间裁定的形式驳回。

当然,在目前各地律师调查令均采取令状形式的情况下,各地多以书面通知的形式予以驳回。对此,2019 年《证据规定》关于以通知形式驳回文书提出命令申请的规定,对律师调查令的驳回也具有一定的借鉴价值。因此,在未来立法或者司法解释规定的情况下,对于驳回律师调查令的申请,应以通知的形式。至于是以书面通知还是口头通知的形式驳回,均无不可。从效率的角度出发,以口头通知的形式更符合实际。

(三)律师调查令的审查时限

虽然对证据开示制度和文书提出命令,比较法上并没有设置明确的期限要求,而是由法院根据案情的复杂程度决定适用不同的审查程序。但是,比较法的证据收集保障制度需要兼顾该制度的效率,避免当事人利用该制度达到拖延诉讼的目的,由此,一方面要求证据开示申请和文书提出命令的申请要在法定期限内

[1] 在我国台湾地区,法院认为举证人的文书提出命令申请不具备正当理由的,可以在终局判决的理由部分,记载驳回申请的意见,或以中间裁定形式驳回举证人申请。参见杨建华原著,郑杰夫增订:《民事诉讼法要论》,北京大学出版社 2013 年版,第 280 页。

提出申请;另一方面,要求法院审查申请应在尽可能短的时间内完成。但是,在我国目前的诉讼体制中,诉讼程序中的期限乃是提高诉讼效率的一个重要要求,在当前案件审理压力居高不下的情况下,审限和期限要求对于提高审判效率具有重要的督促作用,在律师调查令的申请和签发中均应该加以贯彻。在确定律师调查令的审查应有时限要求的情况下,面临应如何确定时限要求的问题。

1. 适用普通程序审理的民事案件,应要求合议庭在 5 日内审核决定;适用简易程序审理的案件应要求独任法官在 3 日内审核决定。设置较短期间的理由主要在于基于证据收集权保障和诉讼效率的平衡,法院审查决定的时间不应过长,在民事对抗制的诉讼模式下,证据的保存及提出是当事人的义务,应按照举证责任规则处理。对此,当事人及其律师在起诉之前应该进行充分准备,律师调查令是解决当事人自行收集证据不能情况下的措施。考虑到举证人自身已经对举证做好了充分准备,如果法院审批用时太长,则可能影响到案件的及时快速审理。虽然英美法的证据开示制度和大陆法系的文书提出命令均没有硬性规定证据开示的期限和文书提出命令的审核期限,但是这两个法系不约而同地考虑了效率的要求,且这种效率的要求恰恰是这些年来两种制度的重点改革方向。我国对此应该予以积极借鉴。

2. 律师调查令的审查不应再经过行政上的审批程序。前文提及,在目前我国推行的司法责任制改革背景下,律师调查令不应再由承担管理职能的庭长、院长审批签发。

3. 申请律师调查令次数的限制。律师调查令申请应在一定期限内提出,对申请次数不应有所限制。在很多民事案件中,证据收集保障功能可能非一次律师调查令所能解决,故律师在申请调取证据之后发现根据调取的证据仍有其他证据需调取的情况下,其可以再次申请法院签发律师调查令,因此为发挥该证据的功能,不应对律师调查令的申请次数有所限制。但是,这些律师调查令的申请均应在举证期限届满前提出。当然,如果举证期限不能满足需要,律师可以申请法院延长。

(四)驳回律师调查令申请的救济

目前实务中,驳回律师调查令的申请并无统一的文书格式。在未来立法或者司法解释中,对于律师调查令申请的驳回,应借鉴 2019 年《证据规定》中关于文书提出命令的驳回通知形式,即以书面通知的形式予以驳回。这基本上也是目前试行律师调查令规范中的普遍做法。

但是，对于不服律师调查令申请被驳回，能否提供救济途径，在目前法律、司法解释对律师调查令均未予以规定的情况下，理论界较少对该问题进行探讨，在地方法院试行的规范性意见中，也很少有对此问题的规范。对此，在目前的探讨中，有两种不同的意见。

一种意见认为，考虑到我国民事诉讼的现状，对于法院驳回律师调查令申请的，不应提供救济途径。主要理由在于：其一，律师调查令所解决的证据收集权问题，基于当事人主义应秉承"谁主张、谁举证"的举证原则，原则上应由当事人承担收集证据的责任。法院不予签发，也符合其对抗制模式下对当事人各方收集证据的要求。在合议庭决定不予签发律师调查令的情况下，说明合议庭已经认定，该拟调取证据的申请不符合签发的条件，在此情况下代表了合议庭的处理意见，对此应从案件审理效率的角度不再赋予救济途径。其二，从目前我国当事人申请证据收集保障权的实践来看，也没有进一步提供救济的必要。我国很多律师调查令申请驳回，允许法院采取中间裁定或者终局判决理由中说明的模式，也就是不给予救济方式，可以直接在终局判决中予以处理。由此，在申请律师调查令被驳回后，该驳回决定即终局地发生法律效力，当事人不得申请进一步的救济。当然，无论这种驳回的决定是以书面形式还是以口头形式作出的，均不影响其效力的发挥。[1] 其三，律师调查令申请被驳回的，我国民事诉讼法还有进一步救济的途径。在律师提出签发调查令申请之后，法院可能以受到隐私保护、秘密保护为由驳回该申请，又或者以与案件审理并无关联的判断被驳回，在此情况下，律师可以在案件审理过程中申请法院依职权调取证据。因此在我国形成了律师调查令、法院依职权调查取证、申请法院调查取证的一系列举证保障制度。在这些制度协调发挥作用的情况下，我国当事人证据收集权制度能够得到很好的保障，没有必要通过异议、复议或者上诉的途径予以救济。这种处理有以下两点要求：一是未来如果立法上规定律师调查令并以裁定形式签发律师调查令的，对此裁定不允许上诉；二是在现行试行律师调查令的机制中，对于各地拒绝签发律师调查令的，也存在不允许当事人提出复议的处理方式。当然，这种不允许上诉和复议的处理方式，也内涵了对驳回申请也不允许提出异议。

---

〔1〕 对于比较法上的文书提出命令，允许当事人对驳回申请提出及时异议，参见［日］伊藤真：《民事诉讼法》（第4版补订版），曹云吉译，北京大学出版社2019年版，第288页。我国有学者也建议采纳该种处理模式。参见张卫平：《当事人文书提出义务的制度建构》，载《法学家》2017年第3期。

另一种意见认为,应当对法院驳回律师调查令申请,提供救济途径。[1] 主要理由在于:既然将律师调查令制度界定为一种诉讼权利,则基于无救济则无权利的原理,对律师调查令的驳回申请也应赋予救济,故在通知驳回的情况下,应允许律师申请复议。

笔者认为,在我国的民事诉讼机制下,既然有法院依职权调查取证这个制度作为补充,当前形势下不赋予当事人申请复议的权利,更符合实际。对此,鉴于我国的文书提出命令也未提供救济途径,故针对律师调查令制度所涉问题也应持较为保守的态度,否则容易加大案件审理的压力,影响其制度功能的实现。这也是我国《民事诉讼法解释》起草过程中起草人员的主要考虑。

(五)被申请人的异议权

律师调查令的签发与调取证据,还要注重被调查人的权利救济问题。特别是对纠纷之外的第三人签发的律师调查令,往往使得纠纷之外的第三人无端地被卷入纠纷。对此,如果并无诉讼法上的抗辩权行使空间,显然对第三人是不利的。在目前我国的民事诉讼实践中,被申请人作为证据的持有者,如果认为调查令存在侵害其权益的情况,而没有任何救济途径,显然会造成对第三人利益的侵害。因此,应该赋予被申请调查证据的证据持有人提出异议的权利。[2]

对被申请人的异议权行使,考虑到律师调查令的严肃性,带有国家公权力背书的因素,故应以书面形式提出。法院也应尽快予以审查。对于被申请人请求涉及秘密保护要求的,法院可以变更签发律师调查令的证据调取形式,改为释明当事人申请法院调取证据来保障被申请人的利益,也可采用律师调查令的秘密保护程序处理。

对于被申请人以其并不持有证据提出异议的,法院在收到被申请人的书面异议后,应尽快进行审查。被申请人否认控制证据的,人民法院可以参照 2019 年《证据规定》第四十五条第二款关于文书提出命令的规定进行处理,即人民法院应当根据法律规定、习惯等因素,结合案件的事实、证据,对证据是否在对方当事人控制之下的事实作出综合判断。法院在审查后,认定被申请人的异议成

---

〔1〕 参见刘居胜:《论民事审判应充分保障当事人的调查取证权》,载《经济与社会发展》2003 年第 9 期。另参见余建华、金婺城:《四千份调查令发出之后——对金华市婺城区法院实施调查令制度的调查》,载《人民法院报》2007 年 8 月 14 日,第 8 版。需要注意的是,《金华市婺城区人民法院关于调查令的实施细则》明确,对于不予签发调查令的决定,当事人可以申请复议一次,且应由案件承办人交审判监督庭处理。

〔2〕 参见曹建军:《论民事调查令的实践基础与规范理性》,载《法学家》2019 年第 3 期。

立的,可以撤销所签发的调查令;法院经审查认为理由不成立的,驳回当事人的异议申请,律师调查令继续有效,证据持有人必须按照命令提供证据。如果证据持有人不提供证据的,法院可以采取相应的制裁措施。

对被申请人的异议及法院的审查也应有时限的要求,否则会造成法院诉讼效率的低下,影响该制度功能的发挥。就此而言,对案件当事人的异议申请,应在收到调查令之后5日内书面提出;法院在收到异议申请后应在5日内审查决定,是否撤销所签发的调查令,还是驳回当事人的异议申请。对于证据持有人针对人民法院驳回异议的申请,被申请人是否有权向上级法院申请复议,应持否定的观点。

需要注意的是,律师调查令无强制执行力,即律师不得申请法院强行执行,应由法院强制被调查人交出拟调取的证据。[1]

四、律师调查令的文书格式和内容

(一)目前试行律师调查令的文书格式

目前各地试行律师调查令的文书多采取令状的名称,文书格式上也基本一致。造成这种现象的原因主要在于,各地在试行律师调查令的过程中均是通过相互借鉴试行律师调查令的,因此出现了范本上的一致情形。

律师调查令的具体格式和内容为:(1)名称;(2)案号;(3)被调查单位;(4)调取证据的事由;(5)持证人和调取证据的律师;(6)调取证据的名称、调取证据的范围、拟证明的事实等;(7)被调查的个人或单位的权利义务、违反协助调取证据的制裁或者不利法律后果;(8)签发人、联系法官和法院工作人员;(9)法院单位用印和日期。[2]

---

〔1〕 参见[日]伊藤真:《民事诉讼法》(第4版补订版),曹云吉译,北京大学出版社2019年版,第297页。

〔2〕 《福建省高级人民法院关于民事诉讼调查令的实施意见(试行)》(闽高法〔2017〕15号)第七条规定:"调查令应当载明下列内容:(一)案件编号;(二)当事人的姓名或者名称;(三)申请人和接受调查人的姓名或者名称;(四)代理律师的姓名、性别、执业证证号、所在律师事务所的名称;(五)需要调查收集的证据;(六)调查令的有效期限;(七)调查令签发人签名、签发日期及院印。"《广东省高级人民法院关于在民事诉讼中实行律师调查令的规定(试行)》第八条规定:"律师调查令应当载明下列内容:(一)案号或收件编号和律师调查令的编号;(二)申请方当事人的姓名或者名称;(三)代理律师的姓名、性别、执业证号、所在律师事务所名称;(四)接受调查人的姓名或者名称;(五)需要调查收集的证据、财产线索以及提供证据、财产线索的相关要求;(六)律师调查令的有效期限;(七)签发单位名称、签发日期和院印;(八)人民法院的联系人及联系方式;(九)拒绝或者妨害调查的法律后果。"

在调取证据的事由上，说明当事人之间纠纷的性质，使举证人明了该纠纷同其是否构成法律联系。律师调查令中还要载明调取证据的名称、调取证据的范围、拟证明的事实等，以便被调查取证人判断，该证据是否由其持有；在初步判断该证据可能同案件并无关联，调查人可能存在利用调查令侵害其合法权益、商业秘密等情形的，被调查人则可以向法院提出异议，并由法院判断其是否有权拒绝。

(二)立法论：未来律师调查令的裁定格式和内容

在未来时机成熟时，通过我国修改《民事诉讼法》增加律师调查令的内容，可以明确签发律师调查令也是裁定的一种形式。[1] 此时，裁定作为案件审理的中间程序性事项由合议庭签发。律师调查裁定的内容应包括如下几个方面：(1)文书的名称；(2)裁定文书的编号；(3)案件当事人情况及委托诉讼代理人；(4)律师申请调查取证事由；(5)申请调取证据的名称、调取证据的范围、拟证明的事实等；(6)被调查的个人或单位的权利义务，以及对违反协助调取证据的制裁或者不利法律后果；(7)裁定事项，责令占有证据的当事人提供所调取的证据；(8)调取证据的律师；(9)调查令的有效期限；(10)联系法官和法院工作人员；(11)法院合议庭成员；(12)单位用印和日期。

在以裁定书方式签发律师调查令的情况下，鉴于该事项是法院对于案件审理中的程序性事项处理决定，故一切接到该裁定的自然人、法人和其他社会组织均有配合调查取证的义务，否则会受到相应的制裁。

以裁定方式签发律师调查令同以调查令取证的区别在于，裁定的签发对象并不在抬头处指明被调查对象，而是在裁定主文中明确被调查对象，虽然被调查对象并非本案的当事人，但是其需要受到该裁定的拘束，故负有协助的义务，否则要受到相应的制裁。

第五节　违反律师调查令制度的制裁

对于违反律师调查令制度的制裁，是目前审判实践中遭遇的难题。如果该

---

〔1〕 参见张卫平：《当事人文书提出义务的制度建构》，载《法学家》2017 年第 3 期。张卫平教授认为，针对我国的文书提出义务，虽然举证人申请的是文书提出义务的命令，但法院可以采用裁定形式，裁定的内容是命令。这对本研究具有一定的借鉴价值。

难题不解决,则律师调查令制度没有制裁措施予以保障的现状难以得到改变,这将极大削弱该制度在实践中的运行效果。因此,无论是理论界还是实务界,共同的呼声是加强违反律师调查令制度的制裁或者救济措施。为真正保障当事人主义模式下当事人的证据收集保障权,将律师调查令制度作为民事诉讼中保障当事人的一项诉讼权利落到实处,需要对拒绝协助的单位或者个人设置相应的制裁措施。该问题又涉及以下几个需要予以厘清的问题:其一,被调查人拒绝配合调查取证的制裁措施;其二,对律师滥用律师调查令措施的惩戒;其三,对法官违反律师调查令规范的制裁措施。

一、被调查人拒绝配合调查取证的制裁措施

比较法上对被调查人不配合调查取证的,有直接强制和间接强制两种方式。前者有推定该证据客观真实及推定该证据拟证明的内容为客观真实的方法,后者有罚款、拘留等制裁措施。

(一)对案件当事人的制裁

1. 罚款或者拘留。如果在未来,我国《民事诉讼法》或者最高人民法院的司法解释中规定律师调查令制度,则可以适用《民事诉讼法》第一百一十七条规定,对拒不执行裁定配合调查取证的单位和个人处以罚款或者采取拘留措施。当然,在立法未规定签发律师调查令采用裁定的情况下,可以参考《民事诉讼法》第一百一十七条的规定,适用罚款或者拘留的措施,还可以向有关机关提出纪律处分的司法建议。

2. 对案件对方当事人,能否适用推定该证据为真实的制裁措施?笔者认为此问题应区分为两种情况:一种是被调查人拒绝提供书证的,可以适用《民事诉讼法解释》第一百一十二条关于违反文书提出命令的规定,推定该书证的内容为真实。对此,2019年《证据规定》第四十八条第一款进一步规定,控制书证的当事人无正当理由拒不提交书证的,人民法院可以认定对方当事人所主张的书证内容为真实。因此,在对方当事人拒绝提供书证的情况下,可以推定该书证内容为真实。当然,如果存在《民事诉讼法解释》第一百一十三条规定持有书证的当事人以妨碍对方当事人使用为目的,毁灭有关书证或者实施其他致使书证不能使用行为的情形的,人民法院可以认定对方当事人主张以该书证证明的事实为真实。另一种是对于被调查人为案件纠纷当事人的,如果在其持有非书证证据的情况下,拒且绝提供该证据,则可以参照适用上述司法解释的规定。

具体而言,可以推定该证据客观真实,但是不能推定该证据拟证明的主张为客观真实。[1] 如果控制该证据的当事人存在类似《民事诉讼法解释》第一百一十三条规定"持有书证的当事人以妨碍对方当事人使用为目的,毁灭有关书证或者实施其他致使书证不能使用行为的"的情形,则可以认定对方当事人主张该证据拟证明的事实为真实。比如,法院出具律师调查令调取所销售的某批次侵权产品,但是被调查人不仅没有提供该批次产品的样品,而且还销毁了该批产品,则人民法院可以推定举证人所主张的事实成立。

(二)对案件纠纷之外的第三人的制裁

1. 罚款、拘留的制裁措施。日本法和我国台湾地区对于第三人不协助出示文书的,均明确规定了罚款的制裁措施,对此可以借鉴。针对第三人拒绝配合提供调查证据的,法院也可以根据前述的原则,依据《民事诉讼法》第一百一十四条或者第一百一十七条规定对其采取罚款甚至拘留等强制性措施。即如果未来立法明确规定裁定文书适用于律师调查令的情况下,则适用第一百一十七条规定制裁;在立法未规定的情况下,在向第三人签发律师调查令的情况下,如果第三人不提供该证据,则可以根据《民事诉讼法》第一百一十四条的规定,对其处以罚款或者采取拘留的制裁措施。

2. 法院依职权调取该证据及强制第三人交出证据。在比较法上,大陆法系对于第三人违反文书提出命令的制裁对我国律师调查令制度的设计具有借鉴价值。我国台湾地区规定可以强制该第三人交出该文书;德国法规定,当事人需要通过诉讼的途径进行,[2] 日本法则直接规定法院可以向第三人发出交出命令。

笔者认为,在第三人拒绝,且该证据符合《民事诉讼法解释》第九十六条规定情形的,法院斟酌该证据对于案件待证事实具有重要性,可以直接依据职权调查取证,命令该第三人向法院交出该证据。《民事诉讼法解释》第九十六条规定,民事诉讼法规定的人民法院认为审理案件需要的证据包括:"(一)涉及可能损害国家利益、社会公共利益的;(二)涉及身份关系的;(三)涉及民事诉讼法第五十八条规定诉讼的;(四)当事人有恶意串通损害他人合法权益可能的;

---

〔1〕 参见韦杨等:《当事人调查取证权之程序保障的路径尝试——以调查令制度的检讨及其实证量化分析为研究视点》,载《法律适用》2008 年第 3 期。

〔2〕 《德国民事诉讼法》第四百二十九条规定:"第三人在有与举证人的对方当事人相同的原因时,负有提出证书的义务;但强制第三人提出证书,必须通过诉讼的途径实行。"

(五)涉及依职权追加当事人、中止诉讼、终结诉讼、回避等程序性事项的。”因此,对于符合法院依职权调取的证据,在当事人持有律师调查令向第三人不能调取的情况下,自动转向法院依据职权调查取证。这样处理的优点主要在于:其一,这样的处理同我国法律规定的法院依据职权调查取证能够有机衔接起来。如果法院认为该证据对于案件审理具有重要性,则可以全面考虑包括个案具体情形、申请调取的证据对于待证事实的关联性程度、拟调取证据的可替代性、第三人拒绝理由等因素综合决定,是否由法院依职权进行调取证据,可以避免德国法通过诉讼完成取证的烦琐,也可以避免日本法对文书提出命令违反的再次签发命令。其二,这样的处理比较简单明了,而且效率较高,符合我国现行民事诉讼的实际。在第三人拒绝的情况下,法院衡量案件情形依据职权调取证据,则可以有效提高调查取证的效率和案件审理的效率,实现案件处理的实体公正。其三,这样的处理也符合比较法上的通常做法。尽管德国、日本和我国台湾地区对第三人拒绝提供文书的制裁途径不同,但是结果是相同的,即均以命令形式实现让当事人再次提交的后果。在我国现行民事诉讼实践中,由法院直接依职权调取证据,能够实现取得该证据的效果,在功能上同比较法上的制度效果是一致的。

当然,如果并不符合《民事诉讼法解释》第九十六条规定的情形,法院则应借鉴日本法的规定,强制该第三人交出证据。

(三)不能推定举证人拟证明的事实为真实

在我国民事诉讼实践中,针对违反文书提出命令,《民事诉讼法解释》第一百一十二条规定了推定该书证内容为真实的制裁措施。2019 年《证据规定》第四十八条第二款进一步增加规定,持有书证的当事人以妨碍对方当事人使用为目的,毁灭有关书证或者实施其他致使书证不能使用行为的,推定该文书拟证明的内容为真实。笔者认为,我国文书提出命令的处理值得借鉴;但是,在证据被第三人控制的情况下,则不能推定举证人欲证明的事实为真实。主要理由在于:首先,在我国目前举证意识仍然薄弱的情况下,应该坚持加大当事人举证力度的发展方向。上述推定拟证明的事实为真实的处理,无异于鼓励当事人放弃举证责任,而申请签发律师调查令,从而转移举证责任的风险。其次,将拟制拟证明的事实为真实的法律效果纳入其中,将完全没有质证的事实拟制为真实,省略了质证环节,不符合保护当事人平等民事权益的要求。最后,我国司法解释在起草文书提出命令的制裁制度时考虑到了这种效果的选择可能性,也是对我国现行法治现状和举证责任现状考量的结果。即使是2019年《证据规定》也仅是针对对方当事人毁灭证据的情形作出惩罚性规定,没有规定在第三人控制证据下的惩罚性规定。对于违反协助调查取证的证据直接推定该证据拟证明的事实为真实,实质上就是剥夺了当事人质证的程序性权利,有矫枉过正的可能。[1]

二、律师调查令的滥用限制

本书第一章介绍了我国目前律师调查令试行的现状,在律师持令调取证据方面,还存在律师滥用调查令的情况。这种滥用主要表现在:律师调取与本案无关的证据;律师调取的证据对己方不利的,则不向法院提供该调取的证据;律师利用调查令侵害被调查人个人隐私、商业秘密的情形也一定程度存在;律师对是否调取证据不及时向法院回复。因此,律师滥用调查令,也是目前该制度试行中迫切需要解决的问题。[2]

(一)调查令适用范围应限于本案

在调查令的签发一章已经论述,调查令应限于与本案有关联的证据调取,由此,在签发阶段,法院往往基于与案件是否具有关联进行审查。但是,为了避免法院审查的工作压力,增加法院不必要的工作负担,律师申请调查令应限于申请调取与本案有关的证据,且在法院出具律师调查令后,持证律师不得持有该调查令调查与本案无关的证据。

当然,在将来我国律师调查令制度写入诉讼法或者最高司法机关出台相关司法解释规范后,法院通过调查取证的证据特定制度,可以进一步将拟调取的证据明确化,为避免律师申请和调取与本案无关的证据设置防火墙。在目前各地试行律师调查令的做法中,应强调调查令调取的证据限于本案有关证据的要求。

(二)律师不得利用调查令侵害他人隐私、秘密等

在未来律师调查令的立法中,对律师调查令进一步法定化和立法完善,法院在签发律师调查令时应考虑秘密保护和隐私保护问题,从而避免律师利用调查令侵害他人隐私。

---

〔1〕 参见文静:《文书提出命令在我国的适用》,载《法制与社会》2016年第35期。

〔2〕 参见韦杨等:《当事人调查取证权之程序保障的路径尝试——以调查令制度的检讨及其实证量化分析为研究视点》,载《法律适用》2008年第3期。

在律师调查令试行的过程中，律师滥用调查令问题一定程度存在，实务界多呼吁加大对该行为的制裁。[1] 首先，律师利用调查令不当侵害他人隐私秘密的，首先具有过错侵害他人权益的侵权行为，应承担相应的民事侵权责任。其次，如果律师在执业过程中有违反其执业规范的行为，还应承担相应的行政责任，接受相应的行政处罚。最后，在律师侵害他人隐私、秘密造成严重后果的情况下，还有可能受到刑罚的处罚，承担相应的刑事责任。

（三）律师应及时将调取的证据提交给法院

这包括两个方面的内容：

其一，将调取的证据及时提交给法院。律师应在举证期限届满之前申请签发律师调查令。但是，律师持调查令调取的证据应何时向法院提供，目前试行地区并没有规定。考虑到我国民事诉讼的实际，可以采取以下两种模式：一是法院确定证据交换程序或者召开庭前会议的，应在该程序中提供该证据，并通过质证、认证程序确定是否作为本案的证据。二是在法院不组织证据交换程序或者庭前会议的，应该在开庭审理案件的法庭调查阶段向法院提供。超过上述期限不提供的，应承担不利的法律后果。

其二，律师不得隐匿持调查令调取的证据。将律师调查令的功能定位在证据收集保障权利的基础上，律师持证调查实际上是分担了部分法院依据职权调取证据的功能，因此其调取证据的后果直接归属于对其授权的人民法院。就此而言，其调取的证据，无论是否支持调查取证一方当事人的主张，律师均有义务向法院提供，不得因该证据对其不利就不向法院提供。因此，应加大对律师调取证据进行隐匿的制裁。如果律师调取证据不向法院提供，应根据《民事诉讼法》第一百一十四条的规定给予制裁。情节严重的，应课以毁灭证据的严重制裁措施。[2] 当然，律师有以上行为的，人民法院也可以向司法行政部门或律协建议，加大对律师的监管，追究违法律师的民事、行政甚至刑事责任。

实践中申请人与被调查人串通制造虚假证据，并且以法院调查令的方式增强其真实性和证明力的情形，应以妨害民事诉讼的行为予以制裁，适用《民事诉讼法》第一百一十四条“伪造、毁灭重要证据，妨碍人民法院审理案件的”制裁措施，没有在律师调查令制度中予以规范的必要。

---

〔1〕 参见汤啸天等：《调查令制度的法律属性与完善建议》，载《法律适用》2008年第7期。

〔2〕 参见韦杨等：《当事人调查取证权之程序保障的路径尝试——以调查令制度的检讨及其实证量化分析为研究视点》，载《法律适用》2008年第3期。

三、对法院违反律师调查令制度的处理

法院违反律师调查令往往体现在以下两个方面：一是应该签发而未签发的；二是对于违反调查令的行为未加以制裁的。

对应签发而未签发证据的，法律不予提供救济的途径，律师可以在二审程序中继续申请调查取证。

法院对律师违反调查令未加以制裁的，属于法院行使职权的范畴，原则上民事诉讼当事人不可以提出异议。实践中可能存在，法院虽然发现律师有违反律师调查令的行为，但是其认为不需要予以处罚，因此对案件的实质处理并没有产生影响。

第六节　律师调查令调取证据的质证

对于律师持调查令调取的证据，法院也应该根据证据采纳的规则认定其证据能力。目前，在试行律师调查令的意见中，多要求律师持调查令获取的证据需要经过质证后才能作为认定事实的根据。

质证程序是法院认定案件事实的重要环节，对于保障当事人的程序权利、进而保障当事人的实体权利，具有重要的意义。2001 年《证据规定》第四十七条规定，证据应当在法庭上出示，由当事人质证。未经质证的证据，不能作为认定案件事实的依据。该规定被《民事诉讼法》第七十一条延续规定，证据应当在法庭上出示，并由当事人互相质证。因此，证据必须质证才能作为定案的证据，这已经成为现代民事诉讼证据制度的一个基本原理。律师持证调取的证据经过质证，才能作为案件认定事实的证据。当然，对于律师调查取证的质证，有以下几点特殊性。

1. 质证主体。质证的主体范围包括当事人、诉讼代理人和有独立请求权或无独立请求权的第三人。持有证据的被调查人不是质证的主体。

2. 对律师持调查令调取的证据，应进行质证才能认定。主要理由在于：其一，《民事诉讼法》第七十一条及《民事诉讼法解释》第一百零三条规定，证据应当在法庭上出示，并由当事人互相质证。未经当事人质证的证据，不得作为认定案件事实的根据。可见，律师调查令属于保障当事人证据收集权的一种机

制,其调取的证据与普通证据一样,也应通过质证程序才能作为证据采纳。其二,在调查取证过程中,也是由当事人一方进行调查取证,其目的也是保证一方当事人的利益,因此应该允许另一方当事人对调查收集证据的合法性、真实性和关联性提出质疑,并由法院基于中立裁判的要求决定是否采纳该证据。就此而言,对证据进行质证的方法也同样适用。

3. 对持证调取的证据未质证而加以裁判的补正。笔者认为,对于未质证而认可律师调取证据的,法院可以在二审程序中予以质证,并根据证据证明能力决定案件实体处理结果。在申请再审程序中,可以根据《民事诉讼法》第二百零四条第四项的规定处理,即原判决、裁定认定事实的主要证据未经质证的,当事人的申请再审的,人民法院应启动再审程序。

4. 律师调查令调取证据的证明能力的问题。证明能力,又称证据资格、证据的适格性,是指一定的事实材料作为诉讼证据在法律上的资格。基于律师调查令调取的证据在证据能力上同其他证据具有同等证明能力,不能因为其系法院签发调查令允许律师调取证据而在证明能力上高于其他证据;也不能因为其系律师持令调取证据就认为该证据的证明力低于其他证据的证明能力。

5. 秘密质证程序。2019 年《证据规定》第四十七条第二款规定,前款所列书证,涉及国家秘密、商业秘密、当事人或第三人的隐私,或者存在法律规定应当保密的情形的,提交后不得公开质证。上述规定对律师调查令调取的证据具有直接的借鉴意义。因此,对于律师调查令调取证据涉及国家秘密、商业秘密、当事人或第三人隐私的,或者法律规定应当保密的,法院在质证时不得公开。

第七节 律师调查令的立法和司法解释建议

在本书第一章针对律师调查令问题的调研中,我国律师调查令的现实呼吁有两个方面:一是在立法上规定律师调查令制度;二是最高人民法院出台律师调查令的司法解释,对律师调查令制度进行规范。因此,在本书对律师调查令的必要性和制度构造进行研究的基础上,下面回应律师调查令的现实需要,自立法论角度为现行立法和司法解释提供条文建议。

一、律师调查令的立法建议

为解决立法上的规范缺失,为律师调查令提供制定法依据,在本书对律师调查令进行功能定位研究的基础上,笔者认为,应首先在立法上对律师调查令制度予以规范,有两种路径可以选择:第一,修改现行《民事诉讼法》,于该法第六十七条中增加规定律师调查令制度;第二,全国人大常委会单独出台规定,授权最高人民法院在全国范围内试行律师调查令制度。

(一)修订《民事诉讼法》第六十七条规定

1. 立法修订内容

笔者认为,对律师调查令制度的立法规范,建议在《民事诉讼法》第六十七条第二款后增加第三款规定:"当事人因客观原因不能自行收集的证据,当事人委托的诉讼代理律师可以申请人民法院出具调查令,由律师持调查令调查收集该证据。"[1]同时,将《民事诉讼法》第七十条第一款修改为:"人民法院和持有调查令裁定的律师有权向有关单位和个人调查取证,有关单位和个人不得拒绝。"

2. 立法修订的主要理由

通过上述规定,在立法上将律师持证调取证据的权利固定起来,并且同法院自行调取证据进行衔接,发挥该条的多重功能。同时,鉴于律师调查令的详细内容需要在司法审判中予以细化,故立法仅概括规定即可,具体内容则留待最高人民法院司法解释予以细化。此种规范的好处在于:其一,在立法上予以原则规定的情况下,由最高人民法院予以具体细化规定,更有利于提高该制度在实务中的可操作性。其二,有利于最高人民法院在总结各地试行经验的基础上,对具体内容予以总结、提炼,并可以对不适应的地方予以修改完善。其三,将该部分内容放在举证和调查取证体系中,说明授予律师调查取证权是保障当事人证据收集权的一部分,这是对《民事诉讼法》第六十七条所确定的"谁主张,谁举证"基本原则的补充,符合我国民事诉讼法的发展和改革方向。同时,通过在《民事诉讼法》证据章中规定该制度,明确了律师调查令的性质属于诉讼法上

---

〔1〕 据此,修改后的《民事诉讼法》第六十七条规定:"当事人对自己提出的主张,有责任提供证据。当事人及其诉讼代理人因客观原因不能自行收集的证据,或者人民法院认为审理案件需要的证据,人民法院应当调查收集。当事人因客观原因不能自行收集的证据,当事人委托的诉讼代理律师可以申请人民法院出具调查令,由律师持调查令调查收集。人民法院应当按照法定程序,全面地、客观地审查核实证据。"

的一种新的诉讼权利,依此其就具有了立法上的基础,为该权利的行使提供公法上的制度支撑。其四,前文我们提到,为更好发挥律师调查令的功能,律师调查令的文书格式,应采纳裁定的方式,因此,一方面,即将律师调查令裁定纳入《民事诉讼法》第一百五十七条关于裁定适用范围的兜底性规定;另一方面,对违反该裁定的强制制裁措施可以适用《民事诉讼法》第一百一十七条的规定,这样在律师调查令制度中就有了制裁的法律依据和构成要件。

3. 立法修订的主要内容和规范精神

在上述规范建议内容的基础上,上述立法修订的规范内涵了以下三个方面内容。

一是从保障当事人证据收集权、实现民事诉讼的武器平等角度对其权利予以规范。即律师调查令在当事人主义诉讼模式下秉承"谁主张,谁举证"的原则,当事人申请调查令的前提为其不能自行收取的证据,如此有必要启动法院证据收集保障程序,申请法院签发调查令。该修订还内涵持令人应当是当事人委托的律师,而且需要是已经获得执业证的律师;同时,还应强调法院对于该申请的审查权。

二是人民法院对律师调查令申请的审查和裁判权。律师向人民法院申请签发调查令的命令后,人民法院经审查认为律师申请调查取证的理由适当的,应及时签发调查令。由此,人民法院签发调查令具有明确的法律依据。通过裁定方式作出,符合民事裁定为法院处理民事诉讼中的各种程序性事项所作出的结论性判定的性质。

三是被调查人在接到律师调查令后,基于调查令背后的公权保障,需要承担协助提供所调取证据的义务。由此,通过修改《民事诉讼法》第六十七条第一款,要求被调查人承担必须协助调查证据的义务;如果拒绝的,则会受到相应的制裁。对于被调查人拒绝接受调查的处罚,在法律赋予当事人义务、调查令属于法院出具的具有法律约束力的裁定的情况下,如果被调查人不履行该调查令确定的义务,则可以对其采取《民事诉讼法》第一百一十七条规定的相应制裁措施。

（二）全国人大常委会授权最高人民法院出台试行意见

修改作为基本法律的民事诉讼法,不得不面临的问题是,立法修改程序较为复杂,所需时日较久。在我国《民事诉讼法》已经于 2012 年进行过较大幅度修改,2017 年、2021 年又两次修订的情况下,当前短期内再行修改完善的可能性不大,这是建议修订《民事诉讼法》的模式不得不面对的问题。事实上,考虑到短时期全国人大或其常务委员会不可能对《民事诉讼法》进行修改的客观实际,推动全国人大常委会通过授权规定的形式,授权最高人民法院从顶层设计角度出台统一的试行规范性意见,由各地方法院具体负责试行律师调查令,是较为可行且有效的做法。

对此,本书建议,全国人大常委会根据《立法法》第十条〔1〕的规定出台以下授权性规定〔2〕:授权最高人民法院在全国范围内在立案、审判、执行领域开展律师调查令试点工作。在试点期间,对于当事人及其诉讼代理人由于客观原因不能自行收集的证据,当事人委托的律师可以申请人民法院出具调查令裁定,由律师持证调查收集。律师持人民法院签发的调查令裁定向有关单位和个人调查取证的,有关单位和个人不得拒绝。试点期间为5年。

在上述授权规范的基础上,全国各地法院试行律师调查令就有了立法层面的依据,最高人民法院也有了起草具体司法解释的规范依据。

上述授权规范的内容和立法规范是一致的,故对规范内容和规范精神不再赘述。

二、律师调查令的司法解释建议

在上一章的研究中,本书从律师调查令的制度构成角度研究了律师调查令应该解决的问题。第一章的实证研究中介绍,地方法院针对律师调查令问题较为集中的建议之一是,建议最高人民法院出台在全国范围内推行律师调查令的司法解释或者规范性意见。笔者基于上一章的研究,提出如下司法解释的建议条文。

---

〔1〕《立法法》第十条规定:"授权决定应当明确授权的目的、事项、范围、期限以及被授权机关实施授权决定应当遵循的原则等。授权的期限不得超过五年,但是授权决定另有规定的除外。被授权机关应当在授权期限届满的六个月以前,向授权机关报告授权决定实施的情况,并提出是否需要制定有关法律的意见;需要继续授权的,可以提出相关意见,由全国人民代表大会及其常务委员会决定。"

〔2〕全国人大授权司法机关就若干法律问题开展试点,目前是实践中较常用的做法。例如,2016年9月3日第十二届全国人民代表大会常务委员会第二十二次会议通过《全国人大常委会关于授权最高人民法院、最高人民检察院在部分地区开展刑事案件认罪认罚从宽制度试点工作的决定》。又如,2015年7月1日第十二届全国人民代表大会常务委员会第十五次会议通过《全国人民代表大会常务委员会关于授权最高人民检察院在部分地区开展公益诉讼试点工作的决定》。

(一)司法解释建议条文

最高人民法院
关于民事诉讼律师调查令适用法律若干问题的规定

法释〔××××〕××号

为了进一步加强对当事人合法权益的保护,依法保障民事诉讼中当事人收集证据的诉讼权利,提升司法效率,促进多元化纠纷化解工作,维护司法公正,根据民事诉讼法、律师法等法律的规定,结合司法审判工作实践,制定本规定。

第一条　【定义】当事人委托的代理律师,对当事人因客观原因无法自行调查收取的证据,可以向人民法院申请律师调查令;人民法院经审查,认为该申请符合签发条件的,裁定签发调查令,由律师持该调查令裁定向持有证据的有关单位或者个人调查取证。

第二条　【律师调查令的申请主体】律师申请人民法院签发调查取证裁定,应向人民法院递交书面申请。

人民法院签发律师调查裁定后,当事人委托的代理律师在调查令有效期间内不再担任委托诉讼代理人的,该调查裁定自动失效。

第三条　【申请人的证据特定义务】律师在申请书中应明确以下申请调取证据的理由:

(一)要求被调查人提供的证据;

(二)所申请调取证据的有关情况、有关内容及同待证事项的关联性;

(三)证据被占有的事实及举证人不能提供的理由;

(四)被调查人负担协助提供有关证据的义务及原因。

第四条　【申请律师调查令的期间限制】律师应在人民法院确定的举证期限内提出申请;人民法院未确定举证期限的,应于一审法庭辩论终结之前提出申请。

对于一审诉讼程序中律师已经申请人民法院签发律师调查令,而人民法院已经签发律师调查令的,二审程序中当事人委托的代理律师再行申请的,人民法院不再签发。二审阶段,律师申请人民法院签发律师调查令的,适用前款规定的要求。

在审判监督程序中律师申请签发律师调查令的,人民法院原则上不予签发,但在一审、二审程序中当事人申请人民法院调取证据或者申请签发律师调查令未获人民法院批准的，人民法院可以签发。

律师在人民法院立案阶段申请签发律师调查令的，人民法院可予准许。

第五条 【证据特定协助义务】律师在申请人民法院签发律师调查令时，由于证据被有关单位或个人控制，难以明确该证据及其内容的，可请求人民法院要求证据持有人告知相关信息或给与其他必要协助。

证据持有人拒绝告知相关证据的信息或者拒绝给与其他必要协助的，人民法院可以根据案件审理情况，决定是否签发调取该证据的命令。

第六条 【申请签发律师调查令的条件】律师申请人民法院签发律师调查令，应写明基于客观原因无法自行调查取证的客观事实，并说明拟调取证据与案件审理具有的关联性。

第七条 【律师调查令调取证据的范围】律师可以申请人民法院签发调查令调取书证、物证、视听资料、电子数据、证人证言等证据。

第八条 【律师调查令中的秘密保护】对于申请签发调查令调取的证据可能涉及侵犯国家秘密、商业秘密或者个人隐私的，人民法院不予签发律师调查令，但有下列情形的除外：

（一）该证据系对方当事人在诉讼中为支持其主张所声明的证据；

（二）该证据为案件当事人争议的标的。

因证据持有人业务所生成的资料构成个人隐私、业务伦理、家庭伦理上的保密事由时，被调取证据人有权拒绝提供。

第九条 【与法院依据职权调查取证的衔接】人民法院对律师签发调查令的申请，以可能侵害国家秘密、商业秘密或者个人隐私为由拒绝签发的，当事人请求人民法院依据职权调查取证的，人民法院应予审查。

第十条 【律师调查令的审查和签发】适用普通程序审理的民事案件，律师调查令的签发由合议庭审查决定，由审判长签发；适用简易程序审理的民事案件，由独任法官负责审查并签发。

第十一条 【对律师调查令申请的裁判】人民法院经审查认为，律师申请人民法院签发律师调查令的申请合理的，应出具调查令裁定，命令证据持有人提供该证据；如果认为律师的申请不合理的，则应通知驳回其申请。

第十二条 【律师调查令的形式】人民法院签发律师调查令，应以裁定的方式作出。

律师调查令的驳回可以书面通知形式驳回，也可以在最终的裁判文书中予以驳回。以口头通知方式驳回的,应将驳回通知和事由记录在案。

第十三条　【律师调查令的实质判断】人民法院应综合以下几个方面的因素确定是否签发律师调查令:

(一)对于待证事实具有证据关联性;

(二)适合充当证据方法;

(三)当事人因为客观原因无法自行收集的证据。

第十四条　【律师调查令的审查时限】适用普通程序审理的民事诉讼案件中,人民法院应在收到律师申请后5个工作日内审核决定是否签发律师调查令;适用简易程序审理的案件中,独任法官应在收到申请后3个工作日内审核决定。

第十五条　【不服律师调查令驳回申请的救济禁止】对人民法院驳回申请签发调查令的,当事人不得上诉、异议和申请复议。

第十六条　【律师调查令的文书格式和内容】律师调查令的格式由最高人民法院另行制定。

律师调查令一般应包括以下内容:

(一)文书的名称;

(二)文书的案号;

(三)案件当事人情况及委托诉讼代理人;

(四)律师申请调查取证事由;

(五)申请调取证据的名称、调取证据的范围、拟证明的事实等;

(六)被调查的个人或单位的权利义务、违法协助调取证据的制裁或者不利法律后果;

(七)裁定事项,令占有证据当事人提供所调取的证据;

(八)调取证据的律师;

(九)调查令的有效期限;

(十)联系法官和人民法院工作人员;

(十一)人民法院合议庭成员;

(十二)单位用印和日期。

第十七条　【有效期】调查令的调查取证期限一般不应超过十五日。拟调取的证据较为困难或者较为复杂的,人民法院可以根据实际情况延长有效期。

律师应当在调查令载明的有效内调查收集证据;期限届满,调查令自动失效。

律师确因不可抗力或者其他非因律师自身原因不能在调查令的有效期限内完成证据调查收集工作的，经当事人委托的诉讼代理律师申请，人民法院可以在举证期限内重新签发调查令。

第十八条 【调查取证人员要求】代理律师持调查令调查取证时，应由律师本人调查取证，并由一名人员担任记录；律师在持律师调查令调查取证时，应依照律师法第三十五条规定要求，向被调查人出示律师执业证书、律师事务所证明和法院签发的律师调查令。记录人员应提供相应的身份证明。

律师应将调查收集的全部证据及材料在调取证据后三日内提交给签发律师调查令的人民法院。

律师对持调查令调查获得的证据及信息，不得不当使用。

第十九条 【被调查人的协助调查义务】被调查人应按照调查令的要求及时配合调查取证。被调查人在接到调查令十日内不能完成配合调查取证的，应当向人民法院书面说明情况。对于律师持调查令调取指定证据之外的其他材料，被调查人有权拒绝，并向人民法院报告相关情况。

接受调查人应在提供证据中标明证据的类型、名称、数量，并标明与原件无异或者属实的说明。被调查人为单位的，应加盖单位的印章；被调查人为个人的，应在证据说明中签名或者捺印。

接受调查人有权密封律师调查令调取的证据，被调查单位以密封形式提供相关证据的，律师不得私自开启，并应及时向人民法院提交该证据。

接受调查人也可直接向人民法院提供调查令调取的证据。

第二十条 【对方当事人拒绝配合调查取证的惩戒措施】人民法院签发律师调查令后，控制证据的当事人无正当理由拒不提供证据的，人民法院可以认定对方当事人所主张的证据内容为真实。

控制证据的当事人存在《最高人民法院关于适用〈中华人民共和国民事诉讼法〉的解释》第一百一十三条规定情形的，人民法院可以认定对方当事人主张以该证据证明的事实为真实。

第二十一条 【对被调查人拒绝配合调查取证的司法制裁】被调查人故意不按照律师调查令的要求提供证据，或者有故意毁损被调查证据的，人民法院可以根据民事诉讼法第一百一十七条规定，予以罚款或拘留；构成犯罪的，依法追究刑事责任。

第二十二条　【律师调查取证滥用的限制】律师在持令调查取证过程中,有如下行为的,人民法院可以根据民事诉讼法第一百一十七条规定,予以罚款或拘留;构成犯罪的,依法追究刑事责任:

(一)利用调查令故意或者重大过失侵害国家秘密、商业秘密或者他人隐私的;

(二)未及时将调取的证据提交人民法院的;

(三)隐匿所调取的对己不利的证据的;

(四)调取与本案无关的证据的;

(五)伪造或者变造人民法院签发的调查令的;

(六)擅自开拆证据提供人密封的证据的;

(七)其他滥用调查令的行为。

第二十三条　【调查令取得证据的质证】对于本规定第八条规定的证据,当事人可以申请人民法院不公开质证,并不得在诉讼文书中公开。本案之外的第三人不得申请查阅该证据。

第二十四条　【秘密保护的特别程序】经证据持有人申请,人民法院可以决定该证据不在本案当事人之间进行质证,并不得在诉讼文书中公开,但人民法院可以与本案其他证据结合,作为审理本案件的印证证据或者依据。

第二十五条　【律师调查令的适用阶段】律师在案件立案阶段和执行阶段向人民法院申请签发律师调查令,参照本规定执行。

律师在非诉讼程序中申请人民法院签发调查令的,人民法院不予准许。

第二十六条　【生效日期】本规定自　年　月　日生效。

(二)律师调查令司法解释建议条文说明

【起草目的】为了进一步加强对当事人合法权益的保护,依法保障民事诉讼中当事人收集证据的诉讼权利,提升司法效率,促进多元化纠纷化解工作,维护司法公正,根据民事诉讼法、律师法等法律的规定,结合司法审判工作实践,制定本规定。

起草目的说明:主要规定律师调查令司法解释的起草目的和起草依据,该制度的目的具有复合性:一是保障当事人的证据收集权利;二是加强对当事人实体公正权利的保护;三是提高司法诉讼效率,满足当事人对其权益保障效率的要求；四是促进多元化纠纷化解工作。起草依据则是《民事诉讼法》和《律师法》，并结合司法审判工作实践。

第一条 【定义】当事人委托的代理律师，对当事人因客观原因无法自行调查收取的证据，可以向人民法院申请律师调查令；人民法院经审查，认为该申请符合签发条件的，裁定签发调查令，由律师持该调查令向持有证据的有关单位或者个人调查取证。

条文说明：

该界定内涵了以下几方面内容：其一，律师调查令是对当事人主义调查取证模式的补充，在坚持"谁主张，谁举证"的基本举证原则之下，由法院赋予律师持令调取证据实质上是一种诉讼权利，其背后有国家公权力的保障。因此，只有对当事人不能自行调查收集到的证据，人民法院才能签发调查令。其二，考虑到律师调查令的专业性和法院公权赋权事项的严肃性，持令调查的主体限于律师。其三，作为证据调查收集权的保障，被调查人包括持有证据的单位和个人。这里的范围是单位和个人，既包括案件的当事人，也包括案件之外与案件并无关系的第三人。之所以未规定为"当事人或者第三人"，主要原因在于避免将此处的第三人与《民事诉讼法》第五十九条规定的第三人相混淆，故规定为持有证据的单位和个人，也就是说任何持有证据的单位和个人均为人民法院签发律师调查令调取证据的对象。

第二条 【律师调查令的申请主体】律师申请人民法院签发调查取证裁定，应向人民法院递交书面申请。

人民法院签发律师调查裁定后，当事人委托的律师在调查令有效期间内不再担任委托诉讼代理人的，该调查裁定自动失效。

条文说明：

律师调查令制度是为了保障当事人证据收集权而在诉讼中赋予当事人委托的诉讼代理律师的一种新的诉讼权利，其背后带有公权赋权的性质。考虑到公权赋权的严肃性和科学性，应对持令调查取证的主体加以限制。故律师调查令只能由律师提出申请，并由人民法院经审查之后，仅赋予执业律师持令调查取证权。

第三条 【申请人的证据特定义务】律师在申请书中应明确以下申请调取证据的理由：

（一）要求被调查人提供的证据；

（二）所申请调取证据的有关情况、有关内容及同待证事项的关联性；

（三）证据被占有的事实及举证人不能提供的理由；

（四）被调查人负担协助提供有关证据的义务及原因。

条文说明：

本条主要规定申请书的内容及申请条件。为进一步提高诉讼效率、遏制当事人滥用调查申请的目的，并为人民法院审查该调查令申请是否合理提供依据。

第四条　【申请律师调查令的期间限制】律师应在人民法院确定的举证期限内提出申请；人民法院未确定举证期限的，应于一审法庭辩论终结之前提出申请。

对于一审诉讼程序中律师已经申请人民法院签发律师调查令，而人民法院已经签发律师调查令的，二审程序中当事人委托的代理律师再行申请的，人民法院不再签发。二审阶段，律师申请人民法院签发律师调查令的，适用前条规定的要求。

在审判监督程序中律师申请人民法院签发律师调查令的，人民法院原则上不予签发。但在一审、二审程序中当事人申请人民法院调取证据或者申请签发律师调查令未获得人民法院批准的，人民法院可以签发。

律师在人民法院立案阶段申请签发律师调查令的，人民法院可予准许。

条文说明：

鉴于我国在2015年的民事立案制度改革中，将过去的立案审查制改革为目前立案登记制，[1]故纠纷起诉到人民法院并获得立案并非难事。[2]全国法院均在立案阶段成立了诉讼服务中心，并在立案阶段开展调解以有效化解纠纷，故在立案阶段也应允许人民法院签发律师调查令。

---

〔1〕 2014年10月23日中国共产党第十八届中央委员会第四次全体会议通过《中共中央关于全面推进依法治国若干重大问题的决定》第四部分“保证公正司法，提高司法公信力”第（二）项要求：“改革法院案件受理制度，变立案审查制为立案登记制，对人民法院依法应该受理的案件，做到有案必立、有诉必理，保障当事人诉权。加大对虚假诉讼、恶意诉讼、无理缠诉行为的惩治力度。”2015年4月1日中央全面深化改革领导小组第十一次会议审议通过的《关于人民法院推行立案登记制改革的意见》要求，为充分保障当事人诉权，切实解决人民群众反映的“立案难”问题，改革法院案件受理制度，变立案审查制为立案登记制。2015年4月13日最高人民法院审判委员会第1647次会议通过《最高人民法院关于人民法院登记立案若干问题的规定》（法释〔2015〕8号），并自2015年5月1日起施行，即自该日起民事诉讼由立案审查制度变为立案登记制度。

〔2〕 关于立案登记制改革的成效及问题的研究，参见王亚新：《立案登记制改革：成效、问题及对策——基于对三地法院调研的思考》，载《法治研究》2017年第5期。

调查令的申请期限,如果人民法院已经确定举证期限的,应在该举证期限内提出申请。如果在此期限没有提出申请的,人民法院应视为其放弃了申请调查取证的权利。如果人民法院没有明确举证期限的,应将举证限制于一审法庭辩论终结之前。

第五条 【证据特定协助义务】律师在申请人民法院签发律师调查令时,由于证据被有关单位或个人控制,难以明确该证据及其内容的,可请求人民法院要求证据持有人告知相关信息或给与其他必要协助。

证据持有人拒绝告知相关证据的信息或者拒绝给予其他必要协助的,人民法院可以根据案件审理情况,决定是否签发调取该证据的命令。

条文说明:

有关证据特定义务的内容与意义,大陆法系的文书提出命令具有一定的借鉴价值。2019 年《证据规定》对文书提出命令的文书特定义务也作了明确规定,这对律师调查令具有直接的参考适用价值。对于违反证据特定协助义务的法律效果,则应该采取再评价说,由人民法院进一步衡量该证据对于待证事实的关联性程度,并决定是否令证据持有人交出该证据。

第六条 【申请签发律师调查令的条件】律师申请人民法院签发律师调查令,应写明基于客观原因无法自行调查取证的客观事实,并说明拟调取证据与案件审理具有的关联性。

条文说明:

律师申请人民法院签发调查令,应在申请中明确需要签发调查令的必要性和的关联性。必要性,一般应指基于客观原因无法取得。关联性,一般意义上为同案件的关联证据。如果能够说明调取的证据和案件事实之间有直接关联并且程度很高,一般有助于人民法院签发。

第七条 【律师调查令调取证据的范围】律师可以申请人民法院签发调查令调取书证、物证、视听资料、电子数据、证人证言等证据。

条文说明:

结合目前我国《民事诉讼法》第六十六条关于证据类型的规定,以及各个证据的属性,本条规定了律师持证调取的证据类型。鉴于当事人陈述并不需要当事人持证予以调查,因此,在现行法律要求当事人如实陈述案件事实的前提下,并无签发律师调查令调取当事人陈述的适用空间。

在实践中,通过人民法院委托进行鉴定产生的意见被称为鉴定意见。当事人自行委托的只能称为专家咨询意见，不能称为案件的证据。由此，在律师可以申请人民法院委托鉴定的情况下，没有必要申请调取。鉴于勘验笔录为人民法院审判人员现场勘验的记录，不宜由当事人的委托律师通过调查取证的方式获得。至于证人证言是否适合调取证据，在地方法院试行意见中有否定的观点。借鉴美国法证据开示程序中笔录证言的做法，在律师调查令制度中亦可以由律师持令调取。

第八条　【律师调查令中的秘密保护】对于申请签发调查令调取的证据可能涉及侵犯国家秘密、商业秘密或者个人隐私的，人民法院不予签发律师调查令，但有下列情形的除外：

（一）该证据系对方当事人在诉讼中为支持其主张所声明的证据；

（二）该证据为案件当事人争议的标的。

因证据持有人业务所生成的资料构成个人隐私、业务伦理、家庭伦理上的保密事由时，被调取证据人有权拒绝提供。

条文说明：

目前，在律师调查令领域最为困难的问题之一是如何协调发现案件真实与保护秘密、个人隐私的平衡问题。如何在平衡律师调查令欲发挥的调查证据功能与保护秘密和维护公共利益之间的平衡，是需要重点解决的问题。参照比较法上的结论，如果申请调取证据可能涉及对秘密和隐私的侵害，则被调查人有权拒绝。当然，并非所有秘密和隐私的保护价值均比案件真实发现的价值更大。

当事人在诉讼中引用的证据不得拒绝提供；以特定证据为诉讼标的的请求来说，如果该证据内容涉及证据持有人的个人秘密，鉴于该申请调查取证的申请人在实体法上具有请求交付该证据的权利，则该证据持有人自然无主张保密的理由。

因业务所生成的资料构成了个人隐私、业务伦理、家庭伦理上的保密事由时，才可以拒绝提供。但是，在产生纠纷时，如果该等事实对于查清案件事实至关重要，且该等事实并非基于个人隐私、业务伦理需要专门保护的事由时，则不能予以拒绝。

第九条　【与人民法院依据职权调查取证的衔接】人民法院对律师签发调查令的申请，以可能侵害国家秘密、商业秘密或者个人隐私为由拒绝签发的，当事人请求人民法院依据职权调查取证的，人民法院应予审查。

条文说明：

本条是关于律师调查令与人民法院依据职权调查取证的衔接问题。为了保障当事人证据收集权，设置了律师调查令制度。但是如果律师调查令可能侵害国家秘密、商业秘密或者个人隐私的，人民法院会拒绝签发律师调查令。在此情况下，如果不赋予当事人证据收集保障权，则无法实现当事人民事诉讼的武器平等原则。由此，在人民法院不予签发的情况下，当事人有权申请人民法院依据职权调查取证。

第十条 【律师调查令的审查和签发】适用普通程序审理的民事案件，律师调查令的签发由合议庭审查决定，由审判长签发；适用简易程序审理的民事案件，由独任法官负责审查并签发。

条文说明：

在借鉴比较法上证据开示制度和文书提出命令制度的法官参与制度基础上，并考察我国的司法体制改革，按照让审理者裁判、由裁判者负责的改革要求，在采纳普通程序审理的案件中，应将律师调查令的审查签发交由直接审理案件的法官。在合议庭审查并签发时，应遵循我国民事案件审判中合议庭的组织规则，即合议庭内部实行少数服从多数的合议规则。在案件审判长组织下，多数意见不同意签发的则不予签发该律师调查令。具体的签发由该合议庭审判长予以签发。如果案件适用简易程序由法官独任审判，则由独任法官进行审查并进行裁判签发。

第十一条 【对律师调查令申请的裁判】人民法院经审查认为，律师申请人民法院签发律师调查令的申请合理的，应出具调查令裁定，命令证据持有人提供该证据；如果认为律师的申请不合理的，则应通知驳回申请。

条文说明：

本条主要针对签发调查令、驳回申请的问题进行规定。至于制裁违反律师调查令拒绝提供证据的证据持有人，则另行由专门条文规定。

第十二条 【律师调查令的形式】人民法院签发律师调查令，应以裁定的方式作出。

律师调查令的驳回可以书面通知形式驳回，也可以在最终的裁判文书中予以驳回。以口头通知方式驳回的，应将驳回通知和事由记录在案。

条文说明：

未来在立法上我国设置律师调查令制度的情况下，应通过裁定的形式签发律师调查令。当然,在目前我国立法上尚无律师调查令制度的情况下,适用裁定裁决事项缺乏法律依据,就此而言,以令状的形式签发亦可。考虑到本条规定主要为研究的结论性建议,故从司法解释角度出发应通过裁定方式签发律师调查令。

本条还规定了驳回的方式。特别是,本条规定人民法院可以口头方式驳回,该方式的优点是效率高,有利于减轻人民法院审理案件的工作压力。因此,该方式是目前各地试行律师调查令中采用较多的做法。

第十三条　【律师调查令的实质判断】人民法院应综合以下几个方面的因素确定是否签发律师调查令:

(一)对于待证事实具有证据关联性;

(二)适合充当证据方法;

(三)当事人因为客观原因无法自行收集的证据。

条文说明:

人民法院在决定是否签发律师调查令时主要考察三个方面的因素:(1)与案件事实是否具有关联性。(2)申请调取的材料是否适合作为证据使用。(3)当事人是否由于客观原因无法自行调取,还是由于自身原因不予调取。

第十四条　【律师调查令的审查时限】适用普通程序审理的民事诉讼案件中,人民法院应在收到律师申请后5个工作日内审核决定是否签发律师调查令;适用简易程序审理的案件中,独任法官应在收到申请后3个工作日内审核决定。

条文说明:

在我国目前的诉讼体制中,诉讼程序中的期限乃是提高诉讼效率的一个重要因素。特别是,在当前案件审理压力持续居高不下的情况下,期限要求对于提高审判效率具有重要的价值,在律师调查令的申请签发程序中也应该加以贯彻。为了提高效率,应设置较短的期限。在规定律师调查令申请应在一定期限内提出的情况下,对于律师申请签发次数则不应有所限制。本条规定还内涵了申请次数不受限制的内容。

第十五条　【不服律师调查令驳回申请的救济禁止】对人民法院驳回申请签发调查令的,当事人不得上诉、异议和申请复议。

条文说明:

对于律师调查令申请被驳回不服的,是否能够提供救济途径的问题,考虑到我国民事诉讼现状,不应给与救济途径。未来如果立法上规定律师调查令并以裁定形式签发的,对于律师调查令不允许提起上诉;在立案阶段或者执行阶段拒绝签发律师调查令的,则不允许对不予签发行为提出异议和申请复议。

第十六条 【律师调查令的文书格式和内容】律师调查令的格式由最高人民法院另行制定。

律师调查令一般应包括以下内容:

(一)文书的名称;

(二)文书的案号;

(三)案件当事人情况及委托诉讼代理人;

(四)律师申请调查取证事由;

(五)申请调取证据的名称、调取证据的范围、拟证明的事实等;

(六)被调查的个人或单位的权利义务、违法协助调取证据的制裁或者不利法律后果;

(七)裁定事项,令占有证据当事人提供所调取的证据;

(八)调取证据的律师;

(九)调查令的有效期限;

(十)案件联系法官和人民法院工作人员;

(十一)人民法院合议庭成员;

(十二)单位用印和日期。

条文说明:

在未来我国民事诉讼法中增加律师调查令内容的情况下,可以通过裁定的形式签发律师调查令。在以裁定书方式签发律师调查令的情况下,鉴于该事项是人民法院对案件审理中的程序性事项的处理决定,故一切被调查的自然人、法人和其他组织均有配合调查取证的义务,否则应受法律的相应制裁。

第十七条 【有效期】调查令的调查取证期限一般不应超过十五日。拟调取的证据较为困难或者较为复杂的,人民法院可以根据实际情况延长有效期。

律师应当在调查令载明的有效内调查收集证据;期限届满,调查令自动失效。

律师确因不可抗力或者其他非因律师自身原因不能在调查令的有效期限内完成证据调查收集工作的,经当事人委托的诉讼代理律师申请,人民法院可以在举证期限内重新签发调查令。

条文说明：

调查令应有明确的期限，否则不利于提高人民法院审理案件的效率。但是，考虑到证据收集的难度情况，人民法院也可以根据具体情况相应延长律师持证调查收取证据的期限。律师原则上应在载明的期限内收集证据，未在期限内完成的，调查令自动失效。如果律师确实需要调查取证的，可以再次向人民法院提出申请。

实践中，有的地方法院出台意见，认为律师未使用调查令的，应将调查令交回人民法院。笔者认为，该种模式不符合裁定作为一种公开文书的特性，也会给人民法院增加工作量，故不应采纳该种规定。

第十八条 【调查取证人员要求】代理律师持调查令调查取证时，应由律师本人调查取证，并由一名人员担任记录；律师在持律师调查令调查取证时，应依照律师法第三十五条规定要求，向被调查人出示律师执业证书、律师事务所证明和人民法院签发的律师调查令。记录人员应提供相应的身份证明。

律师应将调查收集的全部证据及材料在调取证据后三日内提供给签发律师调查令的人民法院。

律师对持调查令调查获得的证据及信息，不得不当使用。

条文说明：

本条是关于律师调查取证时的要求。考虑到律师调查取证主体具有特定性，即只能由律师本人调查取证，并需要由一人担任记录。律师调查取证可以准用律师法关于律师自行取证的相关规定，要求律师在调查取证时出示调查令、律师执业证、律所证明等材料。律师调查取证后应及时将所调取的证据提交人民法院，在日期上应设定较短的期限，规定在3日内为宜。

第十九条 【被调查人的协助调查义务】被调查人应按照调查令的要求及时配合调查取证。被调查人在接到调查令十日内不能完成配合调查取证的，应当向人民法院书面说明情况。对于律师持调查令调取指定证据之外的其他材料，被调查人有权拒绝，并向人民法院报告相关情况。

接受调查人应在提供证据中标明证据的类型、名称、数量，并标明与原件无异或者属实的说明。被调查人为单位的，应加盖单位的印章；被调查人为个人的，应在证据说明中签名或者捺印。

接受调查人有权密封律师调查令调取的证据，被调查单位以密封形式提供相关证据的，律师不得私自开启，并应及时向人民法院提交该证据。

接受调查人也可直接向人民法院提供调查令调取的证据。

条文说明：

本条是关于被调查人有协助调查的义务的规定及应有期限的要求。鉴于我国目前被调查人如果是单位的话，需要履行单位的内部报批手续，应设置相应较长的时间，故以10日为宜。被调查人不能按时提供证据的，应要求其履行相应的说明义务。被调查人的协助调查取证义务，应允许被调查人直接向人民法院提供证据。

第二十条 【对方当事人拒绝配合调查取证的惩戒措施】人民法院签发律师调查令后，控制证据的当事人无正当理由拒不提供证据的，人民法院可以认定对方当事人所主张的证据内容为真实。

控制证据的当事人存在《最高人民法院关于适用〈中华人民共和国民事诉讼法〉的解释》第一百一十三条规定情形的，人民法院可以认定对方当事人主张以该证据证明的事实为真实。

条文说明：

在我国现行法律框架下，针对证据收集保障权，需要重点解决的是拒绝配合举证的法律后果。对此，比较法上和2019年《证据规定》关于文书提出命令制度中的推定证据客观真实的制度值得借鉴。

本条规定被调查人拒绝提供证据的，只能拟制该证据存在和真实，而不能拟制该证据欲证明的事实为真实。对于证明事实，还需要根据案件其他证据综合认定。本条规定主要适用于间接强制措施。但是，如果控制证据的当事人存在《民事诉讼法解释》第一百一十三条规定情形的，人民法院可以认定该证据证明的事实为真实。

第二十一条 【对被调查人拒绝配合调查取证的司法制裁】被调查人故意不按照律师调查令的要求提供证据，或者有故意毁损被调查证据的，人民法院可以根据民事诉讼法第一百一十七条的规定，予以罚款或拘留；构成犯罪的，依法追究刑事责任。

条文说明：

本条主要规定对违反被调查人协助配合调查义务的直接强制措施，适用于案件当事人和第三人。

第二十二条 【律师调查取证滥用的限制】律师在持令调查取证过程中，有如下行为的，人民法院可以根据民事诉讼法第一百一十七条规定，予以罚款或

拘留;构成犯罪的,依法追究刑事责任:

(一)利用调查令故意或者重大过失侵害国家秘密、商业秘密或者他人隐私的;

(二)未及时将调取的证据提交人民法院的;

(三)隐匿所调取的对己不利的证据的;

(四)调取与本案无关的证据的;

(五)伪造或者变造人民法院签发的调查令的;

(六)擅自开拆证据提供人密封的证据的;

(七)其他滥用调查令的行为。

条文说明:

在律师持令调取证据方面,还存在律师滥用调查令的情况。这种滥用主要表现在:律师调取与本案无关的证据;律师调取的证据对己方不利的,不向人民法院提供;律师利用调查令侵害被调查人个人隐私、商业秘密的;律师对是否调取证据不及时向人民法院回复。律师滥用调查令,也是目前该制度试行中迫切需要解决的问题。本条主要对律师调查令的滥用问题加以规制。

第二十三条 【调查令取得证据的质证】对于本规定第八条规定的证据,当事人可以申请人民法院不公开质证,并不得在诉讼文书中公开。本案之外的第三人不得申请查阅该证据。

条文说明:

未经质证的证据不得作为定案的证据,这是现代民事诉讼证据制度的一个基本原理。律师持令调取法证据也应通过质证程序才能作为案件证据采纳。但是,对于涉及国家秘密、商业秘密或者个人隐私的证据,需要采取相应的秘密保护程序。

第二十四条 【秘密保护的特别程序】经证据持有人申请,人民法院可以决定该证据不在本案当事人之间进行质证,并不得在诉讼文书中公开,但人民法院可以与本案其他证据结合,作为审理本案件的印证证据或者依据。

条文说明:

当证据涉及被调查人的秘密或者隐私保护时,强制证据持有人提出证据会对证据持有人的合法权益或社会公共利益造成侵害,法律因此需要进行利益平衡与协调;换言之,特定情形下,发现真实应当对秘密保护作出适度让步。但是,如果该等证据对于案件事实具有重要意义,则可以通过不公开审理程序予以处理。

第二十五条 【律师调查令的适用阶段】律师在案件立案阶段和执行阶段向人民法院申请签发律师调查令，参照本规定执行。

律师在非诉讼程序中申请人民法院签发调查令的，人民法院不予准许。

条文说明：

本书在前面的研究中提出，在立案阶段和执行程序中参照适用律师调查令制度，有利于发挥律师调查令的制度功能。律师调查令不应推行到非诉讼领域。

第二十六条 【司法解释适用时间】本规定自　年　月　日生效。

条文说明：

鉴于律师调查令系诉讼程序中的新生事物，有些地区尚未试行，故应预留一定时间让各地学习、借鉴，以推动该司法解释的实施。

三、律师调查令的相关文书格式建议

本书主要针对实践中较多采纳的民事诉讼审理阶段、立案阶段和执行阶段的律师调查令，拟建议三类文书格式。同时，鉴于被调查人亦需要向人民法院提供相应证据，故同时拟了被调查人的相应回执。

（一）民事诉讼审理阶段的律师调查令裁定样式和回执

（1）律师调查裁定样式

×××人民法院

律师调查裁定

（　　）字第　号

原告：×××

诉讼代理人：×××，×××律师事务所律师

被告：×××

原告　与被告　因（案由）一案，为查明与案件审理有关的证据，原告委托的×××律师向本院申请签发调查裁定，调查取证。本院经审查认为，×××律师所提调查取证申请符合法律和司法解释规定，本院现指定×××律师前往你处调取收集下列证据材料。

1.

2.

3.

4.

本调查裁定有效期截至　　年　月　日。接受调查人(你单位或个人)应于收到本裁定后五日内将调查收集的全部证据及回执提交至人民法院。接受调查人应当在提供的证据材料上注明与原件核对无异,在回执上注明证据材料的名称、页数等,并签名、盖章。

接受调查人不能按时提供证据、无证据提供或者拒绝提供调查裁定指定证据的,应当在调查裁定回执中注明原因。

合议庭成员

年　月　日

(院印)

(2)律师调查裁定回执

人民法院

律师调查裁定(回执)

(　　　)字第　号

________人民法院:

你院(　　　)字第　号律师调查裁定已收悉。根据你院的要求,现提供如下证明材料:

1.

2.

3.

4.

不能提供调查裁定所列的第　　项证明材料,原因是:

经办人:(签字)　　年　月　日

(接受调查人印章)

(此联由代理律师交还本院附卷)

（二）立案阶段律师调查裁定及回执样式

（1）立案阶段律师调查裁定样式

人民法院

律师调查裁定令（立案阶段）

（　　　）　　调字第　号

原告：×××

代理人：×××，×××律师事务所律师

被告：×××

原告　　　与被告　　　　　因　　　　（事由）一案向本院起诉，为查明与案件审理有关的起诉证据，原告委托的×××律师向本院申请签发调查令，调查取证。本院经审查认为，×××律师所提调查取证申请符合法律和司法解释规定，本院现指定×××律师前往你处调取收集下列证据材料。

1.

2.

3.

4.

本调查裁定有效期截至　　年　月　日。接受调查人（你单位或个人）应于收到本裁定后五日内将调查收集的全部证据及回执提交人民法院。接受调查人应当在提供的证据材料上注明与原件核对无异，在回执上注明证据材料的名称、页数等，并签名、盖章。

接受调查人不能按时提供证据、无证据提供或者拒绝提供调查之中指定证据的，应当在调查裁定回执中注明原因。

1.

2.

3.

4.

合议庭成员

年　月　日

（院印）

(2)立案阶段律师调查裁定回执

人民法院

律师调查裁定(回执)

(　　　)　　调字第　号

________人民法院:

你院(　　　)　　调字第　号调查裁定已收悉。根据你院的要求,现提供如下证明材料:

1.

2.

3.

4.

不能提供调查裁定所列的第　　项证明材料,原因是:

经办人:(签字)　　年　月　日

(接受调查人印章)

(此联由代理律师交还本院附卷)

(三)执行阶段律师调查执行裁定及回执样式

(1)执行阶段律师调查裁定样式

人民法院

律师调查执行裁定(执行阶段)

(　　　)　　执字第　号

申请执行人:×××

代理人:×××,×××律师事务所律师

被执行人:×××

申请执行人申请执行(　　　)　　执字第　号一案,为查明与被执行人有关的财产状况,申请执行人委托的×××律师向本院申请签发调查令,调查取证。本院经审查认为,×××律师所提调查取证申请符合法律和司法解释规定,本院现指定×××律师前往你处调取收集下列证据材料。

1.

2.

3.

4.

本调查裁定有效期截至　　年　月　日。接受调查人(你单位或个人)应于收到该裁定后五日内将调查收集的全部证据及回执提交人民法院。接受调查人应当在提供的证据材料上注明与原件核对无异,在回执上注明证据材料的名称、页数等,并签名、盖章。接受调查人不能按时提供证据、无证据提供或者拒绝提供调查裁定指定证据的,应当在调查令回执中注明原因。

合议庭成员

年　月　日

(院印)

(2)执行阶段律师调查执行裁定回执样式

________人民法院

律师调查裁定(回执)

(　　　)　　执字第　号

________人民法院:

你院(　　　)　　执字第　号律师调查裁定已收悉。根据你院的要求,现提供如下证明材料:

1.

2.

3.

4.

不能提供调查裁定所列的第　　项证明材料,原因是:

经办人:　(签字)　　年　月　日

(接受调查人印章)

(此联由代理律师交还本院附卷)

(四)律师调查令申请书样式和驳回通知书样式

(1)申请书样式

律师调查令申请书

诉讼前阶段特定案号、诉讼案号或者执行案号

申请律师:×××,×××律师事务所律师

律师执业证号:

请求事项:

协助调查取证人:

请求贵院依法出具调查裁定,命令证据持有协助提供如下具体证据材料:

1.

2.

3.

事实和理由:

原告诉被告纠纷一案已起诉至贵院,现正在审理中。主要理由为:1. 具体当事人由于客观原因不能收集证据;2. 拟调取证据与该案的关联性;3. 证据被持有人持有的初步证据。

此　致

________人民法院

律师________(签名)

________律师事务所(盖章)

年　月　日

(2)人民法院不予签发调查令通知书

通知书

诉讼前阶段特定案号、诉讼案号或者执行案号

________:

你单位或个人请求本院开具律师调查裁定,向协助调查人调取证据的申请

书,本院经审查认为,你方申请不符合签发律师调查裁定的情形,本院不予签发。

特此通知。

人民法院

年　月　日

第六章

律师调查令实务操作指引

本书从实证研究出发,研究了律师调查令制度面临的问题:在缺乏基本法律规范和最高人民法院司法解释规定的背景下,律师调查令的试行仅停留在地方人民法院积极探索阶段,是由解决实际问题出发自下而上推动的。这导致律师调查令实务中,无论是当事人,还是当事人委托的律师,甚至是法官,对律师调查令的具体操作均缺乏统一认识,有的参与主体甚至对此并不熟悉,这直接影响了律师调查令制度在实务中的生命力。因此,需要对律师调查令的实务操作提供一些指引,以提高律师调查令在实务中的适用率。本章主要从律师调查令实务操作的角度,为律师调查令实务操作提供指引。

第一节　民事诉讼中律师调查令的实务操作

之前已经论述,律师调查令虽然主要为解决当事人调查取证的权利保障,应主要适用于民事诉讼案件的审理阶段;但是,律师调查令的功能具有复合性。除在民事案件审理阶段适用,有的也适用于立案阶段和执行阶段。因此,本节主要从律师申请、人民法院审查、律师持令调查证据和证据使用 4 个层面,按照立案阶段、民事诉讼审理阶段和执行阶段,从目前各地出台的律师调查令规定出发,为律师调查令的实务操作提供指引。

一、立案阶段律师调查令实务操作指引

事实上,在目前我国立案登记制改革背景下,在人民法院立案已基本上不

存在障碍。因此，从逻辑上说，案件一旦起诉到人民法院，就成为一个诉讼案件，故不存在立案阶段申请律师调查令的空间。但是，从司法实践来看，在我国各地民事纠纷起诉到人民法院的现实情况来看，由于各地法院案多人少的矛盾并没有得到很好的解决。人民法院为了解决案多人少、案件久拖不决的问题，多在立案阶段加大多元化纠纷化解工作力度。因此，在立案阶段由诉讼服务中心参与案件的调解工作是目前一些案件审理压力较大的法院积极推行的做法。这导致案件虽然起诉到人民法院，人民法院立案部门也接收了当事人的起诉材料，但是案件往往需要经历立案阶段的诉讼调解工作，只有在诉讼立案阶段的诉讼调解工作不能调解的案件才会最终移送到审判业务庭进行审理。在此背景下，在立案调解阶段，存在律师调查令的操作适用空间。

（一）律师实务操作的指引

鉴于目前各地试行的规范并不统一，本指引主要以试点经验较丰富、地方重视程度较高、出台规范意见较完善、试行效果较好的法院系统为蓝本。比如，2014 年《关于民事诉讼立案审查阶段适用调查令的意见》（浙高法〔2014〕1 号）中就规定在民事诉讼立案阶段适用律师调查令。2020 年 12 月 3 日，中共浙江省委全面依法治省委员会办公室全文转发浙江高院《浙江省高级人民法院关于规范律师调查令制度的办法》（以下简称《关于规范律师调查令制度的办法》），从党委领导、依法治省角度在浙江省全面推行律师调查令。该办法在废止上述《关于民事诉讼立案审查阶段适用调查令的意见》的基础上，全面吸收上述意见内容。又如，上海高院《关于立案审查阶段适用调查令的操作规则（试行）》，也对立案阶段律师调查令试行进行了规范。因此，结合一些地区出台试行律师调查令规范的高院，归纳出律师在立案阶段申请调查令及持证调查需要注意以下几个方面问题。

1. 申请阶段。在立案阶段申请律师调查令，多限于起诉到人民法院正式立案这段时间。在 2015 年立案登记制改革之前，各地立案阶段还存在立案审查的问题，目前各地在立案阶段对当事人诉讼主体适格和诉讼请求事项的合理性则较少审查。但是，也不排除一些地方人民法院在立案时要求明确诉讼主体、被告住址能够送达等要求。因此，对于立案所需要的材料和涉及立案阶段财产保全等问题，也有律师调查令的适用空间。

在该阶段主要为当事人已经向人民法院起诉，人民法院针对当事人的起诉尚处于立案登记阶段。比如上海高院《关于立案审查阶段适用调查令的操作规则（试行）》第三条规定："申请调查令的申请人必须已向法院递交诉状及相关证据，法院对申请人的起诉尚处于立案审查阶段。"浙江高院《关于规范律师调查令制度的办法》第四条第一款规定，"申请调查令一般在起诉、审理和执行阶段提出"，明确了起诉阶段可以申请律师调查令。

当然，许多地方人民法院在试行诉前调解的改革进程中，有些当事人起诉到人民法院，案件也被受理了，但是在正式立案阶段，由人民法院试行诉前调解。在此阶段，律师也可以申请人民法院签发律师调查令。实质上，此种情形下的律师调查令，属于案件审理阶段的律师调查令，故具体操作指引参见下文审理阶段的律师调查令操作指引。

2. 申请范围。在此阶段申请调取的证据范围往往限于立案所需证据材料。鉴于我国民事诉讼中还有诉前、诉讼财产保全的制度，故此阶段对财产保全相关的财产线索，亦属于申请调取证据的范围。对此，浙江高院《关于规范律师调查令制度的办法》第四条第二款规定："起诉阶段申请调查令，一般在递交起诉状及相关证据后提出。申请调查的证据应当限于立案所需的证据以及申请财产保全的财产线索。"上海高院《关于立案审查阶段适用调查令的操作规则（试行）》第四条关于申请范围的规定为："在立案审查阶段当事人申请调查令的范围仅限于法院能否立案的程序性证据，主要包括：（一）当事人的诉讼主体资格情况，如向有关部门调查动迁安置协议、公有住房登记证明等证据；（二）法院对涉诉纠纷管辖权情况，如原告主张被告经常居住地在某小区，但未在派出所办理居住证，需向物业公司、村（居）委会及街道办事处等调查居住情况的证据；（三）其他需要开具调查令调查的证据。"

因此，起诉到立案阶段的律师调查令范围主要为立案登记需要的证据；如果当事人申请开具调查令所需调查收集的证据涉及实体问题的，则属于案件审理中的调查令问题，原则上立案阶段的法官是不予签发的；对此，有的地区立案法官会按照相关规定告知申请律师向相关审判庭申请。比如，上海高院《关于立案审查阶段适用调查令的操作规则（试行）》第四条就明确，立案法官应告知申请律师向审判庭申请签发调查令。

3. 申请调查令应提交的材料。以浙江高院《关于规范律师调查令制度的办法》第九条规定为例，该规范意见要求律师申请调查令提交下列材料：（1）申请书；（2）当事人、申请执行人的授权委托书；（3）律师事务所的委托、指派公函；（4）申请律师的有效执业证书；（5）共同参与调查人员的身份信息材料。目前，各地试行律师调查令要求提交的材料总体有以下几个方面。

(1)提交申请书。目前出台试行律师调查令的法院多规定了固定的申请文书格式,因此律师在提出申请时应提交符合格式要求的申请书。从各地出台的文书格式内容来看,在申请书中均需要明确以下几个方面的内容:①申请律师及律师事务所。②申请调取证据的内容。这恰恰是证据特定内容的要求,只有申请调取的证据客观特定,人民法院才能签发调查令。③持有证据的被调查人。④当事人不能取得证据的客观原因。⑤申请签发调查令的人民法院。

(2)承诺书。有些人民法院在申请文书后还需要附承诺书,律师需要签署该承诺书,承诺遵守律师调查令的相关规定和要求。事实上,即使有的人民法院没有签署承诺书的要求,律师在调查令实务中也应遵守相关的要求。根据各地出台的规范意见,对承诺内容主要有以下要求:①不得伪造、变造调查令;②不得伪造、变造、隐匿、毁灭持令收集的证据;③不得无正当理由不按期提交调查收集的全部证据、律师调查令和回执;④不得未经人民法院允许私自拆封协助调查人密封的证据材料;⑤不得擅自泄露、散布持令收集的证据内容;⑥不得利用持令收集的证据对案件进行歪曲、不实、有误导性的宣传,影响案件办理;⑦不得超出调取证据范围调取证据;⑧不得有其他滥用调查令或者滥用调查证据的行为。

(3)其他材料。除了申请书及所附承诺书之外,一些地方法院试行意见中均要求提交当事人的授权委托书和律师事务所的指派函;在律师调查令实务中,多由两人以上调查取证,因此,律师在申请时还需要提交共同参与调查人员的身份信息材料。有些人民法院要求由律师参与调查即可;有些人民法院要求必须是律师而不能是实习律师。因此,共同参与调查人员的资格材料,应按照要求提供。比如,浙江高院《关于规范律师调查令制度的办法》第八条第二款规定,"必须与一名以上的同一律师事务所的律师、实习律师共同进行"。上海高院《关于立案审查阶段适用调查令的操作规则(试行)》仅要求由律师持令调查,并没有规定必须二人以上调查取证。

4. 律师持令调查的操作指引。目前实务中出台的律师调查令试行意见中,多对律师调查取证行为本身缺乏规定。《律师法》第三十五条规定:"受委托的律师根据案情的需要,可以申请人民检察院、人民法院收集、调取证据或者申请人民法院通知证人出庭作证。律师自行调查取证的,凭律师执业证书和律师事务所证明,可以向有关单位或者个人调查与承办法律事务有关的情况。"该条中有律师调查取证的规定,但是实务中对律师调查取证均缺乏明确具体的规定。因此,结合上述一般意义上的律师调查取证和律师调查令的规定,律师持调查令调查取证应掌握以下几点要求。

(1)持调查令、律师执业证书和律师事务所证明调查取证。持律师调查令取证是专属于律师的权利,故应以律师身份开展工作。

(2)原则上应由两人以上调查取证。具体调取证据的方法,可以根据证据类型的不同而有所区别。比如,调取证人证言,通常由一名律师对待证事实进行询问,由一名实习律师或者助理进行记录,在记录证人证言后,由证人阅读无误后签字确认证言内容。具体的调取证据要求,参见本书下文关于案件审理阶段调取证据的要求。

(3)律师持令调查中的业务要求。律师在持令调查证据过程中,应按照调查令载明的调取证据期限调取证据,并及时按期将调取的证据向人民法院提交;对于协助调查人密封的证据材料,未经人民法院允许不得私自拆封;不得伪造、变造调查令的内容;不得超出调查令范围调取证据;不得伪造、变造、隐匿、毁灭持令收集的证据;不得擅自泄露、散布持令收集的证据;不得利用持令收集的证据对案件进行歪曲、不实、有误导性的宣传,影响案件办理;不得有其他滥用调查令或者滥用调查证据的行为。

律师持调查令调取证据的业务要求是基于律师职业的要求,这与律师接受当事人委托服务当事人利益的要求往往存在一定程度的冲突;此种情况下,既然律师调查令是赋予律师的特殊专有权利,则律师应严格按照职业要求调查取证,特别是调查获取的对当事人不利的证据,律师不能为了当事人利益隐匿、编造、伪造或者毁灭,否则要受到严厉的法律制裁。比如,有的法院出台试行意见中,就将律师违反上述要求转引到《民事诉讼法》第一百一十四条和第一百一十七条的法律制裁上。这也是律师执业实务操作中需要注意的问题。

5. 立案阶段对律师调查证调取证据的使用。在立案阶段调取的证据,主要为立案阶段的财产保全需要,因此,原则上对这些调取的证据并不需要质证和认证就可以由人民法院使用。当然,对于律师调取的证据,要基于其服务的目的使用。比如,起诉网络侵权,侵权人的交易数额需要持调查令到网络平台数据库中调取,以便确定具体的诉讼请求。

6. 与立案阶段法官的沟通工作。虽然最高司法机关积极落实立案登记制,立案阶段不对当事人的实体问题进行审查,但是,各地在立案阶段,对《民事诉讼法》第一百二十四条规定的起诉状应当记明的事项多做审查。由此,导致该条第二项规定的“被告的姓名、性别、工作单位、住所等信息,法人或者其他组织的名称、住所等信息”和“证据和证据来源,证人姓名和住所”难以达到明确具体的程度,因此为避免立案阶段的困难,实现立案效率的提高,可以申请人民法院签发调查令。

在此阶段申请律师调查令,可能面临有些法院在立案阶段并无试行律师调查令规范的问题。对此,律师可与立案阶段的法官或工作人员加强沟通,介绍其他法院目前存在的做法,积极促进未试行地区的立案庭签发律师调查令,以提高立案效率。

(二)对立案法官的指引

在我国地方法院出台的试行规范性意见中,立案阶段适用律师调查令的比例并不大,特别是在推行立案登记制的背景下,律师调查令在立案阶段的适用空间较小。当然,考虑到立案阶段适用《民事诉讼法》第一百二十四条的要求,律师调查令对于明确具体的被告和提供相应的证据具有重要价值。对此,在立案阶段,立案法官主要注意以下几点。

1. 审查。人民法院收到律师调查令的申请后,由立案庭工作人员对申请人和共同参与调查人员的资格、申请的理由、申请调查证据的范围及与案件的关联性等进行审查。[1] 在立案阶段,由于案件尚未进入审理阶段,故应重点审查调取证据对案件立案的重要作用及申请人不能自行调查证据的原因。如果经审查,该证据对立案并无作用,且该证据属于申请人自行能够调取的证据,则人民法院可不予签发;否则,人民法院应予以签发。

2. 签发和不予签发。对于符合签发条件的,人民法院应予以签发。在立案阶段,由于案件并未正式立案,尚未成立合议庭,也未委派法官具体承办案件。因此,实务中多由具体承办立案的工作人员提请立案部门的领导签发。如果具备条件的,也可由负责审查立案的独任法官签发。对不予签发的,以书面通知或者口头通知的形式告知申请律师即可;有要求以书面形式的,按照试行规范意见的要求出具书面通知;没有试行规范意见的,可以以口头通知的形式作出。

签发与不予签发的,均应有时限的要求。有的法院出台试行意见,对此有明确规定。比如,浙江高院的意见就要求应在收到申请之日 7 个工作日内决定

〔1〕 浙江高院《关于规范律师调查令制度的办法》第十一条第一款。

是否签发,涉及财产保全需要调查财产线索的,应在 3 个工作日内决定。没有出台试行意见的法院,应及时决定是否予以签发。

3. 律师调查令的适用。立案阶段适用的律师调查令的内容,应限于《民事诉讼法》第一百二十四条规定的起诉条件和证据保全所涉及的相关财产线索,仍然要坚持当事人主义的举证原则。对于涉及实体审理所需要的调查取证,则应由审理案件的合议庭或者法官决定是否签发。因此,在各省出台的试行规范中,也多限于起诉条件要求和证据保全的要求予以签发律师调查令。

由于起诉条件和证据保全并不涉及案件实体裁判的质证要求,故在立案阶段多不涉及对调取证据的质证问题。

4. 对诉前多元纠纷化解工作的适用。前文已经指出,如果在诉前涉及多元纠纷化解工作的,实质上已经涉及案件的实体裁判要求,在此情况下,则可以由参与纠纷调解的法官签发律师调查令,调取相应证据。在此情况下的调取证据,原则上服务于案件调解工作的需要,并不涉及纠纷的实体裁判,故此种情况下对相关证据的适用,也不涉及证据的质证和认定。

二、案件审理阶段律师调查令实务操作指引

案件审理阶段的律师调查令,是目前地方法院试行规范性意见的主要适用领域,也是律师调查令签发数量最多的领域。因此,应成为实务操作中的重点。

(一)律师实务操作的指引

1. 申请时限。在该阶段当事人向法院的起诉已经立案,人民法院开始进行审理。此时,调查令的申请既需要满足当事人证据收集保障权利、实现案件审理实体公正的需要,也要服从于人民法院案件审理的效率需要。因此,如果人民法院已经确定了举证期限的,律师应当在举证期限届满前申请签发律师调查令;考虑到审理案件的需要,律师应积极主动申请调查令;如果在举证期限届满之前不能完成调查取证的,则应申请延长举证期限。申请延长举证期限的,律师应提供证据存在客观障碍,属于《民事诉讼法》第六十九条第二款规定的"当事人在该期限内提供证据确有困难情形,以便人民法院判断并延长举证期限。当然,根据 2019 年《证据规定》,律师也可以代理委托当事人与对方当事人协商确定举证期限。

2. 申请范围。在此阶段申请调取证据的范围各地多没有加以限制,因此,只要适合律师调取的证据,均可以申请调取。结合我国《民事诉讼法》第六十六

条对证据类型的规定,以及各类证据的属性,律师可申请人民法院签发调查令调取书证、物证、视听资料、电子数据、证人证言等证据。在实践中,通过法院委托进行鉴定出具的意见被称为鉴定意见。当事人自行委托的称为专家咨询意见,不是案件的证据。由此,在律师可以申请法院委托鉴定的情况下,则没有必要申请调取。鉴于勘验笔录为人民法院审判人员现场勘验的记录,不宜由当事人委托的律师通过调查取证的方式获得。当事人陈述系在审理阶段当事人针对案件事实作出的表述,无须调取。

3. 申请调查令应提交的材料。目前各地要求申请调查令应提交的材料大体一致。以浙江高院《关于规范律师调查令制度的办法》第九条规定为例,该规范意见要求律师申请调查令,应当提交下列材料:(1)申请书;(2)当事人、申请执行人的授权委托书;(3)律师事务所的委托、指派公函;(4)申请律师的有效执业证书;(5)共同参与调查人员的身份信息材料。目前,各地试行律师调查令中要求提交的材料总体有以下几个方面。

(1)提交申请书。试行律师调查令的法院多有固定的申请书格式,因此律师在提出申请时应提交符合格式要求的申请书。以浙江高院《关于规范律师调查令制度的办法》第十条规定为例,申请书应当载明以下方面的内容:①案件编号(立案阶段申请的除外);②当事人、申请执行人的姓名或者名称、公民身份号码或者企业统一社会信用代码;③申请律师的姓名、律师执业证号和律师事务所名称;④共同参与调查人员的姓名、律师执业证号(或者公民身份号码)、律师事务所名称;⑤协助调查人的姓名或者名称;⑥需要调查收集的证据名称、具体范围;⑦需要调查收集的证据拟证明的事实、与案件的关联性;⑧无法自行调查取证的客观原因;⑨申请律师及共同参与调查人员的保密承诺;⑩其他需要说明的事项。申请书由申请律师和共同参与调查人员签字,并加盖申请律师所在律师事务所印章。

因此,在各地出台试行意见并有申请书格式的情况下,律师应按照要求的格式提交申请书。尚未出台试行意见的地方,可以参照上述格式,撰写并提交申请书。

另外,有些人民法院在申请书之外还需要律师签署承诺书,承诺遵守律师调查令的相关规定和要求。关于承诺内容,上文立案阶段已经介绍;审理阶段的承诺和立案阶段的承诺要求基本一致。

(2)其他材料。除了申请书及所附承诺书之外,一些地方人民法院试行意见中还要求提交当事人的授权委托书和律师事务所的指派函；在律师调查令实务中，多由两人以上调查取证。因此，律师在申请时还需要提交共同参与调查人员的身份信息材料。对于共同参与调查人员，有些人民法院要求由律师参与调查；有些人民法院要求必须是律师或者实习律师；有些人民法院对此并无要求。因此，共同参与调查人员的身份信息材料，应按照要求提供。如果没有明确要求的，共同参与的人员为律师助理或者实习律师均可。

4. 律师持令调查的操作指引。目前实务中出台的律师调查令试行意见中，多对律师调查取证行为本身缺乏规定。鉴于律师调查令制度系一项地方人民法院积极推动的制度，应结合律师执业要求，掌握以下要求。

(1)律师持调查令、律师执业证书和律师事务所证明调查取证。持律师调查令取证是专属于律师的权利，故应以律师身份开展工作，并持律师调查令，才能开展调查取证工作。原则上应由两人以上调查取证。

(2)调取证据的方法，此阶段是重点，直接决定了以后质证和法院采纳证据的结果。因此，结合证据种类的不同，律师调取证据应有所区别。首先，原则上应调取原件或者原物；如果律师自行保存证据原件、原物或者提供原件、原物确有困难的，可以调取经被调查人核对无异的复制件或者复制品。〔1〕调取动产的，原则上应当调取原物，但是原物不宜搬移或者不宜保存的，可以调取复制品、影像资料或者其他替代品。〔2〕调取不动产作为证据的，应当调取该不动产的影像资料，必要时，应申请人民法院通知双方当事人到场进行查验。〔3〕调取视听资料的，应当调取存储该视听资料的原始载体。调取电子数据的，应当提供原件；如果电子数据的制作者制作的与原件一致的副本，或者直接源于电子数据的打印件或其他可以显示、识别的输出介质，也可以视为电子数据的原件

〔1〕2019年《证据规定》第十一条规定："当事人向人民法院提供证据，应当提供原件或者原物。如需自己保存证据原件、原物或者提供原件、原物确有困难的，可以提供经人民法院核对无异的复制件或者复制品。"第二十一条规定："人民法院调查收集的书证，可以是原件，也可以是经核对无误的副本或者复制件。是副本或者复制件的，应当在调查笔录中说明来源和取证情况。"

〔2〕2019年《证据规定》第十二条规定："以动产作为证据的，应当将原物提交人民法院。原物不宜搬移或者不宜保存的，当事人可以提供复制品、影像资料或者其他替代品。人民法院在收到当事人提交的动产或者替代品后，应当及时通知双方当事人到人民法院或者保存现场查验。"第二十二条规定："人民法院调查收集的物证应当是原物。被调查人提供原物确有困难的，可以提供复制品或者影像资料。提供复制品或者影像资料的，应当在调查笔录中说明取证情况。"

〔3〕2019年《证据规定》第十三条规定："当事人以不动产作为证据的，应当向人民法院提供该不动产的影像资料。人民法院认为有必要的，应当通知双方当事人到场进行查验。"

予以调取。[1] 调取可能需要鉴定的证据的，律师应遵守相关技术规范，确保证据不被污染。[2]

(3)律师持令调查中的业务要求。律师在持令调查证据的过程中，应按照调查令载明的调取证据期限调取证据，并按期将调取的证据向人民法院提交；协助调查人密封的证据材料，未经人民法院允许不得私自拆封；不得伪造、变造调查令的内容；不得超出调查令范围调取证据；不得伪造、变造、隐匿、毁灭持令收集的证据；不得擅自泄露、散布持令收集的证据；不得利用持令收集的证据对案件进行歪曲、不实、有误导性的宣传，影响案件办理；不得有其他滥用调查令或者滥用调查证据的行为。

5. 律师持令调取证据的使用。在此阶段调取的证据，主要服务于案件审理需要。案件审理要坚持证据裁判主义，因此调取的证据需要经过质证才能由人民法院使用。为了让证据服务于案件审理，律师应按照举证的要求，充分说明证据来源、证据服务于举证的目的、拟证明的事项，并最终服务于诉讼请求的目的。

实务中，往往要求律师在举证时列明证据目录和分类，明确证明目的，将证据装订成册、标明页码，并且在案件调查阶段和代理词撰写阶段，基于证据证明要求撰写相应文件。对此，涉及律师代理中证据使用方法问题，不赘述。

6. 与审判法官的沟通。实务中，有些地区并无试行律师调查令的规范，或者虽有调查令规范但是法院审判人员并无签发经验，故律师应积极提供试行规范性意见和相应的文书格式，供审理案件的法官参考，以提高申请签发调查令的成功率。

7. 律师调查令与文书提出命令的竞合选择申请。在目前律师调查令和文书提出命令在文书调查取证功能重合的情况下，鉴于文书提出命令制度已经在《民事诉讼法解释》和2019年《证据规定》中有明确规定，故在书证被对方当事人控制的情况下，可优先选择有明确规定的文书提出命令制度。比如，在实际

[1] 2019年《证据规定》第十五条规定："当事人以视听资料作为证据的，应当提供存储该视听资料的原始载体。当事人以电子数据作为证据的，应当提供原件。电子数据的制作者制作的与原件一致的副本，或者直接来源于电子数据的打印件或其他可以显示、识别的输出介质，视为电子数据的原件。"第二十三条规定："人民法院调查收集视听资料、电子数据，应当要求被调查人提供原始载体。提供原始载体确有困难的，可以提供复制件。提供复制件的，人民法院应当在调查笔录中说明其来源和制作经过。人民法院对视听资料、电子数据采取证据保全措施的，适用前款规定。"

[2] 2019年《证据规定》第二十四条规定："人民法院调查收集可能需要鉴定的证据，应当遵守相关技术规范，确保证据不被污染。"

施工人挂靠甲公司与乙公司签订施工合同的情况下,实际施工人张某起诉甲建筑公司支付欠付工程款。某年某月张某与乙公司、甲公司在乙公司召开会议并签署了会议纪要,该会议纪要原件在甲公司处;该会议纪要明确系张某挂靠甲公司与乙公司签订施工合同。因此,该会议纪要对本案审理具有重要意义。在举证期限届满之前,对于调取该会议纪要,有两种举证保障途径,其一,张某的代理律师申请调取某年某月与乙公司、甲公司在乙公司召开会议的会议纪要。其二,张某申请法院裁定由甲公司提交该文书。由于该证据对于确定张某的诉讼地位和实体权利请求具有重要价值,与本案审理具有重要关联性,故法院往往会支持调取证据请求。对于张某而言,其在有两种证据收集权利保障的情况下,应优先选择文书提出命令制度。因为,在《民事诉讼法解释》和2019年《证据规定》对文书提出命令制度有明确规定的情况下,从构成要件、现有法律规范依据和法律后果角度来说,申请法院裁定文书提出命令都是最好的选择。

(二)对裁判法官的指引

对于审理案件的合议庭或者独任法官而言,在目前律师调查令主要为地方法院试行推动的情况下,要努力适应律师调查令制度的试行实践。对此,需要法官熟悉律师调查令制度的具体操作规范,特别是对调查令申请的审查和对调取证据的质证和采信,更是决定了案件审理的实质公正与否。在于所在法院尚未试行律师调查令的情况下,要面临积极推动和试行的问题。

1. 审查及签发。人民法院收到律师签发律师调查令的申请后,多由审理案件的合议庭或者独任审判法官审查申请签发调查令的律师资格、申请的理由、申请调查证据的范围及与案件的关联性等。

(1)符合签发条件的,人民法院应予签发。实务中在各地出台的规范性意见中,签发的主体并不一致。有的试行意见要求承担审判管理的庭领导签发;多数法院要求合议庭或者独任法官签发。对此,鉴于律师调查令涉及诉讼中程序权利的保障,故应由合议庭合议决定,并由审判长签发;独任审理的由独任法官决定并签发。

(2)不予签发的,以书面通知或者口头通知的形式告知申请律师即可;有要求以书面形式的,则按照试行规范意见的要求出具书面通知。比如,浙江高院《关于规范律师调查令制度的办法》则要求以“书面告知申请人,并说明理由,记录在卷”。没有试行规范意见或者虽然出台规范意见但对此没有明确要求的,出于提高效率的需要,可以以口头通知的形式驳回申请,并同时记录在卷。

对不予签发的主要理由,各地的具体规定并不一致,因此,审查中法官需要根据各地规定进行审查。比如,浙江高院《关于规范律师调查令制度的办法》第十二条规定了9种情形:"(一)涉及国家秘密的(《中华人民共和国保守国家秘密法》规定的有关保密行政管理部门等依照法律法规规定确定密级的国家秘密);(二)与待证事实无关联、对证明待证事实无意义或者其他无调查收集必要的;(三)已经向社会公开的政府信息或者其他信息;(四)申请直接向对方当事人调查的;(五)证据不为协助调查人占有、保管或者控制的;(六)申请调查的证据不明确、不具体的;(七)公安机关尚在侦查或者撤销的刑事案件材料;(八)公安机关在履行职责中获得的行动轨迹、住宿记录等个人信息,但已经在其他案件中作为证据使用的除外;(九)其他不宜以律师调查令形式调查取证的情形。"

需要注意的是,对不予签发的理由,审理案件的法官具有裁量权。即使各地有试行规范的具体情形,对规定情形之外影响签发的,法官仍然有自由裁量的空间。比如,对涉及国家秘密、商业秘密、个人隐私的事项,法官可以在比较秘密和隐私保护价值和案件审理公正价值之后,确定是否签发调查令。

(3)审查时限要求。对签发与不予签发的,均应有时限的要求。有的法院出台试行意见,对此有明确规定。比如,浙江高院出台的意见中就要求应在收到申请之日7个工作日内决定是否签发。没有出台试行意见的法院,则应及时决定是否予以签发。对此,合议庭在审查时还应结合举证期限的要求。

2. 在签发调查令中对律师调查取证期限的要求。各地对律师持令调查多有时限的要求,有规定的按照规定处理。试行规范性意见中没有规定的,合议庭或独任法官还应结合举证期限的要求以确定律师调查取证期限。

合议庭或独任法官根据案件情况指定了举证期限以及逾期提供证据的法律后果的,则应要求律师在举证期限之前完成调查取证;合议庭或独任法官也可以由当事人协商,并经准许确定律师持令调查取证期限。指定举证期限的,还要注意,适用第一审普通程序审理的案件不得少于15日,当事人提供新的证据的第二审案件不得少于10日。适用简易程序审理的案件不得超过15日,小额诉讼案件的举证期限一般不得超过7日。如果举证期限届满后,当事人提供反驳证据或者对已经提供的证据的来源、形式等方面的瑕疵进行补正的,合议庭或独任法官可以酌情再次确定举证期限。律师主张在举证期限内提供证据存在客观障碍,属于《民事诉讼法》第六十九条第二款规定的"当事人在该期限内提供证据确有困难”的情形的，合议庭或独任法官可以根据当事人的举证能力、不能在举证期限内提供证据的原因等因素综合判断，确定是否适当延长举证期限。在确定律师调查取证期限方面，合议庭或独任法官还可以参照适用2019年《证据规定》第五十三条、第五十四条、第五十五条的规定。[1] 人民法院确定庭前证据交换的，可以要求律师必须在庭前证据交换之前完成调查取证。当然，在确定调查取证期限方面，合议庭或独任法官应为被调查人预留合理的期限。

3. 律师持令调取证据的质证。律师持证调取的证据，需要经过质证程序才能作为证据采用。[2] 未经质证的证据，不能作为认定案件事实的依据。对证据质证的要求，2009年《证据规定》进行了明确完善的规定，合议庭和独任法官在对律师持令调查证据进行质证时，应遵循上述规定的要求。

除遵守上述规定之外，还要把握以下两点要求：一是对于律师调查取证的质证，质证的主体范围包括当事人、诉讼代理人和有独立请求权或无独立请求权的第三人，持有证据的被调查人并不是参与质证的主体。二是律师持调查令调取的证据的证明能力，不能因为其系法院签发调查令允许律师调取证据而在证明能力上高于其他证据；也不能因为其系律师持令调取证据就认为该证据的证明力低于其他证据的证明能力。

---

〔1〕 2019年《证据规定》第五十三条规定：“诉讼过程中，当事人主张的法律关系性质或者民事行为效力与人民法院根据案件事实作出的认定不一致的，人民法院应当将法律关系性质或者民事行为效力作为焦点问题进行审理。但法律关系性质对裁判理由及结果没有影响，或者有关问题已经当事人充分辩论的除外。存在前款情形，当事人根据法庭审理情况变更诉讼请求的，人民法院应当准许并可以根据案件的具体情况重新指定举证期限。”第五十四条规定：“当事人申请延长举证期限的，应当在举证期限届满前向人民法院提出书面申请。申请理由成立的，人民法院应当准许，适当延长举证期限，并通知其他当事人。延长的举证期限适用于其他当事人。申请理由不成立的，人民法院不予准许，并通知申请人。”第五十五条规定：“存在下列情形的，举证期限按照如下方式确定：（一）当事人依照民事诉讼法第一百二十七条规定提出管辖权异议的，举证期限中止，自驳回管辖权异议的裁定生效之日起恢复计算；（二）追加当事人、有独立请求权的第三人参加诉讼或者无独立请求权的第三人经人民法院通知参加诉讼的，人民法院应当依照本规定第五十一条的规定为新参加诉讼的当事人确定举证期限，该举证期限适用于其他当事人；（三）发回重审的案件，第一审人民法院可以结合案件具体情况和发回重审的原因，酌情确定举证期限；（四）当事人增加、变更诉讼请求或者提出反诉的，人民法院应当根据案件具体情况重新确定举证期限；（五）公告送达的，举证期限自公告期届满之次日起计算。”第五十六条规定：“人民法院依照民事诉讼法第一百三十三条第四项的规定，通过组织证据交换进行审理前准备的，证据交换之日举证期限届满。证据交换的时间可以由当事人协商一致并经人民法院认可，也可以由人民法院指定。当事人申请延期举证经人民法院准许的，证据交换日相应顺延。”

〔2〕《民事诉讼法》第七十一条规定：“证据应当在法庭上出示，并由当事人互相质证。”

4. 秘密质证程序。2019 年《证据规定》第四十七条第二款规定，前款所列书证，涉及国家秘密、商业秘密、当事人或第三人的隐私，或者存在法律规定应当保密的情形的，提交后不得公开质证。上述规定对于律师调查令调取的证据具有重要的借鉴意义。因此，律师调查令调取的证据涉及国家秘密、商业秘密、当事人或第三人隐私的，或者法律规定应当保密的，法院不得公开质证。

5. 对违反律师调查令拒绝协助调查取证的制裁和救济。在目前律师调查令处于地方法院推动和试行的情况下，对于被调查人拒绝配合协助调查取证的，原则上不能直接适用《民事诉讼法》第一百一十四条、第一百一十条规定的制裁措施，也不宜参照适用。主要理由在于：目前各地主要系试行规范性意见，并无立法上的规定。涉及对当事人制裁的处罚措施，根据《立法法》的规定，原则上应属于立法保留的事项，不能由地方法院在试行规范中加以规定。但是，不能参照适用上述司法制裁措施，并不表示不存在救济途径。对此，人民法院可以依据职权调取证据。此处理同样适用于立案阶段和执行阶段的律师调查令实务。

三、执行阶段律师调查实务指引

执行过程中，申请执行人应当提供被执行人的财产线索；对于执行阶段调查被执行人财产的问题，《最高人民法院关于民事执行中财产调查若干问题的规定》有明确详细的规定。但是，实践中，申请执行人往往很难提供被执行人的财产线索，由此导致申请执行人对律师调查令有明显的需求。执行阶段签发律师调查令的主要作用在于解决被执行人的财产线索问题。人民法院在审理执行异议、复议案件过程中涉及的证据调查收集保障问题，可以参照适用审理阶段律师调查令的适用处理。

（一）律师实务操作的指引

1. 申请时限。在该阶段案件已经经过实体审理，此时基于当事人的申请执行而进入执行阶段。律师调查令主要服从于人民法院执行案件效率提高的需要。因此，只要案件处于执行阶段，原则上申请执行人的代理律师均可以申请法院签发调查令。

2. 申请调查范围。主要调查所涉及的被执行人的身份信息和财产信息。

3. 申请调查令应提交的材料。地方法院出台的规范性意见中有要求的，则按照要求提供。实践中多要求提交以下资料：(1) 申请书；(2) 当事人、申请执行人的授权委托书;(3)律师事务所的委托、指派公函;(4)申请律师的有效执业证书;(5)共同参与调查人员的身份信息材料。对此,可参照前文审理阶段律师调查令提交的资料。

4. 律师持令调查的操作指引。持律师调查令取证是专属于律师的权利,故应以律师身份开展工作,并需要持有律师调查令,才能开展调查取证工作。原则上应由两人以上调查取证。执行阶段律师调查取证的目的主要在于查询被执行人的身份信息和财产信息,这些信息直接决定下一步人民法院对被执行人的执行工作。调查的身份信息和财产信息,不需要经过质证程序。律师在持令调查证据过程中,应按照调查令载明的调查事项和期限调查相关信息,并及时将调取的信息向人民法院提交;协助调查人密封的被调查信息材料,未经人民法院允许不得私自拆封。对于其他审理阶段调取证据的要求,在执行阶段律师也应予以遵守。

5. 律师调查令与申请法院调查的选择。《最高人民法院关于民事执行中财产调查若干问题的规定》中规定,人民法院应当通过网络执行查控系统进行调查,根据案件需要应当通过其他方式进行调查的,同时采取其他调查方式。申请执行人确由于客观原因无法自行查明财产的,可以申请人民法院调查。申请执行人也可以申请人民法院调查被执行人的身份信息和财产信息。因此,对于律师而言,其可以在申请调查令与申请法院调查被执行人财产信息之间进行选择。

(二)对执行工作人员的指引

1. 应持积极态度。目前各地试行规范性意见中,多数没有在执行领域试行律师调查令制度。但是,考虑到由律师持调查令调查被执行人的财产线索既有利于提高执行工作效率,也有利于增加律师和当事人对人民法院客观执行不能问题的理性认识。因此,法院执行部门应积极开展律师调查令的试行工作。

2. 签发主体与签发审查。执行中律师调查令的签发,原则上应由负责该执行案件的法官签发。有的法院存在执行员制度,则可以由执行员予以签发。也有法院出台意见明确签发主体的,则应根据规范意见签发。如《河南省高级人民法院关于在执行程序中使用调查令的若干规定》第八条规定:"决定发放调查令的,由执行人员填写调查令,经执行长同意后层报局长签发。"

只要在案件执行期限内的,对律师申请调取被执行人身份信息、财产信息的调查申请,均应允许。对此,审理阶段律师调查令的审查内容适用于执行阶段。但是,对于涉及国家秘密、商业秘密和个人隐私的问题,则应有所区别。比如,被执行人在某偏远地区城市登记的房产情况,对于被执行人个人而言,属于其个人隐私事项,但是鉴于其作为被执行人,故其财产状况应属于法院执行工作中可以执行的信息,故不应作为排除签发调查令的理由。

3. 律师持令调查时限的要求。由于执行阶段并无举证期限的要求,如果各地规范意见中对律师持令调查时限有要求的,则可在调查令中明确要求;如果各地没有出台规范性意见的,则应要求律师在合理期限内完成调查取证。

4. 对执行程序中律师持令调查财产信息的使用。律师持令调查的被执行人相关身份、财产信息的,等同于人民法院依职权调查的被执行人信息,人民法院可以据此开展执行工作。当然,对此展开的执行行为,被执行人和利害关系人也当然有相应异议、复议的权利。

第二节　仲裁程序中律师调查令实务操作

在目前的纠纷解决机制中,仲裁也是一种有效解决纠纷的重要方式。仲裁往往是纠纷当事人以自愿为原则达成一致的协议,将纠纷交由专设的仲裁机构进行审理。仲裁本身虽然并非国家公权力的行使,但是仲裁裁决的执行仍然以国家公权力作为后盾。仲裁主要解决合同类的民事纠纷。在纠纷审理过程中,证据收集保障权问题同样也是仲裁当事人面临的重要问题。因此,本节内容需要解决以下两个方面问题:仲裁程序中律师调查令适用的必要性、可行性;仲裁程序中律师调查令的实务操作指引。

一、仲裁程序中律师调查令适用的必要性、可行性

仲裁实行一裁终局的制度,因此仲裁裁决对于当事人利益往往产生直接的终局影响。在仲裁裁决过程中,对于当事人的证据收集保障要求,律师调查令具有更加重要的价值。在全国各地法院试行律师调查令制度的情况下,仲裁程序中也当然存在适用律师调查令的必要性。在论证其必要性基础上,需要研究其可行性。

(一)仲裁程序适用律师调查令的必要性

仲裁程序作为解决当事人民事纠纷的一种方式,也要基于争议纠纷解决中

的武器平等原则进行裁决。《仲裁法》第四十三条第一款规定:“当事人应当对自己的主张提供证据。”因此,在现有仲裁举证责任体系中,仲裁程序也要坚持“谁主张、谁举证”的基本举证原则。《仲裁法》第四十三条第二款规定:“仲裁庭认为有必要收集的证据,可以自行收集。”足见证据偏在的问题在仲裁程序中客观存在。2021 年 7 月 30 日《中华人民共和国仲裁法(修订)》(征求意见稿)在《仲裁法》第四十三条第二款的基础上建议修改为:“仲裁庭认为有必要收集的证据,可以自行收集,必要时可以请求人民法院协助。”该修改意见进一步表明由于举证能力不同而导致的证据收集保障需要,在仲裁程序中仍然客观存在,甚至由于仲裁实行一裁终局制度而显得比诉讼程序更加重要。但笔者认为,该修改意见并不能解决仲裁程序中的证据收集保障问题。“必要时可以请求人民法院协助。”应当理解为请求人民法院依职权调取,一方面,将仲裁中需要调取的证据请求法院调取,无异于让并不审理案件的法院审查核实是否应当调取,加大了法院的工作量,不具有可操作性。另一方面,如法院不审查核实直接协助调取,但如上文所述,法院因为案多人少,根本没有足够的人手调取证据,这也是我们在民事诉讼中研究律师调查令的功能、价值的原因之一。

因此,同我们在民事诉讼中律师调查令的功能、价值的研究内容一样,律师调查令的功能、价值在仲裁程序中亦同样存在。律师调查令制度在仲裁程序中同样能够发挥保障仲裁当事人的证据收集权利功能;具体而言,其既有保障当事人程序公正的价值,也有保障当事人实体公正的价值,还有保障仲裁案件高效审理的价值。具体论述,参见本书第二章的研究。

我国对证据收集保障权的制度缺陷,在仲裁程序中亦同样存在,因此,律师调查令制度在实务中可以弥补我国证据收集保障问题的制度漏洞。律师调查令具有的特殊功能、价值在仲裁程序中自然有其发挥空间。如果不能在仲裁程序中保障当事人的证据收集权,实现仲裁程序中当事人的武器平等原则,则难免造成仲裁结果的偏颇,甚至有失公正。

(二)仲裁程序适用律师调查令的可行性

1. 仲裁庭有无签发调查令的权利或权力? 这个问题同仲裁权的性质和仲裁在一国法治体系中的定位密切相关。关于仲裁权的性质,理论界争议颇多,主要有 4 种理论学说,即准司法权理论、契约理论、混合理论和自治理论。我国目前对仲裁的定位是仲裁更类似于司法权,可以说仲裁权是一种准司法权。对此的进一步解释是,裁判权是一种国家主权,只有国家才能行使,如果没有仲裁地国的授权,仲裁员不能行使只有法官才能行使的权力。仲裁虽然受制于当事人的协议,但仲裁协议的效力、仲裁员的权力、仲裁员的仲裁行为以及仲裁裁决的承认和执行等方面,其权威性来自国家的法律,来自国家授权以及对国家司法权力的分割和让与,仲裁的实质就是一种审判权的变种。当然,仲裁权又非典型的司法权,仲裁庭在行使仲裁权的过程中只能严格遵从裁决作出地国家的法律,权力受到极大的限制;一定程度上,纯粹的司法权行使主体——法院——还对仲裁有支持和监督职能。

《仲裁法》第四十三条第二款规定:“仲裁庭认为有必要收集的证据,可以自行收集。”《仲裁法》赋予了仲裁庭可以自行收集证据的权力,因此在将仲裁权定位于一种类似司法权的基础上,仲裁庭在裁决案件过程中有自行收集证据的权力,当然就有权签发律师调查令,由律师持令调查。换言之,仲裁庭签发律师调查令的权力恰恰来自对仲裁的类司法权定位。

2. 仲裁庭签发调查令的有效性。在解决了仲裁庭签发律师调查令的权力来源之后,可以进一步解决被调查令协助配合调查取证的义务之源。因此,对被调查人不协助调查取证的,则应有相应的制裁措施。由此,在民事诉讼中的违反调查取证义务的制裁措施在仲裁程序中亦同样适用。

3. 律师持调查令调查取证的要求。与民事诉讼中律师持令调查的要求一致,律师虽然有权持令调查,但是对律师申请调查令及律师持令调查的行为均应有所限制。这涉及具体律师申请的实务操作和仲裁庭审查律师申请签发调查令的实务指引问题。

(三)仲裁程序中推行律师调查令的举措

在上述对仲裁程序中推行律师调查令的必要性、可行性的分析基础之上,我们也要看到,与律师调查令在司法审判中被广泛试行的实践有所区别,实务中仲裁庭签发调查令的较为罕见,律师调查令制度在各地仲裁程序中发挥的作用有限。究其原因,既与现行国家立法机关和最高司法机关缺乏律师调查令的立法和司法解释有关,更与各地司法行政管理部门缺乏在仲裁程序中试行律师调查令的规范性文件有关。由此,在当前形势下,仲裁程序完全可以借鉴人民法院试行律师调查令的地方实践,由各地仲裁委员会出台试行律师调查令的规范,也可以由仲裁委员会的司法行政管理部门在仲裁领域出台律师调查令试行规范。通过出台试行规范,可以为仲裁庭签发律师调查令提供明确的指引。至于具体规范性意见的内容,则可以借鉴民事诉讼中律师调查令的内容,并在签发主体上予以相应修改。

二、仲裁程序中律师调查令的实务操作指引

目前各地仲裁委员会均未针对仲裁程序出台试行律师调查令的规范性文件,由此导致仲裁程序中很少使用律师调查令;无论对于律师而言,还是对于仲裁员而言,均缺乏仲裁程序中试行律师调查令的经验。仲裁程序中律师调查令的实务操作,可借鉴民事诉讼程序的律师调查令实务操作。

(一)律师实务操作的指引

1. 申请时限。在仲裁立案之后,律师即可向仲裁庭申请签发律师调查令。此时,调查令的申请既需要满足当事人证据收集保障权利、实现案件审理实体公正的需要,也要服从仲裁案件审理的效率需要。因此,如果仲裁庭已经确定了举证期限的,律师应在举证期限届满之前申请签发律师调查令;考虑到仲裁案件审理的需要,律师应积极主动申请调查令;如果在举证期限届满之前不能完成调查取证的,则应申请延长举证期限。申请延长举证期限的,律师应提供"当事人在该期限内提供证据确有困难"的原因,以便仲裁庭据此判断并延长举证期限。

2. 申请调取证据的范围。只要适合律师调查令调取的证据,均可以申请调取。之前在民事诉讼审理阶段涉及律师调查令调取证据范围的研究结论已经指出,律师可以申请仲裁庭签发调查令调取书证、物证、视听资料、电子数据、证人证言等证据。

3. 申请调查令应提交的材料。可参照各地法院试行意见中向法院提交申请应提交的材料处理。总体上,向仲裁庭申请签发调查令,应当提交下列材料:(1)申请书;(2)当事人、申请执行人的授权委托书;(3)律师事务所的委托、指派公函;(4)申请律师的有效执业证书;(5)共同参与调查人员的身份信息材料。目前,各地试行律师调查令要求提交的材料总体有以下两个方面。

(1)提交申请书。目前由于仲裁程序中并无试行律师调查令的规范,故没有固定的申请书格式,律师在提出申请时应提交的申请书,可参照各地法院的申请书样式。具体来说,申请书应载明以下方面的内容:①仲裁案件编号;②当事人的姓名或者名称、公民身份号码或者企业的统一社会信用代码;③申请律师的姓名、律师执业证号和律师事务所名称;④共同参与调查人员的姓名、律师执业证号(或者公民身份号码)、律师事务所名称;⑤协助调查人的姓名或者名

称;⑥需要调查收集的证据名称、具体范围;⑦需要调查收集的证据拟证明的事实、与案件的关联性;⑧无法自行调查取证的客观原因;⑨申请律师及共同参与调查人员的保密承诺;⑩其他需要说明的事项。申请书由申请律师和共同参与调查人员签字,并加盖申请律师所在律师事务所印章。

(2)其他材料。除了申请书及所附承诺书之外,还应当提交当事人的授权委托书和律师事务所的指派函;在律师调查令的实践中,多由两人以上调查取证,因此,律师在申请时还需要提交共同参与调查人员的身份信息材料。实践中,只要满足两人参与调查,且一人为律师即可。

4. 律师持令调查的操作指引。在仲裁中律师持令调查,同民事诉讼中的持令调查并无区别,均属于律师的业务范围,应坚持律师的专业性要求,并根据具体的证据性质开展调查取证工作。

律师在持令调取证据的过程中,应按照调查令载明的调取证据期限调取证据,并及时将调取的证据向仲裁庭提交;协助调查人密封的证据材料,未经仲裁庭允许不得私自拆封;不得伪造、变造调查令的内容;不得超出调查令范围调取证据;不得伪造、变造、隐匿、毁灭持令收集的证据;不得擅自泄露、散布持令收集的证据;不得利用持令收集的证据对案件进行歪曲、不实、有误导性的宣传,影响案件办理;不得有其他滥用调查令或者滥用调查证据的行为。这些调查的禁止性要求,多需要律师在申请调查令时签署承诺书。

5. 律师持令调取证据的使用。在此阶段调取证据,主要是服务于仲裁案件审理的需要。律师持调查令调取的证据,需要经过仲裁庭质证才能由仲裁庭作为裁决依据。为了让证据服务于仲裁案件裁决,律师应按照举证的要求,充分说明证据来源、证据服务于举证的目的、欲证明的事项,并最终服务于仲裁请求的目的。因此,在举证时律师也应结合其他证据,列明证据目录,对证据进行分类,明确证明目的,并将证据装订成册、标明页码;在案件调查阶段和代理词撰写阶段,也要基于证据证明要求撰写相应文件。

6. 与仲裁庭的沟通。实务中,在各地仲裁委员会或其主管行政机关均无试行律师调查令规范的情况下,仲裁机构和仲裁员多对律师调查令的签发缺乏经验,故代理律师应积极提供一些人民法院出台的规范性意见和相应文书格式,供审理案件的仲裁庭参考,以提高申请签发调查令的成功率。需要注意的是,在《民事诉讼法解释》和 2019 年《证据规定》对文书提出命令制度有明确规定的情况下,在文书提出命令制度和律师调查令制度存在竞合的情况下,从构成要件、现有法律规范依据和法律后果角度来说,应优先选择文书提出命令制度。

(二)对仲裁庭适用律师调查令的操作指引

由于目前各地仲裁委员会或者仲裁委员会的行政主管部门均无在仲裁程序中试行律师调查令的规范性意见,导致仲裁庭在签发律师调查令上处于无章可循的境地,这也增加了仲裁庭适用律师调查令的难度和积极性。对此,仲裁庭应积极借鉴人民法院试行律师调查令的实践,将之参照适用在仲裁程序中。因此,对各地仲裁委而言,则面临积极推动试行律师调查令的问题。

1. 审查及签发。仲裁庭收到律师签发律师调查令的申请后,多由审理案件的仲裁庭审查申请签发调查令的律师的资格、申请的理由、申请调查证据的范围及与案件的关联性等。对于符合签发条件的,仲裁庭应合议决定并予签发。对于不符合签发条件的,则不予签发的,应以书面通知或者口头通知的形式告知申请律师。

对于不予签发的主要理由,可借鉴较为典型的法院出台的规范性意见处理。比如浙江高院、广东高院、天津高院出台的规范性意见。一般来说,涉及以下情形的,仲裁庭可不予签发:(1)可能侵害国家秘密、商业秘密或个人隐私的;(2)与待证事实无关联、对证明待证事实无意义或者其他无调查收集必要的;(3)已经向社会公开的政府信息或者其他信息;(4)证据不由协助调查人占有、保管或者控制的;(5)申请调查的证据不明确、不具体的;(6)其他不宜以律师调查令形式调查取证的情形。

仲裁庭签发与不予签发律师调查令的,均应有时限的要求。由于没有出台试行意见的仲裁委员会,故仲裁庭则应及时决定是否予以签发。

2. 在签发调查令中对律师调查取证期限的要求。仲裁庭应结合举证期限的要求确定律师调查取证的期限。仲裁庭指定了举证期限的法律后果的,应要求律师在举证期限之前完成调查取证;仲裁庭也可以让当事人协商、并经准许确定律师持令调查取证的期限。指定举证期限的,可参照适用《民事诉讼法》的相关规定要求处理。律师主张在举证期限内提供证据存在客观障碍,属于《民事诉讼法》第六十九条第二款规定的"当事人在该期限内提供证据确有困难"情形的,仲裁庭可以根据当事人的举证能力、不能在举证期限内提供证据的原因等因素综合判断,确定是否适当延长举证期限。

3. 律师持令调取证据的质证。律师持证调取的证据,需要经过质证程序才能作为证据采用。[1] 未经质证的证据，不能作为认定案件事实的依据。对证据质证的要求，可参照适用2019年《证据规定》的规定要求。在质证时，对于律师持调查令调取的证据的证明能力问题，不能因为其系仲裁庭签发调查令允许律师调取证据而在证明能力上高于其他证据。另外，对于涉及国家秘密、商业秘密、当事人或第三人的隐私，或者存在法律规定应当保密的情形的证据，可参照2019年《证据规定》第四十七条第二款的规定，提交后不得公开质证。

4. 对违反律师调查令拒绝协助调查取证的制裁和救济。在目前并无法律和司法解释对律师调查令加以明确规定的情况下，对于被调查人拒绝配合协助调查取证的，原则上仲裁庭不能直接适用《民事诉讼法》第一百一十四条、第一百一十条规定的制裁措施，也不宜参照适用。

---

〔1〕《民事诉讼法》第七十一条规定："证据应当在法庭上出示，并由当事人互相质证。"

参 考 文 献

一、外国法典文本

1.《美国联邦民事诉讼规则证据规则》,白绿铉、卞建林译,中国法制出版社2000年版。

2.《日本民事诉讼法典》,曹云吉译,厦门大学出版社2017年版。

3.《德意志联邦共和国民事诉讼法》,谢怀栻译,中国法制出版社2001年版。

4.《英国国民事诉讼规则》,徐昕译,中国法制出版社2001年版。

二、中文著作及编著类

1. 白绿铉:《日本新民事诉讼法》,中国法制出版社2000年版。

2. 毕玉谦:《民事诉讼证明妨碍研究》,北京大学出版社2010年版。

3. 陈光中、徐静村主编:《刑事诉讼法学》,中国政法大学出版社1999年版。

4. 陈桂明:《诉讼公正与程序保障:民事诉讼程序之优化》,中国法制出版社1996年版。

5. 常怡主编:《比较民事诉讼法》,中国政法大学出版社2002年版。

6. 常怡主编:《民事诉讼法学》(第2版),中国政法大学出版社2008年版。

7. 樊崇义主编:《刑事证据法原理与适用》,中国人民公安大学出版社2001年版。

8. 高忠智:《美国证据法新解:相关性证据及其排除规则》,法律出版社2004年版。

9. 韩波:《悖论破解——对抗制中的证据开示制度》,载陈光中、江伟主编:《诉讼法论丛》第10卷,法律出版社2005年版。

10. 韩波:《民事证据开示制度研究》,中国人民大学出版社2005年版。

11. 韩象乾主编:《民事证据理论新探》,中国人民公安大学出版社2006年版。

12. 何家弘、刘品新:《证据法学》(第5版),法律出版社2013年版。

13. 黄国昌:《民事诉讼理论之新展开》,台北,元照出版有限公司 2005 年版。
14. 黄娟:《当事人民事诉讼权利研究——兼谈中国民事诉讼现代化之路径》,北京大学出版社 2009 年版。
15. 姜世明:《新民事证据法论》,台北,学林文化事业有限公司 2004 年版。
16. 姜世明:《民事程序法之发展与宪法原则》,台北,元照出版有限公司 2003 年版。
17. 刘荣军:《程序保障的理论视角》,法律出版社 1999 年版。
18. 罗玉珍、高委主编:《民事证明制度与理论》,法律出版社 2003 年版。
19. 齐树洁主编:《英国证据法》(第 2 版),厦门大学出版社 2014 年版。
20. 邱联恭:《程序利益保护论》,台北,三民书局 2005 年版。
21. 沈达明、冀宗儒编著:《1999 年英国〈民事诉讼规则〉诠释》,法律出版社 2005 年版。
22. 沈冠伶:《民事证据法与武器平等原则》,台北,元照出版有限公司 2007 年版。
23. 宋朝武主编:《民事诉讼法学》(第 3 版),中国政法大学出版社 2012 年版。
24. 宋英辉、汤维建主编:《我国证据制度的理论与实践》,中国人民公安大学出版社 2006 年版。
25. 孙长永:《美国刑事诉讼中的证据开示》,载陈光中、江伟主编:《诉讼法论丛》第 3 卷,法律出版社 1999 年版。
26. 吴宏耀、魏晓娜:《诉讼证明原理》,法律出版社 2002 年版。
27. 肖建国:《民事诉讼程序价值论》,中国人民大学出版社 2000 年版。
28. 肖建华主编:《民事诉讼立法研讨与理论探索》,法律出版社 2008 年版。
29. 薛波主编:《元照英美法词典》,法律出版社 2003 年版。
30. 许仕宦:《证据搜集与纷争解决》,台北,新学林出版股份有限公司 2005 年版。
31. 许士宦主编:《新学林分科六法——民事诉讼法》,台北,新学林出版股份有限公司 2008 年版。
32. 许士宦:《新民事诉讼法》,北京大学出版社 2013 年版。
33. 杨锦炎:《武器平等原则在民事证据法的展开》,中国政法大学出版社 2013 年版。
34. 杨建华原著,郑杰夫增订:《民事诉讼法要论》,北京大学出版社 2013 年版。

35. 张卫平主编:《外国民事证据制度研究》,清华大学出版社 2003 年版。
36. 张卫平、李旺:《日本司法改革审议会意见书》,载张卫平:《司法改革评论(第三辑)》,中国法制出版社 2002 年版。
37. 最高人民法院民事审判第一庭编:《民事诉讼证据司法解释及相关法律规范》,人民法院出版社 2002 年版。

三、外文翻译文献

1. [德]K. 茨威格特 H. 克茨:《比较法总论》,潘汉典等译,法律出版社 2004 年版。
2. [德]奥特马·尧厄尼希:《民事诉讼法》(第 27 版),周翠译,法律出版社 2003 年版。
3. [德]罗森贝克、施瓦布、哥特瓦尔德:《德国民事诉讼法》,李大雪译,中国法制出版社 2007 年版。
4. [德]汉斯-约阿希姆·穆泽拉克:《德国民事诉讼法基础教程》,周翠译,中国政法大学出版社 2005 年版。
5. [德]莱奥·罗森贝克:《证明责任论——以德国民法典为基础撰写》(第 4 版),庄敬华译,中国法制出版社 2002 年版。
6. [德]夏埃尔·施蒂尔纳编:《德国民事诉讼法学文萃》,赵秀举译,中国政法大学出版社 2005 年版。
7. [美]伯尔曼:《法律与宗教》,梁治平译,生活·读书·新知三联书店 1991 年版。
8. [美]理查德·D. 弗里尔:《美国民事诉讼法》,张利民等译,商务印书馆 2013 年版。
9. [美]理查德·波斯纳:《证据法的经济分析》,徐昕、徐昀译,中国法制出版社 2001 年版。
10. [美]米尔吉安·R. 达马斯卡:《比较法视野中的证据制度》,吴宏耀、魏晓娜等译,中国人民公安大学出版社 2006 年版。
11. [英]丹宁勋爵:《法律的训诫》,杨百揆等译,法律出版社 1999 年版。
12. [英]J. A. 乔罗维茨:《民事诉讼程序研究》,吴泽勇译,中国政法大学出版社 2008 年版。
13. [英]R. C. 范·卡内冈:《英国普通法的诞生》,李红海译,中国政法大学出版社 2003 年版。
14. [英]科尔森、理查兹:《朗文法律词典》(第 6 版),法律出版社 2003 年版。
15. [英]罗杰·科特威尔:《法律社会学导论》,潘大松等译,华夏出版社 1989 年版。
16. [英]威廉·布莱克斯通:《英国法释义》(第 1 卷),游云庭、缪苗译,上海人民出版社 2001 年版。
17. [英]西奥多·F. T. 普拉克内特:《简明普通法史》(第 5 版),中信出版社 2003 年版。
18. [日]高桥宏志:《重点讲义民事诉讼法》,张卫平、许可译,法律出版社 2007 年版。
19. [日]谷口安平:《程序的正义与诉讼》(增补本),王新亚、刘荣军译,中国政法大学出版社 2002 年版。
20. [日]谷口安平:《日本民事诉讼法修改之动向》,载陈荣宗译:《民事程序法论文集》(第 4 册),台北,三民书局 1994 年版。
21. [日]兼子一、竹下守夫:《民事诉讼法》,白绿铉译,法律出版社 1995 年版。
22. [日]新堂幸司:《新民事诉讼法》,林剑锋译,法律出版社 2008 年版。
23. [日]伊藤真:《民事诉讼法》(第 4 版补订版),曹云吉译,北京大学出版社 2019 年版。
24. [日内瓦]瓦尔特·哈布沙伊德、维尔兹堡:《证明权》,载米夏埃尔·施蒂尔纳编:《德国民事诉讼法学文萃》,赵秀举译,中国政法大学出版社 2005 年版。

四、中文论文

1. 包冰锋:《我国台湾地区文书提出命令制度探讨——兼论与日本相关制度比较》,载《海峡法学》第 4 期(2011 年)。
2. 毕晓宇:《日本民事证据收集制度改革对我国的启示》,载《学理论》2013 年第 8 期。
3. 蔡青:《律师调查令制度构建研究》,湖南师范大学 2017 年硕士学位论文。
4. 常怡、杨军:《我国证据收集制度的反思与重构——兼论民事审判方式的改革》,载《汕头大学学报(人文社会科学版)》2002 年第 1 期。
5. 曹建军:《论民事调查令的实践基础与规范理性》,载《法学家》2019 年第

3 期。

6. 曹云吉:《立案登记制下“当事人”的程序构造》,载《法制与社会发展》2017 年第 5 期。

7. 陈刚:《法系意识在民事诉讼法学研究中的重要意义》,载《法学研究》2012 年第 5 期。

8. 陈瑞华:《辩护律师调查取证的三种模式》,载《法商研究(中南政法学院学报)》2014 年第 1 期。

9. 陈瑞华:《论程序正义价值的独立性》,载《法商研究(中南政法学院学报)》1998 年第 2 期。

10. 陈瑞华:《程序正义论》,载《中外法学》1997 年第 2 期。

11. 陈石狮等:《事证开示制度(Discovery)与发现真实》,载《民诉法研究会第 50 次研讨纪录:民事诉讼法之研讨》,台北,民事诉讼法研究基金会出版社 1996 年版。

12. 陈剑、黄沐欣:《也论证据开示》,载《当代法学》2001 年第 10 期。

13. 陈清、朱佩:《英美保密特权对建立我国保密特权制度的启示规范》,载《中共贵州省委党校学报》2013 年第 2 期。

14. 陈杨、沈小平:《浅谈委托调查令的内涵及必要性》,载《法制与社会》2010 年第 24 期。

15. 陈维君:《民事证据调查令制度的运行检视与完善路径》,载《河北法学》2017 年第 3 期。

16. 程雷、张文静:《中美“证据开示理论与实务专题”研讨会纪要》,载《中国司法》2004 年第 7 期。

17. 崔婕:《证据收集制度》,载《现代法学》2002 年第 3 期。

18. 崔婕:《英美两国民事证据开示制度比较及其对我国的启示》,载《学术研究》2002 年第 2 期。

19. 邓月媛:《律师调查令制度的运行状况分析与完善建议》,载《宁波广播电视大学学报》2018 年第 1 期。

20. 刁金梅:《圈点“证据交换”》,载《中国律师》2003 年第 11 期。

21. 范愉:《非诉讼纠纷解决机制(ADR)与法治的可持续发展——纠纷解决与 ADR 研究的方法与理念》,载《法制现代化研究》2002 年第 00 期。

22. 郭成:《论我国文书提出命令制度及其完善——以德、日文书提出命令制度为比较视角》,载《法治与社会》2016 年第 6 期。
23. 韩波:《民事诉讼模式论:争鸣与选择》,载《当代法学》2009 年第 5 期。
24. 黄莹等:《民事诉讼中律师调查令的制度构建》,载《法制与社会》2017 年第 15 期。
25. 贾军乔:《律师调查取证权之立法不足与完善》,载《法制与社会》2007 年第 4 期。
26. 李本森:《论我国律师的调查取证权立法完善》,载《中国司法》2004 年第 2 期。
27. 李浩:《回归民事诉讼法——法院依职权调查取证的再改革》,载《法学家》2011 年第 3 期。
28. 李浩:《证明标准新探》,载《中国法学》2002 年第 4 期。
29. 李锦梅、朱程:《论调查令制度在化解"举证难"中的作用及其完善路径》,载《红河学院学报》2019 年第 1 期。
30. 黎陈靥:《刍议民事诉讼证据调查令制度之的建构》,载《大庆师范学院学报》2011 年第 5 期。
31. 梁琴:《民事证据调查令制度实证研究——以莆田市的 49 份判决为样本》,载《牡丹江大学学报》2019 年第 3 期。
32. 廖中洪、李峰:《民事执行调查程序基本理论分析》,载《天津师范大学学报(社会科学版)》2013 年第 1 期。
33. 林剑锋:《日本民事司法改革中的证据收集程序的扩充——争点中心审理主义的重要保障》,载《司法改革论评》2002 年第 2 期。
34. 林鸿:《律师权利保障》,载《福建政法管理干部学院学报》2004 年第 4 期。
35. 刘阳:《民事诉讼中建立律师调查令制度研究》,云南大学 2016 年硕士学位论文。
36. 刘清林等:《多措并举完善律师调查令制度——江西安福法院关于律师调查令的调研报告》,载《人民法院报》2018 年 5 月 3 日,第 8 版。
37. 刘居胜:《论民事审判应充分保障当事人的调查取证权》,载《经济与社会发展》2014 年第 2 期。
38. 刘敏:《接近正义与英国的民事司法改革》,载《法制现代化研究》2004 年第 00 期。
39. 龙宗智:《相对合理主义》,中国政法大学出版社 1999 年版。

40. 罗艺方、赖紫宁:《美国民事证据开示制度浅议》,载《华南理工大学学报(社会科学版)》2002 年第 4 期。
41. 骆东平:《论我国民事诉讼中的证据收集权限配置》,载《湖北社会科学》2010 年第 2 期。
42. 吕太郎:《文书提出命令》,载《台湾本土法律杂志》第 25 期(2001 年)。
43. 马登科:《当事人主导拟或法院主导?——传统民事诉讼模式的误判与归位》,载《时代法学》2010 年第 3 期。
44. 裴培祥:《我国民事当事人证据收集制度的反思》,载《福建农林大学学报(哲学社会科学版)》2018 年第 3 期。
45. 齐树洁、黄斌:《英国证据法中的律师特权规则及其借鉴意义》,载《法学论坛》2002 年第 5 期。
46. 钱雄伟:《律师调查令正当性的法理思考》,载《广西青年干部学院学报》2006 年第 4 期。
47. 任铁健:《对法院依职权调查收集证据的反思》,载《政法论丛》2000 年第 1 期。
48. 沈冠伶:《摸索证明与事证收集开示之协力》,载《月旦法学杂志》第 10 期(2005 年)。
49. 石磊、郭丽:《对我国采纳证据开示制度的思考》,载《中共济南市委党校济南市行政学院济南市社会主义学院学报》2002 年第 2 期。
50. 宋平、严俊:《"供给防御方法"之平衡——简论民事证据调查令制度》,载《重庆工商大学学报(社会科学版)》2005 年第 5 期。
51. 孙国辉:《律师调查权制度的立法思考》,载《中国律师》2003 年第 8 期。
52. 陶婷:《文书提出命令初探——以文书提出义务为中心》,载《法制与社会》2009 年第 3 期。
53. 陶婷:《文书提出命令的适用范围探讨》,载《西南政法大学学报》2008 年第 2 期。
54. 唐华:《民事审判中调查令使用规制和完善——以审判中心主义下的法官指挥权为视角》,载《贵州警官职业学院学报》2018 年第 1 期。
55. 唐力:《有序与效率:日本民事诉讼"计划审理制度"介评》,载《法学评论》2005 年第 5 期。
56. 唐力:《日本民事诉讼证据收集制度及其法理》,载《环球法律评论》2007 年第 2 期。
57. 唐力:《辩论主义的嬗变与协同主义的兴起》,载《现代法学》2005 年第 6 期。
58. 汤啸天等:《调查令制度的法律属性与完善建议》,载《法律适用》2008 年第 7 期。
59. 汤维建:《论民事诉讼中的诚信原则》,载《法学家》2003 年第 3 期。
60. 汤维建:《论美国民事诉讼中的证据调查与证据交换——兼与我国做简单比较》,载王利明主编:《中国民事证据的立法研究与应用》,人民法院出版社 2000 年版。
61. 王秀卫:《我国环境民事公益诉讼举证责任分配的反思与重构》,载《法学评论》2019 年第 2 期。
62. 王建平:《关于建立调查令制度若干问题研究》,载《政治与法律》2002 年第 6 期。
63. 王学棉:《民事诉讼当事人证据收集权有待完善》,载《法学杂志》2001 年第 4 期。
64. 王杏飞、刘洋:《论我国民事诉讼中的律师调查令》,载《法治研究》2017 年第 3 期。
65. 王亚新:《民事诉讼中的证人出庭作证》,载《中外法学》2005 年第 2 期。
66. 王亚新:《民事诉讼准备程序研究》,载《中外法学》2000 年第 2 期。
67. 韦芳妹:《律师调查令制度研究》,载《法制博览》2019 年第 9 期。
68. 韦杨等:《当事人调查取证权之程序保障的路径尝试——以调查令制度的检讨及其实证量化分析为研究视点》,载《法律适用》2008 年第 3 期。
69. 文静:《文书提出命令在我国的适用》,载《法制与社会》2016 年第 35 期。
70. 翁晓斌:《职权探知主义转向辩论主义的思考》,载《法学研究》2005 年第 4 期。
71. 吴伟华:《文书提出命令制度司法适用研究——以 2015 年〈关于适用《中华人民共和国民事诉讼法》解释〉和台湾地区立法为中心》,载《河北学刊》2015 年第 6 期。
72. 吴如巧:《论协同主义民事诉讼模式下的证据收集》,载《海南大学学报(人文社会科学版)》2012 年第 2 期。
73. 吴如巧等:《论中国文书提出命令制度适用范围的扩张——以第三人文书提出义务为视角》,载《重庆大学学报》2017 年第 1 期。

74. 吴泽勇:《中国法上的民事诉讼证明标准》,载《清华法学》2013 年第 1 期。
75. 肖建国:《现代型民事诉讼的结构和功能》,载《政法论坛》2008 年第 1 期。
76. 徐爱国:《清末继受大陆法系传统的影响》,载《法律文化周刊》2012 年 2 月 24 日,第 5 版。
77. 徐昕:《法官为什么不相信证人? 证人在转型中国司法过程中的作用》,载《中外法学》2006 年第 3 期。
78. 徐子良:《证据规则与社会诚信——以法院在民事诉讼中调查取证权定位为视角》,载万鄂湘主编:《司法解决纠纷的对策与机制》,法院出版社 2007 年版。
79. 许士宦:《证明妨碍》,载《月旦法学杂志》第 7 期(2001 年)。
80. 熊跃敏:《大陆法系民事诉讼中的证据收集制度论析——以德国民事诉讼为中心》,载《甘肃政法学院学报》2004 年第 4 期。
81. 熊跃敏:《辩论主义:溯源与变迁——民事诉讼中当事人与法院作用分担的再思考》,载《现代法学》2007 年第 2 期。
82. 熊跃敏:《日本民事诉讼的文书提出命令制度及其对我国的启示》,载陈光中、江伟主编:《诉讼法论丛》第 7 卷,法律出版社 2002 年版。
83. 袁爱军等:《关于律师调查令的调研报告与思考》,载《江苏经济报》2018 年 4 月 18 日,B3 版。
84. 袁敏琴:《刑事诉讼中公务秘密特权的法律规制》,载《中国人民公安大学学报(社会科学版)》2010 年第 3 期。
85. 叶若思、叶艳:《民事证据调查令制度初探》,载《中国审判》2008 年第 10 期。
86. 叶蓁:《论民事强制执行中的财产调查权》,载《环球法律评论》2011 年第 1 期。
87. 余建华、金婺城:《四千份调查令发出之后——对金华市婺城区法院实施调查令制度的调查》,载《人民法院报》2007 年 8 月 14 日,第 8 版。
88. 占善刚:《证据协力义务之比较法分析》,载《法学研究》2008 年第 5 期。
89. 张海燕:《民事诉讼案件待证事实的确定》,载《南京大学法律评论》2010 年第 1 期。
90. 张弛:《论民事证据调查令制度》,载《沈阳干部学刊》2017 年第 6 期。
91. 张卫平:《民事诉讼基本模式:转换与选择之根据》,载《现代法学》1996 年第 6 期。

92. 张卫平:《回归“马锡五”的思考》,载《现代法学》2009 年第 5 期。
93. 张卫平:《民事案件受理制度的反思与重构》,载《法商研究》2015 年第 3 期。
94. 张卫平:《当事人文书提出义务的制度建构》,载《法学家》2017 年第 3 期。
95. 赵风暴:《民事证据调查令制度的司法适用路径探析》,载《兰州大学学报(社会科学版)》2018 年第 3 期。
96. 周卫国:《论我国当事人民事证据收集权利的保障》,载《哈尔滨学院学报》2006 年第 11 期。
97. 周赞华等:《对民事诉讼中适用调查令的法律思考》,载《人民司法》1997 年第 5 期。
98. 周健宇:《论民事诉讼中法院调查取证制度之完善——基于实证分析与比较法的考察》,载《证据科学》2014 年第 5 期。
99. 朱程、李锦梅:《律师调查令“申请——审查”制度的程序性构建》,载《嘉应学院学报(哲学社会科学)》2018 年第 7 期。
100. 朱新林:《论当事人证据收集权的程序保障》,载《法学论坛》2012 年第 5 期。

五、英文资料

1. Fleming James, Jr. , *DISCOVERY*, The Yale Law Journal Company, Inc. 1929.
2. Gray B. Born, David Westin, *International Civil Litigation in United States Court*. New York: Kluwer, 1993.
3. Joyce Plotnikoff, *The Quite Revolution :English Civil Law Court Reform and the Introduction of Case Management*, The Justice System Journal, Volume 13, Number 2 (1988 – 1989).
4. Jank H. Friedenthel, Mary Kay Kane, *Civil Procedure*, 2nd edition. West Publishing Co. (Minnesota) 1993.
5. Linda S. Mullenix, *Civil Procedure*, Aspen Law & Business (New York), 1997.
6. Paul Matthews and Hodge M. Malek, *Discovery*, London, Sweet & Maxwell, 1992.
7. Oscar G. Chase et al. , *Civil Litigation in Comparative Contex*, Thomson/West 2007.
8. Robert A. Carp, Ronald Stidham, *Judicial Process in American*, Congressional

Quarterly Inc(Washington, D. C.) ,1990.

9. Valerie Davies & Thomas N. Pieper, *English Disclosure and U. S. Discovery*, *in Transatlantic Commercial Litigation and Arbiteation*, John Fellas ed. Oceana Publications, 2004.

10. Willam W. Schwarzer. ,*Slaying the Mosters of Cost and Delay*:*Would Disclosure be More Effective than Discovery*, Judicature, 1999. 74(4).

六、英文判例

1. Bank of Scotland v. A Ltd. & Ors [2001] EWCA Civ 52.

2. Brankers Trust Co. v. Shapira[1980]1 WLR 1274. CA.

3. Compagnie Financiere Et Commerciale Du Pacifique v. Peruvian Guano Co. QBD 55 63(1882).

4. Essex County Council v. R. 1994 fam 167.

5. Hickman v. Taylor, 329 U. S. 495,67 S. Ct. 385 (1947) .

6. Kendall v. GES Exposition Servs, Inc. 174 F. D. R. 684(D. NEW. 1997).

7. Schlagenhauf v. holder, 379 U. S. 104, 85 S. Ct. 234(1964).

8. United States of America, Appellant, v. The Procter & Gamble Company et al. 356 U. S. 677,78 S. Ct. 983(1958).

9. Williams v. Floria, 399 U. S. 78, 82(1970).

七、互联网资料

1. 郭志霞:《北京律师首次拿到调查令》,载中国网,http://www.china.com.cn/chinese/law/621886.htm。

2.《内蒙古高院与内蒙古司法厅联合召开维护律师执业权利座谈会》,载内蒙古自治区高级人民法院网 2019 年 12 月 20 日,https://nmgfy.chinacourt.gov.cn/article/detail/2019/12/id/4738143.shtml。

3. 吴笋林:《广州四年发出律师调查令 3.3 万余份,取证成功率超八成》,载广州市律师协会网,http://www.gzlawyer.org/info/0509dd1d9f4345308ccc5d999cdede26。

4. 韩晓君:《律师调查令在民事诉讼中使用问题应引起重视》,载洛阳市中级人民法院网,http://hnlyzy.hncourt.gov.cn/public/detail.php? id =7402。

5. 廖长春、丁鑫:《"律师调查令"有待完善规范》,载中国法院网,https://www.chinacourt.org/article/detail/2019/09/id/4479565.shtml。
6. 程浩朋:《浅析我国的证据交换制度》,载中国法院网,https://www.chinacourt.org/article/detail/2013/07/id/1019721.shtml。
7. 张枞华:《律师调查令制度的完善与规范》,载中国法院网,https://www.chinacourt.org/article/detail/2019/05/id/3872292.shtml。
8. 顾秀莲:《全国人大常委会执法检查组关于检查〈中华人民共和国律师法〉实施情况的报告》,载中国人大网,http://www.npc.gov.cn/wxzl/gongbao/2005-08/28/content_5354867.htm。

关键词索引

附　录

部分高院、中院试行律师调查令规范

北京市高级人民法院

北京市高级人民法院
关于委托调查制度的若干意见(试行)

为确保人民法院在执行程序中及时、准确地查明被执行人的财产状况和实际履行能力,提高执行效率,尽快实现当事人的合法权益,根据《中华人民共和国民事诉讼法》及《最高人民法院关于人民法院执行工作若干问题的规定(试行)》等法律、司法解释的有关规定,结合北京市法院执行工作实际,制定本意见。

第一条　执行程序中的委托调查制度,是指在案件执行阶段,经申请执行人申请,由人民法院签发调查令,指定申请执行人的代理律师持调查令向有关单位或个人调查收集特定证据。

本意见所称的申领人,是指执行案件的申请执行人。

本意见所称的持令人,是指经人民法院审查批准,持调查令调查收集特定证据的申请执行人所委托的代理律师。

本意见所称的接受调查人,是指调查令载明的须向持令人提供指定证据的机关、团体、企事业单位或个人。

第二条　调查令适用于对有关被执行人的财产状况和实际履行能力的证据的调查收集,但法律、司法解释明确规定必须由人民法院执行人员调查收集的证据除外。具体包括:

（一）被执行人的基本情况；

（二）被执行人的财产情况；

（三）被执行人是否对第三人享有到期债权以及第三人的财产情况；

（四）能够证明被执行人的财产状况和实际履行能力的其他情况。

第三条 有下列情形之一的，不得使用调查令收集相关的证据：

（一）涉及国家秘密的；

（二）涉及商业秘密的；

（三）与本案无关的；

（四）其他不宜持令调查的。

第四条 使用调查令调查收集的证据形式仅限于银行账号、档案材料、权利凭证、电子书证、信函电报等，不得包括证人证言等其他证据形式。

第五条 执行程序中使用调查令收集证据的，必须由申请执行人向人民法院提出书面申请。

申请执行人委托的代理律师代为申领调查令的，必须有申请执行人的特别授权。

持令调查收集证据的过程中所发生的费用由申请执行人承担。

第六条 申请执行人或其代理律师申领调查令的，必须提供下列材料：

（一）申领调查令申请书，申请书中应当载明申领人和持令人的身份情况、申请调查收集的证据、目的及其理由等；

（二）申请调查特定证据的线索；

（三）由代理律师申请的，还应提供委托代理人的权限证明及其合法有效的《律师执业证》。

第七条 申请执行人或其代理律师申请调查令时，人民法院应当向其送达《申领调查令须知》，告知相关的权利义务。送达情况须在送达回证或者笔录中记明。

第八条 人民法院应当自申领人提出申请之日起七日内决定是否发放调查令。

决定发放调查令的，须由执行员报经庭长或主管院长签发。

调查令的签发程序和签发的调查令应当制作笔录并登记备案。

第九条 调查令应当载明下列内容：

（一）执行案件的案号、案件当事人的姓名或者名称；

（二）申领人的姓名或者名称；

（三）接受调查人的名称；

（四）持令人姓名、性别、律师执业证证号、所在律师事务所名称；

（五）调查收集的证据内容；

（六）调查令的有效期限；

（七）填发人、签发人、日期和院印；

（八）申领人或持令人领取调查令及回执的签名和日期。

第十条　调查令的有效期限最长不得超过三十日。

第十一条　持令调查收集证据的，必须由申请执行人委托的持有效《律师执业证》的代理律师进行；代理律师持令调查，必须另有一人以上陪同进行。

第十二条　持令人调查收集证据时，应当主动向接受调查人出示身份证件和调查令。

对持令调查中获知的有关信息，申领人、持令人应当对外承担保密责任。

第十三条　接受调查人应当于收到调查令之日起七日内向持令人提供调查令所指定的证据。

第十四条　接受调查人有权拒绝提供调查令指定的证据以外的其他证据。

第十五条　持令人应当将调查收集的证据于调查结束后七日内连同接受调查人填写的回执提交人民法院。

持令人因故未使用调查令的，应当于调查令有效期限届满之日起七日内，将调查令正本及回执交还人民法院。

第十六条　持令人逾期未将收集的证据或者调查令、回执等文件交还人民法院的，执行人员应当于逾期后十五日内向持令人催交，并将催交情况制作笔录。

第十七条　本意见自发布之日起试行。

第十八条　本意见由市高级法院执行庭负责解释。

天津市高级人民法院

天津市高级人民法院
关于在民事诉讼中实行律师调查令的若干规定（试行）

为充分发挥律师在全面推进依法治国和法治天津建设中的职能作用，切实保障当事人合法权益、维护司法公正，促进人民法院在审判程序中准确查明事实，在执行程序中准确、全面调查被执行人财产信息和实际履行能力，根据《中华人民共和国民事诉讼法》《中华人民共和国律师法》《最高人民法院关于适用〈中华人民共和国民事诉讼法〉的解释》《最高人民法院关于民事诉讼证据的若干规定》《最高人民法院〈关于民事执行中财产调查若干问题的规定〉》等法律、司法解释以及市高院、市检察院、市司法局等十三家单位联签的《关于依法保障律师调查权的若干规定（试行）》的相关规定，结合本市审判执行工作实际，制定本意见。

第一条 律师调查令是指民事诉讼当事人及其代理律师因客观原因不能自行调查取证时，经当事人和代理律师书面申请并获受理案件的人民法院批准，由人民法院签发的供指定代理律师向相关单位、组织和个人调查收集特定证据、调取财产线索的法律文件。

第二条 律师调查令的签发和使用应当坚持自愿申请、严格审查、事项具体、专人使用的原则。

第三条 律师调查令的申请应当在民事诉讼案件受理后举证期限届满前七日提出；执行阶段，律师调查令的申请应当在执行终结前提出。

第四条 申请调查的证据应当与待证事实具有关联性及调查收集必要性。持律师调查令收集的证据限于书证、电子证据、视听资料等，不包括证人证言。

第二审程序中，申请调查的证据限于新证据。执行阶段申请调查的证据限于与被执行人的财产状况和实际履行能力有关的证据或财产线索。

第五条 持令律师可以向特定单位、组织和个人申请调查收集的证据包含以下范围：

（一）股权结构、经营资质，公司规章制度，股东会、董事会会议记录，股东名单、出资情况、行政许可、行政处罚、个体工商户个人基本信息等工商档案，涉及商业机密、个人隐私除外；

（二）自然人户籍资料（含配偶及同户籍人口基本信息），流动人口登记信息；

（三）治安案件报警记录、询问笔录等相关信息；

（四）自然人出入境信息；

（五）自然人或企业征信记录，银行开户信息，股票、基金等有价证券开户信息；

（六）纳税人的税收违法行为信息；

（七）根据纳税人信息汇总的行业性、区域性等综合涉税信息、纳税信用级别A级纳税人名单以及定期定额户的定额；

（八）抵押权人、质权人提交符合规定资料后请求税务机关提供纳税人欠税有关情况的查询；

（九）自然人婚姻登记、配偶基本信息等情况；

（十）自然人收养登记的相关信息；

（十一）自然人签订劳动合同、缴纳社会保险费的相关信息；

（十二）企业缴纳社会保险费的相关信息；

（十三）特定不动产的自然状况、设定抵押的相关信息；

（十四）自然人或企业名下机动车所有权登记、抵押权登记、投保机动车交通事故责任强制保险和商业保险的相关信息；

（十五）特定车辆所有权人、设定抵押、投保交强险和商业保险情况的相关信息；

（十六）其他与待证事实具有关联性及调查收集必要性的信息。

第六条　证据有下列情形之一的，不予签发律师调查令：

（一）涉及国家秘密、个人隐私、商业秘密的；

（二）与待证事实不具有关联性或必要性的；

（三）申请直接向对方当事人调查的；

（四）其他不宜由代理律师持调查令调查的情形。

第七条　申请律师调查令应当提供以下材料：

（一）申请书；

（二）当事人委托代理律师的授权委托书，委托权限应为特别授权；

（三）代理律师所在律师事务所出具的指派律师函或法律援助机构出具的法律援助公函；函件需注明随行调查人信息；

（四）代理律师的执业证书；

（五）律师保密承诺书。

申请书应当载明申请调查证据所涉案件的案号、案由，申请调查证据的名称、证明目的、无法自行获得证据的原因，接受调查人名称或姓名，执行案件中还应载明被执行人财产线索等内容。申请书需详细列明调查事项并由当事人及其代理律师共同签字或者盖章，仅载明案件相关资料或被执行人所有财产的,法院不予签发。

第八条 合议庭、独任法官或者执行法官应当在接到申请书之日起五个工作日内对律师调查令申请进行审查,并决定是否签发。

审查的内容包括申请人的资格、申请的理由、申请是否在规定期限内、申请调查的证据类型和范围及与案件的关联性和必要性。

对符合条件的申请,由合议庭审判长、独任法官或者执行法官签发调查令。不符合条件的,应当口头告知申请人,说明理由并记录在卷。

第九条 律师调查令应当载明下列内容:

(一)案件编号和律师调查令的编号;

(二)当事人的姓名或者名称;

(三)代理律师的姓名、执业证号、所在律师事务所名称;

(四)接受调查人的姓名或者名称;

(五)需要调查收集的证据、财产线索;

(六)律师调查令的有效期限;

(七)律师调查令签发人签名、签发日期及院印;

(八)律师调查令联系人及联系方式;

(九)妨害调查的法律后果。

第十条 律师调查令样式由市高级人民法院统一制定,并由法官自网上办案系统统一填写、签章、印发。

签发的律师调查令及申请书、律师调查令回执应当入卷归档。

第十一条 根据案情繁简和调取证据难易程度,律师调查令的有效期限最长不得超过十五日。

律师应当在调查令的有效期限届满前调查取证。期限届满,律师调查令自动失效。

第十二条 律师持调查令调查时,应当由两人共同进行,且应主动出示律师调查令和执业证等证件,由接受调查人核对。持令人应与调查令上载明代理律师及随行人员一致。

调取证据后,律师应在五日内将调查收集的全部证据及接受调查人填写的回执提交人民法院。接受调查人将证据自行邮寄法院的,律师应向法院书面说明。

律师因故未使用调查令的,应当在调查令载明的有效期限届满后五日内,将回执缴还人民法院入卷。接受调查人未提供证据的,代理律师应在有效期届满后五日内将回执提交人民法院并书面说明原因。

第十三条　接受调查人对律师调查令和律师的相关证件核对无误后,应当提供调查令所指定的证据。不能当即提供的,应当在收到调查令之日起五日内提供,接受调查人因客观原因在五日内提供确有困难的,可以在十日内提供。

对律师调查令指定证据以外的其他事项,接受调查人有权拒绝。

律师调查令可由接受调查人存档。接受调查人应在提供的证据材料上注明与原件核对无异,并加盖骑缝章。所调取证据可由律师转交人民法院,也可由接受调查人通过特快专递寄送至人民法院。

接受调查人应在调查令回执上注明相关材料的名称、页数等,并签名、盖章。不能按时提供证据、无证据提供或者拒绝提供证据的,应当在回执中注明原因。

第十四条　持律师调查令调查收集的证据需经法定程序审查、质证后,才能作为认定案件事实和采取执行措施的依据。

第十五条　持令律师有下列情形之一的,人民法院可以建议司法行政机关或律师协会予以处罚或惩戒;构成妨碍民事诉讼行为的,依照《中华人民共和国民事诉讼法》第一百一十一条规定,根据情节轻重予以罚款、拘留;构成犯罪的,依法追究刑事责任。

(一)无正当理由未交还律师调查令回执的;

(二)不当使用或违反律师执业保密义务泄露持令获得的证据或者信息的;

(三)伪造、变造律师调查令以及伪造、变造、隐匿、毁灭持令调查的证据的;

(四)若接受调查人将调取证据密封,未经法院允许私自拆封的;

(五)其他滥用律师调查令应当追究责任的情形。

持令律师存在本条第(一)、(四)项规定情形的,全市各级人民法院应当报市高级人民法院研究室,市高院有权根据情节轻重决定在六个月至两年内不再向该律师签发调查令,通过人民法院内网公示并将相关情况通报司法行政机关。

第十六条　接受调查人应积极配合律师持令调查工作。人民法院发现接受调查人无正当理由拒不履行协助义务的,可向其上级机关或其所在单位出具司法建议,并可依据《中华人民共和国民事诉讼法》第一百一十四条之规定予以处理。

第十七条 刑事诉讼中附带民事部分的律师调查令适用参照本意见执行。

第十八条 本意见自下发之日起执行。

附件:1. 调查令文书样式

2. 调查令回执样式

附件1:

(正面)

天津市×××人民法院

律师调查令

×××(案号)

×××(接受调查人名称):

我院受理原告(上诉人、申请执行人)××与被告(被上诉人、被执行人)××××(案由)一案,××(当事人)因客观原因无法取得有关证据,根据市高级人民法院及(相关单位)联合印发的《关于依法保障律师调查权的若干规定(试行)》以及《天津市高级人民法院关于在民事诉讼中实行律师调查令的若干规定(试行)》的规定,经本院审查决定,××律师事务所××律师前往你处调查收集下列证据材料:

1.

2.

3.

代理律师:×× 代理律师执业证证号:××

随行调证人:×× 身份:

本调查令有效期截至 年 月 日

此令。

签发人: 年 月 日

(院印)

联系人: 联系电话:

（背面）

注意事项

1. 律师持调查令调查时，应当由两人共同进行，并主动出示调查令和执业证等证件，由接受调查人核对。

2. 律师应当在调查令载明的有效期间调查取证，有效期间届满，律师调查令自动失效。

3. 接受调查人不能当即提供证据的，应当在收到调查令之日起五日内提供，并按要求填写回执。因客观原因确有困难的，可以在十日内提供。

4. 对律师调查令指定证据以外的其他事项，接受调查人有权拒绝。

5. 接受调查人应在提供的证据材料上注明与原件核对无异，并加盖骑缝章。

6. 律师应在调取证据五日内，将全部证据及接受调查人填写的回执提交人民法院，接受调查人自行邮寄证据的情况除外。因故未使用调查令的，应当在调查令载明的有效期限届满后五日内，将回执缴还人民法院入卷。

7. 人民法院发现持令律师有违规调证情形的，可以建议司法行政机关或律师协会予以处罚或惩戒；符合条件的，按照《中华人民共和国民事诉讼法》第一百一十一条之规定予以处理。

8. 人民法院发现接受调查人拒不履行协助义务的，可向其上级机关或其所在单位出具司法建议，并可依据《中华人民共和国民事诉讼法》第一百一十四条之规定予以处理。

附件 2：

天津市×××人民法院
律师调查令（回执）

×××（案号）

天津市×××人民法院：

你院×××一案调查令已于　月　日收悉。根据你院的要求，现提供如下证明材料：

1.

2.

3.

以上材料共×页。

不能提供调查令所列第　项证明材料,原因是:

经办人:(签字)　　　　　年　月　日

(接受调查人印章或捺印)

联系方式:

(此联由代理律师交还本院附卷)

上海市高级人民法院

上海法院调查令实施规则

第一条　为保障当事人在民事诉讼进程中依法行使调查取证权利,规范调查取证行为,促进人民法院依法审判,根据《中华人民共和国民事诉讼法》第六十四条第一款、第六十五条第一款之规定,制定本规则。

第二条　调查令是指当事人在民事诉讼中因客观原因无法取得自己需要的证据,经申请并获人民法院批准,由法院签发给当事人的诉讼代理律师向有关单位和个人收集所需证据的法律文件。

本条所称客观原因是指当事人通过正常的调查取证途径无法获得相关证据。

第三条　调查令具有下列内容:

(一)持令人的姓名、性别、律师证编号、律师事务所全称;

(二)被调查人姓名或单位全称;

(三)向被调查人收集、调查证据的范围;

(四)持令人需要证明的待证事实;

(五)调查令的有效期;

(六)被调查人不能提供持令人所需证据的原因;

(七)调查令签发人签名、签发日期及院印。

第四条　申请调查令应具备以下条件:

（一）申请人必须是法院已经立案受理的案件当事人或经当事人委托的诉讼代理人；

（二）申请人应当向人民法院递交申请书，述明需要收集的证据和所要证明的待证事实，以及无法取得上述证据的原因；

（三）持令人是案件当事人的诉讼代理人，仅限于取得有效律师执业证书的律师。

第五条　对申请调查令的申请由审理该案的合议庭或独任审判法官进行审查。对符合条件的申请，由合议庭法官或独任审判法官填发调查令，由庭长或授权合议庭审判长签发。

禁止在案件受理之前或无诉讼案件的情况下签发调查令。

第六条　属下列情况的，不予签发调查令：

（一）涉及国家机密的；

（二）涉及个人隐私的；

（三）不宜由诉讼代理律师凭调查令自行调查收集的证据；

（四）其他原因不公开的证据。

涉及上述情形的证据，当事人应当向受理法院提交证据线索，经审查由法官依法调查收集相关证据。

第七条　持令人的权利与义务：

（一）持令人有前往本调查令所指定的人或单位收集、调查证据的权利。

（二）持令人应主动将律师证与调查令交被调查人核对，并将调查令交被调查人存档。

（三）持令人因故未使用调查令或被调查人不能提供证据时，持令人应当在调查令载明的有效期届满之日起的三日内，将调查令及被调查人不能提供证据的书面说明一并交还法院，归入案卷。

第八条　被调查人的权利和义务：

（一）被调查人在核对持令人姓名、单位无误后，需在有效期内向持令人提供调查令指定的证据。

（二）不能在有效期内提供证据或无证据提供，应当在调查令上或另以书面形式说明原因，由经办部门负责人签名、加盖公章后交持令人。

（三）对涉及国家机密或调查令指定调查内容以外的证据，被调查人有权拒绝提供。

第九条 持令人伪造、变造调查令,或者未按照规定使用调查令,或者未按照规定交还调查令,丧失在该案审理中再次申请调查令的资格,并由人民法院视情予以处理。构成犯罪的,依法追究刑事责任。

第十条 本规则自 2001 年 6 月 13 日起施行。

浙江省高级人民法院

浙江省高级人民法院
关于规范律师调查令制度的办法

第一条 为贯彻落实《中共中央办公厅　国务院办公厅关于深化律师制度改革的意见》,依法保障民事诉讼当事人合法权益,充分发挥律师依法调查收集证据作用,维护司法公平正义,根据《中华人民共和国民事诉讼法》《中华人民共和国律师法》《最高人民法院关于民事执行中财产调查若干问题的规定》等规定,结合工作实际,制定本办法。

第二条 律师持令调查有别于律师自行调查取证,系人民法院依法授权其进行。

民事诉讼当事人及其代理律师通过正常的调查取证途径无法自行调查取证,经代理律师申请,人民法院认为确有必要的,可以签发调查令,由持令律师在人民法院授权范围内向协助调查人调查收集证据。

在执行阶段(含执行异议和复议),经申请执行人的代理律师申请,人民法院可以签发调查令,由持令律师在人民法院授权范围内向协助调查人调查收集证据。

本办法所称的协助调查人是指调查令载明的须向持令律师提供指定证据的组织或者个人。

本办法所称的律师包括执业律师、公司律师和公职律师。

第三条 申请调查令的律师一般为当事人、申请执行人的代理律师。没有委托代理律师的,可以就调查取证事宜单独委托律师向人民法院申请调查令,或者申请法院依职权调查。

第四条 申请调查令一般在起诉、审理、执行阶段提出。

起诉阶段申请调查令,一般在递交起诉状及相关证据后提出。申请调查的证据应当限于立案所需的证据以及申请财产保全的财产线索。

审理阶段申请调查令，一般在案件受理后，举证期限届满前提出；因客观原因不能在举证期限内提出的，不受此期限的限制。

执行阶段申请调查令，一般在执行完毕前提出。执行案件立案后，人民法院应当通过网络查控系统调查被执行人的财产状况、与实际履行能力有关的证据或者财产线索，无法通过网络查控系统调查或者申请执行人提供其他明确线索的，申请执行人的代理律师或者委托律师可以申请调查令。申请调查的证据应当限于与被执行人的财产状况和实际履行能力有关的证据或者财产线索，以及违反限制消费令、虚假报告财产、转移财产等情况的证据。

第五条　再审审查阶段一般不适用律师调查令，但出现足以推翻原裁判的关键性新证据线索且当事人提供确有困难的除外。再审中，可以适用律师调查令。

破产程序中，可以适用律师调查令。破产管理人为律师事务所和律师的，由执业律师向审理破产案件的人民法院申请调查令。其他破产管理人需另行委托律师申请调查令。

第六条　持令调查收集的证据包括由协助调查人保管并与案件事实直接相关的书证、视听资料、电子数据、鉴定意见和勘验笔录等，不包括物证。

证人证言一般不属于持令调查收集的证据材料范围，但证人出庭确有困难或者障碍且相关机关已经依法制作形成证人证言笔录材料的除外。

第七条　人民法院应当积极引导代理律师或者委托律师通过移动微法院等平台在线提交申请，确有困难的，代理律师或者委托律师可以书面提交申请。

第八条　代理律师或者委托律师持令收集证据的，应当由两人以上共同进行。一名代理律师或者委托律师持令调查时，必须与一名以上的同一律师事务所的律师、实习律师共同进行。

破产管理人为律师事务所和律师的，参照前款执行。

第九条　申请调查令，应当提交下列材料：

（一）申请书；

（二）当事人、申请执行人授权委托书；

（三）律师事务所的委托、指派公函；

（四）申请律师的有效执业证书；

（五）共同参与调查人员的身份信息材料。

在申请调查令前，代理律师或者委托律师已经向人民法院提交了本条第一款第(二)(三)(四)项材料的,无须重复提交;但授权委托书中未列明调查取证权限的,仍需另行提交当事人、申请执行人的授权委托书。

破产管理人为律师事务所和律师的,申请调查令时,无须提交本条第一款第(二)(三)项材料,但需提交破产受理裁定书、指定管理人决定书和破产管理人的授权委托材料。其他破产管理人另行委托律师申请调查令的,仍需提交前述材料。

第十条 调查令申请书应当载明下列内容:

(一)案件编号(立案阶段申请的除外);

(二)当事人、申请执行人的姓名或者名称、公民身份号码或者统一社会信用代码;

(三)申请律师的姓名、律师执业证号和律师事务所名称;

(四)共同参与调查人员的姓名、律师执业证号(或者公民身份号码)、律师事务所名称;

(五)协助调查人的姓名或者名称;

(六)需要调查收集的证据名称、具体范围;

(七)需要调查收集的证据拟证明的事实、与案件的关联性;

(八)无法自行调查取证的客观原因;

(九)申请律师及共同参与调查人员的保密承诺;

(十)其他需要说明的事项。

申请书由申请律师和共同参与调查人员签字,并加盖申请律师所在律师事务所印章。

第十一条 人民法院接到申请后,由承办人或者合议庭对申请人和共同参与调查人员的资格、申请的理由、申请是否在规定期限内、申请调查证据的范围及与案件的关联性等进行审查。

起诉阶段的律师调查令,由立案庭庭长签发;审理阶段的律师调查令,由独任法官或者审判长签发。执行阶段的律师调查令,由执行局局长或者指定的法官签发。

人民法院应当自收到申请之日起七个工作日内决定是否签发调查令。立案阶段涉及保全财产线索的,应当在三个工作日内决定。根据申请的证据情况,人民法院签发调查令前可以先行向协助调查人了解相关情况。

人民法院决定不予签发的,应当书面告知申请人,说明理由,并记录在卷。

申请人不服的,可以向签发法院申请复议一次。签发法院未书面告知或者未说明理由的,申请人可以向签发法院或上级法院纪检监察部门反映。

第十二条　申请调查收集的证据属于下列情形之一的,不予签发调查令:

(一)涉及国家秘密的(《中华人民共和国保守国家秘密法》规定的有关保密行政管理部门等依照法律法规规定确定密级的国家秘密);

(二)与待证事实无关联、对证明待证事实无意义或者其他无调查收集必要的;

(三)已经向社会公开的政府信息或者其他信息;

(四)申请直接向对方当事人调查的;

(五)证据不为协助调查人所占有、保管或者控制的;

(六)申请调查的证据不明确、不具体的;

(七)公安机关尚在侦查或者撤销的刑事案件材料;

(八)公安机关在履行职责中获得的行动轨迹、住宿记录等个人信息,但已经在其他案件中作为证据使用的除外;

(九)其他不宜以律师调查令形式调查取证的情形。

人民法院决定不予签发调查令或者不准许部分申请事项的,但当事人、申请执行人及其代理律师认为确需调查取证的,可依法申请人民法院调查。

第十三条　各级人民法院对本院签发的律师调查令实行统一编号管理。律师调查令一式两份,一份入卷归档,一份交由申请调查令的律师用以调查收集相关证据。

省高级人民法院统一制定调查令样式。

第十四条　调查令应当载明下列内容:

(一)案件编号(立案阶段申请的除外)和调查令的编号;

(二)协助调查人的姓名或者名称;

(三)持令律师的姓名、律师执业证号、律师事务所名称;

(四)共同参与调查人员的姓名、律师执业证号(或者公民身份号码)、律师事务所名称;

(五)需要调查收集的证据名称、具体范围;

(六)调查令的有效期限;

(七)拒绝或者妨碍持令调查的法律后果;

(八)主审法官或者承办人员的姓名和联系方式;

（九）签发日期和人民法院印章。

第十五条 人民法院通过移动微法院等平台出具的电子调查令与纸质调查令具有同等效力。

第十六条 签发调查令时，签发法院应当一并向申请律师送达调查令回执和使用须知，书面告知相关权利义务。调查令使用须知一式两份，一份由持令律师、共同参与调查人员签字后存档，一份交由持令律师使用。

第十七条 调查令的有效期限，由签发法院根据调查需要、案件复杂程度等因素合理确定，一般不超过十日；有特殊情形的，不超过十五日。期限届满，调查令自动失效。

持令律师应当在调查令载明的有效期限内完成调查取证事项。持令律师有正当理由不能在有效期限内完成调查取证的，或者需要变更调查令有关内容的，可以重新申请调查令一次。

第十八条 律师持令调查时，应当主动出示律师调查令和执业证、共同参与调查人员身份证件（律师执业证、实习律师证等）。

协助调查人不得要求持令律师和共同参与调查人员提供前述证明材料以外的其他材料。

第十九条 律师持令调查时，协助调查人对调查令及相关证件核对无误后，应当根据调查令指定的调查事项及时提供有关证据并填写回执。当场提供证据有困难的，一般在收到调查令之日起五个工作日内提供；有特殊情况的，一般不得超过十五个工作日。

协助调查人应当在提供的证据材料上注明与原件核对无异等，在回执上注明材料数量、页码、时间，并签名或者盖章。证据材料系电子数据的除外。

协助调查人认为调查的证据及信息可能涉及商业秘密、个人隐私或者不宜由律师直接阅看的，可以密封调查证据并在回执上注明，由持令律师转交调查令签发法院，或者直接提交调查令签发法院。

协助调查人依据律师调查令提供证据，证据所涉及的当事人提出异议的，协助调查人可告知其向签发法院提出，并向其提供调查令复印件或者其他信息。

第二十条 协助调查人对律师调查令调查内容有异议的，应当及时与签发法院联系核实。核实后仍有异议的，应当在调查令回执上说明具体原因。

调查令所列证据具体范围不明或者使用概括式表述，或者违反本办法规定范围的，协助调查人有权拒绝提供，但应当在调查令回执上注明。

持令律师要求提供调查令指定调查内容以外的事项和证据材料，协助调查人有权拒绝提供。

第二十一条　持令律师调取证据后，应当在五个工作日内将调查收集的全部证据和调查令回执提交签发法院。协助调查人未提供证据的，持令律师应当在调查令回执上注明原由，与共同参与调查人员签字确认。

协助调查人可以留存律师调查令原件，并在调查令回执上注明。协助调查人未留存的，持令律师应当在调查结束后五个工作日内将律师调查令提交签发法院。

因故未使用调查令或者协助调查人未提供证据的，持令律师应当在调查令载明的有效期限届满后五个工作日内，将调查令原件和回执提交签发法院。逾期未交还签发法院的，法院主审法官或者承办人员应当及时向持令律师催交，必要时向律师事务所发函催交。

签发法院应当对调查令的发出、收回、催交情况记录在卷，实行电子化管理。

第二十二条　持令调查获得的证据及信息，持令律师及共同参与调查人员应当保密，并仅限于本案诉讼目的，不得在其他事务中使用或者泄露。

第二十三条　持令律师及共同参与调查人员具有下列行为之一的，人民法院两年内不再向其签发律师调查令：

（一）伪造、变造调查令；

（二）伪造、变造、隐匿、毁灭持令收集的证据；

（三）无正当理由未按期提交调查收集的全部证据、律师调查令和回执，一年内超过三次或者累计超过五次；

（四）未经人民法院允许私自拆封协助调查人密封的证据材料；

（五）擅自泄露、散布持令收集的证据；

（六）利用持令收集的证据对案件进行歪曲、不实、有误导性的宣传，影响案件办理；

（七）其他滥用调查令或者滥用调查证据的行为。

持令律师及共同参与调查人员具有前款行为，人民法院认为违反《中华人民共和国律师法》第四十八条、第四十九条等规定的，应当向司法行政机关或者律师协会提出对其予以行政处罚或者行业处分的司法建议；情节严重的，人民法院可依法予以训诫、罚款或者司法拘留，司法行政机关依法吊销其律师执业证书；构成犯罪的，依法追究刑事责任。

未取得律师执业资格的共同参与调查人员妨害民事诉讼的，依照《中华人民共和国民事诉讼法》及相关规定予以处罚；构成犯罪的，依法追究刑事责任。

持令律师及共同参与调查人员滥用调查令或者滥用调查的证据，侵害他人合法权益的，依法承担相应的赔偿责任。

第二十四条 律师事务所存在疏于管理、审核不严、违规出具公函等情形，导致滥用律师调查令的，人民法院可向司法行政机关或者律师协会提出予以行政处罚或者行业处分的司法建议。

司法行政机关经调查核实后，可依据《中华人民共和国律师法》第五十条、《律师和律师事务所违法行为处罚办法》第三十条等规定依法予以处理。

第二十五条 协助调查人应当积极协助持令律师收集、调查证据。协助调查人认为持令律师及共同参与调查人员滥用律师调查令的，应当及时向签发法院反馈。

协助调查人无正当理由拒不协助调查的，人民法院可先行向其发送限期纠正告知书。协助调查人逾期未回复或者未纠正的，人民法院可以依据《中华人民共和国民事诉讼法》第一百一十四条、第一百一十五条等规定予以处理，并向其上级部门或者主管部门通报相关情况。

上级部门或者主管部门在收到人民法院上述情况通报后，应及时作出处理并向人民法院反馈有关情况。

第二十六条 律师持令调查到被保全人、被执行人的相关财产后可以通过移动微法院等方式向人民法院申请查封、扣押和冻结。人民法院审查后，认为符合条件的，应当及时查封、扣押和冻结，并通过移动微法院等方式送达协助执行机构或者个人。

第二十七条 刑事诉讼中附带民事部分以及行政诉讼中一并解决相关民事争议的案件，参照本办法执行。

第二十八条 本办法自印发之日起施行，《浙江省高级人民法院关于民事诉讼立案审查阶段适用调查令的意见》（浙高法〔2014〕1号）、《浙江省高级人民法院关于在民事诉讼和执行程序中试行律师调查令的若干意见》（浙高法〔2018〕109号）同时废止。

安徽省高级人民法院

安徽省高级人民法院
关于民事诉讼调查令的实施办法(试行)

第一条 为了保护当事人的合法权益,强化律师依法调查收集证据的作用,维护司法公正,根据《安徽省关于律师执业的若干规定》,制定本办法。

第二条 调查令是指民事诉讼当事人自行调查取证难以获得相关证据时,经申请并获人民法院批准,由人民法院签发给其代理律师向接受调查人收集相关证据的法律文书。

本办法所称的接受调查人是指调查令载明的须向持令律师提供指定证据的单位或者个人。

第三条 持令调查的证据属于申请方当事人提供的证据,需经法定程序审查、核实后,才能作为认定案件事实或者采取执行措施的依据。

第四条 当事人可以在起诉、审理、执行阶段申请调查令,申请调查的证据应当与案件待证事实有关联性。

起诉阶段,调查令的申请应当在递交起诉状及相关证据后提出。申请调查的证据限于诉讼主体资格、管辖等与受理有关的起诉证据。

审理阶段,调查令的申请应当在案件受理后,举证期限届满前提出。第二审程序案件,申请调查的证据限于新证据。

执行阶段,调查令的申请应当在执行终结前提出。申请调查的证据限于与被执行人的财产状况和实际履行能力有关的证据。

第五条 持令调查的证据包括银行账户、登记资料、档案材料、财务凭证、权利凭证、出入境记录等书证、电子数据以及视听资料、鉴定意见和勘验笔录,不包括证人证言等其他证据。

第六条 有下列情形之一的证据,不得申请调查令调查:

(一)涉及国家秘密的;

(二)涉及个人隐私的;

(三)涉及商业秘密的;

(四)其他不宜持令调查的。

涉及上述情形的证据,当事人可以提交证据线索,申请人民法院依法调查收集。

第七条 申请调查令应当提供下列材料：

（一）申请书；

（二）当事人委托代理律师的授权委托书；

（三）代理律师所在律师事务所出具的指派律师函；

（四）代理律师有效的执业证书。

申请书应当载明申请调查证据的名称、证明目的、无法获得证据的原因、接受调查人及证据线索，并由当事人签字或者盖章。

第八条 合议庭、独任法官或者执行法官负责对调查令申请进行审查。

人民法院应当自申请之日起五日内决定是否发放调查令。

人民法院决定发放调查令的，由院长或其授权的副院长签发，并统一编号。决定不发放调查令的，应当告知申请人。口头告知的，记入笔录。

第九条 调查令应当载明下列内容：

（一）编号；

（二）当事人的姓名或者名称；

（三）申请人和接受调查人的姓名或者名称；

（四）代理律师的姓名、执业证证号、所在律师事务所名称；

（五）向接受调查人调查证据的范围；

（六）调查令的有效期限；

（七）调查令签发日期及院印。

调查令样式由省高级人民法院统一制定。

第十条 调查令的有效期限根据调查证据难易程度确定，最长不得超过十五日。

代理律师应当在调查令载明的有效期限届满前调查收集证据。期限届满，调查令自动失效。

第十一条 代理律师持令调查时，应当主动出示调查令和执业证等相关证件。调查取证后，五日内将调查收集的全部证据及接受调查人填写的回执提交人民法院。

代理律师因故未使用调查令或者接受调查人未提供证据的，应当在调查令载明的有效期限届满后五日内，将调查令向人民法院缴存入卷。

代理律师持令调查获得的证据及信息，仅限于诉讼目的，不得不当使用或者泄露。

第十二条　代理律师持令调查时，接受调查人核对调查令和相关证件无误后，应当提供调查令所指定的证据。不能当即提供的，应当在收到调查令之日起五日内提供。接受调查人有权拒绝提供调查令指定证据以外的其他材料。

接受调查人应当在提供的证据材料上注明与原件核对无异，在回执上注明证据材料的名称、页数等，并签名、盖章。

接受调查人不能按时提供证据、无证据提供或者拒绝提供调查令指定证据的，应当在调查令回执中注明原因。

第十三条　代理律师有下列情形之一的，人民法院可以在六个月至二年内不再向该律师签发调查令，并可以建议司法行政机关或律师协会予以处罚或惩戒，构成妨碍民事诉讼的，依法追究相应的责任。

（一）无正当理由未按照本办法交还调查令或者回执的；

（二）不当使用、泄露持令获得的证据或者信息的；

（三）伪造、变造调查令以及伪造、变造、隐匿、毁灭持令调查的证据的。

第十四条　本办法自2013年9月1日起施行。

第十五条　本办法由省高级人民法院审判委员会负责解释。

附件：《民事诉讼调查令》样式

（正面）

安徽省×××人民法院

调查令（起诉阶段）

（　　　）　　调字第　号

×××（接受调查人）：

原告×××与被告×××因×××（事由）一案向本院起诉，为查明与案件受理有关的起诉证据，根据《安徽省关于律师执业的若干规定》《安徽省高级人民法院关于民事诉讼调查令的实施办法（试行）》，本院现指定×××（代理律师）前往你处调查收集下列证据材料。

1.

2.

3.

4.

代理律师：×××　　　　　律师执业证证号：×××

所属律师事务所：×××律师事务所

本调查令有效期截至　　年　月　日

此令。

年　月　日

（院印）

（此联由接受调查人保存）

（背面）

注意事项

1. 代理律师持令调查时，应当主动出示调查令和执业证等相关证件。调查取证后，五日内将调查收集的全部证据及接受调查人填写的回执提交人民法院。

2. 代理律师因故未使用调查令或者接受调查人未提供证据的，应当在调查令载明的有效期限届满后五日内，将调查令向人民法院缴存入卷。

3. 代理律师持令调查获得的证据及信息，仅限于诉讼目的，不得不当使用或者泄露。

4. 代理律师持令调查时，接受调查人核对调查令和相关证件无误后，应当提供调查令所指定的证据。不能当即提供的，应当在收到调查令之日起五日内提供。

5. 接受调查人有权拒绝提供调查令指定证据以外的其他材料。

6. 接受调查人应当在提供的证据材料上注明与原件核对无异，在回执上注明证据材料的名称、页数等，并签名、盖章。

7. 接受调查人不能按时提供证据、无证据提供或者拒绝提供调查令指定证据的，应当在调查令回执中注明原因。

安徽省×××人民法院

调查令(回执)

(　　　)　调字第　号

安徽省×××人民法院:

你院(　　　)　调字第　号调查令已收悉。根据你院的要求,现提供如下证明材料:

1.

2.

3.

4.

不能提供调查令所列的第　项证明材料,原因是:

经办人:(签字)　　年　月　日

(接受调查人印章)

(此联由代理律师交还本院附卷)

安徽省×××人民法院

调查令(存根)

(　　　)　调字第　号

申请人:×××

代理律师:×××

律师执业证证号:×××

所属律师事务所:×××律师事务所

批准调查的事项:

1.

2.

3.

4.

本调查令有效期截至　　年　月　日

年　月　日

(院印)

调查令或者回执交还时的签收人：

年　月　日

（正面）

安徽省×××人民法院

调查令（审理阶段）

（　　　）　调字第　号

×××（接受调查人）：

我院受理的原告（上诉人）×××与被告（被上诉人）×××（案由）一案，为查明有关案件事实，根据《安徽省关于律师执业的若干规定》《安徽省高级人民法院关于民事诉讼调查令的实施办法（试行）》，本院现指定×××（代理律师）前往你处调查收集下列证据材料。

1.

2.

3.

4.

代理律师：×××　　　　律师执业证证号：×××

所属律师事务所：×××律师事务所

本调查令有效期截至　　年　月　日

此令。

年　月　日

（院印）

（此联由接受调查人保存）

（背面）

注意事项

1. 代理律师持令调查时，应当主动出示调查令和执业证等相关证件。调查取证后，五日内将调查收集的全部证据及接受调查人填写的回执提交人民法院。

2. 代理律师因故未使用调查令或者接受调查人未提供证据的，应当在调查令载明的有效期限届满后五日内,将调查令向人民法院缴存入卷。

3. 代理律师持令调查获得的证据及信息,仅限于诉讼目的,不得不当使用或者泄露。

4. 代理律师持令调查时,接受调查人核对调查令和相关证件无误后,应当提供调查令所指定的证据。不能当即提供的,应当在收到调查令之日起五日内提供。

5. 接受调查人有权拒绝提供调查令指定证据以外的其他材料。

6. 接受调查人应当在提供的证据材料上注明与原件核对无异,在回执上注明证据材料的名称、页数等,并签名、盖章。

7. 接受调查人不能按时提供证据、无证据提供或者拒绝提供调查令指定证据的,应当在调查令回执中注明原因。

安徽省×××人民法院

调查令(回执)

(　　　)　调字第　号

安徽省×××人民法院:

你院(　　　)　调字第××号调查令已收悉。根据你院的要求,现提供如下证明材料:

1.

2.

3.

4.

不能提供调查令所列的第　　项证明材料,原因是:

经办人:(签字)　　年　月　日

(接受调查人印章)

(此联由代理律师交还本院附卷)

安徽省×××人民法院

调查令(存根)

(　　　)　调字第　号

申请人:×××

代理律师：×××

律师执业证证号：×××

所属律师事务所：×××律师事务所

批准调查的事项：

1.

2.

3.

本调查令有效期截至　年　月　日

年　月　日

（院印）

调查令或者回执交还时的签收人：

年　月　日

（正面）

安徽省×××人民法院
调查令（执行阶段）

（　　）　调字第　号

（接受调查人）：

我院受理的申请执行人×××申请执行被执行人×××（案由）一案，为查明被执行人的财产状况和实际履行能力情况，根据《安徽省关于律师执业的若干规定》《安徽省高级人民法院关于民事诉讼调查令的实施办法（试行）》，本院现指定×××（代理律师）前往你处调查收集下列证据材料。

1.

2.

3.

4.

代理律师：×××　　律师执业证证号：×××

所属律师事务所：×××律师事务所

本调查令有效期截至　年　月　日

此令。

年　月　日

（院印）

（此联由接受调查人保存）

（背面）

注意事项

1. 代理律师持令调查时，应当主动出示调查令和执业证等相关证件。调查取证后，五日内将调查收集的全部证据及接受调查人填写的回执提交人民法院。

2. 代理律师因故未使用调查令或者接受调查人未提供证据的，应当在调查令载明的有效期限届满后五日内，将调查令向人民法院缴存入卷。

3. 代理律师持令调查获得的证据及信息，仅限于诉讼目的，不得不当使用或者泄露。

4. 代理律师持令调查时，接受调查人核对调查令和相关证件无误后，应当提供调查令所指定的证据。不能当即提供的，应当在收到调查令之日起五日内提供。

5. 接受调查人有权拒绝提供调查令指定证据以外的其他材料。

6. 接受调查人应当在提供的证据材料上注明与原件核对无异，在回执上注明证据材料的名称、页数等，并签名、盖章。

7. 接受调查人不能按时提供证据、无证据提供或者拒绝提供调查令指定证据的，应当在调查令回执中注明原因。

安徽省×××人民法院
调查令（回执）

（　　　）　调字第　号

安徽省×××人民法院：

你院（　　　）　调字第××号调查令已收悉。根据你院的要求，现提供如下证明材料：

1.

2.

3.

不能提供调查令所列的第　项证明材料，原因是：

经办人：　（签字）　年　月　日

（接受调查人印章）

（此联由代理律师交还本院附卷）

安徽省×××人民法院

调查令（存根）

（　　）　调字第　号

申请人：×××

代理律师：×××

律师执业证证号：×××

所属律师事务所：×××律师事务所

批准调查的事项：

1.

2.

3.

本调查令有效期截至　年　月　日

年　月　日

（院印）

调查令或者回执交还时的签收人：

年　月　日

福建省高级人民法院

福建省高级人民法院
关于民事诉讼调查令的实施意见（试行）

全省各级人民法院、厦门海事法院、平潭综合实验区人民法院，福州铁路运输法院，本院各部门：

为了保障当事人在民事诉讼活动中的诉讼权利，更好地发挥律师依法调查收集证据的作用,维护司法公正,根据《中华人民共和国民事诉讼法》《中华人民共和国律师法》《最高人民法院关于适用〈中华人民共和国民事诉讼法〉的解释》等法律和司法解释的规定,结合我省法院工作实际,制定本意见。

第一条 调查令是指当事人在民事诉讼中因客观原因无法取得诉讼所需要的证据时,经当事人或通过其代理律师申请并获人民法院批准,由人民法院签发给当事人的代理律师,由其向接受调查人收集相关证据的法律文书。

本条所称的接受调查人是指调查令载明的须向持令律师提供指定证据的单位或者个人。

第二条 当事人或其代理律师可以在立案、审理、执行阶段申请调查令,申请调查的证据应当与案件待证事实有关联性。

立案阶段,调查令的申请应当在递交起诉状或者法院通知补正起诉资料时提出。申请调查的证据限于当事人诉讼主体资格、案件管辖权等与案件受理有关的起诉证据。

审理阶段,调查令的申请一般应当在举证期限届满前提出。二审期间,申请调查的证据限于新证据。

执行阶段,调查令的申请应当在执行终结前提出。申请调查的证据限于与被执行人的财产状况和实际履行能力有关的证据。

第三条 持令调查的证据包括银行账户、登记资料、档案材料、财务凭证、权利凭证、出入境记录等书证、鉴定意见和勘验笔录等,不包括证人证言证据。

第四条 有下列情形之一的,不得申请调查令调查:

(一)涉及国家秘密、商业秘密和个人隐私的;

(二)申请直接向对方当事人调查的;

(三)其他不宜由律师持令调查取证的。

涉及上述情形的证据,当事人可以提交证据线索,申请人民法院依法调查收集。

第五条 申请调查令应当提供下列材料:

(一)申请书;

(二)当事人委托律师的代理授权委托书;

(三)代理律师所在律师事务所出具的指派律师函;

(四)代理律师有效的执业证书。

申请书应当载明申请调查证据的名称、证明目的、无法获得证据的原因、接受调查人及证据线索,并由当事人签字或者盖章。

第六条 合议庭、独任审判员或者执行法官负责对调查令申请进行审查,并于收到申请之日起五日内决定是否签发调查令。

人民法院决定签发调查令的,由合议庭审判长、独任审判员或者执行法官签发,加盖人民法院印章,并统一编号。决定不发放调查令的,应当口头告知申请人,并记录在卷。

第七条 调查令应当载明下列内容:

(一)案件编号;

(二)当事人的姓名或者名称;

(三)申请人和接受调查人的姓名或者名称;

(四)代理律师的姓名、性别、执业证证号、所在律师事务所的名称;

(五)需要调查收集的证据;

(六)调查令的有效期限;

(七)调查令签发人签名、签发日期及院印。

调查令样式由省高级人民法院统一制定。

第八条 调查令的有效期限根据调查证据难易程度确定,最长不得超过十五日,代理律师应当在调查令载明的有效期限届满前调查收集证据。期限届满,调查令自动失效。

确因不可抗力或者其他特殊情况无法在调查令的有效期限内完成证据收集的,经当事人或其代理律师申请,人民法院在举证期限内可重新签发调查令。

第九条 代理律师持调查令调查时,应当主动出示调查令和执业证等相关证件。调查取证后,五日内将调查收集的全部证据及接受调查人填写的回执提交人民法院。

第十条 代理律师因故未使用调查令或者接受调查人未提供证据的,应当在调查令载明的有效期限届满后五日内,将调查令向人民法院缴存入卷。

第十一条 代理律师持调查令调查获得的证据及信息,不得不当使用。

第十二条 代理律师持调查令调查时,接受调查人核对调查令和相关证件无误后,应当提供调查令所指定的证据。不能当即提供的,应当在收到调查令之日起五日内提供。接受调查人有权拒绝提供调查令指定证据以外的其他材料。

第十三条 接受调查人应当在提供的证据材料上注明与原件核对无异,在回执上注明证据材料的名称、页数等，并签名、盖章或捺印。

接受调查人不能按时提供证据、无证据提供或者拒绝提供调查令指定证据的，应当在调查令回执中注明原因。

第十四条　代理律师有下列情形之一的，人民法院可以在六个月至二年内不再向该律师签发调查令，并可以建议司法行政机关或律师协会予以处罚或惩戒，构成妨碍民事诉讼的，依法追究相应责任，涉嫌犯罪的，依法移送相关部门处理。

（一）无正当理由未按照本意见交还调查令或者回执的；

（二）不当使用、泄露持调查令获得的证据或者信息的；

（三）伪造、变造调查令以及伪造、变造、隐匿、毁灭持调查令收集的证据的；

（四）利用持调查令收集的证据对案件事实进行歪曲、不实、误导性的宣传，影响案件审理的；

（五）利用持调查令收集的证据诋毁对方当事人声誉的；

（六）其他滥用调查令应当追究责任的情形。

第十五条　持调查令收集并提交人民法院的证据，需经法定程序质证后，才能作为认定案件事实的依据。

第十六条　本办法自下发之日起施行。

第十七条　本办法由福建省高级人民法院审判委员会负责解释。

附件：调查令相关文书样式

（正面）

福建省××××人民法院

调查令

×××（案号）

×××（接受调查人）：

我院受理原告（上诉人、申请执行人）××与被告××（被上诉人、被执行人）××（案由）一案，××（申请人）因客观原因无法取得有关证据，根据《中华人民共和国民事诉讼法》第六十四条、第六十七条，《最高人民法院关于认真贯彻律师法依法保障律师在诉讼中执业权利的通知》第三条的规定，经本院审查决定，××律师事务所××律师前往你处调查收集下列证据材料。

1.

2.

3.

代理律师：×××

代理律师执业证证号：×××

所属律师事务所：×××

本调查令有效期截至　　年　月　日

此令。

签发人：×××　　年　月　日

（院印）

（此联由接受调查人保存）

（背面）

注意事项

1. 代理律师持调查令调查时，应当主动出示调查令和执业证等相关证件。调查取证后，五日内将调查收集的全部证据及接受调查人填写的回执提交人民法院。

2. 代理律师因故未使用调查令或者接受调查人未提供证据的，应当在调查令载明的有效期限届满后五日内，将调查令向人民法院缴存入卷。

3. 代理律师持调查令调查获得的证据及信息，不得不当使用。

4. 代理律师持调查令调查时，接受调查人核对调查令和相关证件无误后，应当提供调查令所指定的证据。不能当即提供的，应当在收到调查令之日起五日内提供。

5. 接受调查人有权拒绝提供调查令指定证据以外的其他材料。

6. 接受调查人应当在提供的证据材料上注明与原件核对无异，在回执上注明证据材料的名称、页数等，并签名、盖章或捺印，提供的证明材料为两页以上的，应当骑缝盖章。

7. 接受调查人不能按时提供证据、无证据提供或者拒绝提供调查令指定证据的，应当在调查令回执中注明原因。

福建省×××人民法院
调查令(回执)

×××(案号)

福建省×××人民法院:

你院×××一案调查令已收悉。根据你院的要求,现提供如下证明材料:

1.

2.

3.

不能提供调查令所列的第　项证明材料,原因是:

经办人:(签字)

年　月　日

(接受调查人印章或捺印)

(此联由代理律师交还本院附卷)

福建省×××人民法院
调查令(存根)

申请人:×××

代理律师:×××

代理律师执业证证号:×××

所属律师事务所:×××

批准调查的事项:

1.

2.

3.

本调查令有效期截至　　年　月　日

年　月　日

(院印)

调查令或者回执交还时的签收人:

年　月　日

河南省高级人民法院、河南省司法厅、河南省律师协会

关于在民事诉讼和民事执行中实行律师调查令的若干规定

全省各中级人民法院、基层人民法院、郑州铁路运输中级人民法院和基层法院，各省辖市司法局、各县（市、区）司法局，各律师协会、律师工作委员会：为确保人民法院在民事审判程序中准确查明事实，在执行程序中准确全面调查被执行人的实际履行能力和财产状况，充分发挥律师在民事诉讼中的作用，及时实现当事人的合法权益，根据《中华人民共和国民事诉讼法》、《中华人民共和国律师法》、《最高人民法院关于民事执行中财产调查若干问题的规定》、《最高人民法院关于依法制裁规避执行行为的若干意见》和河南省高级人民法院、河南省司法厅《关于依法保障律师诉讼权利规范律师执业行为的实施意见》等有关文件，制定本规定。

第一条 人民法院在审理民事诉讼案件中，当事人及其代理人因客观原因不能自行调查取证的，可以依法申请人民法院依职权调查，也可以书面申请人民法院向其委托的律师发出调查令。

执行案件立案后，人民法院应当通过网络查控系统调查被执行的财产及其他相关证据或信息。无法通过网络执行查控系统调查，申请执行人或其代理人可以书面申请人民法院向其委托的律师发出调查令。

对符合调查令申请条件的，人民法院应当准许。人民法院认为确有必要的，也可以依职权向案件当事人的代理律师发出调查令，要求协助调查相关事项。

第二条 民事审判程序中的调查令的申请应当在举证期限届满前提出；执行程序中的调查令应当在执行案件结案前提出。人民法院对申请应当依法审查、一事一令、专人使用。

因暂无财产线索被人民法院终结本次执行程序后，申请执行人为恢复执行程序的，随时可以申请执行调查令，符合法律规定的，原则上应当签发调查令。

第三条 调查令可用于调查人民法院认为适合以调查令调查的与案件待证事实有关的证据，以及有关被执行人的实际履行能力、与利害关系人之间的财产流转情况、被执行人是否违反限制消费令、是否违反限制出境措施、是否隐藏转移财产以及涉嫌拒执犯罪等相关证据、信息或财产状况：

1. 被执行人为自然人身份的基本身份信息，包括户籍登记、身份证登记、护照及其他出入境证件信息、本人相片、婚姻登记、配偶或其同住亲属、社会保障情况、征信记录、被执行人的手机号码、固定电话号码、微信、QQ、微博、支付宝、网络虚拟账号信息等；

2. 被执行人为法人或者非法人组织的基本身份信息，包括股权结构、经营性质、公司规章制度、经营范围、股东会或董事会会议记录、股东名册、出资情况等；

3. 工商登记、税务登记及税收违法行为信息、纳税情况明细、非企业法人登记情况等；

4. 自然人签订劳动合同、企业用工信息、企业缴纳社会保险费的相关信息等；

5. 在银行、证券、保险、信托等金融机构的存款、理财、债券、股票、基金份额、信托受益权、保险金请求权、保单现金价值、住房公积金、拆迁补偿安置等财产情况及其变动或者交易明细；

6. 在支付宝、财付通、余额宝、微信等互联网金融机构的财产情况及其变动或者交易明细；

7. 不动产、机动车辆及其交强险和商业保险、船舶、航空器、股权、注册商标专用权、专利权、著作权等经法定登记机构登记的财产情况、抵押或质押登记情况及其变动；

8. 被执行人的债权情况，作为债权人的其他案件审理、执行情况；

9. 被执行人出口退税、各类补贴等情况及其变动或者交易明细；

10. 执行财产真实性及可能虚假报告的财产情况；

11. 人民法院认为其他适合以调查令调查的与待调查事实具有关联性及调查收集必要性的信息；

12. 民事审判中调查令应根据《中华人民共和国民事诉讼法》第六十一条、第六十四条、第六十七条和《最高人民法院关于适用〈中华人民共和国民事诉讼法〉的解释》第九十四条、第九十六条的规定签发。其中，应当由人民法院调查，当事人及其代理律师坚持由人民法院依职权调查的，人民法院应当依职权调查。

第四条　有下列情形之一的，不得给代理律师签发调查令：

1. 涉及国家秘密的；

2. 与案件不具有关联性或者必要性的；

3. 法律法规明确规定应当由人民法院工作人员调查收集的证据且律师持令调查存在安全风险或困难的；

4. 申请调查的事项不具体、不明确的；

5. 其他不宜由代理律师持调查令调查的。

第五条 民事审判和民事执行程序中使用调查令收集证据的，可以由当事人或者其代理律师通过网络在线申请，也可以向人民法院递交书面申请，并提供下列材料：

（一）申请书，申请书应当载明申请调查所涉案件的案号、案由、申请人、申请调查证据的名称、证明目的、无法自行调查的原因，协助义务人名称或姓名、被执行人财产线索、申请调查特定证据的线索；

（二）律师事务所出具的公函，持调查令调查的律师的执业证书等情况，申请人委托代理人的授权委托书，委托权限应为特别授权；

（三）申请人及持调查令调查人的承诺书，承诺书应包括以下内容：

1. 对调查获知的国家秘密、商业秘密和个人隐私，应向法院报告并保密；

2. 严格按照发出调查令人民法院告知的权利义务使用调查令，如有违反，愿意接受司法行政机关或律师协会处罚或惩戒。

第六条 申请调查的证据或财产线索应当明确、具体，调查方法应当具有可操作性。但执行中申请调查的内容为"被执行人是否具有可供执行的财产"的，人民法院可以签发律师调查令。

第七条 人民法院应当自收到调查令申请之日起五日内决定是否准许，决定准许的，应当立即签发调查令，并书面告知以下事项：

1. 持调查令律师相关权利义务；

2. 调查完毕后向发出调查令的法院提交调查材料的时间和内容。

如情况紧急，在证据可能灭失或者以后难以取得的，人民法院应当及时审查，符合规定的，应当在一个工作日内审查并签发调查令。

不予准许的，应当告知申请人并说明理由。

告知及送达情况须在送达回证或者笔录中记明。

第八条 调查令载明的调查对象、调查事项应当在调查令中书面列明，内容不得手写修改或补充。

人民法院不准许调查令申请或者不准许部分事项的，但确需调查的，人民法院应当依职权调查。

第九条 调查令应当载明下列内容：

（一）案件的案号、案件当事人的姓名或者名称；

（二）申请人的姓名或者名称；

（三）有法定协助义务的自然人、法人或其他非法人组织的姓名、名称；

（四）持调查令人姓名、性别、律师执业证号、律师事务所全称；

（五）调查收集的证据内容或财产线索；

（六）协助义务人向持调查令人提供调查令所指定的证据的期限；

（七）调查令的有效期限；

（八）调查令签发人、日期和院印；

（九）和签发调查令法院的联系方式及联系人；

（十）妨害调查的法律后果。

第十条 调查令应用突出的文字注明有效期。根据案件繁简和调查取证的难易程度，调查令的有效期限一般为十五日，最长不得超过三十日，期限届满，调查令自动失效。

第十一条 持令律师调查取证后，应于五个工作日内将调查收集的全部证据及调查令回执提交人民法院。律师调查令因故未使用的，应当在有效期限届满后五个工作日内归还人民法院入卷。对调查令收集到的相关证据或财产线索存在转移或灭失风险，持令律师申请保全的，人民法院应当立即审查并依法及时采取措施。

第十二条 人民法院应当将调查令收集到的相关证据或财产线索审查情况告知持该调查令的律师。

人民法院应当对调查令的发出、律师调查情况、相关证据或财产线索审查情况记录在卷。

第十三条 持调查令的律师有违反下列情形之一的，人民法院可以在六个月至二年内不再向其签发调查令；情节严重的，应向司法行政机关、律师协会提出予以处罚或惩戒的司法建议，并可根据妨害民事诉讼行为的情节轻重予以罚款、拘留；构成犯罪的，依法追究刑事责任。

（一）未完整、及时反馈持调查令收集的证据或者信息；

（二）不当使用、泄露持调查令获得的依法应当保密的证据或者信息的；

（三）伪造、变造调查令以及伪造、变造、隐匿、毁灭持调查令收集的证据的；

（四）利用持调查令收集的证据或者信息诋毁对方当事人声誉的；

（五）其他应当追究责任的情形。

第十四条 人民法院发现有协助义务而拒不履行协助义务的，可依据《中华人民共和国民事诉讼法》第一百一十四条之规定予以处理。

第十五条 本规定自下发之日起施行。

附件：1. 律师调查令申请书（样式）

2. 河南省×××人民法院律师调查令（样式）

3. 河南省×××人民法院律师调查令（回执）

4. 律师调查令使用须知

附件1：

律师调查令申请书（样式）

当事人：

申请人：×××，×××律师事务所律师，执业证号：××

接受调查人：×××

请求事项：因×××（原告/上诉人/申请执行人）与×××（被告/被上诉人/被执行人）×××（案由）一案中存在因客观原因不能自行收集证据的情形，特请求贵院开具律师调查令，以便申请人能够持律师调查令前往×××调查收集如下证据材料：

1.

2.

3.

事实和理由：

1.

2.

3.

此致

×××人民法院

申请人：×××

×××律师事务所（公章）

年　月　日

附件2：

河南省×××人民法院律师调查令(样式)

(××××)豫××民/执调令××号

×××(写明接受调查人的名称或姓名)：

本院已受理×××(原告/上诉人/申请执行人)与×××(被告/被上诉人/被执行人)××纠纷(案由)一案，案号/收件编号为×××。×××(当事人)因客观原因无法取得有关证据，于××××年××月××日向本院提出调查××××的申请。为查明案件事实，根据《中华人民共和国民事诉讼法》的相关规定，经本院审查决定，现指定××律师事务所×××到你处收集、调查以下证据：

1.

2.

3.

代理律师：×××(性别：×，律师执业证编号：×××××××××××××××)

请你在核对持令律师执业证书、律师事务所函并确认无误后，向持令律师提供上述指定证据材料。不宜提供原件的，可提供复印件，并注明与原件核对无异。在提供的证据材料上须加盖起证明作用的单位骑缝印章，注明材料的总页数并由经办人签名。

对本律师调查令指定调查内容以外的证据，你有权拒绝向持令律师提供。不能提供证据或无证据提供的，应当在律师调查令回执上以书面形式说明原因，由经办人签名、加盖单位印章后交持令律师。

依据法律和司法解释规定，有义务协助律师调查令实施的单位或个人，应当积极协助持令律师收集、调查证据。无正当理由拒绝或妨碍调查取证的，人民法院可根据情节轻重，依照民事诉讼法有关规定予以处罚。对有协助义务而拒不协助的单位及公职人员，人民法院可向有关主管部门通报情况，也可向有关机关提出予以纪律处分的司法建议。

本调查令有效期限为　　年　月　日至　　年　月　日。

此令。

河南省×××人民法院

年 月 日

(院印)

(联系人: 联系电话:)

附件3:

河南省×××人民法院律师调查令(回执)

(××××)豫××民/执调令××号

河南省××××人民法院:

你院×××一案律师调查令已于××××年××月××日收悉。根据你院的要求,现提供如下证明材料:

1.

2.

3.

以上材料共×页。

不能提供律师调查令所列第××项证明材料,原因是:

经办人:(签字)

年 月 日

(接受调查人印章或捺印)

联系方式:

(此联由持令律师交还本院附卷)

附件4:

律师调查令使用须知

1. 律师持令调查时,应当主动出示律师调查令和执业证等证件,由接受调查人核对。

2. 律师应当在律师调查令的有效期间调查取证,有效期限届满,律师调查令自动失效。

3. 律师持令取证后,应当在调查结束后五个工作日内将调查收集的证据、调查令回执提交人民法院。

4. 因故未使用律师调查令或接受调查人未提供证据，持令律师应当在调查令载明的有效期限届满后五个工作日内，将调查令和回执退还人民法院入卷。

5. 对持令调查获得的证据及信息，仅限于本案诉讼使用，不得泄露或作其他使用。

辽宁省高级人民法院

辽宁省高级人民法院
关于在民事诉讼中实行律师调查令的若干指导意见（试行）

为切实维护当事人合法权益、强化律师依法调查收集证据的作用，根据《中华人民共和国民事诉讼法》《中华人民共和国律师法》《最高人民法院关于适用〈中华人民共和国民事诉讼法〉的解释》《最高人民法院关于民事诉讼证据的若干规定》《最高人民法院〈关于民事执行中财产调查若干问题的规定〉》等法律、司法解释以及相关规定，结合我省审判执行工作实际，制定本指导意见。

第一条　律师调查令是指民事诉讼当事人及其代理律师因客观原因不能自行调查取证，提出书面申请，人民法院经审查认为确有必要而批准签发的，供指定代理律师向相关单位、组织和个人调查收集特定证据、调取财产线索的法律文件。

第二条　律师调查令限于人民法院正在审理的普通一审、二审及执行程序，不包括申诉审查和再审。

辽宁法院签发的律师调查令仅适用于辽宁省境内。

第三条　律师调查令的签发和使用应当坚持自愿申请、严格审查、事项具体、专人使用的原则。

第四条　申请调查的证据应当限于申请人正在代理的案件，且与待证事实具有关联性及调查收集必要性。持律师调查令收集的证据主要指银行账户、登记资料、档案材料等书证、电子数据、视听资料、鉴定结论、勘验笔录，不包括证人证言、物证。

第二审程序中，申请调查的证据限于一审没有提交的证据。执行程序申请调查的证据限于与被执行人的财产状况和实际履行能力有关的证据或财产线索。

第五条 证据有下列情形之一的,不予签发律师调查令:

(一)涉及国家秘密、个人隐私、商业秘密的;

(二)与待证事实不具有关联性或必要性的;

(三)申请直接向对方当事人调查的;

(四)其他不宜由代理律师持调查令调查的情形。

第六条 申请律师调查令应当提供以下材料:

(一)申请书;

(二)当事人委托代理律师的授权委托书,委托权限应为特别授权,或者明确授权委托律师代为申请调查;

(三)代理律师所在律师事务所出具的指派律师函或法律援助机构出具的法律援助公函,函件需注明随行执业律师信息;

(四)代理律师的执业证书;

(五)律师保密承诺书。

申请书应当载明申请调查证据所涉案件的案号、案由,申请调查证据的名称、证明目的、无法自行获得证据的原因,接受调查人名称或姓名,执行案件中还应载明被执行人财产线索等内容,并签字或者盖章。仅载明“案件相关资料”或“被执行人所有财产”字样等概括性内容的,法院不予签发。

第七条 合议庭、独任法官或者执行法官应当在接到申请书之日起七个工作日内对律师调查令申请进行审查,并决定是否签发。

审查的内容包括申请人的资格、申请的理由、申请是否在规定期限内、申请调查的证据类型和范围及与案件的关联性和必要性。

对符合条件的申请,由合议庭审判长、独任法官或者执行法官签发调查令。不符合条件的,应当口头告知申请人,说明理由并记录在卷。

第八条 律师调查令应当载明下列内容:

(一)案件编号;

(二)各法院根据实际情况编排的律师调查令编号;

(三)当事人的姓名(身份证号码)或者名称(组织机构代码);

(四)代理律师的姓名、执业证号、所在律师事务所名称;

(五)接受调查人的姓名或者名称;

(六)需要调查收集的证据、财产线索;

(七)律师调查令的有效期限;

（八）签发日期及院印；

（九）承办法官的联系方式；

（十）妨害调查的法律后果。

第九条 签发的律师调查令副本及申请书、律师调查令回执应当入卷归档。

第十条 根据案情繁简和调取证据难易程度，律师调查令的有效期限一般不超过十日，特殊情况，不得超过十五日。

律师应当在调查令的有效期限届满前调查取证。期限届满，律师调查令自动失效。

第十一条 持令律师调查时，应主动出示律师调查令和执业证等证件，由接受调查人核对。持令人应与调查令上载明代理律师及随行律师一致。

调取证据后，律师应在五日内将调查收集的全部证据附以说明连同律师调查令回执提交人民法院。

第十二条 接受调查人对律师调查令和律师的相关证件核对无误后，应当根据律师调查令指定的调查内容提供有关证据。不能当即提供的，应当在收到律师调查令之日起五日内提供，接受调查人因客观原因在五日内提供确有困难的，可以在十日内提供。律师调查令可由接受调查人存档。

接受调查人应在提供的证据材料上注明与原件核对无异，逐页签名或加盖骑缝章。所调取证据可由律师转交人民法院，也可由接受调查人通过特快专递寄送至人民法院。

接受调查人应在律师调查令回执上注明相关材料的名称、页数等，并签名、盖章。不能按时提供证据、无证据提供或者拒绝提供证据的，应当在回执中注明原因。

第十三条 接受调查人未提供证据的，代理律师应在有效期届满后五日内将律师调查令回执提交人民法院并书面说明原因。

第十四条 持律师调查令调查收集的证据需经法定程序审查、质证后，才能作为认定案件事实和采取执行措施的依据。

第十五条 持令律师有下列情形之一的，人民法院可以建议司法行政机关或律师协会予以处罚或惩戒；妨碍民事诉讼的，依照《中华人民共和国民事诉讼法》第一百一十一条规定，根据情节轻重予以罚款、拘留；构成犯罪的，依法追究刑事责任：

（一）无正当理由未提交律师调查令回执或未缴还律师调查令的；

（二）不当使用或违反律师执业保密义务泄露持令获得的证据或者信息的；

（三）伪造、变造律师调查令以及伪造、变造、隐匿、毁灭持令调查的证据的；

（四）若接受调查人将调取证据密封，未经法院允许私自拆封的；

（五）其他滥用律师调查令应当追究责任的情形。

发出律师调查令的人民法院应及时将上述相关情况通报司法行政机关。

第十六条 接受调查人应积极配合律师持令调查工作。接受调查人无正当理由拒不履行协助义务的，可由发出律师调查令的人民法院向其上级机关或其所在单位出具司法建议，并可依据《中华人民共和国民事诉讼法》第一百一十四条之规定予以处理。

第十七条 刑事诉讼中附带民事部分的律师调查令适用参照本意见执行。

第十八条 本意见由辽宁省高级人民法院负责解释。

第十九条 本意见自下发之日起施行。

四川省高级人民法院

四川省高级人民法院
关于民事审判、执行阶段适用调查令的办法（试行）

第一条 为保障当事人在民事审判和执行程序中的合法权益，强化当事人、律师依法调查收集证据的作用，规范调查取证行为，根据《中华人民共和国民事诉讼法》《中华人民共和国律师法》《最高人民法院关于民事执行中财产调查若干问题的规定》等相关法律、司法解释的规定，结合四川法院民事审判、执行工作实际，制定本办法。

第二条 本办法所称调查令是指民事诉讼一审、二审、再审当事人因客观原因不能自行调查取证，或者在执行程序中，当事人提供被执行人财产信息确有困难，经申请并获人民法院批准，由人民法院签发给当事人的代理律师，由其向协助调查人收集相关证据的法律文书。

本办法所称执行程序包括已经进入强制执行程序的民事执行案件；已经终结本次执行程序的民事执行案件；不服人民法院终结本次执行程序裁定所提出的民事执行异议案件；以及人民法院认为可以适用调查令的其他民事执行案件。

本办法所称协助调查人是指调查令载明的需向持令律师提供指定证据的组织或者个人。

第三条　调查令的持令人必须是经当事人委托并已向法院提交相关代理手续、取得有效执业证书、由律师事务所指派参加审判或者执行程序的律师。

第四条　调查令的申请人须是人民法院已经立案受理的民事案件一审、二审、再审以及执行程序中的当事人。

执行程序中的当事人包括申请执行人和履行义务顺位在后的被执行人。

执行程序中,当事人的代理律师代为申请的,应当由当事人特别授权。

第五条　民事案件一审、二审和再审程序中,申请人必须在举证期限内向人民法院提交调查令的书面申请。

第六条　持令调查的证据系与本案有关、当事人确因客观原因不能自行收集、经法官审核内容固定明确、载体稳定、便于封存转交的书证、视听资料、电子数据、鉴定意见和勘验笔录等特定证据。

第七条　当事人申请调查令的范围包括:

(一)当事人的诉讼主体资格证据,包括但不限于向公安部门调取当事人(自然人)户籍登记信息和向工商行政部门调取当事人(法人及其他组织)工商登记、变更、注销等相关信息;

(二)受诉法院对案件有管辖权的证据,包括但不限于向物业公司、村(居)委会及街道办事处等组织机构调查一方当事人居住情况的证据;

(三)被执行人的财产信息;

(四)被执行人对第三人享有到期或者未到期债权的信息;

(五)证明被执行人履行能力的信息;

(六)被执行人转移、变卖、毁损责任财产的信息;

(七)其他与案件事实相关的或者人民法院认为有必要调查收集的证据。

第八条　申请调查令应提交下列材料:

(一)申请书;

(二)当事人委托代理人的授权委托书;

(三)委托代理人所在单位的指派函;

(四)委托代理人有效执业证书。

申请书应当载明案号,申请人和持令人基本信息,申请调查证据的名称、证明目的、无法获取证据的原因及线索、协助调查人基本情况等内容,并由当事人签字或者盖章。

第九条 人民法院应当自当事人提出申请之日起五日内决定是否签发调查令。

调查令由业务庭独任法官或合议庭审判长审查、签发。确有必要的，调查令经合议庭审查后，由审判长签发。不符合申请条件的，口头告知不予准许的理由。

人民法院向当事人或者当事人的代理律师送达调查令的同时，应向其送达《调查令使用须知》。

第十条 具有下列情形之一的，人民法院不予签发调查令：

（一）涉及国家机密的；

（二）涉及商业秘密或者个人隐私的；

（三）与本案无关的；

（四）其他不宜持令调查的。

涉及上述情形的证据，当事人可提交线索，申请人民法院依法调查收集。

第十一条 调查令应当载明下列内容：

（一）案号、案由及案件当事人信息；

（二）申请人信息，包括申请人名称（姓名）、联系电话、组织机构代码（身份证号码）；

（三）持令人姓名、律师证编号、律师事务所名称；

（四）协助调查人名称（姓名）；

（五）向协助调查人收集证据的范围；

（六）调查令的有效期；

（七）承办法官姓名及联系方式；

（八）调查令签发日期及人民法院院印；

（九）人民法院认为需要载明的其他内容。

调查令一式两联，一联留本院存档，一联由持令人交协助调查人。

第十二条 调查令的有效期一般不超过十五日，因不可抗力或者其他特殊情形导致调查令失效的，在障碍消除后三日内，当事人可以向人民法院申请重新签发调查令。

第十三条 持令人持令调查时应当主动向协助调查人出示律师证与调查令，并将调查令交协助调查人。

持令人凭调查令获取证据后应当在调查令有效期届满之日起五日内将该证据以及协助调查人填写的调查令回执提交人民法院。

持令人因故未使用调查令或者协助调查人未提供证据的,持令人应当在调查令有效期届满之日起五日内将调查令交还人民法院并书面说明原因。

第十四条　持令人持令调查时,协助调查人应当提供调查令所指定的证据。不能当即提供的,应当在收到调查令之日起五日内提供。协助调查人有权拒绝提供调查令指定证据以外的其他材料。

协助调查人应当在提供的材料上注明与原件核对无异,在回执上注明材料的名称、页数等,并签名、盖章。

协助调查人不能按时提供材料、无材料提供或者拒绝提供调查令指定材料的,应当在调查令回执中注明原因。

第十五条　协助调查人认为调查令中指定提供的证据涉及国家秘密、商业秘密或者个人隐私的,应当在收到调查令之日起三日内向人民法院书面申请撤销该调查令。

人民法院经审查认为理由成立的,应当撤销调查令,并根据案件办理需要依职权进行调查取证。理由不成立的,协助调查人应当提供调查令指定的证据。

第十六条　执行程序中,对持令调查取得的证据,人民法院应当在五日内审查、核实。情况紧急的,应当立即核查。

民事一审、二审或再审程序中,对持令调查取得的证据,人民法院应组织质证后,依法确定是否予以采信。执行程序中,对持令调查取得的证据,人民法院认为有必要的,也可以组织相关当事人进行质证。

持令人持令取得的证据,经人民法院审查、核实后,可以作为认定案件事实或者采取执行措施的依据。

第十七条　持令人具有下列情形之一的,人民法院可以建议司法行政机关或者律师协会予以处罚或者惩戒;妨碍民事诉讼的,依法追究相应的责任;构成犯罪的,依法追究刑事责任:

(一)持令人凭调查令获取证据后未在规定期限内将相关材料提交人民法院的;

(二)不当使用、泄露持令获得的证据的;

(三)伪造、变造调查令的;

（四）伪造、变造、隐匿、毁灭持令获得的证据。

持令人存在本条规定情形的，全省各级人民法院应当层报省高级人民法院立案三庭备案，经省高级人民法院内网公示，全省各级人民法院三年内不再向该律师签发调查令，并将其违规情况向四川省律师协会通报。情节严重的，人民法院应当建议当地司法行政机关或者律师协会予以处罚或者惩戒。构成犯罪的，依法追究其刑事责任。

第十八条 本办法由四川省高级人民法院审判委员会负责解释。

第十九条 本办法自公布之日起施行。法律、法规、司法解释及上级法院有新规定的，依照新规定执行。

附件：民事一审、二审、再审程序用调查令模板

×××人民法院

调 查 令（一式两份）

（　　）民　号

×××（协助调查人姓名或名称）：

我院已立案受理×××（案件编号）×××与×××（当事人姓名或名称）×××（案由）纠纷一案，根据《中华人民共和国民事诉讼法》，现本院指定本案当事人的代理律师前往你处调查收集相关证据。持令律师×××（姓名），律师执业证编号：×××，×××律师事务所。

请在核对持令律师身份和律师事务所函件后，配合完成以下取证工作。提供的书证材料首页应注明总页数并签章证明真实性，首页以外应加盖骑缝章。提供复印件的，应当注明与原件核对无异。提供电子数据、视听资料复制品的应当封存。

1.

2.

（本部分应详细载明证据名称、数量、特征等情况以及取证方式，如复制×××询问笔录、查询×××登记信息）

你方有权拒绝提供指定调查内容以外的其他证据。

不能提供或不能按时提供指定证据的，请在回执中注明原因并签章。

本调查令有效期：201×年____月____日起至201×年____月____日止。如有涂改,一律无效。

签发人:________法官 联系电话:

________年____月____日(院印)

重庆市高级人民法院

重庆市高级人民法院
关于在民事诉讼中推行律师调查令的意见(2020修订)

第一条 为切实保障民事诉讼当事人依法行使诉讼权利,充分发挥律师依法调查收集证据的作用,便于人民法院在审判程序中准确认定事实,根据《中华人民共和国民事诉讼法》《中华人民共和国律师法》《最高人民法院关于适用〈中华人民共和国民事诉讼法〉的解释》《最高人民法院关于民事诉讼证据的若干规定》等法律、司法解释的相关规定,制定本意见。

第二条 申请调查收集的证据包括由有关单位或个人保存,与案件事实直接相关且当事人及诉讼代理律师因客观原因无法自行收集的书证以及电子数据、视听资料等。

律师调查令制度的实施不影响诉讼代理律师根据《民事诉讼法》《律师法》相关规定自行调查收集证据的权利。

第三条 各级相关单位及其下设或由其管理的机构应当积极配合持令律师调查取证。

第四条 申请律师调查令应当提供以下材料:

(一)律师调查令申请书;

(二)授权委托书;

(三)律师事务所函或法律援助机构出具的函件;

(四)代理律师的律师执业证复印件。

前款列明材料已提交的无需再次提交。

第五条 律师调查令申请书应载明下列内容:

(一)代理律师姓名、性别、律师执业证编号和所属律师事务所名称、联系方式;

(二)当事人姓名或名称、案由、案号;

(三)接受调查人的姓名或者单位名称、住所地等基本情况;

（四）拟调查证据的名称、内容、拟证明的事实；

（五）律师不能自行收集或调取证据的理由；

（六）需要说明的其他内容。

第六条 律师调查令的申请应当在案件受理后举证期限届满七日前提出。

第七条 人民法院接到申请后，由合议庭、独任法官负责对申请人的资格、申请的理由、申请是否在规定期限内、申请调查证据的范围及与案件的关联性等进行审查并决定是否签发律师调查令。

人民法院应当在接到申请之日起七日内决定是否签发律师调查令。发现申请人未提供本意见第四条规定内容的，应当中止审查，并一次性告知申请人在七日内补正全部缺失内容，逾期未补正的不予签发。申请人在期限内补正的，人民法院应当恢复审查。

申请人申请的证据名称或内容不明确的，人民法院不予签发。经审查决定不予签发的，应当书面或口头告知申请人并说明理由。

第八条 律师调查令应当载明下列内容：

（一）案件编号和律师调查令编号；

（二）当事人姓名或名称；

（三）律师姓名、性别、律师证编号和所在律师事务所名称；

（四）接受调查单位名称或个人姓名；

（五）需要调查收集的证据；

（六）律师调查令的有效期间；

（七）签发人签名、签发日期和院印。

第九条 人民法院向代理律师签发律师调查令时，应当一并签发律师调查令回执、使用须知和保密须知。

第十条 律师调查令的有效期限可以根据调查需要、案件复杂程度等确定，最长不得超过十五日。持令律师应当在律师调查令载明的有效期限内完成调查取证事项。期限届满，律师调查令自动失效。

因不可抗力或者其他特殊情形不能在有效期内完成调查的，在障碍消除后五个工作日内，代理律师可以向人民法院申请重新签发律师调查令。

第十一条 律师调查令应当由律师调查令载明的任一律师保管、使用。

持令律师应当主动向接受调查人出示律师执业证和律师调查令，并将律师调查令交接受调查人保存。

第十二条　律师调查令不适用于下列证据材料的收集和调取：

（一）涉及国家秘密、商业秘密或者个人隐私的；

（二）证人证言；

（三）法院生效案件卷宗材料；

（四）仲裁案件卷宗材料；

（五）破产申请审查阶段被申请人的财产、债权债务状况；

（六）与待证事实不具关联性或非必要性的信息；

（七）不为接受调查人占有、保管、控制的证据；

（八）其他不宜由诉讼代理律师持律师调查令调查收集的证据。

第十三条　律师调查令不得以对方当事人为调查对象。

第十四条　接受调查人应当积极配合持令律师的调查工作。对律师调查令核对无误后，应当根据律师调查令确定的调查内容及时提供有关证据，在回执上注明材料的名称、页数等，由持令律师、参与调查的律师和接受调查人签字捺印或者盖章。

接受调查人出具的证据材料为复印件的，应注明"本件与原本核对无异"字样。

接受调查人不能按时提供或无证据材料提供的，应当在律师调查令回执中注明原因。律师调查令确定的调查内容以外的事项，接受调查人有权拒绝提供。

第十五条　持令律师应当对调查过程中知悉的证据及信息保密。

第十六条　持令律师应当在律师调查令有效期届满之日起七日内将持令获取的全部证据、信息以及接受调查人填写的律师调查令回执提交人民法院。

持令律师因故未使用律师调查令的，应当在律师调查令有效期届满之日起七日内将律师调查令交还人民法院并书面说明原因。

第十七条　通过律师调查令调查收集的证据限人民法院诉讼使用。需经法定程序质证后，才能作为人民法院认定案件事实的依据。

第十八条　接受调查人无正当理由拒绝或妨碍持令律师调查取证的，持令律师应当及时向签发调查令的人民法院报告情况。人民法院可以向接受调查人发出限期纠正的司法建议，也可视情节轻重，依照《中华人民共和国民事诉讼法》第一百一十四条的规定以及其他有关规定予以处罚。

有协助调查义务的单位和公职人员拒不接受调查的，人民法院可以向监察机关或者有关机关提出予以纪律处分的司法建议。必要时,可以向当地党委、政府及有关部门通报情况。

第十九条 存在以下情形之一的,人民法院应视情节对持令律师予以训诫、罚款,建议司法行政机关或律师协会对其予以行政处罚或行业惩戒;构成妨碍民事诉讼行为的,依照《中华人民共和国民事诉讼法》第一百一十一条规定,根据情节轻重予以罚款、拘留;情节特别严重构成犯罪的,依法追究刑事责任。

(一)伪造、变造律师调查令的;

(二)伪造、变造、隐匿、毁灭持律师调查令收集的证据的;

(三)擅自泄露、散布持律师调查令收集的证据的;

(四)利用持律师调查令收集的证据对案件进行歪曲、不实、有误导性的宣传,影响案件办理的;

(五)利用持律师调查令收集的证据诋毁对方当事人声誉的;

(六)其他滥用律师调查令的情形。

律师事务所未尽到管理义务导致律师出现上述情形的,人民法院可以建议司法行政机关或律师协会给予行政处罚或行业惩戒。

第二十条 重庆市高级人民法院统一制定律师调查令样式,建立重庆法院律师调查令信息管理系统;各级法院对本院签发的律师调查令实行统一编号管理。

第二十一条 刑事附带民事诉讼中律师申请调查令的,参照本意见执行。

第二十二条 本意见与最高人民法院之后颁布的司法解释不一致的,以最高人民法院司法解释为准。

第二十三条 本意见自发布之日起施行。

重庆市高级人民法院
执行案件委托调查令实施规则(试行)

为切实保障当事人民事诉讼权利,强化当事人在执行程序中的举证能力,规范当事人及其代理律师的调查取证行为,提高执行效率,依照《中华人民共和国民事诉讼法》《中华人民共和国律师法》等法律和司法解释的相关规定,结合重庆法院实际,制定本规则。

第一条 执行案件委托调查令是指人民法院立案后,经申领人申请或人民法院根据案情需要依职权签发的,指定持令人向有关单位或个人调查收集特定证据的法律文件。

本规则中的申领人是指执行案件的当事人或其代理律师。

本规则中的持令人是指经执行案件的人民法院（下称执行法院）审查批准，持委托调查令调查收集特定证据当事人的代理律师。

第二条　人民法院依职权审核签发的执行案件委托调查令，应当符合以下情形：

（一）与执行案件有关；

（二）当事人未申请调查令；

（三）证据客观、明确、完整，且易于持令人调取。

第三条　执行案件委托调查令主要适用于调查收集下列由有关单位和个人保存的，申请执行人及其代理律师因客观原因不能自行搜集且与本案有直接关联的档案材料、权利凭证、电子书证、信函电报等与被执行人财产状况和实际履行能力相关的证据：

（一）被执行人及其主要家庭成员的基本情况；

（二）被执行人财产状况；

（三）被执行人对第三人享有到期债权的情况；

（四）证明被执行人偿还债务能力的资料和信息；

（五）被执行人转移、变卖、损毁被执行财产的证据。

第四条　证据内容涉及下列情形之一的，不适用委托调查令：

（一）涉及国家秘密、商业秘密和个人隐私的；

（二）与执行案件无关的；

（三）法律、司法解释规定的其他应当由人民法院调查收集的证据。

当事人陈述、证人证言、实施勘验、司法评估鉴定应当由人民法院依职权进行调查，不适用委托调查令。

第五条　有关单位或个人认为委托调查令中指令提供的证据涉及国家秘密、商业秘密或者个人隐私的，应当在收到委托调查令时向执行法院书面说明理由。执行法院经审查认为理由成立的，应当在收到回函后两个工作日内撤销委托调查令，依职权自行调取证据；理由不成立的，有关单位或个人应当按委托调查令协助执行。

第六条　申请委托调查令应具备以下条件：

（一）应当在执行案件立案之后执行终结之前提出申请；

（二）应当向执行法院提交书面申请；

（三）承诺持令调查过程中发生的费用由申领人承担。

第七条 申请委托调查令应当提供以下材料：

（一）申请书。应当载明申领人和持令人的身份情况，需调查收集证据的名称、证明对象；

由代理律师申领的，应同时提供委托代理人的权限证明及其合法有效的《律师执业证》。

（二）证据线索，包括接受的有关单位或个人线索、无法自行取得该证据的原因等。

第八条 申请执行人或其代理律师申请委托调查令时，执行法院应向其送达《申领委托调查令须知》，告知相关权利义务，送达情况须在送达回证上或笔录中记明。

第九条 执行法院应当自申领人提出申请之日起七日内决定是否发放委托调查令。决定不予签发的，应当书面告知申领人并说明理由。

第十条 委托调查令应当载明下列内容：

（一）执行案件的案号，案件当事人姓名或名称；

（二）申领人的名称、姓名、身份证号；

（三）接受调查人名称、姓名、身份证号；

（四）持令人姓名，律师职业证证号、所在律师事务所名称；

（五）委托调查令收集的证据内容；

（六）委托调查令的有效期限；

（七）填发人，签发人，日期和院印；

（八）申领人或持令人领取委托调查令及回执的签名、日期；

（九）执行法院认为应当载明的其他内容。

第十一条 委托调查令的有效期根据案情需要确定，最长不超过三十日。

第十二条 持令人持委托调查令调查收集证据时，应当主动向接受调查人出示本人的身份证件。持令代理律师必须持有效《律师执业证》。

对持令调查所获得的信息，申领人、持令人应当承担保密责任。

第十三条 有关单位和个人根据委托调查令指定的范围提供证据，证据材料上应注明与原件核对无异，并填写调查令的回执。不能当即提供的，在收到委托调查令之日起五个工作日内提供。

第十四条　接受调查的有关单位和个人有权拒绝提供委托调查令指定范围以外的其他证明材料。

第十五条　持令人应当将调查收集的全部证据原件于调查结束后五日内连同接受调查人填写的回执提交给执行法院。

委托调查令因故未使用的，应当在委托调查令载明的有效期限届满后五日内缴还执行法院入卷；接受调查人未提供证据的，代理律师应书面说明。

第十六条　持令人逾期未将收集的证据或者委托调查令、回执等文件提交执行法院的，执行人员应当于逾期日后十五日内向持令人催交，并将催交情况记入笔录。

第十七条　当事人及其代理律师伪造、变造委托调查令，或者伪造、变造，隐匿、毁坏持令调查收集的证据，或者擅自披露持令调查获得的证据进行误导性宣传、诋毁当事人名誉，造成恶劣影响或影响案件执行的，不得在本案中再次申请委托调查令。执行法院可报请重庆市高级人民法院对该代理律师作出限期六个月至两年内不得在本辖区法院签发委托调查令的禁令，并向司法行政管理机关或律协发出行政处罚或行业惩戒的司法建议。构成犯罪的，依法追究刑事责任。

第十八条　因执行需要，人民法院可以向接受人民法院委托事务的中介机构和个人签发委托调查令。

持令中介机构和个人在评估、拍卖进程中需要向有关单位和个人查阅、复制或提取相关资料的，依照本规则相关规定进行。

第十九条　本规则自下发之日起试行。

附件：1. 重庆市高级人民法院执行案件委托调查令（底根）

2. 重庆市高级人民法院执行案件委托调查令（持令人）

3. 重庆市高级人民法院申领调查令须知

附件1：

重庆市高级人民法院
执行案件委托调查令（底根）

（　　）渝高法执字　号

我院受理申请执行人×××与被执行人×××一案，因调查取证需要，经×××申请，根据《中华人民共和国民事诉讼法》第六十四条的规定，本院审查决定授权委托×××律师事务所律师×××（执行证号：×××）持此令调查如下：

请你单位在核对持令人姓名、单位无误后在法定期限内向持令人提供上述指定证据。对本调查令指定调查内容以外的其他证据，你单位有权拒绝提供。

如调查令指定提供的证据涉及国家机密，商业秘密或者个人隐私的，你单位应当向法院书面说明理由。有义务协助调查令实施的单位和个人应积极协助持令人收集、调查证据。无正当理由拒绝或妨碍调查取证的，人民法院可以责令其履行协助义务。

本调查令有效期限为：　　年　月　日至　　年　月　日。

此令。

×××法院（院印）

年　月　日

附件2：

重庆市高级人民法院
执行案件委托调查令（持令人）

（　　）渝高法执字　号

我院受理申请执行人×××与被执行人×××一案，因调查取证需要，经×××申请，根据《中华人民共和国民事诉讼法》第六十四条的规定，本院审查决定授权委托×××律师事务所律师×××（执行证号：×××）持此令调查如下：

请你单位在核对持令人姓名、单位无误后在法定期限内向持令人提供上述指定证据。对本调查令指定调查内容以外的其他证据，你单位有权拒绝提供。

如调查令指定提供的证据涉及国家机密，商业秘密或者个人隐私的，你单位应当向法院书面说明理由。有义务协助调查令实施的单位和个人应积极协助持令人收集、调查证据。无正当理由拒绝或妨碍调查取证的，人民法院可以责令其履行协助义务。

本调查令有效期限为：　　年　月　日至　　年　月　日。

此令。

×××法院（院印）

年　月　日

附件3：

重庆市高级人民法院
申领调查令须知

为确保人民法院在执行程序中及时、准确地查明被执行人的财产状况和履行能力，提高执行效率，根据《重庆市高级人民法院执行案件委托调查令实施规则（试行）》规定，本院就申领调查令的有关事项告知如下：

1. 申请必须在执行案件立案之后终结之前以书面形式向执行法院提出。

2. 调查对象和内容仅限于被执行人财产状况和实际履行能力的证据，包括：（一）被执行人及其主要家庭成员的基本情况；（二）被执行人财产状况；（三）被执行人对第三人享有到期债权的情况；（四）证明被执行人偿还债务能力的资料和信息；（五）被执行人转移、变卖、损毁被执行财产的证据。

3. 使用调查令调查收集的证据仅限于银行账户、档案材料、权利凭证、电子书证、信函、电报等，不包括依法应当由人民法院直接调查搜集的证据形式。

4. 下列情况不属于持令人调查范围：（一）涉及国家秘密、商业秘密和个人隐私的；（二）与执行案件无关的；（三）法律、司法解释规定的其他应当由人民法院调查收集的证据。

5. 持令调查过程中发生的费用由申领人承担。

陕西省高级人民法院

关于在民事诉讼中实行律师调查令制度的暂行规定

第一条 为贯彻落实中共中央办公厅、国务院办公厅《关于深化律师制度改革的意见》，最高人民法院、最高人民检察院、公安部、国家安全部、司法部《关于依法保障律师执业权利的规定》，充分发挥律师依法调查收集证据的作用，提高审判执行效率，保障当事人合法权益，维护司法公正，根据《中华人民共和国民事诉讼法》《中华人民共和国律师法》等有关规定，结合实际，制定本暂行规定。

第二条 本规定所称律师调查令，是指民事诉讼当事人及其代理律师因客观原因不能获得涉诉案件相关证据时，经当事人的代理律师书面申请，由受理案件的人民法院批准签发，并指定代理律师向相关单位调查收集相关证据材料的法律文件。

第三条 律师接受委托办理民事诉讼（含申请执行）业务，因客观原因不能自行向省内各级法院、检察院和各级政府的教育、科技、公安、民政、司法行政、人社、自然资源、住建、商务、卫健、市场监管、知识产权等职能部门及税务、海关等单位收集、调取与代理的民事诉讼案件有关的下列证据材料时，可以向其所代理诉讼案件的受理法院申请律师调查令：

（一）自然人的婚姻登记、收养登记情况及其配偶的基本信息，社会团体、基金会、社会服务机构等社会组织登记、行政处罚等信息；

（二）自然人签订劳动合同、缴纳社会保险和住房公积金等信息，企业缴纳社会保险等信息，自然人的人身、财产等险种的投保信息；

（三）公司企业的经营资质、股东名单、股权结构、股权出质、公司章程、股东会决议、董事会决议以及行政许可、行政处罚、司法裁判等信息，个体工商户登记及经营状况等信息；

（四）自然人、法人或其他组织名下的不动产所有权登记信息及其交易、抵押、查封等情况，自然人、法人或其他组织名下的船舶、航空器、机动车所有权登记信息及其交易、抵押、查封等情况，以及责任强制保险、商业保险等信息；

（五）自然人、法人或其他组织名下的债券、股票、基金份额、信托受益权、保险金请求权、保单现金价值、拆迁补偿安置等财产情况及其变动情况；

（六）自然人、法人或其他组织的公共信用信息；

（七）纳税人的纳税信息；

（八）城乡建设、建筑企业资质等信息，建设工程项目立项、备案等信息，建设工程项目规划许可、用地性质、规划建设及审查意见等信息，建设工程项目竣工、验收等信息；

（九）集体土地征收、流转等信息，国有土地性质变更等信息；

（十）医疗机构设置审批、医师执业许可及行政处罚等信息；

（十一）其他与诉讼案件事实有关的证据材料。

持律师调查令调查收集的证据材料仅限于上述范围的书证、电子证据、视听资料等，不包括证人证言。立案阶段申请调查收集的证据材料限于与立案有关的对方当事人身份（名称）信息，执行阶段申请调查收集的证据材料限于与被执行人的财产状况和实际履行能力有关的证据材料或财产线索。

第四条　律师调查令不适用下列情形的证据材料的收集和调取：

（一）涉及国家秘密的（须是由《中华人民共和国保守国家秘密法》规定的有关保密行政管理部门等依照法律法规规定评定密级的国家秘密）；

（二）与涉诉案件办理无关的商业秘密、个人隐私等；

（三）与待证事实不具有关联性或调查收集必要性的；

（四）已经向社会公开的政府信息和其他信息；

（五）申请直接向对方当事人调查的；

（六）不为配合调查单位所占有、保管、控制的；

（七）其他不宜以律师调查令形式调查取证的情形。

第五条　律师调查令的申请可在民事诉讼第一审、第二审程序和执行程序中提出。

立案审查中，应当于递交起诉状及相关证据后提出；审理中（含执行异议复议），应当于案件受理后法庭辩论终结前提出；执行实施中，应当在执行终结前提出。

第六条　申请调查令的律师应当是诉讼案件的代理律师，并应一并提交书面申请、本人及随行调查的其他律师事务所工作人员的身份证明材料。

代理律师持律师调查令调查取证必须有一名以上的同一律师事务所的工作人员随行。

第七条　律师调查令申请书应当载明下列内容：

（一）诉讼案件的案号；

（二）申请律师调查令的当事人姓名（名称）、身份证号码（统一社会信用代码）；

（三）申请调查令的代理律师姓名、律师执业证号和律师事务所名称及随行人员身份信息；

（四）配合调查单位的名称；

（五）需要调查收集的证据材料的名称、种类，与待证事实的关系，执行案件中还应载明被执行人财产线索等内容；

（六）无法自行调查取证的理由；

（七）其他需要说明的事项。

申请书的申请调查内容仅载明调查案件相关资料，对需要申请调取的有关证据材料等申请内容不明确的，人民法院不予受理。

申请书需当事人签字并加盖申请调查令律师所在律师事务所印章。

第八条 人民法院应当在收到律师调查令申请之日起五个工作日内决定是否同意签发律师调查令，在作出决定前应当听取另一方当事人或其委托诉讼代理人的意见。

第九条 律师调查令申请经审查后，立案阶段由立案庭庭长签发，审理阶段由独任法官或合议庭审判长签发，执行阶段由执行局局长（或执行庭庭长）签发。

人民法院准许签发律师调查令的，应当向申请律师调查令的律师书面告知相关权利义务。不予签发的，应当书面告知申请人并说明理由。

第十条 律师调查令应当载明下列内容：

（一）诉讼案件的案号；

（二）律师调查令的编号；

（三）申请律师调查令的当事人姓名（名称）、身份证号码（统一社会信用代码）；

（四）持律师调查令的代理律师的姓名、执业证号、所在律师事务所名称；

（五）配合调查单位的名称；

（六）需要调查收集的证据材料（或执行案件的财产线索）；

（七）配合调查单位提供证据材料的期限；

（八）律师调查令的有效期限；

（九）签发单位名称、签发日期及院印；

（十）人民法院联系人及联系方式；

（十一）拒绝或妨害调查的法律后果。

第十一条　律师调查令的有效期限由人民法院根据案件具体情况确定，最长不超过十五个工作日。

代理律师应当在律师调查令载明的有效期限届满前完成调查取证事项，期限届满后调查令自动失效。

代理律师有正当理由无法在有效期限内完成调查取证的，可以重新申请律师调查令一次。

第十二条　代理律师和随行人员持律师调查令调查时，应当向配合调查单位出示律师调查令和律师执业证、随行人员身份证明材料并说明有关情况，由配合调查单位核对。持律师调查令的代理律师应与律师调查令载明的一致。

配合调查单位不得要求持律师调查令的代理律师和随行人员提供前述证明材料以外的其他材料。

第十三条　配合调查单位应当根据律师调查令指定的调查内容及时提供有关证据材料。当场提供确有困难的，应当在收到律师调查令之日起五个工作日内提供，最长不超过十个工作日。配合调查单位应在律师调查令回执上注明相关证据材料的名称、页数等，并由经办人签名、加盖骑缝章。不能按时提供或无证据材料提供的，应当在律师调查令回执中注明原因。

对律师调查令中指定调查内容以外的其他材料，配合调查单位有权拒绝提供。

对律师调查令调查内容有异议的，配合调查单位可以就有关情况进行书面说明并将书面材料封存交由调查律师转交或者邮寄至签发律师调查令的人民法院。

律师调查令可由配合调查单位留存。

第十四条　配合调查单位应配合持律师调查令的代理律师的调查工作。配合调查单位无正当理由拖延、拒不协助调查的，人民法院可以向相关政府职能部门或行业主管部门通报情况；对相关责任人也可向有关单位提出予以纪律处分的司法建议，也可依据《中华人民共和国民事诉讼法》有关规定予以处罚。

相关政府职能部门和行业主管部门在收到人民法院上述情况通报或司法建议后，应及时作出处理并向人民法院反馈有关情况。

第十五条　律师调取证据材料后，应在五个工作日内将调取的全部证据材料及配合调查单位填写的回执提交签发律师调查令的人民法院。配合调查单位自行将证据材料邮寄至签发律师调查令的人民法院的，持律师调查令的代理律师应当及时告知人民法院。

配合调查单位未提供证据材料的，持律师调查令的代理律师应当在律师调查令有效期届满后五个工作日内将回执交还签发律师调查令的人民法院，配合调查单位未在回执上注明原因的，持律师调查令的代理律师应书面说明原因。

持律师调查令的代理律师因故未使用律师调查令的，应当在律师调查令载明的有效期限届满后五个工作日内，将律师调查令及回执交还签发律师调查令的人民法院。

第十六条 持律师调查令的代理律师应当依法调查，接受人民法院的监督。

代理律师对持律师调查令调查取得的证据材料和信息有保密义务，除本案诉讼使用外，不得泄露或做其他用途，否则应承担相应法律责任。

第十七条 代理律师在持律师调查令调查过程中不得有下列行为：

（一）未经人民法院允许私自拆封配合调查单位密封的证据材料；

（二）无正当理由未按期交还律师调查令回执；

（三）在本案诉讼之外使用持律师调查令调取的证据材料，或让他人使用律师调查令调取的证据材料；

（四）违反保密义务，向他人泄露持律师调查令调取的证据材料中载明的相关信息；

（五）伪造、变造律师调查令；

（六）持伪造、变造的律师调查令调查取证；

（七）伪造、变造、隐匿、损毁调取的证据材料；

（八）其他滥用律师调查令的情形。

代理律师有上述第（一）（二）（八）项情形的，人民法院在六个月至二年内不再向该律师签发律师调查令，并予以公开曝光，同时可以建议司法行政机关或律师协会对其予以行政处罚或行业惩戒。司法行政机关或律师协会应在收到上述建议后一个月内向人民法院反馈处理结果。

代理律师有上述第（三）（四）（五）（六）（七）项情形的，人民法院不再向该律师签发律师调查令，并予以公开曝光，同时可以建议司法行政机关或律师协会对其予以行政处罚或行业惩戒，司法行政机关或律师协会应在收到上述建议后一个月内向人民法院反馈处理结果;构成妨碍民事诉讼行为的,依照《中华人民共和国民事诉讼法》的有关规定予以处罚;构成犯罪的,依法追究刑事责任。

第十八条　律师调查令样式由陕西省高级人民法院统一制定。各级法院对本院签发的律师调查令实行统一编号管理,律师调查令及申请书、律师调查令回执等相关材料应当入卷归档。

第十九条　本规定自印发之日起施行。《陕西省高级人民法院关于民事诉讼调查令实施办法(试行)》《陕西省高级人民法院关于执行案件调查令制度的实施意见(试行)》同时予以废止。

附件:1. 律师调查令申请书样式

2. 律师调查令文书样式

3. 律师调查令回执样式

附件 1:

律师调查令申请书(样式)

当事人:×××

申请人:×××,×××律师事务所律师,律师执业证号×××

配合调查单位:×××

请求事项:(原告/上诉人/申请执行人)×××与(被告/被上诉人/被执行人)×××,×××(案由及案号或收件编号)一案,当事人及诉讼代理律师不能自行收集下列证据材料,特请求贵院签发调查令,由申请人向配合调查单位调取下列证据材料。

申请调查的证据材料及申请理由:

1. ×××(写明证据的名称、种类、与待证事实的关系及申请理由)

2.

3.

此致

×××人民法院

申请人:×××

×××律师事务所(公章)

附件2：

（正面）

×××人民法院

律师调查令（样式）

陕×××（法院代码，与案件编号一致）调字　号

××××（配合调查单位名称）：

我院受理（原告/上诉人/申请执行人）×××与（被告/被上诉人/被执行人）×××，×××（案由及案件立案编号）一案，为查明案件事实，根据民事诉讼的相关规定，经本院审查决定，现××律师事务所××律师前往你单位调取证据材料。请你单位在核对持令人姓名、身份、单位并确认无误后，在指定期限内向持令人提供下列证据材料（详见背面）。对本调查令指定调查内容以外的证据材料，你单位有权拒绝提供。如不配合调查，本院将向相关政府职能部门和行业主管部门通报情况，提出对有关责任人予以纪律处分的司法建议，或依照《中华人民共和国民事诉讼法》的相关规定以妨碍民事诉讼行为予以处罚。

本调查令有效期截至　　年　月　日

（院印）

年　月　日

法院联系人：　　　　法院联系电话：

（一式三份，一份由法院存档、一份交申请人留存，一份由配合调查单位存档）

（背面）

持令人姓名：××性别：×　律师执业证证号：××

所属律师事务所：×××律师事务所

随行调证人：××　　性别：×　　身份证号：×××

下列调查事项的证明材料，请你单位接到本令之日起五个工作日内向持令人提供原件，最长不超过十个工作日。提供原件确有困难或者不宜提供原件的，可以提供加盖单位公章、骑缝章和由经手人签名的复印件，并在律师调查令回执上列明提供的证据材料名称、总页数，加盖配合调查单位印章并由经手人

签字。

不能按时提供或无证据材料提供的,应当在律师调查令回执中注明原因。对律师调查令指定调查内容有异议或不宜将被调查材料交给调查律师的,可以就有关情况进行书面说明并将书面材料封存交由调查律师转交人民法院,或者直接邮寄至人民法院。

1. ×××

2. ×××

3. ×××

附件3:

×××××人民法院

调查令回执(样式)

陕×××(法院代码,与案件编号一致)调字　号

××××人民法院:

你院一案(案号)律师调查令已于××××年××月××日收悉。根据你院要求,现提供如下证明材料:

1. ×××

2. ×××

3. ×××

……

以上材料共×页。

不能提供调查令所列第××项证明材料,原因是:

年　月　日

(配合调查单位印章)

经办人:(签字)

配合调查单位联系方式:

(此联由持令人交还法院附卷)

江西省高级人民法院

江西省高级人民法院、江西省司法厅
关于印发在民事诉讼中实行律师调查令的办法(试行)

为切实保障当事人诉讼权利和律师执业权利,充分发挥律师依法调查收集证据的作用,查明案件事实,促进司法公正,根据《中华人民共和国民事诉讼法》《中华人民共和国律师法》、《最高人民法院关于适用〈中华人民共和国民事诉讼法〉的解释》和《最高人民法院关于依法切实保障律师诉讼权利的规定》的相关规定,结合审判实际,制定本办法。

一、律师调查令是在民事案件立案、审理和执行阶段,在当事人因客观原因无法通过正常途径调取证据的情况下,人民法院根据委托代理律师申请向律师签发的,由律师在人民法院授权范围内向协助调查人调取、收集证据的法律文书。

本办法所称的律师包括社会执业律师、法律援助专职律师、公司律师和公职律师。

本办法所称的协助调查人是指调查令载明的须向持令律师提供指定证据的组织或个人。

二、律师在立案阶段申请调查令,应当在向人民法院递交诉状及相关证据后提出,申请调查的证据限于管辖受理有关的起诉证据。

律师在审理阶段申请调查令,应当在人民法院确定的举证期限届满前提出。因客观原因确实不能在举证期限内提出的,经人民法院审查同意后,可以另行申请。

律师在执行阶段申请调查令,应当在执行案件立案之后执行完毕或终结前提出。

三、再审审查阶段一般不适用律师调查令,但出现足以推翻原裁判的关键性新证据线索且当事人及其诉讼代理人因客观原因不能自行收集的除外。再审审理中,可以适用律师调查令。

四、律师调查令所收集证据应当是与案件事实直接相关的书证、视听资料、鉴定意见、勘验笔录、电子数据等,不包括物证和证人证言。执行过程中申请调查的证据应当限于与执行有关的证据或财产线索。

如果证人出庭确有困难,且相关部门已经按照法定程序制作形成了书面证

据材料的，可以依据调查令予以调取。

五、申请律师调查令，应当提交下列材料：

1. 申请书；

2. 当事人、申请执行人的授权委托书；

3. 律师所在单位的公函；

4. 有效执业证书。

在案件审理过程中已提交前述第2、3、4项材料的，无须重复提交，但当事人、申请执行人的授权委托书中未列明调查取证权限的，应另行提交取得该权限的授权委托书。

律师申请调查令可由一名律师申请，但应由其所在单位两名工作人员（含申请律师）进行调查取证。

六、调查令申请书应当载明下列内容：

1. 收案编号或者案号；

2. 申请方的基本身份信息；

3. 申请律师的姓名、执业证号和律师所在单位名称；

4. 协助调查人的名称或者姓名；

5. 调查收集证据的目的以及与案件的关联性；

6. 需要调查收集的证据种类、具体内容和范围；

7. 无法自行调查收集证据的客观原因；

8. 合法使用调查收集证据及保密的承诺；

9. 其他需要说明的事项。

申请书由申请律师签字或盖章，并加盖所在单位印章。

七、人民法院收到申请后，应当对申请书内容进行审查。经审查认为可以签发的，立案阶段的律师调查令，由负责登记立案工作的审判长或法官签发；审理阶段的律师调查令经合议庭评议后由审判长签发或由适用简易程序案件的独任法官签发；执行阶段的律师调查令由执行局长或指定的法官签发。属于四类案件的律师调查令由部门领导签发。

人民法院应当自收到申请之日起七个工作日内决定是否签发律师调查令。

人民法院决定不予签发的，应当告知申请人并说明理由。口头告知的，应记录在案。

八、申请调查的证据属下列情形之一的，不予签发律师调查令：

1. 涉及国家秘密、商业秘密、个人隐私的；

2. 与案件或待证事实不具有关联性，或虽有关联性，但根据其他证据已经能够证明待证事实，申请调取证据没有必要性的；

3. 协助调查人并不占有、保管或者实际控制相关证据的；

4. 申请调查的证据不明确、不具体，协助调查人无法协助提供的；

5. 直接向对方当事人调取的；

6. 其他不宜以律师调查令形式调查取证的情形。

人民法院决定不予签发律师调查令，如果律师认为确需调查取证的，人民法院可以依职权调查。

九、律师调查令应当载明下列内容：

1. 案件编号；

2. 当事人、申请执行人的姓名或者名称；

3. 律师的姓名、执业证号、所在单位名称；

4. 协助调查人的姓名或者名称；

5. 需要调取的证据；

6. 律师调查令的有效期限；

7. 律师调查令签发日期、院印；

8. 人民法院联系人及联系方式；

9. 拒绝或者妨碍调查的法律后果。

第3项应载明前往调查取证的律师的姓名、执业证号、所在单位名称。

十、律师调查令样式由江西省高级人民法院统一制定。人民法院开具律师调查令应存档，归入正卷。

十一、律师调查令的有效期限，一般不超过十个工作日；如果存在证据复杂、地域较为偏远等特殊情形的，不超过十五个工作日。期限从律师调查令载明的落款时间起算，期限届满后调查令失效。

持令律师有正当理由不能在上述有效期内完成调查取证的，经律师申请，人民法院审查后可以重新开具一次律师调查令。

十二、律师持令调查收集证据，应当向协助调查人出示人民法院签发的律师调查令、执业证书、所在单位公函。

协助调查人不得要求律师提供除前述证明材料以外的其他材料。

十三、协助调查人应当根据律师调查令指定的调查事项及时向持令律师提供相关证据材料。能够当场提供的,应当场提供,当场提供确有困难的,应当在收到律师调查令之日起五个工作日内提供。如果证据复杂、需要相关部门审核后才能提供的,应当在收到律师调查令之日起十五个工作日内提供。

协助调查人应将证据材料密封,交给持令律师或按照律师调查令上注明的收件地址直接邮寄给人民法院。

十四、协助调查人拒绝提供证据或因故不能提供证据,持令律师应要求协助调查人在律师调查令送达回执上注明原因。协助调查人拒绝注明原因的,由持令律师在送达回执中作出书面说明。

十五、协助调查人无正当理由拒绝或者妨碍调查的,人民法院可以依照《中华人民共和国民事诉讼法》第一百一十四条的规定予以处罚。同时,人民法院可以向协助调查人的主管部门通报情况,提出司法建议。

十六、律师持令调取证据后,应于五个工作日内将调取的全部证据及送达回执提交人民法院。

律师调查令因故未使用的,应当在有效期届满之日起五个工作日内交还至人民法院。

十七、律师有下列情形之一的,人民法院可以向司法行政机关或者律师协会提出予以处罚的司法建议;情节严重的,人民法院可以依据《中华人民共和国民事诉讼法》第一百一十一条规定,予以罚款、拘留;构成犯罪的,依法追究刑事责任。

1. 伪造、变造律师调查令;

2. 伪造、变造、隐匿、毁损调取的证据;

3. 无正当事由选择性提交调取的证据;

4. 私自拆封协助调查人密封的证据;

5. 未经法定程序,擅自利用调取的证据,损害他人合法权益或者社会公共利益;

6. 无正当理由未按期或者拒不提交调取的证据;

7. 其他滥用律师调查令的情形,造成严重后果的。

十八、本办法自发布之日起实施。

附件:1. 律师调查令申请书(背面:承诺书)

2. 江西省×××人民法院律师调查令

3. 江西省×××人民法院律师调查令(回执)

附件1：

律师调查令申请书

当事人(申请执行人)：×××

申请人：×××，×××律师事务所/单位律师，执业证号：×××

协助调查人：×××(协助调查人是单位的，写明单位名称、住址，统一社会信用代码，法定代表人姓名及职务；协助调查人是自然人的，写明姓名、性别、住址、公民身份号码)

请求事项：因×××(原告/上诉人)与×××(被告/被上诉人)×××(案由)一案(注明案号)中存在因客观原因(简述具体原因)不能自行收集证据的情形，特请求贵院开具律师调查令，以便申请人能够持令前往×××调查收集如下证据材料：

1.

2.

3.

此致

×××人民法院

申请人：×××

×××律师所在单位(公章)

年　月　日

律师调查令使用承诺书

(申请书背面)

江西省××××人民法院：

本人系×××律师事务所/单位×××律师，执业证号×××，因×××(原告/上诉人)与×××(被告/被上诉人)×××(案由)一案中存在因客观原因不能自行收集证据的情形，向贵院申请律师调查令。现本人承诺如下：

一、严格按照《江西省高级人民法院关于在民事诉讼中实行律师调查令的办法(试行)》使用律师调查令。

二、不伪造、变造、隐匿、毁损调取的证据或信息。

三、协助调查人密封的证据，未经人民法院允许不私自拆封。

四、不擅自复制、泄露、散布与持令调取证据相关的信息，损害他人合法权益或者社会公共利益。

五、不利用所调取的证据或信息对案件进行歪曲、不实、误导性宣传，影响案件公正审理。

如本人有违上述承诺，自愿接受《江西省高级人民法院关于在民事诉讼中实行律师调查令的办法（试行）》规定的相应处罚；构成犯罪的，承担相应的刑事责任。

承诺人：

年　月　日

附件2：

江西省×××人民法院

律师调查令

（20××）赣民初（终）×××号

×××（写明协助调查单位或个人的名称或姓名）：

本院已受理×××（原告/上诉人）与×××（被告/被上诉人）××纠纷（案由）一案。×××（当事人）因客观原因无法取得有关证据，于××××年××月××日向本院提出调查××××的申请。为查明案件事实，根据《中华人民共和国民事诉讼法》的相关规定，经本院审查决定，指定××律师事务所/单位×××律师到你处调取以下证据：

1.

2.

3.

律师：×××（律师执业证编号：××）

本调查令有效期限为：　　年　月　日至　　年　月　日。

×××人民法院联系人：　　　　联系电话：

地址：江西省××市××县

江西省×××人民法院（院印）

年　月　日

（调查令背面）

注意事项

1. 请在核对持令律师执业证书、公函并确认无误后，向持证律师提供指定证据材料。不宜提供原件的，可以提供复印件，并注明与原件核对无异，并加盖印章或签名。

2. 在提供的证据材料上须加盖骑缝印章，注明材料的总页数并由经办人签名。当场提供证据确有困难的，应当在收到律师调查令之日起五个工作日内提供。如果所需提供的证据复杂，需要相关部门审核后提供的，应当在收到律师调查令之日起十五日内提供。

3. 请将所提供的证据密封后，交给持证律师或直接邮寄至本院。

4. 证据复印、邮寄等费用，由持令律师承担。

5. 本调查令应采用打印形式，并加盖人民法院印章，手写无效。

协助调查单位或者个人应当积极协助持令律师调取证据。无正当理由拖延、拒绝协助调查或者妨碍调查的，人民法院可以根据情节轻重，依照《中华人民共和国民事诉讼法》有关规定予以处罚。对有协助义务而拒不协助的单位及公职人员，人民法院可以向有关主管部门通报情况，提出司法建议。

附件3：

江西省×××人民法院
律师调查令（回执）

（20××）赣民初（终）××号

江西省×××人民法院：

你院×××一案律师调查令已于　月　日收悉。根据你院的要求，现提供如下证明材料：

1.

2.

3.

以上材料共×页。

如果不能提供某项证据的，写明：不能提供律师调查令所列第××项证据

材料,原因是:

经办人:(签字)

年　月　日

(协助调查单位印章或个人捺印)

联系方式:

注:此联由持令律师交还法院附卷

广东省高级人民法院

关于在民事诉讼中实行律师调查令的规定

为保护当事人的合法权益,充分发挥律师依法调查收集证据的作用,根据《中华人民共和国民事诉讼法》《中华人民共和国律师法》《最高人民法院关于适用〈中华人民共和国民事诉讼法〉的解释》《广东省实施〈中华人民共和国律师法〉办法》等相关规定,结合审判实际,制定本规定。

第一条　本规定所称律师调查令,是指民事诉讼当事人及其代理律师因客观原因不能自行收集涉诉案件相关证据时,经代理律师申请,人民法院审查批准,由代理律师向接受调查的单位或个人调查收集相关证据的法律文件。

第二条　律师调查令的申请,可在起诉、审理、执行阶段提出。再审审查阶段不适用律师调查令。

起诉阶段,律师调查令的申请应于递交起诉状及相关证据后提出,申请调查的证据应限于与管辖受理有关的起诉证据。

审理阶段,律师调查令的申请应于案件受理后,举证期限届满前提出。

执行阶段,律师调查令的申请应于执行完毕前提出,申请调查的证据应限于与被执行人的财产状况和实际履行能力有关的证据。

第三条　持律师调查令调查收集的证据应为由接受调查单位或个人保管并与案件事实直接相关的书证、电子数据、视听资料、鉴定意见和勘验笔录等,但不包括证人证言、物证。

第四条　申请律师调查令,应当提供下列材料:

(一)申请书;

(二)当事人的授权委托书;

(三)代理律师所在律师事务所出具的指派律师函或法律援助机构出具的

法律援助公函；

（四）代理律师有效的执业证书；

（五）律师调查令使用承诺书。

第五条 律师调查令申请书应当载明下列内容：

（一）案号或收件编号；

（二）申请方当事人的姓名、身份证号码或名称、统一社会信用代码；

（三）申请人的姓名、律师执业证号和律师事务所名称；

（四）接受调查单位、个人的名称或者姓名；

（五）调查取证的目的及理由；

（六）需要调查收集的证据、财产线索；

（七）其他需要说明的事项。

申请书需详细列明调查事项，由代理律师签字或盖章，并加盖律师事务所印章。

第六条 律师调查令经依法审查后，起诉阶段由立案庭庭长签发，审理阶段由审判长或独任法官签发，执行阶段由执行局局长或指定的法官签发。

人民法院应当自申请之日起七个工作日内决定是否签发律师调查令。

人民法院决定不予签发的，应当告知申请人并说明理由。口头告知的，应记录在卷。

第七条 属下列情形之一的，不予签发律师调查令：

（一）涉及国家秘密、个人隐私、商业秘密；

（二）与待证事实不具有关联性或必要性；

（三）证据不为接受调查单位或个人保管；

（四）申请调查的证据不明确、不具体；

（五）其他不宜以律师调查令形式调查取证的情形。

涉及上述（一）、（五）项情形的证据，当事人可以提交证据线索，申请人民法院依法调查收集。

第八条 律师调查令应当载明下列内容：

（一）案号或收件编号和律师调查令的编号；

（二）申请方当事人的名称或者姓名；

（三）代理律师的姓名、性别、执业证号、所在律师事务所名称；

（四）接受调查单位、个人的名称或者姓名；

（五）需要调查收集的证据、财产线索以及提供证据、财产线索的相关要求；

（六）律师调查令的有效期限；

（七）签发单位名称、签发日期和院印；

（八）人民法院的联系人及联系方式；

（九）拒绝或者妨害调查的法律后果。

第九条　律师调查令样式由省法院统一制定。各级人民法院对本院签发的律师调查令实行统一编号管理，律师调查令及申请书、律师调查令回执、律师调查令使用承诺书等相关材料入卷归档。

第十条　律师调查令的有效期限由人民法院根据案件具体情况确定，最长为十五个工作日。

律师调查令在期限届满后自动失效。代理律师因正当理由不能在有效期限之内完成调查的，可重新申请延长调查令期限一次。

第十一条　代理律师持调查令向接受调查单位或个人调查收集相关证据时，应主动出示调查令和执业证等证件并说明有关情况。

接受调查单位或个人应当根据调查令指定的调查内容及时提供有关证据。当场提供证据确有困难的，应当在收到律师调查令之日起七个工作日内提供。提供的证据如为复印件或复制品的，应当在提供的证据材料上注明与原件核对无异并签名或盖章。调取的证据可由代理律师转交签发法院，也可由接受调查单位或个人密封另行送至签发法院。律师调查令可由接受调查的单位或组织存档。

代理律师持调查令调查获得的证据及信息，仅限于本案诉讼，不得泄露或作其他使用。

第十二条　接受调查单位或个人因故不能提供、无证据提供或者拒绝提供指定证据的，应当在律师调查令回执中注明原因。接受调查单位或个人未在回执中注明原因的，代理律师应书面说明。

代理律师调取证据后，应于五个工作日内将调查收集的全部证据及调查回执提交人民法院。持律师调查令调查收集的证据需经法定程序质证或核实后，才能作为认定案件事实或者采取执行措施的依据。

律师调查令因故未使用的，应当在有效期限届满后五个工作日内归还人民法院入卷。

第十三条　接受调查单位或个人认为调查令指定提供的证据或者信息属

于第七条规定情形之一的,可以在收到调查令之日起十个工作日内向人民法院书面申请撤销该调查令。

人民法院经审查认为理由成立的,应当撤销调查令,并根据案件办理需要依职权进行调查取证;理由不成立的,应当书面告知接受调查单位或个人并说明原因,接受调查单位或个人在收到书面通知后应当提供调查令指定的证据或者信息。

第十四条 接受调查单位或个人无正当理由拖延、拒绝协助调查的,人民法院可根据情节轻重,依照民事诉讼法有关规定予以处罚。

有协助调查义务的单位及公职人员拒不协助调查的,人民法院可向相关主管部门通报情况,也可向有关机关提出予以纪律处分的司法建议。

第十五条 代理律师有下列情形之一的,人民法院可决定在六个月到两年内不再向其签发律师调查令,或向司法行政机关或律师协会提出予以处罚或惩戒的司法建议。情节严重的,依法予以训诫、罚款或司法拘留;构成犯罪的,依法追究刑事责任。

(一)伪造、变造律师调查令收集证据;

(二)伪造、变造、隐匿、毁灭持律师调查令收集的证据或信息;

(三)未经人民法院允许,私自拆封接受调查单位或个人密封的证据;

(四)擅自复制、泄露、散布证据等可能损害他人合法权益或社会公共利益;

(五)利用持律师调查令收集的证据对案件进行歪曲、不实、误导性宣传,影响案件办理;

(六)利用持律师调查令收集的证据诋毁对方当事人声誉;

(七)无正当理由未按期提交调查收集的全部证据、律师调查令或者回执;

(八)其他滥用律师调查令的情形。

对律师事务所审核不严、违规出具证明等导致滥用律师调查令情形的,人民法院可向司法行政机关或律师协会提出予以行政处罚或行业处分的司法建议。

第十六条 刑事诉讼附带民事部分申请律师调查令的,参照本规定执行。

第十七条 本规定自印发之日起施行。《广东省高级人民法院广东省司法厅关于在民事诉讼中实行律师调查令的规定(试行)》(粤高法〔2018〕300 号)同时废止。

附件:1. 律师调查令申请书

2. 广东省×××人民法院律师调查令

3. 广东省×××人民法院律师调查令（回执）

4. 律师调查令使用承诺书

附件 1：

律师调查令申请书

当事人：×××

申请人：×××，×××律师事务所律师，执业证号：×××

接受调查单位或个人：×××

请求事项：因×××（原告/上诉人/申请执行人）与×××（被告/被上诉人/被执行人）×××（案由）一案（案号/收件编号：×××）中存在因客观原因不能自行收集证据的情形，特请求贵院开具律师调查令，以便申请人能够持律师调查令前往×××调查收集如下证据材料：

1.

2.

3.

事实和理由：

1.

2.

3.

此致

×××人民法院

申请人：×××

×××律师事务所（公章）

年　月　日

附件2：

广东省×××人民法院
律师调查令

（××××）粤××民调令××号

×××（写明接受调查单位或个人的名称或姓名）：

本院已受理×××（原告/上诉人/申请执行人）与×××（被告/被上诉人/被执行人）××纠纷（案由）一案，案号/收件编号为×××。×××（当事人）因客观原因无法取得有关证据，于××××年××月××日向本院提出调查××××的申请。为查明案件事实，根据《中华人民共和国民事诉讼法》的相关规定，经本院审查决定，现指定××律师事务所×××到你处收集、调查以下证据：

1.

2.

3.

代理律师：×××（性别：×，律师执业证编号：××××××××××××）

请你在核对持令律师执业证书、律师事务所所函并确认无误后，向持证律师当场提供上述指定证据材料。证据不宜提供原件的，可以提供复印件，并注明与原件核对无异。在提供的证据材料上须加盖起证明作用的单位骑缝印章，注明材料的总页数并由经办人签名。当场提供证据确有困难的，应当在收到律师调查令之日起七个工作日内提供。所调取证据可由代理律师转交签发法院，也可另行送至签发法院，由此产生的复印、邮寄等费用，由持令律师承担。

接受调查单位或个人认为调查令指定提供的证据或者信息属于《关于在民事诉讼中实行律师调查令的规定》第七条规定情形之一的，可以在收到调查令之日起十个工作日内向人民法院书面申请撤销该调查令。

依据法律和司法解释规定，有义务协助律师调查令实施的单位或个人，应当积极协助持令律师收集、调查证据。无正当理由拖延、拒绝协助调查的，人民法院可根据情节轻重，依照民事诉讼法有关规定予以处罚。对有协助义务而拒不协助的单位及公职人员，人民法院可向有关主管部门通报情况，也可向有关机关提出予以纪律处分的司法建议。

本调查令有效期限为：　　年　月　日至　　年　月　日。

此令。

×××人民法院联系人：　　　联系电话：

地址：

广东省×××人民法院(院印)

年　月　日

附件3：

广东省×××人民法院
律师调查令(回执)

(××××)粤××民调令××号

广东省××××人民法院：

你院×××一案律师调查令已于××月××日收悉。根据你院的要求，现提供如下证明材料：

1.

2.

3.

以上材料共×页。

不能提供律师调查令所列第××项证明材料，原因是：

经办人：(签字)

年　月　日

(接受调查单位印章或个人捺印)

联系方式：

(此联由持令律师交还本院附卷)

附件4：

律师调查令使用承诺书

广东省××××人民法院：

本人系×××律师事务所×××律师，执业证号×××，因×××(原告/

上诉人/申请执行人)与×××(被告/被上诉人/被执行人)×××(案由)一案中存在因客观原因不能自行收集证据的情形,向贵院申请律师调查令。现本人承诺如下:

一、在有效期限内使用律师调查令,并保证在调查取证后,五日内将调查收集的全部证据及回执提交给贵院。

二、律师调查令因故未使用或接受调查单位或个人未提供证据的,在有效期限届满后五个工作日内将律师调查令和回执退还贵院入卷。

三、规范使用律师调查令,对持令调查获得的证据及信息,仅限于本案诉讼使用,不对外泄露或作其他使用。

四、不伪造、变造律师调查令收集证据或信息。

五、不伪造、变造、隐匿、毁灭持律师调查令收集的证据或信息。

六、若接受调查单位或个人将调取证据密封,未经人民法院允许不私自拆封。

七、不擅自复制、泄露、散布证据等可能损害当事人或者第三人权益。

八、不利用持律师调查令收集的证据或信息对案件进行歪曲、不实、误导性宣传,影响案件办理。

九、不利用持律师调查令收集的证据或信息,诋毁对方当事人声誉。

如本人有违上述承诺,自愿接受人民法院、司法行政机关及律师协会依法给予的相应处罚;构成犯罪的,承担相应的刑事责任。

承诺人:

日　期:　　年　月　日

广州市中级人民法院

广州市中级人民法院关于证券期货纠纷律师调查令的实施办法(试行)

第一条　为了保护证券期货纠纷当事人合法权益,发挥律师依法调查收集证据的作用,根据《中华人民共和国民事诉讼法》《中华人民共和国律师法》《最高人民法院关于适用〈中华人民共和国民事诉讼法〉的解释》《广东省高级人民法院、广东省司法厅关于在民事诉讼中实行律师调查令的规定》等相关规定,结合证券期货纠纷审判实际,制定本办法。

第二条　证券期货纠纷中，代理律师因客观原因不能自行收集证据时，可以在审理阶段向人民法院申请律师调查令。申请调查的证据应当与待证事实有关联性且能证明案件基本事实。

第三条　代理律师可以申请调查收集的证据主要指由接受调查单位或个人保管并与案件事实直接相关的书证、电子数据、视听资料、鉴定意见和勘验笔录等，但不包括证人证言及物证。

证券期货纠纷中，代理律师申请调查收集的证据一般包括以下范围：

（一）当事人的身份信息及商事登记信息；

（二）证券账户开户及交易信息；

（三）期货账户开户及交易信息；

（四）证券期货行政许可、行政处罚信息；

（五）其他与证券期货纠纷待证事实具有关联性及调查收集必要性的信息。

第四条　代理律师申请签发律师调查令，应当提供下列材料：

（一）申请书；

（二）当事人的授权委托书；

（三）代理律师所在律师事务所出具的指派律师函或法律援助机构出具的法律援助公函；

（四）代理律师有效的执业证书；

（五）律师调查令使用承诺书。

申请书应当载明申请调查证据的名称、种类、与证券期货纠纷待证事实的关系、证明目的、无法获得证据的原因、接受调查人及证据线索，由代理律师签字或者盖章，并加盖律师事务所印章。

第五条　合议庭负责对申请资格、申请理由、申请是否在规定期限内、申请调查证据的范围及与证券期货纠纷的关联性等进行审查，审判长负责签发律师调查令。

人民法院应当自申请之日起七个工作日内决定是否签发律师调查令。决定不予签发的，应当告知申请人。

第六条　属下列情形之一的，不予签发律师调查令：

（一）申请调查的证据不明确；

（二）证据与证券期货纠纷待证事实不具有关联性或必要性；

（三）证据不为接受调查单位或个人所占有、保管、控制；

（四）证据涉及国家秘密、个人隐私、商业秘密；

（五）其他不宜由代理律师持律师调查令调查取证的情形。

第七条 律师调查令应当载明下列内容：

（一）证券期货纠纷案号和律师调查令的编号；

（二）申请调查取证的当事人姓名或名称；

（三）律师的姓名、性别、执业证号和所在律师事务所名称；

（四）协助调查单位名称或个人姓名；

（五）需要调查收集的证据；

（六）律师调查令的有效期限；

（七）签发单位名称、签发日期和院印；

（八）人民法院的联系人及联系方式；

（九）拒绝或者妨害调查的法律后果。

第八条 律师调查令的有效期限由人民法院根据调查证据难易程度确定，最长不得超过十五个工作日。

代理律师应当在律师调查令的有效期限内调查取证，律师调查令在期限届满后自动失效。

律师调查令因故未使用的，代理律师应当在有效期限届满后五个工作日内缴还人民法院入卷。

第九条 代理律师持令调查时，应当同时将律师执业证书交由接受调查人核对。律师调查令可由接受调查人存档。

接受调查人对律师调查令核对无误后，应当根据律师调查令指定的调查内容，在收到律师调查令之日起七个工作日内提供有关证据。接受调查人对指定调查内容以外的证据有权拒绝提供。接受调查人提供的证据如为复印件或复制品的，应当在提供的证据材料上注明与原件核对无异并签名或盖章。

调查取证后，代理律师应在五个工作日内将调查收集的全部证据及回执提交给人民法院。调取的证据也可由接受调查人密封另行送至签发法院。

接受调查人因故不能提供证据，无证据提供或者拒绝提供律师调查令指定证据的，应当在律师调查令回执中注明原因并交给代理律师。代理律师负责将回执缴还人民法院入卷。接受调查人未提供证据且未在回执中注明原因的，代理律师应书面说明原因。

第十条 代理律师有下列情形之一的，人民法院可以决定在六个月至两年内不再向该律师签发律师调查令，并可以建议司法行政机关或律师协会予以处罚或惩戒，构成妨碍民事诉讼的，依法追究相应的责任。

（一）伪造、变造律师调查令收集证据或者信息；

（二）伪造、变造、隐匿、毁灭持律师调查令调查的证据或信息；

（三）未经人民法院允许，私自拆封接受调查人封装的证据；

（四）擅自泄露、散布持律师调查令调取的证据或者信息；

（五）其他不当使用律师调查令及调取的证据、信息的情形。

第十一条　本实施办法印发后，法律、法规或上级法院有不同规定的，按照其规定执行。

青岛市中级人民法院

青岛市中级人民法院关于在审判执行案件中施行律师调查令的若干规定

第一条　为保护当事人合法权益，强化律师在审判执行过程中依法调查收集证据的作用，维护司法公正，根据《中华人民共和国民事诉讼法》《中华人民共和国刑事诉讼法》《中华人民共和国行政诉讼法》《中华人民共和国律师法》《最高人民法院关于适用〈中华人民共和国民事诉讼法〉的解释》《最高人民法院关于适用〈中华人民共和国刑事诉讼法〉的解释》《最高人民法院关于行政诉讼证据若干问题的规定》《最高人民法院关于依法制裁规避执行行为的若干意见》之规定，结合全市两级法院审判、执行工作实际，制定本规则。

第二条　调查令是指当事人因客观原因自行调查取证无法获得相关证据，经申请并获人民法院批准，由人民法院签发给其代理律师或辩护律师作为持令人向被调查人收集相关证据的法律文件。

客观原因是指当事人通过正常的调查取证途径无法获得相关证据。

本规定所称的申领人，是指诉讼案件当事人或其诉讼代理律师、辩护律师，执行程序中的申请执行人或其代理律师。

本规定所称的持令人，是指由诉讼案件当事人或执行程序中的申请执行人特别授权的、经人民法院准许，持调查令调查收集特定证据的执业律师。

第三条　持令调查的证据属于存放于被调查人处与案争事实存在关联性的材料。持令调查取得的证据，人民法院经法定程序审查、核实后，才能作为认定案件事实的依据。

第四条 申领人可以在案件审理、执行阶段申请调查令。

在审理阶段申请调查令，应当在案件受理后，举证期限届满前提出。二审案件申请调查的证据限于新的证据。

执行阶段，调查令的申请应当在执行终结前提出。申请调查的证据限于与被执行人的财产状况和实际履行能力有关的证据。

在行政诉讼中，申请调查令应当在案件受理后，一审举证期限届满前提出。

第五条 使用调查令调查收集的证据形式包括：书证、视听资料、电子数据、鉴定意见和勘验笔录；不包括证人证言等其他证据形式。

刑事案件调查令的适用范围依照《中华人民共和国刑事诉讼法》第一百九十二条及《最高人民法院关于适用〈中华人民共和国刑事诉讼法〉的解释》第五十条、第五十一条、第五十二条、第五十三条的规定。

行政案件以下情况不予签发调查令：

（一）行政机关的诉讼代理律师申请向行政相对人、第三人和证人调查收集证据的；

（二）行政机关的诉讼代理律师为证明行政行为的合法性而申请调取行政机关作出行政行为时未收集的证据。

第六条 属下列情况的，不予签发调查令：

（一）涉及国家机密的；

（二）涉及商业技术秘密的；

（三）涉及个人隐私的；

（四）刑事案件技术侦查措施需要保密的；

（五）不宜由代理律师、辩护律师凭调查令自行调查收集证据的；

（六）其他原因不公开的证据。

第七条 申领调查令，必须提供下列材料：

（一）申领调查令申请书。申请书中应当载明申请人和持令人的身份情况，被调查人的基本情况，申请调查收集的证据和所要证明的待证事实，以及无法自行取得上述证据的原因；

（二）申请调查特定证据的线索；

（三）持令律师须取得有效律师执业证书，且有案件当事人的特别授权。

第八条 对调查令的申请由审判、执行该案的合议庭、独任审判法官或者执行法官在接到申请书之日起五个工作日内审查决定。对符合条件的申请，由庭长或合议庭审判长、独任审判法官或者执行法官签发，加盖人民法院印章。不符合条件的，应当告知申领人并说明理由。口头告知的，应当记入笔录。

禁止在无诉讼案件的情况下签发调查令。

第九条　申领调查令时，人民法院应告知持令人相关权利义务，并将《申领调查令须知》送达持令人。送达情况须在送达回证或者笔录中载明。

第十条　调查令应当具有下列内容：

（一）编号；

（二）当事人的姓名或名称；

（三）持令人的姓名、律师证编号、律师事务所全称；

（四）被调查人名称；

（五）向被调查人收集、调查证据的范围；

（六）调查令的有效期限；

（七）调查令签发日期及院印。

第十一条　调查令的有效期限根据调查证据难易程度确定，最长不得超过三十日。

持令人应当在调查令载明的有效期届满前调查收集证据。期限届满，调查令自动失效。

第十二条　持令人持令调查时，应当主动出示调查令和律师执业证等相关证件，交被调查人核对。

持令人应当将调查收集的全部证据及回执于调查结束后三日内提交人民法院。

持令人因故未使用调查令的，应当在调查令载明的有效期届满之日起三日内，将调查令交还人民法院。

第十三条　持令人应当正确使用《调查令》，在调查中获知的证据及信息，仅限于诉讼目的，持令人应当对外承担保密责任，不得不当使用或者泄露。

第十四条　被调查人在核对调查令和持令人的相关证件无误后，应当向持令人提供调查令指定的证据，并在提供的证据材料上加盖印章。被调查人应在调查令回执上注明提供证据材料的名称、页数等，由经办人签名并加盖单位印章。不能立即提供的，应当在收到调查令之日起五日内提供。

不能提供证据或无证据提供，应当在调查令回执上说明原因，由经办人签名、加盖单位印章后交持令人。

对涉及国家机密等本规定第六条所列的相关证据或调查令指定调查内容以外的证据，被调查人有权拒绝提供。

被调查人无正当理由拒绝或妨碍持令人调查取证的，人民法院根据情节轻重，依据《中华人民共和国民事诉讼法》第一百一十四条，《中华人民共和国刑事诉讼法》第五十二条第一款、第四款，《中华人民共和国行政诉讼法》第五十九条、第一百零一条及其他法律规定予以处理。

第十五条 持令人有下列情形之一的，人民法院可以在六个月至二年内不再向该律师签发调查令，并可以建议司法行政机关或律师协会予以处罚或惩戒，构成妨碍民事诉讼的，依法追究相应的法律责任。

（一）伪造、变造调查令或者伪造、变造、隐匿、毁灭持令调查的证据的；

（二）不当使用、泄露持令获得的证据或信息的；

（三）无正当理由未按照本办法交还调查令或者回执的；

（四）其他不当使用调查令的情形。

第十六条 再审审查和再审审理的案件申领调查令的，人民法院认为符合申请条件，适用上述规定。

第十七条 本规定自下发之日起试行。

第十八条 本规定由青岛市中级人民法院审判委员会负责解释。

附件1：

青岛市中级人民法院申领调查令须知

就申领调查令的有关事项，告知如下：

1. 调查令是指当事人因客观原因自行调查取证无法获得相关证据，经申请并获人民法院批准，由法院签发给其代理律师或辩护律师作为持令人向被调查人收集相关证据的法律文件。

2. 使用调查令调查收集的证据形式包括书证、视听资料、电子数据、鉴定意见和勘验笔录；不包括证人证言等其他证据形式。刑事诉讼案件和行政诉讼案件有特别规定的适用特别规定。

3. 下列情况不属于持令调查的范围：涉及国家机密、商业技术秘密、个人隐私、刑事案件技术侦查措施需要保密、或其他不宜由代理律师或辩护律师凭调查令自行调查收集、其他原因不公开的证据。

4. 使用调查令收集证据必须由当事人或者经当事人特别授权的持合法有效的《律师执业证》的代理律师或辩护律师向人民法院提出书面申请。

5. 申请人申领调查令的，必须提供下列材料：(1) 申领调查令申请书，申请书须载明申请人的身份情况、被调查人情况以及调查收集的证据和所要证明的待证事实，以及无法自行取得上述证据的原因；(2) 申请调查特定证据的线索；(3) 代理人或辩护人的权限证明以及合法有效的《律师执业证》。

6. 持调查令调查收集证据的，必须由当事人委托的持有效《律师执业证》的委托代理律师或辩护律师在调查令载明的有效期限届满之前进行。

7. 持令人调查收集证据时应当主动向被调查人出示《律师执业证》及调查令，持令人须确保调查收集证据的真实完整并对外承担保密责任。

8. 持令人应当将调查收集的证据于调查结束后三日内连同被调查人填写的回执提交人民法院；持令人因故未使用调查令的，应当于调查令指定期限届满之日起三日内，将调查令正本及回执交还人民法院。

9. 持令人有下列情形之一的，人民法院可以在六个月至二年内不再向该律师签发调查令，并可以建议司法行政机关或律师协会予以处罚或惩戒，构成妨碍民事诉讼的，依法追究相应的责任。

(1) 伪造、变造调查令或者伪造、变造、隐匿、毁灭持令调查的证据的；

(2) 不当使用、泄露持令获得的证据或信息的；

(3) 无正当理由未按照本办法交还调查令或者回执的；

(4) 其他不当使用调查令的情形。

附件 2：

调查令事项告知

（告知被调查人用）

1. 调查令指当事人因客观原因自行调查取证无法获得相关证据，经申请并获人民法院批准，由人民法院签发给其代理律师或辩护律师作为持令人向被调查人收集相关证据的法律文件。

2. 下列情况不属于持令调查的范围：涉及国家机密、商业技术秘密、个人隐私、刑事案件技术侦查措施需要保密、或其他不宜由代理律师或辩护律师凭调查令自行调查收集、其他原因不公开的证据。

3. 被调查人在核对调查令和持令人的相关证件无误后，应当场向持令人提供调查令指定的证据。被调查人应在调查令回执上注明提供证据材料的名称、页数等，由经办人签名并加盖单位印章。不能当场提供的，应当在收到调查令之日起五日内提供。

4. 不能提供证据或无证据提供，应当在调查令回执上说明原因，由经办人签名、加盖单位印章后交持令人。调查令指定调查内容以外的证据，被调查人有权拒绝提供。

5. 被调查人无正当理由拒绝或妨碍持令人调查取证的，人民法院根据情节轻重，依据《中华人民共和国民事诉讼法》第一百一十四条，《中华人民共和国刑事诉讼法》第五十二条第一款、第四款，《中华人民共和国行政诉讼法》第五十九条、第一百零一条及其他法律规定予以处理。

调查令回执

山东省青岛市中级人民法院
调查令回执

________：（××××法院）

你院（××××）××号令调查令已收悉。根据调查令的要求，现提供如下证明材料：

1.

2.

3.

不能提供调查令所列的第×项、第×项证明材料，原因是：

经手人：×××（签章）

年　月　日

（被调查人单位印章）

（此联由持令人交还签发法院附卷）

周口市中级人民法院

关于在公司纠纷、证券期货纠纷案件中实行律师调查令的意见

第一条　人民法院在审理公司纠纷、证券期货纠纷案件中，当事人及其代理人因客观原因不能自行调查取证的，可以依法申请人民法院依职权调查，也可以书面申请人民法院向其委托的律师发出调查令。

执行案件立案后，人民法院应当通过网络查控系统调查被执行的财产及其他相关证据或信息。无法通过网络执行查控系统调查，申请执行人或其代理人可以书面申请人民法院向其委托的律师发出调查令。

对符合调查令申请条件的，人民法院应当准许。人民法院认为确有必要的，也可以依职权向案件当事人的代理律师发出调查令，要求协助调查相关事项。

第二条　公司纠纷、证券期货纠纷案件审判程序中的调查令的申请应当在举证期限届满前提出；执行程序中的调查令应当在执行案件结案前提出。人民法院对申请应当依法审查、一事一令、专人使用。

因暂无财产线索被人民法院终结本次执行程序后，申请执行人为恢复执行程序的，随时可以申请执行调查令，符合法律规定的，原则上应当签发调查令。

第三条　调查令可用于调查人民法院认为适合以调查令调查的与公司纠纷、证券期货纠纷案件待证事实有关的证据，以及有关被执行人的实际履行能力、与利害关系人之间的财产流转情况、被执行人是否违反限制消费令、是否违反限制出境措施、是否隐藏转移财产以及涉嫌拒执犯罪等相关证据、信息或财产状况：

1. 被执行人为法人或者非法人组织的基本身份信息，包括股权结构、经营性质、公司规章制度、经营范围、股东会或董事会会议记录、股东名册、出资情况等；

2. 工商登记、税务登记及税收违法行为信息、纳税情况明细、非企业法人登记情况等；

3. 企业用工信息、企业缴纳社会保险费的相关信息等；

4. 在银行、证券、保险、信托等金融机构的存款、理财、债券、股票、基金份额、信托受益权、保险金请求权、保单现金价值、住房公积金、拆迁补偿安置等财

产情况及其变动或者交易明细；

5. 在支付宝、财付通、余额宝、微信等互联网金融机构的财产情况及其变动或者交易明细；

6. 不动产、机动车辆及其交强险和商业保险、船舶、航空器、股权、注册商标专用权、专利权、著作权等经法定登记机构登记的财产情况、抵押或质押登记情况及其变动；

7. 被执行人的债权情况，作为债权人的其他案件审理、执行情况；

8. 被执行人出口退税、各类补贴等情况及其变动或者交易明细；

9. 执行财产真实性及可能虚假报告的财产情况；

10. 人民法院认为其他适合以调查令调查的与待调查事实具有关联性及调查收集必要性的信息；

11. 公司纠纷、证券期货纠纷案件审判中调查令应根据《中华人民共和国民事诉讼法》第六十一条、第六十四条、第六十七条和《最高人民法院关于适用〈中华人民共和国民事诉讼法〉的解释》第九十四条、第九十六条的规定签发。其中，应当由人民法院调查，当事人及其代理律师坚持由人民法院依职权调查的，人民法院应当依职权调查。

第四条 有下列情形之一的，不得给代理律师签发调查令：

1. 涉及国家秘密的；

2. 与案件不具有关联性或者必要性的；

3. 法律法规明确规定应当由人民法院工作人员调查收集的证据且律师持令调查存在安全风险或困难的；

4. 申请调查的事项不具体、不明确的；

5. 其他不宜由代理律师持调查令调查的。

第五条 公司纠纷、证券期货纠纷案件审判和民事执行程序中使用调查令收集证据的，可以由当事人或者其代理律师通过网络在线申请，也可以向人民法院递交书面申请，并提供下列材料：

（一）申请书。申请书应当载明申请调查所涉案件的案号、案由、申请人、申请调查证据的名称、证明目的、无法自行调查的原因，协助义务人名称或姓名、被执行人财产线索、申请调查特定证据的线索。

（二）律师事务所出具的公函，持调查令调查的律师的执业证书等情况，申请人委托代理人的授权委托书，委托权限应为特别授权。

(三)申请人及持调查令调查人的承诺书,承诺书应包括以下内容:

1. 对调查获知的国家秘密、商业秘密和个人隐私,应向法院报告并保密;

2. 严格按照发出调查令人民法院告知的权利义务使用调查令,如有违反,愿意接受司法行政机关或律师协会处罚或惩戒。

第六条　申请调查的证据或财产线索应当明确、具体,调查方法应当具有可操作性。但执行中申请调查的内容为"被执行人是否具有可供执行的财产"的,人民法院可以签发律师调查令。

第七条　人民法院应当自收到调查令申请之日起五日内决定是否准许,决定准许的,应当立即签发调查令,并书面告知以下事项:

1. 持调查令律师相关权利义务;

2. 调查完毕后向发出调查令的法院提交调查材料的时间和内容。

如情况紧急,在证据可能灭失或者以后难以取得的,人民法院应当及时审查,符合规定的,应当在一个工作日内审查并签发调查令。不予准许的,应当告知申请人并说明理由。告知及送达情况须在送达回证或者笔录中记明。

第八条　调查令载明的调查对象、调查事项应当在调查令中书面列明,内容不得手写修改或补充。

人民法院不准许调查令申请或者不准许部分事项的,但确需调查的,人民法院应当依职权调查。

第九条　调查令应当载明下列内容:

(一)案件的案号、案件当事人的姓名或者名称;

(二)申请人的姓名或者名称;

(三)有法定协助义务的自然人、法人或其他非法人组织的姓名、名称;

(四)持调查令人姓名、性别、律师执业证号、律师事务所全称;

(五)调查收集的证据内容或财产线索;

(六)协助义务人向持调查令人提供调查令所指定的证据的期限;

(七)调查令的有效期限;

(八)调查令签发人、日期和院印;

(九)和签发调查令法院的联系方式及联系人;

(十)妨害调查的法律后果。

第十条　调查令应用突出的文字注明有效期。根据案件繁简和调查取证的难易程度,调查令的有效期限一般为十五日,最长不得超过三十日,期限届满，调查令自动失效。

第十一条 持令律师调查取证后，应于五个工作日内将调查收集的全部证据及调查令回执提交人民法院。律师调查令因故未使用的，应当在有效期限届满后五个工作日内归还人民法院入卷。对调查令收集到的相关证据或财产线索存在转移或灭失风险，持令律师申请保全的，人民法院应当立即审查并依法及时采取措施。

第十二条 人民法院应当将调查令收集到的相关证据或财产线索审查情况告知持该调查令的律师。

人民法院应当对调查令的发出、律师调查情况、相关证据或财产线索审查情况记录在卷。

第十三条 持调查令的律师有违反下列情形之一的，人民法院可以在六个月至二年内不再向其签发调查令；情节严重的，应向司法行政机关、律师协会提出予以处罚或惩戒的司法建议，并可根据妨害民事诉讼行为的情节轻重予以罚款、拘留；构成犯罪的，依法追究刑事责任。

（一）未完整、及时反馈持调查令收集的证据或者信息；

（二）不当使用、泄露持调查令获得的依法应当保密的证据或者信息的；

（三）伪造、变造调查令以及伪造、变造、隐匿、毁灭持调查令收集的证据的；

（四）利用持调查令收集的证据或者信息诋毁对方当事人声誉的；

（五）其他应当追究责任的情形。

第十四条 人民法院发现有协助义务而拒不履行协助义务的，可依据《中华人民共和国民事诉讼法》第一百一十四条之规定予以处理。

第十五条 本规定自下发之日起施行。

附件：

1. 律师调查令申请书（样式）
2. 河南省周口市×××人民法院律师调查令（样式）
3. 河南省周口市×××人民法院律师调查令（回执）
4. 律师调查令使用须知

附件1：

律师调查令申请书(样式)

当事人:×××

申请人:×××,×××律师事务所律师,执业证号:×××

接受调查人:×××

请求事项:因×××(原告/上诉人/申请执行人)与×××(被告/被上诉人/被执行人)×××(案由)一案中存在因客观原因不能自行收集证据的情形,特请求贵院开具律师调查令,以便申请人能够持律师调查令前往×××调查收集如下证据材料:

1.

2.

3.

事实和理由:

1.

2.

3.

此致

×××人民法院

申请人:×××

×××律师事务所(公章)

年　月　日

附件2：

河南省周口市×××人民法院
律师调查令(样式)

(××××)豫××民/执调令××号

×××(写明接受调查人的名称或姓名):

本院已受理×××(原告/上诉人/申请执行人)与×××(被告/被上诉人/被执行人)××纠纷(案由)一案,案号/收件编号为×××。×××(当事人)

因客观原因无法取得有关证据，于××××年××月××日向本院提出调查×××的申请。为查明案件事实，根据《中华人民共和国民事诉讼法》的相关规定，经本院审查决定，现指定××律师事务所×××到你处收集、调查以下证据：

1.

2.

3.

代理律师：×××（性别：×，律师执业证编号：×××××××××××××××）

请你在核对持令律师执业证书、律师事务所函并确认无误后，向持令律师提供上述指定证据材料。不宜提供原件的，可提供复印件，并注明与原件核对无异。在提供的证据材料上须加盖起证明作用的单位骑缝印章，注明材料的总页数并由经办人签名。

对本律师调查令指定调查内容以外的证据，你有权拒绝向持令律师提供。不能提供证据或无证据提供的，应当在律师调查令回执上以书面形式说明原因，由经办人签名、加盖单位印章后交持令律师。

依据法律和司法解释规定，有义务协助律师调查令实施的单位或个人，应当积极协助持令律师收集、调查证据。无正当理由拒绝或妨碍调查取证的，人民法院可根据情节轻重，依照民事诉讼法有关规定予以处罚。对有协助义务而拒不协助的单位及公职人员，人民法院可向有关主管部门通报情况，也可向有关机关提出予以纪律处分的司法建议。

本调查令有效期限为　　年　月　日至　　年　月　日。

此令。

周口市×××人民法院

年　月　日

（院印）

（联系人：××联系电话：××）

附件3：

河南省周口市×××人民法院
律师调查令(回执)

(××××)豫××民/执调令××号

河南省××××人民法院：

你院×××一案律师调查令已于　年　月　日收悉。根据你院的要求,现提供如下证明材料：

1.

2.

3.

以上材料共×页。

不能提供律师调查令所列第　项证明材料,原因是：

经办人：(签字)

年　月　日

(接受调查人印章或捺印)

联系方式：

(此联由持令律师交还本院附卷)

附件4：

律师调查令使用须知

1. 律师持令调查时,应当主动出示律师调查令和执业证等证件,由接受调查人核对。

2. 律师应当在律师调查令的有效期间调查取证,有效期限届满,律师调查令自动失效。

3. 律师持令取证后,应当在调查结束后五个工作日内将调查收集的证据、调查令回执提交人民法院。

4. 因故未使用律师调查令或接受调查人未提供证据,持令律师应当在调查令载明的有效期限届满后五个工作日内,将调查令和回执退还人民法院入卷。

5. 对持令调查获得的证据及信息,仅限于本案诉讼使用,不得泄露或作其他使用。